अन्तिम दो दशकों का हिन्दी-साहित्य

अन्तिम दो दशकों का हिन्दी-साहित्य

प्रधान सम्पादक

मीरा गौतम

वाणी प्रकाशन

वाणी प्रकाशन
4695, 21-ए, दरियागंज, नयी दिल्ली 110 002

शाखा
अशोक राजपथ, पटना 800 004

फ़ोनः +91 11 23273167 फ़ैक्सः +91 11 23275710

www.vaniprakashan.in
vaniprakashan@gmail.com

ANTIM DO DASHKON KA HINDI-SAHITYA
edited by Meera Gautam

ISBN : 81-7055-995-2
Criticism

संस्करण 2002, 2008
आवृत्ति संस्करण 2015
मूल्य : ₹ 495

सोनम प्रिंटर्स, दिल्ली-110 093 में मुद्रित

वाणी प्रकाशन का लोगो मक़बूल फ़िदा हुसेन की कूची से

अनुक्रम

सम्पादकीय

साहित्य के दशकों पर बात करना इतिहासवाद, इतिहास-दृष्टि या इतिहास-बोध है, यह एक गम्भीर प्रश्न है। किसी भी कालखंड में किसी विशेष परिवर्तन की सम्भावना निरन्तर बनी रहती है। समय का प्रत्येक खंड स्वयं में अपना विशिष्ट प्रभाव रखता है। उसके अपने प्रश्न, मूल्य और मापदंड होते हैं। अन्तिम दो दशकों के साहित्य को समझने के लिए उसके सम्पूर्ण परिवेश और चरित्र से गुजरना जरूरी है। यही सोचकर 15-16 फरवरी, 2001 को कुरुक्षेत्र विश्वविद्यालय के हिन्दी-विभाग ने दो दिवसीय राष्ट्रीय-संगोष्ठी का आयोजन किया। जिसमें अन्तिम दशकों के साहित्य पर गम्भीर व्याख्यान, चर्चा-परिचर्चा हुई। जिससे मथकर यह बात सामने आई कि अन्तिम दशकों के साहित्य को समेटना बहुत जरूरी है। हिन्दी-साहित्य के इस कालखंड में सबसे अधिक 'मनुष्य और मानवता' पर बहुत चर्चा की गई है। ऐसा मनुष्य जो अकेला है या समूहों में खड़ा है।

मनुष्य अकेला कभी नहीं होता। उसकी स्मृतियाँ, परिवेश और अदृश्य जगत अचेतन में निरन्तर उसके साथ चलते हैं। अवचेतन के प्रभावों में निरन्तर वह उनका साझीदार होता है। यह सामूहिक चेतना ही उसके व्यक्तित्व के अकेलेपन को बाँटती है। जहाँ तक साहित्य में अकेले आदमी की उपस्थिति का प्रश्न है वह रचनाकार का निजी दृष्टिकोण हो सकता है। यह उसके लिए सहायक भी होता है क्योंकि अकेले मनुष्य को प्रस्तुत करके वह उसे सामूहिक भाव से जोड़ देता है। इस सामूहिक भाव के लिए वह अपने ध्वनि, संकेतों और व्यंजनाओं में कभी अपने विश्वासों के स्वप्न बुनता है और कभी वह मिथकों को आधार बनाता है। अपने तर्क, उद्देश्य और स्वप्न के लिए वह जटिल तानों-बानों से 'सत्य' को खोज निकालता है। साहित्य में उसकी चिन्ता यथार्थ और स्थितियों के बीच एक तारतम्य स्थापित करके ही सम्प्रेषित होती है। मनुष्य की जटिल मानसिकता जब अवसाद में ढलने लगती है तब रचनाकार के 'सत्य' उसे ढाल बनकर थाम लेते हैं। इसमें सोच की छवियाँ उसे 'सत्य' तक पहुँचाने में सहायक होती हैं। यह सारा परिदृश्य रचनाकार के लेखकीय

कौशल से इतना स्वाभाविक बनकर सामने आता है कि रचनाकार के 'सत्य' 'पाठक और समाज' के 'सत्य' से एकाकार हो जाते हैं। यह रचनाकार की साहित्यिक प्रेषणीयता भी है।

यह तो हम निश्चित रूप से कह सकते हैं कि पिछले दो दशकों से सहस्राब्दी तक के साहित्य में 'समय' शक्तिशाली बनकर उभरा है। यह समय और साहित्य के बीच मुठभेड़ का क्षण भी कहा जा सकता है।

इन स्थितियों में साहित्य केवल 'समय' के चेहरे की रंगतों का ख़ाका भर खोलने को तैयार नहीं है। राख़ की नदी को पार करता हुआ वह उस 'सम्पूर्ण' को तलाशना चाहता है जो 'दुर्लभ' और 'गोपनीय' होता जा रहा है। क्योंकि सभ्यता और संस्कृति के नाम पर यह सब कुछ चुक जाने का समय दीख रहा हैं। वह खतरों का ऐसा 'भविष्य-चित्र' खींचना चाहता है जिसे देखकर रोमांच होने लगे और हम समय के साथ अपने वास्तविक स्वरूप को जान सकें कि जिसे हम 'सम्पूर्ण' समझ रहे हैं वह जड़ और गर्दन से कटा हुआ 'कबन्ध' है। इन्हीं अनुत्तरित प्रश्नों के बीच अन्तिम दशकों का साहित्य सहस्राब्दी के नए इतिहास-लेखन की चिन्तनशील परम्परा में सर्जनात्मकता का संवाहक एवं साक्षी बनना चाहता है। सहस्राब्दी तक आते-आते, स्वतन्त्रता के बाद; कालखंडों और प्रवृत्तियों में बँटा हिन्दी-साहित्य का इतिहास 'अनुभूति' और 'विचार' के नाम पर खेमेबन्दी का जो परिदृश्य उपस्थित करता है उसमें मनुष्य के 'अतीत' हो जाने का ख़तरा अधिक दिखाई देता है। साहित्य में कुछ हो या न हो 'मनुष्य' और उसके हित निश्चित रूप से सुरक्षित रहने अनिवार्य हैं।

रचनाकारों में भौतिक-प्रवृत्ति और व्यावसायिक-स्पर्द्धा के चलते साहित्य और इतिहास के बीच नैतिक फ़ासला स्पष्ट रूप से बढ़ता दिखाई दे रहा है। समय के कालखंडों में 'मनुष्य' सदैव मौजूद रहता है परन्तु सहस्राब्दी तक कदमताल करनेवाला हिन्दी-साहित्य शब्दों के महायज्ञ में 'पूर्णाहुति' करता दिखाई नहीं देता। समय के सन्नाटों को तोड़ने का तेवर यदि कहीं दिखाई भी देता है तो आगे चलकर वैचारिक भूलभुलैया में दिग्भ्रमित और बोझिल हो जाता है। कहीं-कहीं तो ऐसा महसूस होता है कि साहित्यकारों ने विचार और नए मुहावरों के नाम पर विशिष्ट चारणवादी गाथाएँ लिखकर प्रचारवाद का ढोल पीटा है। देखना यह है कि इन दशकों की कोख से जन्म लेते साहित्य में 'मनुष्य' की जय-यात्रा के भावी निर्माण की 'तड़प' और 'संस्कार' शेष बचे हैं या नहीं? क्या यह भी 'अश्वत्थामा' के सिर की तरह कुरुक्षेत्र के मायावी आकाश में भटकने की राह पर तो नहीं हैं? भू-मंडलीकरण के चलते रचनाकारों के अनुभव बढ़े हैं। सूचना-प्रौद्योगिकी के संजाल में साधन भी बढ़े हैं, परन्तु साहित्य प्रतीकात्मक हुआ है और रचना-प्रक्रिया बाधित हुई है। यह रचना-कर्म के मूल

पर आघात का समय भी है। धरती के मनुष्य की 'सोच' शेष बची रहे और इसे सुरक्षित रखने के प्रयास में साहित्य सार्वभौमिक आयामों को जोड़ने में तत्पर दिखाई दे। इन सम्भावनाओं की तलाश ही शोध और आलोचना का मुख्य कर्म होना चाहिए। इस दृष्टि से अन्तिम दो दशकों के साहित्य पर चर्चा करना साहित्य पर मँडराते चौमुखी दबावों से बचाकर सुरक्षित लाना भी है। इतिहास के पन्नों को उलटने-पलटने पर हम पाते हैं कि हिन्दी-साहित्य के विस्तृत बहुआयामी कालखंड में शताब्दियों के अन्तिम दो दशक सदैव उथल-पुथल और परिवर्तन के बीच आगामी शताब्दी की भूमिका तय करते हैं। जिसमें वह समाज और मनुष्य के विच्छिन्न होने के ख़तरों के प्रति चुनौती की मुद्रा अख्तियार करता है।

जीवन के अनुभवों को बाँटता, सर्वांगीण सन्दर्भों में बिम्बों को तलाशता, स्त्रीवाद-नारीवाद या स्त्री-विमर्श जैसी अलगाती मुद्राओं में क्षत-विक्षत चेहरे वाले 'सोच' को हटाता, राजनीतिक विद्रूपताओं का पर्दाफ़ाश करता, आतंकवाद, हिंसा और धर्मान्ध संकीर्णताओं के बीच संरचनावाद, पूँजीवादी ख़तरों और मनुष्य को वर्णभेद में बाँटने वाली ताकतों से निरन्तर जूझकर समय से हिसाब माँगता अन्तिम दो दशकों का साहित्य टुकड़ों-टुकड़ों में विभक्त मानवीय चेतना को 'समग्रता' में सुरक्षित करके इतिहास के नए मानदंड भी स्थापित कर रहा है। गहरी पड़ताल करते हम निर्णय के क्षणों की प्रतीक्षा में खड़े हैं और सहस्राब्दी फिलहाल प्रत्युत्तर की मुद्रा में दिखाई नहीं देती। कुछ प्रश्न और समाधानों को लेकर हमें धैर्यपूर्वक अनवरत खड़े रहना होगा क्योंकि एक विस्तृत समय हमारी प्रतीक्षा में जहाँ धैर्य का नामोनिशान नहीं है और सहस्राब्दी के इन सन्धि-क्षणों में इसका उत्तर भी मौजूद नहीं है।

इस दृष्टि से साहित्य की ज़िम्मेदारी बढ़ गई है। साहित्य के भीतर इस बोध के संकेत अवश्य दृष्टिगोचर हो रहे हैं जिसका परीक्षण होना बाकी है। अप्रासंगिक रूढ़ियों को ध्वस्त करने की और नए मूल्यों को गढ़ने की छटपटाहट इस साहित्य में मौजूद है। यह तब ही सम्भव होगा जब साहित्य वैचारिक भूलभुलैया के भँवर से निकलकर निरपेक्ष और तटस्थ मुद्रा को अख़्तियार करके चुनौतियों के आगे डटकर खड़ा हो जैसा कि वह अपने अतीत में होता रहा है।

अन्तिम दो दशकों के साहित्य से सार्थक उम्मीदें की जा सकती हैं हालाँकि इस कालखंड ने नए रचनाकार पैदा नहीं किए हैं। ये वही रचनाकार हैं जो निरन्तर लिख रहे हैं। और, इस क्रम में, सहस्राब्दी पड़ाव की तरह भी नहीं आई है परन्तु आलोचना का अपना मूल-धर्म है कि वह 'समय' की पड़ताल और उसका मूल्यांकन और पुनर्मूल्यांकन करता रहे। अन्तिम दो दशकों का साहित्य समय के साथ कदमताल करता चले और दोनों पिछड़ें नहीं, यही

समय और स्थिति की ज़रूरत है। 'समय' की 'नब्ज़' को भी तभी सही ढंग से पकड़ा जा सकता है। इतिहास और साहित्य के बीच वैचारिक आयात उसी प्रकार हो रहा है जैसे भारत में बहुराष्ट्रीय कम्पनियों के प्रवेश की चर्चा। इससे व्यावसायिक-स्पर्द्धा और भौतिकवाद को बढ़ावा मिला है। वैचारिक असहिष्णुता बढ़ी है। मूल साहित्य को काटकर उसे अस्तित्वहीन करने की साजिशें रची जा रही हैं।

बीसवीं शताब्दी का हिन्दी-साहित्य पुनर्जागरण की जनचेतना से ऊर्जा ग्रहण करता है। यह स्वयं अपनी भाषा को जन्म देकर उसे अपनी ही कसौटी पर कसकर, नए मूल्यों का निर्धारण और भावी दिशा का सन्धान करता है।

अब ज़रूरी है कि इतिहास लेखन की नई परम्परा का सूत्रपात हो। यह इतिहास की पुनर्व्याख्या का क्षण भी है। सहस्राब्दी के सन्धि क्षणों में कितना जोड़ना और कितना छोड़ना है, इसके लिए ज़रूरी है कि जो कुछ पीछे गुज़रा है उन्हीं से साक्ष्यों को जुटाकर हम इतिहास में प्रवेश करने की प्रक्रिया में सावधानी और सतर्कता बरतें। हिन्दी-साहित्य इस समय आसन्न संकट से गुजर रहा है। उस पर चौतरफी दबाव हैं। इसीलिए अन्तिम दो दशकों के समसामयिक साहित्य को ग्रन्थ में बाँधकर विशेष प्रयास किया गया है कि हम सब साहित्य के जरिए अपने अनुभव बाँटें। निःसन्देह संगोष्ठी की गम्भीर परिचर्चाओं के दौरान सहमति-असहमति और उत्तेजक बहसों से जो निकलकर आया है उसे ही कलमबद्ध करके इस ग्रन्थ को आकार दिया गया है। समय के इस कालखंड में जो अवधारणाएँ स्पष्ट होकर उभरी हैं उसमें वैचारिकता के अतिरिक्त बोझ से दबे हिन्दी-साहित्य को मुक्ति मिलने की सम्भावनाएँ बढ़ गई हैं। इतिहास के कालखंडों को जोड़ते हुए हिन्दी की समन्वयवादी दृष्टि भी सामने आई है। हम परम्पराओं से कटे नहीं हैं। अपनी जड़ों की ओर वापसी की ललक रचनाकारों में दिखाई देती है। साहित्यकारों की यह चिन्ता हिन्दी-साहित्य के लिए आशाजनक संकेत है। इस समय जो सबसे बड़ा खतरा मँडरा रहा है वह है वैचारिक कट्टरवाद का, जिसे प्रचार साहित्य बनने में देर नहीं लगती। अन्तिम दो दशकों का हिन्दी-साहित्य इन खतरों से निरन्तर मुठभेड़ करके अपनी 'स्वायत्तता' को बचाने के लिए बेचैन दिखाई देता है। उत्तर-आधुनिकतावाद, स्त्री-विमर्श और दलित साहित्य जैसी गम्भीर सोच के बीच भारतीय-दृष्टि के नैरन्तर्य के साक्ष्य इस साहित्य में मौजूद हैं।

बदलाव के इन क्षणों में जो आकाशीय विस्तार हुआ है उसमें लेखकीय संकट और अधिक गहराता प्रतीत हो रहा है। साहित्य प्रतीकात्मक होता जा रहा है और अर्थों के सन्दर्भों में उलझाव की स्थितियाँ हैं। यह विचारणीय प्रश्न है कि जब, पूर्व शताब्दी का साहित्य कुहासों में घिरा होकर कोई निर्णायक और

स्पष्ट संकेत नहीं दे पाया है तो इस आसन्न संकट में सभ्यता और संस्कृति के विद्रूप चेहरे को सहस्राब्दी के आरम्भिक क्षणों का साहित्य किस तरह अभिव्यक्त करेगा? इसे कहने में हमें कोई जल्दी भी नहीं करनी चाहिए। भाषा, राजनीति, सभ्यता और संस्कृति का विभाजित चेहरा लेकर यह साहित्य सहस्राब्दी में प्रवेश कर रहा है। हम इन्हीं क्षणों को पकड़कर आरम्भ से ही सतर्कता बरतें तो सम्भव है कुछ सही चीज़ें समय रहते पकड़ में आ जाएँ और समय और स्थितियों के बीच आलोचना अपने-अपने कर्म का सही निर्वाह कर सके। मित्र-मंडली या विशेष गुट को लाभान्वित करने की कोशिशों के बीच राजनीतिक और साहित्यिक नक्सलवादी माफिया हिन्दी-विभागों में प्रवेश कर रहा है जिसने हिन्दी-साहित्य को संकीर्ण बनाने में कोई कसर नहीं छोड़ी है। हिन्दी आलोचना इसकी भयानक शिकार हुई है। जिससे साहित्य की विश्वसनीयता पर भी प्रश्नचिह्न लग गया है। यह शुभ संकेत नहीं है कि हम अपना घर और ज़मीन छोड़कर हवाओं में पंख फड़फड़ाते ज़मीन पर गिर रहे हैं और जब आँखें खुलती हैं तो घर से सब-कुछ नदारद मिलता है। आज साहित्य में यही स्थितियाँ घटित हो रही हैं। ऐसे मुहावरे भी गढ़े गए हैं जिसमें हिन्दी-साहित्य 'विचार' और 'पूँजी' के इर्द-गिर्द मँडराता नजर आता है। इन सबके बीच साहित्य के मूल रूप के सुरक्षित रखने का प्रश्न भी अहम है। जिसे हिन्दी का पाठक देखना, पढ़ना और समझना चाहता है।

अन्तिम दो दशकों का साहित्य 'ग्लोबलाइज़ेशन' के इस कठिन समय में भोगवाद और मनुष्यत्व के बीच विभाजकों को दूर करने के प्रयासों में जुटा दिखाई देता है। इसमें जड़ों की ओर लौटने की ललक, सम्बन्धों से जुड़ाव और सामाजिक अराजकताओं से जूझने की क्षमता दिखाई देती है। समय के सच का चेहरा पूरी तरह खोलता यह कालखंड वैचारिक दबावों के बीच खड़ा होकर निश्चित संकेत देता हुआ समय के उतार-चढ़ावों में शामिल होता दिखाई देता है। निश्चित है कि यह प्रक्रिया तलवार पर दौड़ लगाने की प्रक्रिया नहीं बल्कि फिसलन भरी पगडंडी पर पैरों को थाम-थाम कर रखने की अनिवार्य प्रक्रिया है। छोटे-बड़े कलेवर वाला यह साहित्य दो विपरीत ध्रुवों के बीच अपनी पहचान लेकर खड़ा है। अपनी पूर्ववर्ती परम्परा से प्रभाव ग्रहण करनेवाले साहित्य में 'भारतीयता' को सुरक्षित रखने का आग्रह अवश्य दिखाई देता है। उसे दूसरों के चश्मे से देखने की आवश्यकता नहीं है। साहित्य में राजनीतिक विचारधारा की घुसपैठ उसके पूरे चेहरे और साहित्यिक फलक को प्रदूषित कर रही है। अस्थिरता और घुटन भरे साहित्य के कोठरे में सीलन और बदबू से आँखें बन्द हो रही हैं। साहित्य के ऐसे कठिन दौर में 'सार्थक' को बचा लेने का प्रश्न चुनौती के रूप में सामने खड़ा है। सहस्राब्दी की आरम्भिक लक्षणों का सन्धान

करता अन्तिम दो दशकों का साहित्य पलकों को खोलकर साहित्य की सही और स्वस्थ 'दिशा' में सचेत करने की प्रक्रिया में देखा जाना ज़रूरी है। क्योंकि यह कार्य बाघिन द्वारा अपने बच्चे को मुँह में दबाकर सुरक्षित स्थान पर पहुँचाने जैसा सावधानी और जोखिम से भरा काम है। हमारा प्रयास रहा है कि अन्तिम दो दशकों की लगभग सभी विधाओं को ग्रन्थ में समेटकर उन पर चर्चा करें और इस महत्त्वपूर्ण कालखंड के सभी पहलुओं को बेबाकी से सामने रखें।

मीरा गौतम

बीसवीं सदी के अन्तिम दो दशकों का हिन्दी-साहित्य : पृष्ठभूमि और प्रतिफलन

प्रोफ़ेसर शिवकुमार मिश्र

साहित्य समाज का दर्पण तो नहीं, उसकी पुनर्रचना जरूर होता है। सामाजिक जीवन से असम्पृक्त और उदासीन रचनाशीलता योगियों-वैरागियों, संन्यासियों-साधुओं या फिर कलावादियों-रूपवादियों का शगल भले ही हो, संसार के क्रियाकलापों से जुड़े, सामाजिक जीवन में क्रियाशील मनुष्यों के काम की चीज़ वह नहीं होती। हम साहित्य उसी को कहते और मानते हैं जो सामाजिक जीवन के नाना स्रोतों से अपना प्राण-रस खींचता है, सामाजिक जीवन की अन्तर्वस्तु से रूपायित होता है और जो कुछ भी वह सामाजिक जीवन से पाता है, उसे ही कलात्मक रूप में, एक सचेत मानस-व्यापार के तहत पुनर्रचित करते हुए अपने समूचे मानवीय और सामाजिक सरोकारों के साथ समाज को वापस लौटा देता है। गजानन माधव मुक्तिबोध ने साहित्य की रचना-प्रक्रिया को 'बाह्य का आभ्यन्तरीकरण' और 'आभ्यन्तर का बाह्यीकरण' कहा है। इस प्रक्रिया से गुजरने के बाद साहित्य महज साहित्य नहीं मनुष्य के सांस्कृतिक कर्म का दर्जा पाता है। हम यहाँ साहित्य की रचना-प्रक्रिया का विश्लेषण नहीं करेंगे जो अपने में एक अत्यन्त विलक्षण और जटिल मानस-व्यापार है, किन्तु इतना जरूर इंगित करेंगे कि इस मानस-व्यापार में सामाजिक जीवन के आवश्यक और अनावश्यक की खरी पहचान होती है, कुछ ग्रहण किया जाता है, कुछ छोड़ा जाता है और कुछ सामाजिक जीवन के यथार्थ की संगति में अलग से जोड़ा भी जाता है। इसी नाते हम साहित्य को समाज का दर्पण या उसका यान्त्रिक प्रतिबिम्ब नहीं मानते।

इस बिन्दु पर इसी बात से जुड़े एक अन्य विचार का खुलासा भी करना चाहेंगे। काल का प्रवाह अनादि और अनन्त है। गत सदी के आखिरी दो दशक, जो हमारी चर्चा के केन्द्र में हैं, जहाँ अपना स्वतन्त्र वजूद रखते हैं, वहाँ काल के उस प्रवाह का अभिन्न हिस्सा भी हैं जो उनके पहले से चला आ रहा है। वे जहाँ

अपने समय का तमाम कुछ जो उनका नितान्त अपना है, सहेजे तथा समेटे हुए हैं तो उनमें पहले के कालों का तमाम कुछ भी अनेक रूपों में, उनके अपने-से घुला-मिला विद्यमान है। इस सब में कितना कुछ इन दो दशकों की अपनी निर्मिति है और कितना कुछ पूर्ववर्ती कालों का दाय, इसे ठीक-ठीक अलग नहीं किया जा सकता। किसी भी समय की पहचान इस मिली-जुली वास्तविकता के तहत ही होती है। हमारी परिचर्चा का केन्द्रीय विषय गत सदी के अन्तिम दो दशकों की साहित्य-सर्जना का आकलन और मूल्यांकन है, जिसके लिए जरूरी है कि हम इन दो दशकों के समय के उस चेहरे को पहचानें जो काल के चले आते हुए प्रवाह में भी अपना और पहले का तमाम कुछ लिए-दिए भी अलग से पहचाना जा सकता है। हमारी कोशिश होगी कि हम इस दौर के सामाजिक जीवन पर उन स्थितियों, विचारों, प्रवृत्तियों और प्रभावों को उभारें, उन प्रेरणाओं, दबावों और प्रसंगों को उजाकर करें, गत सदी के अन्तिम दो दशकों की साहित्य-सर्जना अपनी संवेदना तथा रचना-शिल्प, दोनों आयामों पर जिनका कलात्मक प्रतिफलन या कलात्मक पुनर्रचना है।

बहुत पीछे नहीं, तो संक्षेप में ही सही, बीसवीं सदी के इन अन्तिम दो दशकों की जमीन पर पैर टिकाए, उनसे ठीक एक सदी पहले उन्नीसवीं सदी के अन्तिम दो दशकों की गतिविधि और हलचल के कुछ प्रमुख आयामों पर अपनी निगाहें केन्द्रित करें, एक अर्थ में बीसवीं सदी के भारत के जो प्रवेश-द्वार या प्रस्थान बिन्दु हैं। बीसवीं सदी का भारत, जिसे हमने अपनी आँखों से देखा और जिया है, उन्नीसवीं सदी के अन्तिम दो वर्षों की ही निर्मिति है, इन दो दशकों के क्रियाकलापों की फलश्रुति भी, और उनका विपर्यय और विडम्बना भी। फलश्रुति, अपने अन्तर्विरोधों और सीमाओं के साथ बीसवीं सदी के पूर्वार्द्ध की सचाई है और विपर्यय तथा विडम्बना उसके उत्तरार्द्ध की, हमारी चर्चा में केन्द्रीय उसके अन्तिम दो दशक जिसका अभिन्न हिस्सा हैं।

पहले 19वीं सदी के अन्तिम दो दशकों पर निगाह डालें, आधुनिक भारत की, हमारी भाषाओं और उनके साहित्य के आधुनिक काल की, हिन्दी-साहित्य के आधुनिक काल की यात्रा जहाँ से शुरू होती है। इस 'आधुनिक' शब्द को यहाँ हम विशेष रूप से रेखांकित करना चाहते हैं। समय के इस दौर की खास पहचान उस नवजागरण के नाते है जिसे आधुनिक भारतीय नवजागरण के नाम से जाना जाता है। यह दिलचस्प संयोग तो है ही, निहायत क्लेशदायक भी है कि जो चिन्ताएँ बीसवीं सदी के इन अन्तिम दो दशकों में अपने देश, अपने देशवासियों के भविष्य और नियति को लेकर हमारे मन में थीं, और नई सदी की दहलीज़ पर खड़े हमारे मन की आज भी मूलवर्ती चिन्ताएँ हैं। वही चिन्ताएँ 19वीं सदी के अन्तिम दो दशकों की हलचल से जुड़े हुए हमारे पूर्वजों के मन में भी अपने देश और देशवासियों

के भविष्य और उनकी नियति को लेकर थीं। क्लेशदायक और त्रासद पहलू यह है कि जिन चिन्ताओं से हमारे पूर्वजों ने हमें तथा देश को उबारना चाहा था, जिसका परिणाम वह नवजागरण था, वे चिन्ताएँ एक सदी के बाद भी हमारी और देश की मूलवर्ती चिन्ताएँ हैं। अर्थात् एक सदी पहले जहाँ से हमने बीसवीं सदी के लिए अपनी यात्रा की शुरुआत की थी, एक सदी बाद भी हम उसी मुकाम पर हैं। ऐसा कैसे हुआ, हम अपना गन्तव्य क्यों नहीं पा सके क्लेश और संत्रास इसी बात को लेकर है। हमारे पूर्वज चिन्तित थे देश के आर्थिक पराभव और एक विदेशी कम्पनी, जिसका हमारे देश पर शासन था उसके द्वारा किए जा रहे देश के आर्थिक शोषण को लेकर, उसकी लूट को लेकर। वे चिन्ताशील थे अपने समय के भारत के मध्ययुगीन मानस को लेकर, जिसमें रूढ़ियाँ थीं, सामाजिक-धार्मिक अन्ध-आस्थाएँ थीं। वे आगे की नई सदी में एक आधुनिक भारत, विवेकसम्मत, वैज्ञानिक मानस वाले आधुनिक भारत को लेकर जाना चाहते थे, उदार-सहिष्णु जनतन्त्रीय आस्था वाले भारत का निर्माण चाहते थे। धर्म को वे मानवीय और आधुनिक छवि देने के आकांक्षी थे। वे औपनिवेशिक दासता से देश की मुक्ति भी चाहते थे—राजनीतिक-आर्थिक मुक्ति और सामाजिक समता से परिपूर्ण एक नए समाज के आकांक्षी थे। नवजागरण की कोख से ही जन्मा हमारा स्वाधीनता आन्दोलन भी उन्नीसवीं सदी के अन्तिम दो दशकों की वास्तविकता है। अन्तर्विरोधों और सीमाओं से जूझते-उबरते उन्होंने जो कुछ भी हासिल किया वह कम महत्त्वपूर्ण नहीं है। उन्होंने हमें आधुनिक विचार दिए, विवेक सजग किया, युक्तियुक्तता के महत्त्व को पहचानना सिखाया, सामाजिक-धार्मिक रूढ़िवाद के खिलाफ संघर्ष करते हुए समाज तथा धर्म को संस्कारित किया, जिसके सुफल भी सामने आए। स्वाधीनता संघर्ष की परिणति अन्ततः औपनिवेशिक दासता से देश की मुक्ति में हुई। स्वाधीनता आन्दोलन ने हमें धर्म-निरपेक्षता तथा साम्प्रदायिक सद्भाव के मूल्य दिए। बहुत-कुछ छूटा भी, धर्म के आधार पर देश का विभाजन भी हुआ, परन्तु हमने इतना कुछ विरासत के रूप में पाया कि बीसवीं सदी के उत्तरार्द्ध में आधी सदी की अपनी यात्रा आश्वस्त और निरापद होकर जारी रख सकें और अपने गन्तव्य तक पहुँच सकें। परन्तु, जैसा हमने अभी कहा, बीसवीं सदी के खत्म होते न होते, हम लगभग उसी मुकाम पर अपने को पा रहे हैं, जहाँ से 19वीं सदी के उत्तरार्द्ध में हम चले थे। क्या हुआ विरासत का, उस पाथेय का, जो हमें मिला था।

उन्नीसवीं सदी उत्तरार्द्ध में भारी मन और बड़े क्लेश के साथ भारतेन्दु ने देशवासियों का आह्वान किया था :

> आवहु सब मिलि के रोवहु भारत भाई,
> हा, हा, भारत दुर्दशा न देखी जाई॥

बीसवीं सदी के अन्तिम दो दशकों में, जो हमारी चर्चा में हैं, और नई सदी की दहलीज पर जहाँ हम खड़े हैं, भारतेन्दु की यह गुहार कहीं हमारे आसपास की ही है, क्या ऐसा नहीं लगता? बीसवीं सदी के अन्तिम दशकों के हमारे अनुभव और राष्ट्रीय [illegible] विद्यमान वह तमाम कुछ जिसे इन दशकों और नई सदी [illegible] हम देख और भोग रहे हैं, क्या वह उस सब कुछ का, उस विरासत और उस दाय का त्रासद विपर्यय नहीं है, जो हमें अपने पूर्वजों से मिला था और आजादी मिलने तक जिसे हम काफी कुछ सँभाले हुए थे—गलतियों के बीच और उनके बावजूद भी।

नवजागरण और स्वाधीनता-आन्दोलन के अन्तर्विरोधों और सीमाओं का संकेत हमने ऊपर किया है। हम उनके विस्तार में नहीं जाएँगे। उनसे हम सुपरिचित हैं। हमारा क्लेश उनकी उपलब्धियों को न सँभाल पाने को लेकर है जो आगे के समय की हमारी यात्रा को सार्थक बना सकती थीं। उनमें वह माद्दा था। स्वाधीनता आन्दोलन की असंगति तो बीसवीं सदी पूर्वार्द्ध के अन्तिम दो दशकों—चौथे और पाँचवें दशक तक उजागर हो चुकी थी। 'जागरण' और 'हंस' के पन्नों में ही नहीं, अपने उपन्यासों और कहानियों में प्रेमचन्द बार-बार उसके प्रति आजादी के आन्दोलन के रहनुमाओं को सचेत और सावधान कर रहे थे। मात्र राजनीतिक मुक्ति, राजनीतिक सत्ता के हस्तान्तरण की लड़ाई को आजादी की मुकम्मिल लड़ाई मानने को वे कतई तैयार नहीं थे, जबकि स्वाधीनता-आन्दोलन अपने आखिरी दौर में इस परिणति तक पहुँच चुका था। वह कैसी आजादी जिसमें साधारण जनता, किसान, मजदूरों, दलितों और औरत की आर्थिक-सामाजिक आजादी शामिल न हो। साम्राज्यवाद-उपनिवेशवाद के साथ जरूरत थी पूँजीवाद की ताकत और सामन्तवाद के सड़े-गले अवशेषों के खिलाफ जंग छेड़ने की, सामाजिक-आर्थिक गैर-बराबरी के उन्मूलन को आजादी की लड़ाई का हिस्सा बनाने की, ना कि 'जान के हाथों से सत्ता की बागडोर गोविन्द के हाथों में दे देने की,' जैसा कि हो रहा था। हुआ भी यही। देश का विभाजन और जान के हाथों से गोविन्द के हाथों में राजनीतिक सत्ता का अन्तरण। किसी ने इसे झूठी आजादी कहा, किसी ने समझौता, परन्तु सच है कि वह जो कुछ भारतीय जनगण आजादी से चाहता था, वह उसे नहीं मिल पाया। मिली हुई आजादी पर उर्दू के प्रख्यात शायर फ़ैज़ अहमद 'फ़ैज़' की यह प्रतिक्रिया काबिले-गौर है :

ये दाग़-दाग़ उजाला, ये शब-गज़ीदा सहर,
वो जिसका इन्तजार हमें था, ये वो सहर तो नहीं।

आजादी मिली। झूठी तो नहीं पर वह अधूरी जरूर थी। रोशनी तो आई परन्तु उसमें दाग थे। फिर भी आजादी के जश्न हुए। राजनीतिक सत्ता पाने की हड़बड़ी

में जो तमाम कुछ भविष्य के एजेण्डे में डाल दिया गया था, नए सत्तानशीनों की निगाहें उसकी ओर गईं, विरासत को भी उन्होंने देखा-पहचाना और बीसवीं सदी के पूर्वार्द्ध की समाप्ति होते-होते सन् 1950 में आजाद भारत का जो संविधान बना उसमें वे सारे सपने टाँके गए जो भारत के जनगण ने आजादी के वक्त देखे थे और जिन्हें हाशिए पर डाल दिया गया था।

शुरू होता है बीसवीं सदी का उत्तरार्द्ध, जिसका आखिरी बिन्दु हमारी चर्चा में है। विपर्यय की शुरुआत कब से, कहाँ से हुई, क्या-कुछ हुआ कि आजादी मिलने के बाद के 10-15 सालों के भीतर ही लगने लगा कि जो कुछ हम चाहते थे, हमारी पहुँच से बहुत दूर है। प्रतीक्षा–प्रतीक्षा–एक निहायत पीड़ा भरी प्रतीक्षा। प्रतीक्षा में पथराई आँखों से कहीं हताशा की कालिमा तो कहीं गुस्से की लाली झलकने लगी। यह एक मोहभंग की शुरुआत थी। मोहभंग की परिणति या तो स्थिति के प्रति दयनीय समर्पण में होती है–'न हमारी आँखों में आत्मरति, न हमारे होंठों पर शोकगीत, किसी भी व्यवस्था में डाल दो, हम जी जाएँगे', न फिर विद्रोही तेवरों में, विक्षोभ और आक्रोश में, जो बहुधा अराजक दिशाएँ भी लेता है। यही हुआ भी। समाज में सेनाएँ बनीं, राजनीति में नक्सलबाड़ी जैसे आन्दोलन सामने आए। साहित्य भी अछूता नहीं रहा। साहित्य में नई-नई पीढ़ियाँ और नए-नए आन्दोलनों की शुरुआत हुई–विद्रोही पीढ़ी, भूखी पीढ़ी, बीट पीढ़ी, श्मशानी पीढ़ी, अकविता, सच्ची कविता, असली कविता, अकहानी, सचेतन कहानी, समान्तर कहानी, सहज कहानी, इन सबका एक सैलाब-सा सामने आया। उपन्यास में नायक की मृत्यु की उद्घोषणा हुई। मोहभंग की सकारात्मक-नकारात्मक परिणति के तहत जो कुछ भी मन में था, सब बाहर आ गया। पराजय बोध के साथ माथे पर उभरी शिकनें और तनी हुई मुट्ठियाँ युवाओं की पहचान बनीं। असन्तुलित असमान आर्थिक विकास के चलते समाज का एक वर्ग, देश के कुछ हिस्से समृद्ध हुए तो साधारण जनता और शेष देश ने इस समृद्धि की कीमत चुकाई। नायक का इस समूचे परिदृश्य से गायब होना कोई ताज्जुब की बात नहीं थी। हताश और पराजित पीढ़ियाँ नायक नहीं दिया करतीं।

बावजूद इसके, माहौल से घबरा शासक-वर्ग की प्रतिक्रिया आपात्काल के रूप में सामने आई। जनतान्त्रिक मुखौटे के पीछे छिपा अधिनायकवाद का चेहरा उजागर हो उठा। अभिव्यक्ति पर पाबन्दी और प्रतिरोध का हर सूरत में दमन। चापलूसी और मुसाहिबी के रूप भी चमके-जगमगाए। जन प्रतिरोध के चलते अन्ततः अधिनायकवाद को झुकना पड़ा। आपात्काल की समाप्ति के साथ राजनीतिक सत्ता में नए समीकरण बने। तमाम कुछ जो अर्से से सतह के नीचे खौल और खदबदा रहा था, सतह के ऊपर आ गया।

यह है संक्षेप में उन्नीसवीं सदी के अन्तिम दो दशकों से बीसवीं सदी के

अन्तिम दो दशकों तक की पृष्ठभूमि। इस पृष्ठभूमि में ही बीसवीं सदी के अन्तिम दो दशकों के आर्थिक-राजनीतिक और सामाजिक-सांस्कृतिक पट पर जो इबारत उभरी, उसी को पढ़ने-समझने और उसी का आकलन-मूल्यांकन करने की कोशिश हमारे वर्तमान विमर्श के केन्द्र में है।

हम पुनः रेखांकित करना चाहेंगे कि इस बिन्दु पर भी, बीसवीं सदी के इन अन्तिम दो दशकों की साहित्य-सर्जना का लेखा-जोखा लेने के बजाय और रचनाओं तथा रचनाकारों की फेहरिश्त पेश करने के बजाय अपनी प्रतिज्ञा के तहत समय के अपने दबावों और इन दबावों के फलस्वरूप समय के अपने बनते-बिगड़ते चेहरे को ही पहचानने और उजागर करने का प्रयास करेंगे, इन दशकों की साहित्य-सर्जना जिसकी देन है और जो उसके भीतर से झलक भी रहा है।

अन्तर्राष्ट्रीय सन्दर्भ में और राष्ट्रीय स्तर पर अपने गम्भीर फलितार्थ लिए हुए बीसवीं सदी के अन्तिम वर्षों की सबसे महत्त्वपूर्ण घटना, जिसे एक हादसा कहा जाएगा, पूर्वी यूरोप और सोवियत रूस की समाजवादी व्यवस्था का विघटन है। सात दशकों की परिधि में पनपी-परवान चढ़ी समाजवादी व्यवस्था ताश के पत्तों की तरह भहरा गई, बहुत कुछ हम पर, हमारे देश के—भविष्य पर भी, अपने गहरे निशानों को छोड़ते हुए। विकल्प में अमेरिका के नेतृत्व में एक ध्रुवीय विश्व की प्रतिष्ठा, सांस्थानिक पूँजीवाद का उदय और समूचे विश्व पर उसका वर्चस्व। यह सांस्थानिक पूँजीवाद विश्वस्तर पर अपने नए इरादों का तर्क, नए दर्शन तथा नए विचारों के साथ सामने आया—अपने वित्तीय उपक्रमों के जरिए पिछड़े और विकासशील देशों की आर्थिक संप्रभुता को लीलते-हजम करते हुए, उन्हें अपना पिछलग्गू बनाते हुए, और अपने वैचारिक-दार्शनिक उपक्रमों के जरिए इन देशों के सामाजिक-सांस्कृतिक जीवन को अपसंस्कृति में गर्क करने और सामाजिक समता या बुनियादी सामाजिक बदलाव के किसी भी विचार से—मार्क्सवाद जिसका प्रतीक था, विरत करते, जो उसके लिए खतरा बन सकते थे। उत्तर-आधुनिकतावाद पर यह हमारी रायजनी नहीं है, परन्तु इतिहास और विचारधारा के अन्त-जैसी उसकी उद्घोषणाओं को हमें इस सन्दर्भ में पढ़ना चाहिए।

एक सपना लेकर हमारे पूर्वज 19वीं सदी के आखिरी कोने से बीसवीं सदी में आए थे—एक आधुनिक, युक्तियुक्तता पर विश्वास करनेवाले भारत का सपना। बीसवीं सदी में आते समय उनके पास एक नवजागरण था, एक स्वाधीनता-आन्दोलन था। उनके पास जनतन्त्र के मूल्य और आदर्श थे, धर्म-निरपेक्ष मानस था, वे प्रबुद्ध थे, सहिष्णु और उदार थे। कुछ उनके अन्तर्विरोध और सीमाएँ भी थीं, किन्तु उनका सकारात्मक हमारी विरासत बना। कैसे इस विरासत में शनैः-शनैः ग्रहण लगता गया, कैसे परिदृश्य बदलता गया, कुछ संकेत हमने दिया है। अब जो कुछ हमारे सामने बीसवीं सदी के अन्तिम दशकों में है, वह विपर्यय नहीं तो और क्या है।

भारतेन्दु एक विदेशी कम्पनी के आर्थिक शोषण से आहत थे, आज बहुराष्ट्रीय कम्पनियाँ हैं, उनका शोषण और उनकी लूट है, और वे हमारे आमन्त्रण पर यहाँ हैं। हमने आँखें बिछाकर उनका स्वागत किया है।

क्या है, इन दो दशकों का आर्थिक-राजनीतिक और सामाजिक-सांस्कृतिक परिदृश्य? क्या हम लाए हैं नई सदी में अपने साथ?

विदेशी ऋण के मकड़जाल में अपनी आर्थिक संप्रभुता को लगभग खो चुका, उन ऋणदाताओं के इशारों पर नाचता-थिरकता, देश की साधारण जनता को उनकी भावी सुख-समृद्धि के सपने दिखाता, उसे ठगता-गुमराह करता, एक देश, हमारा भारत; जातिवादी विष और पृथकतावाद की चुनौतियाँ, क्षेत्रीय दुराग्रह, हजार बाँहों वाला भ्रष्टाचार, अपराध और अपराधियों का राजनीति से लेकर समाज तक फैला एक समानान्तर तन्त्र, चमत्कारी बाबाओं का हुजूम, अपसंस्कृति की चकाचौंध और तिलस्म में खोया और डूबा-नहाया समाज का मध्यवर्ग और ऊपरी तबका, दिशाहीन युवा पीढ़ी, जिसके पास कोई गन्तव्य नहीं, मीडिया में लगातार चल रहा स्त्री-देह का व्यापार और उसमें आजादी के आत्मछल या गुलामी के सुख को भोगती स्त्री की स्वैच्छिक शिरकत—तथा साम्प्रदायिक धर्मोन्माद की हाहाकारी गूँजें, फासीवादी धार्मिक जुनून, एक अन्धी-अँधेरी सुरंग की यात्रा, जिसका कोई अन्त नहीं, अतिसुखभोगवाद की पाशव हवस। महज यही नहीं, गरीबी की रेखा से नीचे महज अपने अस्तित्व के लिए संघर्ष करती आधी से ज्यादा आबादी, अपनी अस्मिता की गुहार लगाते दलित और घरों की सीलन-भरी चौहद्दियों में गीली लकड़ी की तरह धुँधुवाती पूरी की पूरी मातृशक्ति। कोई स्वप्न नहीं, कोई गन्तव्य नहीं और सामने पसरी है नई सदी की एक पूरी की पूरी यात्रा, बिना पाथेय की यात्रा।

यह सब कुछ बेहद हताश और निराश करनेवाला है, किन्तु रोशनी की कुछ किरणें हैं, जो हारी नहीं हैं, जिन्हें कोई अन्धकार जीत नहीं पाया है। वे हैं—साधारण जन, विराट-साधारण जन की जिजीविषा, कुछ विचार, जनता की संगठित शक्ति पर हमारा विश्वास, इतिहास की हमारी समझ कि वह पीछे नहीं जाता, विचारों को कर्म में ढालती कुछ शक्तियाँ।

हमारे मन पर परिदृश्य के गहरे निशान और खरोंचें जरूर उभरी हैं, पर हमारा मनोबल हारा नहीं है। यथार्थ वही नहीं होता जो सतह पर दिखाई देता है। सतह के नीचे भी कुछ खौलता-उबलता रहता है, ऊपर आने को आतुर। उसमें नकारात्मक से संघर्ष करता सकारात्मक भी होता है, जो विकासशील और ऊर्जावान होता है। उसे पहचानने की जरूरत होती है। इन दो दशकों में उसे भी पहचाना गया है—जिसके तहत कुछ सपने और संकल्प अभी जीवित हैं। जिस साहित्य-सर्जना को हम विवृत्त करेंगे, उसमें तीसरी आँख से देखे गए की मिसालें भी हमें मिलेंगी।

अब तक जो कुछ हमने उकेरा है—वह हमारे समय का क्रूर चेहरा हो, या

फिर सब कुछ के बावजूद हमारा यह विश्वास कि ऐसा तमाम कुछ भी परिदृश्य में है जो हमारे मनोबल को टूटने नहीं देता और हमें आश्वस्त करता है, कि अन्धी सुरंग की यात्रा मनुष्य की नियति नहीं है, हमारा साक्षात्कार रोशनी से होगा। समय के पट पर लिखी दोनों तरह की इन इबारतों को हमने इस अवधि की सर्जना के भीतर पढ़ा और समझा है।

मसलन, तमाम सारी अपसंस्कृति के खिलाफ उठे स्वर भी परिदृश्य में पूरी ताकत से गूँजे हैं, मुक्त बाजार और वैश्वीकरण की आड़ में देश की आर्थिक तबाही और लूट के खिलाफ भी जन-आन्दोलन खड़े हुए हैं, भ्रष्टाचार और भ्रष्टाचारियों के मुँह की नकाबें भी उतरी और उतारी गई हैं, साम्प्रदायिक धर्मोन्माद की फासीवादी मुहिम के विरोध में भी जनता के सभी तबकों ने अपनी आवाज़ बुलन्द की है। किसान-मजदूरों की संगठित शक्ति अपने जायज़ अधिकारों की रक्षा के लिए मैदान में उतरी है। सदियों की अमानवीय यातना से त्रस्त दलित और नारी ने भी अपनी अस्मिता और हक का सवाल उठाते हुए अपने को एकजुट ही नहीं किया, सड़कों पर उतरकर व्यवस्था की अमानवीयता के खिलाफ आन्दोलनों का सिलसिला शुरू किया है। यह सब कुछ आश्वस्त करनेवाला है।

हम फिर कहना चाहेंगे कि विवेच्य दो दशकों की साहित्य-सर्जना में इस परिदृश्य को उसकी सम्पूर्णता में, उसकी सारी अन्तर्विरोधी जटिलता के साथ देखा और चित्रित किया गया है। स्वभावतः उसमें जो कुछ भी अंकित है, वह एकरेखीय और समरस नहीं है। संवेदना तथा विचार-भूमियों में भिन्नता और जबरदस्त टकराव भी है। ऐसा इसलिए कि समय की लिखावट को रचनाकारों ने अपने-अपने संस्कारों और विचारों की अनुरूपता में अपने ढंग से पढ़ा और समझा है। सर्जना क़े प्रत्येक युग में ऐसा हुआ है। संवेदनाओं का जो टकराव तथा विचार और विचारधाराओं का जो संघर्ष सदी की शुरुआत की सच्चाई रहा है, आगे के समयों में प्रखर से प्रखरतर होते हुए वह सदी के इन अन्तिम दो दशकों में भी पूरी धार और वेग के साथ विद्यमान है।

अपने आलेख का समापन हम, बीसवीं सदी के अन्तिम दो दशकों की साहित्य-सर्जना की प्रातिनिधिक पड़ताल के तहत उपजे अपने निष्कर्षों से करेंगे।

देहासक्ति और देहधर्म, दर्शन और अध्यात्म की मुद्राओं, व्यक्ति की अन्तरंग और निजी जिन्दगी से जुड़ी स्थितियों, सरोकारों, मनोदशाओं और जरूरतों को, दार्शनिकता के आच्छद में व्यक्ति-मानस की उधेड़बुनों को विशद करनेवाली रचनाओं को छोड़कर, जिनमें कविता, उपन्यास और कहानी की विधाएँ शामिल हैं, तथा इन विधाओं में ही किए गए कतिपय प्रयोगधर्मी उपक्रमों, भाषा के स्थापत्य में दिशाहीन हो जानेवाली रचनाओं और भाषा तथा रचना-शिल्प की अराजक प्रस्तुतियों में ही कवि-कर्म तथा कथा-सृजन की ऊँचाइयाँ पाने और तलाशने वाले विभ्रमों के उदाहरण

के बावजूद, उपर्युक्त दो दशकों की रचनाशीलता, बुनियादी तौर पर अपने पूरे वैविध्य के साथ समय से कारगर मुठभेड़ करनेवाली रचनाशीलता है। उसने परिदृश्य की गहमागहमी में हर मुद्दे पर अपने सार्थक हस्तक्षेप को दर्ज किया है। समय की हर मनुष्य-विरोधी साजिश को बेनकाब करते हुए उसने अपने को मनुष्य के पक्ष में खड़ा किया है। कवि हों या कथाकार, अपने अर्जित विवेक के तहत उन्होंने समय के एक-एक तेवर को पूरी समझ के साथ जाँचा-परखा है, उसके नकारात्मक पहलुओं पर कठोर टिप्पणियाँ की हैं, उन्हें उधेड़ा है और किसी भी स्रोत से आई मूल्यहीनता को बरदाश्त न करते हुए उस मूल्यहीनता के बीच मूल्यवान की शिद्दत से तलाश की है, मूल्यवान जीवन जीने की आकांक्षा को बल प्रदान किया है। व्यक्ति की निजता को पूरी स्वीकृति इस रचनाशीलता में मिली है, विरोध उसकी अराजक और अवांछित परिणतियों का ही हुआ है। यह रचनाशीलता बुनियादी तौर पर सामाजिक जीवन के यथार्थ पर विकसित रचनाशीलता है जिसमें यथार्थ-विरोधी और मनुष्य-विरोधी हर रचनात्मक अभियान का प्रबल प्रतिरोध है। अपने समय से आँखें मिलाते हुए भी उसने परम्परा के सकारात्मक मूल्यों के प्रति अपनी निष्ठा व्यक्त की है और परम्परा वह निराला की हो, मुक्तिबोध की हो, प्रेमचन्द की हो, अपने समय में उसे पुनर्जीवित किया है, उसकी निरन्तरता को बनाए और बचाए रखा है। उसमें अपना नया और मौलिक जोड़ा भी है। व्यक्ति तथा समाज—जीवन की बहुरंगी छवियाँ तथा मनोदशाएँ उसमें अपनी पूरी चित्रमयता और बारीकी के साथ उभरी हैं, वह बुनियादी तौर पर जीवन के राग से जुड़ी साहित्य-सर्जना है। समय की आक्रामकता के निशान तथा खरोंचें भी उसमें हैं परन्तु समय की क्रूरता से लोहा लेते हुए समय की छाती पर अपनी तरफ से उसने भी अपने निशान तथा प्रभाव छोड़े हैं। अपसंस्कृति से समझौता न करते हुए उसने उसके मुखौटों को नोचा और उसकी असलियत को बेनकाब किया है। क्षुद्रता, गलाज़त और कमीनेपन को उजागर करते हुए उसकी निगाहें बराबर मनुष्य और मनुष्य जीवन की उच्चतर सम्भावनाओं पर टिकी हैं। कविता में जहाँ आदमीयत की शर्त या आदमीयत के तकाजे की उसकी पहचान बरकरार रह सकी है तो कथा-सृजन में सामाजिक यथार्थ का दस्तावेज होने की उसकी अहमियत अक्षत रह सकी है। यह बीसवीं सदी के अन्तिम दो दशकों की रचनाशीलता पर हमारी अतिशयोक्ति नहीं, उसकी बुनियादी और प्रातिनिधिक वास्तविकता का कथन है। उसके साक्ष्य हमारे पास हैं, वे रचनाएँ और रचनाकार हमारी निगाहों में हैं, जिन्होंने बड़े नाजुक आज के दौर में रचना के मनुष्य का सांस्कृतिक कर्म होने की साख को शिद्दत से बचाया और बचाए रखा है।

बहुत बड़ी बात है कि इन दो दशकों में वे मुद्दे केन्द्रीय बने, जो अब तक हाशिए पर पड़े हुए थे। इन मुद्दों में स्त्री और दलितों की अपनी अस्मिता के दो

महत्त्वपूर्ण मुद्दों को मैं विशेष रूप से रेखांकित करना चाहूँगा। स्त्री के सवाल पर चर्चाएँ पहले भी होती रही हैं, परन्तु इस अवधि में स्त्री की अस्मिता से जुड़े सवालों को कविता तथा कथा-परिदृश्य पर उन नारी-लेखिकाओं ने उठाया है जो नारीवाद के विभ्रमों से बचते हुए, उसकी सीमाओं से वाकिफ स्त्री-मुक्ति और स्त्री-अस्मिता के सवाल को औरत-मात्र की मुक्ति और अस्मिता से जोड़ सकी हैं, उन करोड़ों-करोड़ औरतों की मुक्ति और अस्मिता से, जो नगरों और महानगरों की चकाचौंध से दूर, खेतों-खलिहानों, झुग्गी-झोंपड़ियों, मिलों और खदानों में तथा बन्द घरों की सीलन भरी कोठरियों में काम कर रही हैं, श्रम कर रही हैं, सुलग और घुट रही हैं। नारी-मुक्ति को एक बेहतर समाज रचना के दायरे में विश्लेषित करनेवाली, बड़े सामाजिक परिप्रेक्ष्य में इस मुक्ति को विशद करनेवाली कवि हों या कथाकार, ये नारी लेखिकाएँ इन दशकों की उपलब्धि हैं। आज का यह नारी-लेखन नारीवादी लेखन नहीं, नारी-केन्द्रित सवालों को बड़े आशयों में लानेवाला, नारी की मुक्ति को साधारण जन की सार्वदेशिक मुक्ति से जोड़ने वाला, पर बेहतर मानवीय और तर्क संगत सामाजिक संरचना में नारी को उसकी सही हैसियत के साथ प्रतिष्ठा देने की कोशिश में लगा—नारी-अस्मिता का प्रामाणिक लेखन है।

इन्हीं दो दशकों में हिन्दी में अपनी अलग पहचान के साथ दलित-लेखन का उदय भी हुआ है। अब तक दलित-जीवन-सन्दर्भों पर दूसरे लोग अपनी मानवीय करुणा और मानवीय सरोकारों के तहत लिख रहे थे। पहली बार, गत सदी में पहली बार अब दलित खुद अपनी आकांक्षाओं के अपनी भाषा में, अपनी कलम से लिख रहे हैं। यथास्थिति को बनाए रखनेवाली शक्तियाँ हैरान और परेशान हैं। वे इस लेखन पर फतवे दे रही हैं, उसे अराजक, अहेतुक और अशालीन कहकर उसे बदनाम कर रही हैं, उसके खिलाफ साजिशें रच रही हैं। हम दलित-लेखन का, सदियों से यातना भोगनेवाले दलितों के इस उभार का स्वागत करते हैं। हम दलित-लेखन को अपने जनतान्त्रिक सरोकारों के दायरे का लेखन मानते हैं। हम इस लेखन की अपनी विशिष्ट पहचान के भी पक्षधर हैं। इस लेखन में ऊष्मा भी है और ऊर्जा भी। परेशान और विक्षुब्ध कर देनेवाला यथार्थ इसमें है। इसमें दलित-समाज की आकांक्षा, उनके स्वप्न और उनके संघर्ष हैं। अभी परिमाण में वह ज्यादा नहीं है परन्तु उसमें सम्भावनाएँ हैं—एक पूरा वर्तमान और भविष्य उसकी जद में आने को आतुर है। कविताएँ हों, या कहानियाँ या आत्मकथाएँ और विचारात्मक लेखन, जो कुछ उसमें आया है वह उनके यातनामय अतीत का, संघर्ष से भरे वर्तमान और सम्भावनापूर्ण भविष्य का दहकता-सुलगता दस्तावेज है।

साम्प्रदायिक धर्मोन्माद की फासीवादी शक्तियों का उभार भी इन दो दशकों की रचनाशीलता और समय में जुड़ा एक नया अध्याय है। पहले रथ-यात्रा, फिर एक पूजा-स्थल का ध्वंस और अब इस साम्प्रदायिक धर्मोन्माद की हाहाकारी गूँजें

और चुनौतियाँ, इन दो दशकों की रचनाओं में—कविता तथा कथा-सृजन में, चिन्ता और चुनौती दोनों रूपों में पहचानी और प्रस्तुत की गई हैं। रचनात्मक और विचारात्मक दोनों आयामों पर इस पूरी अवधि में इस चिन्ता से मुखातिब हुआ गया है, चुनौतियों से टकराया गया है। यह जरूरी भी है कि आगे भी फासीवाद की इस मुहिम का रचना, विचारधारा और कर्म, हर स्तर पर जवाब दिया जाय—उस विरासत की रक्षा के हेतु जो हमें अपने पूर्वजों से मिली है। भारत पुरातन काल से सामासिक संस्कृति का देश रहा है, विविधताओं से पूर्ण। रवीन्द्रनाथ ने उसे 'महामानव सागर' कहा है। भारत की यही छवि आगे भी बरकरार रहे, यह कार्यभार है, नई सदी में हमारे रचनाकारों पर, जो हर स्थिति में मनुष्य और मनुष्यता के पक्षधर रहे हैं।

अन्ततः, कुछ अनलिखा भी रह गया है, पूरी गत सदी के पन्नों पर। नई सदी में उसे भी लिखा जाना है। हिन्दी क्षेत्र आदिवासी बहुल-क्षेत्र है, पर कहाँ हैं हिन्दी कविता या कथा-साहित्य में आदिवासियों के जीवन सन्दर्भ? वे महज जब तब कौंध कर रह गए हैं। महाश्वेता देवी उन पर लिख रही हैं, हमने उन्हें हाशिए पर छोड़ रखा है। जरूरी है कि नई साहित्य-सर्जना में ये आदिवासी अपनी अस्मिता, अपने अधिकारों और एक बेहतर जीवन की अपनी आकांक्षाओं के साथ आएँ, हाशिए की चीज़ बनकर नहीं, भारतीय जनगण का अभिन्न हिस्सा बनकर, अपनी पूरी तेजस्विता में। सम्प्रति इतना ही। अगली चर्चाओं में सब कुछ विशद होकर आएगा ही।

अन्तिम दो दशकों के साहित्य का परिदृश्य

प्रोफ़ेसर नरेश

पराधीन मानसिकता से निकलकर ही उत्कृष्ट रचना करना सम्भव है। साहित्य समाज का तीसरा नेत्र होता है, इसका उद्देश्य समाज में मंगल की स्थापना करना होता है। पिछले दो दशकों के साहित्य में हिन्दी-साहित्य के साहित्यकारों ने यथार्थ को सूक्ष्म दृष्टि से व्यक्त किया है। इसमें मीडिया की महत्त्वपूर्ण भूमिका रही है। इसमें पुरातन साहित्य का समावेश भी दिखाई देता है। यह साहित्य पूरी तरह सामाजिक जीवन से जुड़ा है। वर्तमान में आर्थिक, मानसिक एवं राजनीतिक पराधीनता से बाहर निकलकर ही साहित्य रचना करना श्रेयस्कर है। इन दशकों के समय में जीवन में जो विकृतियाँ पैदा हुईं उनका असर साहित्य पर भी पड़ा है। बीसवीं सदी के अन्तिम दशकों में साहित्यकारों ने समाज में व्याप्त विकृतियों और भ्रष्टाचार के विषय में बहुत लिखा व राजनीति के प्रभावों का सकारात्मक और नकारात्मक प्रभावों का भी चित्रण किया। वर्तमान समय में समाज में जो व्यवस्था बढ़ी है उसमें रचनाकार को नये मापदंड खोजने होंगे। हम राजनीतिक दासता से तो मुक्त हैं परन्तु आर्थिक दृष्टि से मुक्त नहीं हैं।

साहित्य का कर्म संवेदनशीलता पैदा करना है। खेमों में बँटा साहित्य चिन्ता का विषय है। इन दशकों में साहित्य ने यथार्थ को नये ढंग से रेखांकित किया है। समय के उतार-चढ़ाव हिन्दी-साहित्य की हर विधा में केन्द्रित रहे हैं। दलित साहित्य सामन्तवादी व्यवस्था और पाश्चात्य प्रभावों का असर इस साहित्य में देखा जा सकता है। अनेक तरह की समस्याएँ और प्रश्न इस साहित्य में निरन्तर अपनी उपस्थिति बनाए हुए हैं। उपभोक्ता मूलक संस्कृति का प्रभाव विशेष रूप से इस साहित्य में दिखाई देता है। पहले साहित्य सुना जाता था परन्तु अब वह पढ़ा जाता है। प्रश्न है कि पिछले दो दशकों का साहित्य कितना लिखा और पढ़ा गया? कितनी पत्रिकाएँ बन्द हो गईं। समस्याएँ जहाँ की तहाँ हैं। साहित्य इलैक्ट्रॉनिक मीडिया और सूचना तन्त्र के दबाव में है। यहाँ तक कि हमारी जिम्मेदारी केवल द्रष्टा भर की रह गई है। साहित्य के आलोचक स्वयं जानते हैं कि वे कहाँ खड़े हैं। इससे

क्या साबित होता है। पाठकों पर इसका प्रभाव क्या पड़ता है? जबकि साहित्य एक सभ्यता की निर्माण-शक्ति है।

आज हमारी परम्पराएँ टूट रही हैं। संयुक्त परिवार टूट रहे हैं। हम एकान्तजीवी होते चले जा रहे हैं। हमारे विचार एकतरफा हो रहे हैं। साहित्य ऐसे अनदेखे बिन्दुओं को ही खोज कर सामने लाता है और उन्हें सूत्रबद्ध करके समाज में संयुक्त परिवार के निर्माण का कारक भी बनता है। अन्तिम दो दशकों के साहित्य में ये समस्याएँ उभरी हैं। ये कठिनाइयाँ उठाई गई हैं और अपने-अपने ढंग से रचनाकार इनके समाधान भी उठा रहे हैं। इस क्रम में निःसन्देह रचनाकार अपनी परम्पराओं की ओर दृष्टिपात कर रहे हैं। इस तरह अन्तिम दो दशकों के हिन्दी-साहित्य में दृष्टि साफ भी झलकती है परन्तु वैचारिक घटाटोप के चलते बहुराष्ट्रीय कम्पनियों की उपभोक्ता-संस्कृति का दुष्प्रभाव भी दिखाई देता है। यह साहित्य दो विपरीत ध्रुवों पर खड़ा दिखाई देता है इसलिए समस्याएँ भी उलझ रही हैं। हमारी परम्पराएँ आध्यात्मिक अन्तर्दृष्टि प्रदान करती हैं। ये हमें आगे बढ़ने में सहायता प्रदान करती हैं। आवश्यकता इस बात की है कि हमारी यह सोच बदले कि परम्पराएँ विकास की बाधक हैं। हमारे देश के निर्माण और विकास में इन परम्पराओं का योगदान है। हमारी परम्पराएँ और हमारे प्राचीन साहित्य में प्रयुक्त मिथकों को आज के सन्दर्भों से जोड़ना आवश्यक है क्योंकि प्राचीन भारत की सभ्यता और संस्कृति ने पूरे विश्व के निर्माण में सहायता की है। इस तथ्य को हम भूलते जा रहे हैं। यह एक महासमुद्र है जिसमें डूबकर 'सत्य' के मोतियों को सामने लाना है और परम्परा की गतिशीलता को कायम भी रखना है। हमें अपनी कमजोरियों पर अधिक ध्यान देना है। हमारी कमजोरी है कि अब हम दूसरे विचारों से एक एक प्रभावित होने लगे हैं। इसके पीछे एक सुविधाभोगी सोच है। सम्भवतः शीघ्र प्रसिद्धि पाने की लालसा। इस लालसा के चलते हम अपनी मूल सोद्देश्यता को भूल रहे हैं। अन्तिम दो दशकों का साहित्य इस आपाधापी से अछूता नहीं है।

अन्तिम दो दशकों में हिन्दी-साहित्य की हर विधा पर प्रचुर साहित्य मिलता है। साहित्यकार को चाहिए कि वे अब तक साहित्य की दृष्टि से ओझल विषयों को पाठकों के सामने लाएँ। दलित, शोषित और नारी-मुक्ति जैसे मुद्दे भी साहित्य में प्रमुखता से होने चाहिए। ऐसा साहित्य लिखा जाए जो सामान्य जन तक पहुँच सके। शोध के गिरते स्तर को विश्वविद्यालय के गम्भीर अध्येता ही रोक सकते हैं। सूचना, प्रौद्योगिकी और भू-मंडलीकरण जैसी ताज़ा स्थितियों में साहित्य की ज़िम्मेदारी बहुत अधिक बढ़ जाती है। गत दो दशकों में साहित्य की हर विधा पर लिखा गया है जो इन दशकों की उपलब्धि है। पत्रकारिता और इलैक्ट्रॉनिक मीडिया का रंग-बिरंगा प्रकाश घरों में घुसपैठ कर गया है साहित्यिक रोकथाम के ज़रिए ही रोका जा सकता है कि पीढ़ियाँ इसके कुप्रभाव से मुक्त हो सकें। इस

राष्ट्रीय संगोष्ठी के माध्यम से निःसन्देह एक अच्छी शुरुआत होगी। इन दो दशकों की साहित्यिक उपलब्धियाँ सहस्राब्दी के प्रवेश-द्वार का लौह-स्तम्भ होंगी जिस पर समय की गाथा अपना मार्ग तय करेगी। अन्तिम दो दशकों का साहित्य अपना काव्यशास्त्र और दिशाएँ स्वयं तय करता है।

जहाँ तक साहित्य की स्वायत्तता का प्रश्न है अन्तिम दो दशकों के साहित्य में यह चिन्ता मूल रूप से उभरकर सामने आती है। 'स्वायत्तता' और 'पहचान' जैसे शब्द आज के ताज़ा परिदृश्य में बहुत ही ज़रूरी मुद्दे हो गए हैं। इस ज़मीन को तोड़कर 'सही' की पहचान करना और बनाए रखना आवश्यक है। रूढ़ियों के दुश्चक्र की मोटी चक्राकार परतों में ही इस समस्या के समाधान को खोजना होगा। जो सच्चाई कल परसों तक थी उसका रूप आज बदल गया है। अन्तिम दो दशकों के साहित्य पर दबाव है वह है अपनी पूर्ववर्ती परम्परा का। आज़ादी के बाद जो सामाजिक दबाव आए हैं उन्हें समझकर ही रचनाकारों की दृष्टि का निर्धारण हुआ है। यही कारण है कि हिन्दी-साहित्य में इतने मुहावरे और विचार घटाटोप की तरह साहित्य के आकाश पर मँडरा रहे हैं। शोषण पहले की अपेक्षा बढ़ रहे हैं। राजनीतिक अस्थिरता में बढ़ोतरी हुई है। पश्चिमी विचार और पदार्थों का भ्रम बढ़ने से समाज और संस्कृति के स्तर पर बदलाव आया है। साहित्य को यह सब समझना ही होगा अन्यथा केवल अपने दुःख-सुख को साहित्य में व्यथित करनेवाला साहित्य इस सांस्कृतिक अवमूल्यन में 'अरण्य रोदन' होकर रह जाएगा। इस प्रकार साहित्य प्रासंगिक नहीं रहता इसलिए वह पाठक से कट जाता है। जिसमें पाठक नदारद हो उस साहित्य को क्यों वह पढ़े! अतः समय का चरित्र जानना और उसके प्रश्नों से टकराने की ताव रखना साहित्य के अपने जीवन के लिए भी ज़रूरी है। ऐसा नहीं है इन दो सदियों में साहित्य में ये प्रश्न नहीं उभरे हैं–ऐसा हुआ है परन्तु साथ ही एक मुहावरा भी इसके साथ खड़ा हो गया है। उत्तर-आधुनिकता का शहरीकरण, बाजारवाद, उपभोक्तावाद के ख़तरों से अराजक स्थिति तो बनी है। जो बहुत छिपकर हो रहा है वह साहित्य उसे ही खींचकर बाहर लाता है। अन्तिम दशकों की कविता, कहानी, नाटक, उपन्यास आदि में यह बिम्ब उभरकर सामने आए अवश्य हैं परन्तु वैचारिक मठवाद के चलते उनका चेहरा उतना पारदर्शी नहीं हो पाया है जितना कि होना चाहिए था। इनका अन्दाज़ा करना और उन्हें पकड़ना ही दो दशकों के साहित्य का 'केन्द्रबिन्दु' होना ज़रूरी है क्योंकि इसी में समस्या के चेहरे खुलकर सामने आ सकते हैं।

अन्तिम दो दशकों की हिन्दी-कविता : आधारभूत प्रवृत्तियाँ

प्रोफ़ेसर जयसिंह 'नीरद'

विगत दो दशक काव्य-सृजन की दृष्टि से निश्चय ही अत्यन्त महत्त्वपूर्ण हैं। यहाँ हिन्दी कविता की विकास-यात्रा अपने उत्कर्ष पर पहुँचती दिखाई देती है। किन्तु अपनी सारी उपलब्धियों के बावजूद कविता के इन दो दशकों को हम पूर्व की कविता से पृथक करके नहीं देख सकते। इसका कारण यह है कि इन दो दशकों में ऐसा कोई मौलिक वैशिष्ट्य नहीं है जो इन्हें आधुनिक कविता की परम्परा से पूरी तरह काटकर अलग कर दे। एक विकास-क्रम है जो इन अन्तिम दो दशकों की कविता को पहले की कविता से जोड़ता है। किन्तु कुछ ऐसी प्रवृत्तियाँ निश्चय ही इस दौर की कविता के वैशिष्ट्य को रेखांकित करती हैं। हम यहाँ अन्तिम दो दशकों की कविता के परिप्रेक्ष्य में इन्हीं आधारभूत प्रवृत्तियों पर विचार करेंगे।

अन्तिम दो दशकों की कविता का यह दौर यथार्थ को सतही रूप में ग्रहण नहीं करता। बल्कि अन्तरतम के गहरे स्तर पर यथार्थ का साक्षात्कार इस कविता का स्वभाव बन गया है। आठवें दशक में यथार्थ को उसकी पूर्ण भयावहता और तिक्तता के साथ प्रस्तुत करने में ही कविता का वैशिष्ट्य माना जाता था। धूमिल इस दौर के प्रतिनिधि कवि हैं जिन्होंने अपने समय की वास्तविकताओं को आवेग परक आक्रोश के साथ प्रस्तुत किया किन्तु परमानन्द श्रीवास्तव के शब्दों में कहें तो ''समकालीन कविता की जिद है—अपने खास समय में सार्थक हस्तक्षेप। 'शाश्वत सिम्फनी' का तिरस्कार नहीं पर जो आसपास घट रहा है उसके प्रति उत्सुक और सजग। इसलिए जैसी स्थितियाँ हैं—उत्तेजित और उद्विग्न भी। यह न होता तो एकदम नए कवि भी ठण्डे राग-विराग के कवि होते। वे सक्रिय जीवन-राग के कवि हैं। इसलिए गहरे अर्थ में स्थानीय भी और अपने सहज स्वभाव में लोकोन्मुख भी। उन्हें कविता दिखती है तो अक्सर वहाँ, जहाँ अत्यन्त परिचित, अत्यन्त साधारण, अनगढ़ बेडौल, अकाव्यात्मक प्रसंग कविता होने के लिए तत्पर या बेचैन

हैं।"[1] निश्चय ही अपने समय में सार्थक हस्तक्षेप करते समय इन कवियों में उत्तेजना मौजूद है किन्तु इस उत्तेजना की अभिव्यक्ति सीधे-सीधे नहीं होती बल्कि उसे मुक्तिबोध के शब्द लेकर कहें तो ज्ञानात्मक संवेदना या संवेदनात्मक ज्ञान की आँच में तपकर अपने को व्यक्त करना होता है। कवि इस वास्तविकता से अवगत है कि यथार्थ का साक्षात्कार और उसकी अभिव्यक्ति साहस और जोखिम का काम है। अजित कुमार, यथार्थ को कह पाने और सुन पाने की चुनौती देते हुए कहते हैं :

"हिम्मत किसमें है
अनुभव किए हुए को लिखने की,
फुरसत किसे है
लिखे हुए को पढ़ने की,
ताकत कहाँ है
सच्ची राय बतलाने की,
कूवत नहीं दिखती
सीधी राह पर जाने की...
यहाँ से वहाँ तक
बस,
हें हें हें। हें हें।"[2]

आज व्यक्ति और परिवेश के बीच सम्बन्धों का जो ठण्डापन दीख पड़ रहा है वह सचमुच अभूतपूर्व है। घटनाओं के प्रति प्रतिक्रियाहीन व्यवहार हमारी संवेदनाओं को पथराए दे रहा है। घटनाएँ चाहे जितनी भयावह हों, घृणित हों, हिंसक हों हम मन्थरा की परम्परा के प्रतिनिधि बने रहते हैं। व्यक्ति और परिवेश के रिश्तों का यह भयावह ठण्डापन रचनाकार अन्तर्मन के गहरे स्तरों पर महसूस करता है। अरुण कमल इस ठण्डेपन को इन शब्दों में अभिव्यक्ति देते हैं :

"न आदमी में पहले सा भरोसा
न हथेलियों में वह गर्म जोशी
हरापन भी पककर अब स्याह हो गया है।"[3]

परिवेश और व्यक्ति के बीच सम्बन्धों का यह ठण्डापन भले ही एक वास्तविकता हो किन्तु मनुष्य जिस अन्धी गति से दौड़कर सबकुछ पा लेना चाहता है उसे भी इस दौर के कवियों ने पूरी संवेदनशीलता के साथ रेखांकित किया है। 'लहरों के राजहंस' में राकेश ने अपनी ही थकान से भरे मृग का जो बिम्ब प्रस्तुत किया है अरुण कमल इसी नियति को आधुनिक सन्दर्भों के साथ इस प्रकार प्रस्तुत

करते हैं :

"बहुत तेज चल रहा है समय
यहाँ उतरने के लिए भी रुको मत
इन्तजार मत करो वेग थमने का
अब कभी नहीं मिलेगी स्थिरता
देखो
उस कंडक्टर को
जो बहुत तेज ट्रेन में भी
इस तरह खड़ा चाय पी रहा है
जैसे घर में"[4]

अन्तिम दो दशकों की कविता में भावावेग की स्थिति प्रायः निःशेष है। आठवें दशक में आवेग का उपयोग कविता की शक्ति के रूप में किया जाता था। किन्तु आज के कवि के सम्मुख परिवेश के इतने बहुआयामी दबाव उपस्थित हैं कि वह उन्हें भाव के स्तर पर ग्रहण न कर संवेदना के स्तर पर ग्रहण करता है। परिवेश अब कवि को उत्तेजित नहीं करता बल्कि वह परिवेश के प्रति द्रष्टा और भोक्ता–दोनों भूमिकाओं का समानान्तरता से निर्वाह करता है। यही कारण है कि यथार्थ एक खास सधाव के साथ व्यक्त होता है। जैसे निलय उपाध्याय की इन पंक्तियों में :

"सुनो
वापस आ जाओ
अपनों के लिए कभी बन्द नहीं होते
घर के दरवाजे
जैसे साध के सोहर फूटते हैं
जैसे हुलास के बजते हैं बधावे
जैसे सगुन होता है
जैसे नहा धोकर घर आते हैं
आ जाओ"[5]

यहाँ किसी आत्मीय को वापस बुलाने में उद्वेग या आवेग की मनःस्थिति पूरी तरह निःशेष हो गई है। उद्वेग या आवेग की यह निःशेषता निस्सन्देह सृजन की अथक साधना द्वारा अर्जित की गई है। इन अन्तिम दो दशकों की कविता की परिपक्वता को इस प्रवृत्ति से भली प्रकार समझा जा सकता है।

इस शती के अन्तिम दशक में वैश्विक अर्थव्यवस्था के दबावों को आर्थिक,

राजनीतिक या सामाजिक स्तरों पर ही महसूस नहीं किया गया बलिक उसने कवि की रचनाशीलता को भी व्यापक रूप से प्रभावित किया है। आज का रचनाकार इस वैश्विक अर्थव्यवस्था के निहितार्थों एवं भावी परिणतियों से भली-भाँति अवगत है। किन्तु अभी वह दुविधाग्रस्त मनःस्थिति में है। वह अभी बाजारी अर्थव्यवस्था के दबावों का आभ्यान्तरीकरण करके रचनाशील विद्रोह की रणनीति तय नहीं कर पाया है। अरुण घोष ने वैश्विक अर्थव्यवस्था की वास्तविकता का उद्घाटन करते हुए लिखा है–"आधुनिक युग का साम्राज्यवादी शोषण अप्रत्यक्ष इस मायने में है कि इसे प्रत्यक्ष राजनीतिक प्रभुत्व की जरूरत नहीं है बल्कि अन्तर्राष्ट्रीय मुद्राकोष, विश्वबैंक तथा डब्ल्यू. टी. ओ. की तिकड़ी द्वारा गढ़े गए कानूनों के सहारे विकसित दुनिया ने अल्प विकसित दुनिया पर पुख्ता और प्रभावी आर्थिक वर्चस्व कायम कर लिया है।"[6] उन्होंने इसकी एक भयावह परिणति की ओर संकेत करते हुए लिखा है–"सच्चाई यह है कि नई विश्व व्यवस्था में वैश्विक बाजार एक क्रूर किस्म के साम्राज्यवाद को जन्म दे रहा है। यह एक ऐसा साम्राज्यवाद है जो तमाम तरह के वेश बदलकर विभिन्न क्षेत्रों में उतरता है, यहाँ तक कि जनाकांक्षाओं, आन्दोलनों, राष्ट्रीयताओं से जुड़े भावों-विचारों को बिकने योग्य वस्तुओं में सीमित कर देता है।"[7] यह भयावह परिणति आज के रचनाकार के समक्ष अभूतपूर्व समस्या है जिससे जूझने के लिए वह अपने आपको तैयार कर रहा है। नरेश सक्सेना की इन पंक्तियों में इस परिणति की ओर स्पष्ट संकेत है :

"अरे कोई देखो
मेरे आँगन में गिरा कटकर
गिरा मेरा नीम
गिरा मेरी सखियों का झूलना
बेटे का पालना गिरा
उड़ीं उसकी चिड़ियाँ
देखो उड़ा उनका शोर
देखो एक घोंसला गिरा–"[8]

दरअसल वैश्विक अर्थव्यवस्था के दबावों ने अन्तिम दशक के रचनाकारों को व्यापक रूप से उद्वेलित तो किया है किन्तु इसका सर्जनात्मक प्रतिरोध किस रणनीति के तहत किया जाए इसका स्पष्ट होना अभी शेष है।

वैश्विक अर्थव्यवस्था की कोख से उपभोक्ता मूलक संस्कृति का जन्म हुआ। उपभोक्ता मूलक संस्कृति का प्रतिरोध वर्तमान कविता की एक महत्त्वपूर्ण प्रवृत्ति है। यदि हम गहराई से विचार करें तो पाएँगे कि उपभोक्ता मूलक संस्कृति अपनी प्रकृति में राग मूलक न होकर आसक्ति मूलक है। यह आसक्ति दरअसल उपभोग्य

को निचोड़कर फेंक देने की प्रक्रिया में फलीभूत होती है। जाहिर है कि यह प्रक्रिया चीजों के प्रति अपने व्यवहार में उपभोग की सीमा तक आसक्ति मूलक और बाद में निर्मम—बल्कि कहें कि हिंसक होती है। यह संस्कृति बुर्जुवा वर्ग और मध्यवर्ग के बीच जायका बदलने जैसी होती है। कविता के प्रति भी दोनों वर्गों का व्यवहार इसी प्रकार का होता है। तब कविता या तो ड्राइंग रूम में रखे शो पीस में बदल जाती है अथवा उससे स्नायुओं के तनाव को ढीला कर देने वाले घटिया मनोरंजन की माँग की जाती है। तब सार्थक कविता और सार्थक पाठक को रद्द कर दिए जाने के खतरे बढ़ जाते हैं। बीसवीं शताब्दी के अन्तिम दशक में उपभोक्ता मूलक संस्कृति के दबावों ने रचनाकार को व्यापक रूप से प्रेरित, प्रभावित और उद्वेलित किया है। वह महसूस कर रहा है कि इस उपभोक्ता मूलक संस्कृति ने मानवीय अस्मिता पर प्रश्नचिह्न लगा दिया है। इस स्थिति का आकलन करते हुए अरुण घोष ने लिखा है—"उदारीकरण और वैश्वीकरण ने व्यक्तिवाद को बढ़ावा दिया है। फलतः एक ऐसा वर्ग शीर्षस्थ होता जा रहा है जो निजी हितों से आगे देख ही नहीं पाता, जो दूसरों की असुविधाओं और समस्याओं से नितान्त बेखबर है।"[9] यह वर्ग मानव सम्बन्धों को भी मानवीय धरालत पर नहीं देख पाता। राजेन्द्र शर्मा ने मानव सम्बन्धों में आए बदलाव को अपनी नीलिमा बंसल नामक कविता में बड़ी मार्मिकता के साथ रेखांकित किया है। दफ्तर में काम करती नीलिमा बंसल उसके परिवार के लिए कमाऊ मशीन के अलावा और कुछ नहीं—

"प्रिय पाठको
रिटायर्ड पापा बूढ़ी माँ और लाडले छोटू की लाडली
नीलू में धीरे-धीरे प्रवेश करती इस उदासी से
भयभीत रहने लगा है घर
और शंका कुशंका पार करते हुए उदासीन हो जाता है
हर महीने की पहली शाम के अलावा।"[10]

दरअसल उपभोक्ता मूलक संस्कृति के फैलाव ने कविता मात्र के लिए एक चुनौती भरा संकट उपस्थित कर दिया है। श्रीराम वर्मा ने इस ओर संकेत करते हुए लिखा था—"थैलीशाह चुनाव करेगा कि क्या प्रकाशित किया जाए कि जनता का मिट्टी के लौंदे जैसा मानस और 'भुरकुस आत्मा' राजनय और अर्थतन्त्र से हट जाए, टूट जाए, यह सोचना बन्द कर दे और अफीमचियों की तरह इस सूक्ष्म अमूर्त अफीम का सेवन करके गहरे खर्राटे लेती रहे, अश्लीलता की नई परिभाषाएँ 'मदन-मोदक' की तरह बाँट दी जाएँ, गम्भीर लगनेवाली उसकी पत्रिका में फिर वही छपे जो द्वितीय कोटि के साहित्य के नाम से फुटपाथ पर बिकता है।"[11] वाल्टर बेन्यामिन इस स्थिति को इन शब्दों में पकड़ते हैं—"एक व्यक्ति जो कलाकृति

के सामने एकाग्रचित्त रहता है, कलाकृत्ति द्वारा आत्मसात कर लिया जाता है।... इसके विपरीत मनोरंजन चाहने वाले दर्शक खुद कलाकृति को ही आत्मसात कर लेते हैं।''[12] बीसवीं शती के अन्तिम दौर के कवियों को उपभोक्ता मूलक संस्कृति के निहितार्थों और फलितार्थों को पहचानकर अपनी रणनीति निर्धारित करनी होगी।

परम्परा के प्रति संयत-सन्तुलित दृष्टिकोण अन्तिम दो दशकों की कविता की महत्त्वपूर्ण प्रवृत्ति है। परम्परा को आज रचनाकार अपनी अस्मिता की पहचान के रूप में देखता है। नरेन्द्र मोहन के इस विचार से हम पूरी तरह सहमत हैं कि ''अस्मिता और आत्म कोई हवाई चीजें नहीं हैं। इन्हें हम अर्जित करते हैं—उन आचरणों, विचारों, मिथकों, स्मृत्ति चिह्नों और बिम्बों की मार्फत जो जाने-अनजाने में हमें एक पहचान देते हैं, किन्हीं मूल्यों और मर्यादाओं का सामूहिक बोध प्रदान करते हैं—एक अन्तर्ग्रथित जीवन शैली के तौर पर जिसे हम भारतीय शैली या भारतीय पहचान कहते हैं।''[13] किन्तु जिसे हम भारतीय शैली या भारतीय पहचान कहते हैं वह परम्परा अब टूटती-बिखरती और लुप्त होती जा रही है। आज के कवि को इसका एहसास ही नहीं एक गहरी कचोट भी है। नरेन्द्र मोहन की पेड़ नामक कविता में आधुनिकता की अन्धी झोंक में परम्परा के समूल नाश को तत्पर मनुष्य की स्वार्थपरता और उसकी भयावह परिणति को इस प्रकार रेखांकित करते हैं :

''पितामह/मुझे छाँह दो/ झुलस रहा हूँ गर्मी से/ लो बेटा! /पितामह/ मुझे फल दो बच्चों के लिए/वे भूखे हैं/लो बेटा!/पितामह/मुझे पत्ते और टहनियाँ दो/चौखट पर बन्दनवार के लिए/लो बेटा!/पितामह/मुझे लकड़ियाँ दो/चूल्हा सुलगाना है/भात पकाने के लिए/लो बेटा!/पितामह/मुझे तना दो/शहतीर के लिए/छत गिरने को है/लो बेटा!/पितामह/मुझे जड़ें दो/जलाने के लिए.../मैंने देखा/पितामह के नाम पर उखड़ी हुई जड़ें पड़ी हैं सामने/ मैं चीखने लगा हूँ—/पितामह पितामह/मेरे पैरों की जमीन हिलने लगी है।''[14]

दरअसल अन्तिम दो दशकों की कविता में परम्परा से टूट जाने की कचोट और उससे जुड़ पाने की छटपटाहट को समानान्तर रूप से देखा और महसूस किया जा सकता है। यही कारण है कि परम्परा को नए सिरे से रीझे-बूझे जाने की प्रवृत्ति इस दौर की कविताओं में मर्मस्पर्शी रूप में उभरी है।

हमने अन्तिम दो दशकों की कविताओं की जिन प्रवृत्तियों की चर्चा की सम्भव है और भी प्रवृत्तियाँ रही हों जिनकी चर्चा इस आलेख में न हो पाई हो। कारण यह कि इस दौर की कविता का दायरा इतना विस्तृत और बहुआयामी है कि इसके लिए अनेक आलेखों की आवश्यकता होगी। यहाँ यही प्रयास है कि प्रमुख प्रवृत्तियों के साथ उन चुनौतियों का संकेत भी कर दिया जाए जिनसे इन अन्तिम दो दशकों की कविता को जूझना पड़ा है या इक्कीसवीं शदी में और भी

तीखेपन के साथ जूझना होगा। इसमें कोई सन्देह नहीं कि वैश्विक अर्थव्यवस्था, उपभोक्ता मूलक संस्कृति, इलैक्ट्रॉनिक माध्मयों के विस्तार, तकनीकी के मानव-विरोधी प्रसार के चलते कविता के लिए संकट बढ़ा है किन्तु यह कहने का दुस्साहस शायद ही कोई करे कि इन दबावों के चलते कविता समाप्त हो जाएगी। क्योंकि इन सारे दबावों से मनुष्य बड़ा है—बहुत बड़ा! यह भी एक वास्तविकता है कि अन्तिम दो दशकों की हिन्दी-कविता—विशेष रूप से बीसवीं सदी के अन्तिम दशक की कविता ने पूरी सर्जनात्मक क्षमता के साथ इन दबावों और प्रतिरोधों का अपने ढंग से सामना किया है। वह उस सामूहिक कायरता के खिलाफ भी लामबन्द रही जिसे रघुवीर सहाय देश के लिए सबसे बड़े खतरे के रूप में रेखांकित कर गए हैं।[15] इक्कीसवीं सदी में हमें कविता के लिए बहुत कुछ करना है। जहाँ एक ओर कविता को छपास के व्यूह से मुक्त करके वाचिक परम्परा का सार्थक उपयोग करते हुए उसे उसके सही पाठक तक पहुँचाना है वहाँ एक रचनाकार के रूप में मुक्तिबोध द्वारा संकेतित इस विवशता को भी हम अनदेखा नहीं कर सकते कि ''लिखते वक्त हर ईमानदार लेखक का यह अनुभव है कि जो बात वह वस्तुतः कहना चाहता है, यानी जो असल बात है (जिसे वह उसके सम्पूर्ण सौन्दर्य के साथ प्रकट करने के लिए आतुर है) ठीक वही किन्हीं अजीब शक्तियों के षड्यन्त्र से हाथ से निकल जाती है, और अन्य भाव, अन्य अभिव्यक्तियाँ बीच में दस्तन्दाजी, दखलन्दाजी करते हुए किसी दूसरी ओर बहा ले जाना चाहती हैं।''[16] व्यापक जनोन्मुख सम्प्रेषण और प्रतिरोधक शक्तियों के प्रति सजगता—हमें इन दोनों पक्षों को वर्तमान सदी में जिम्मेदारी के साथ निभाना है।

> ''मुँह में बचे हुए चावल के स्वाद को
> कुछ अदृश्य कंकड़ियों के हस्तक्षेप से
> बचाने का नाम है कविता।''

सन्दर्भ :

1. वर्तमान साहित्य, कविता विशेषांक, अप्रैल-मई, संयुक्तांक, 1992, सं. से. रा. यात्री, विभूति नारायण राय, 'कविता के लिए कठिन समय', परमानन्द श्रीवास्तव, पृ. 86
2. नवान्न प्रवेशांक, जनवरी-मार्च 1988, सं. रामदरश मिश्र, 'सर्वत्र' अजित कुमार, पृ. 9
3. वही, 'फिर भी', अरुण कमल, पृ. 13
4. वही, 'समय', अरुण कमल, पृ. 14
5. वर्तमान साहित्य, कविता विशेषांक, अप्रैल-मई संयुक्तांक, 1992, सं. से. रा. यात्री, विभूति नारायण राय, 'वापस आ जाओ', निलय उपाध्याय, पृ. 275
6. समकालीन सोच, सं. पी. एन. सिंह, 'वैश्वीकरण और भारत', अरुणघोष, अनु. सन्तोष शुक्ल, पृ. 12

7. वही, पृ. 14
8. वर्तमान साहित्य, कविता विशेषांक, अप्रैल-मई संयुक्तांक, 1992, सं. से.रा. यात्री, विभूति नारायण राय, 'उसे ले गए', नरेश सक्सेना, पृ. 43
9. समकालीन सोच, सं. पी. एन. सिंह, 'वैश्वीकरण और भारत', अरुण घोष, अनु. सन्तोष शुक्ल, पृ. 13
10. वर्तमान साहित्य, कविता विशेषांक, अप्रैल-मई संयुक्तांक, 1992, सं. से.रा. यात्री, विभूति नारायण राय, 'नीलिमा बंसल', राजेन्द्र शर्मा, पृ. 185
11. हिन्दुस्तानी, जनवरी-दिसम्बर, 1967, 'कविता का क ख ग', श्रीराम वर्मा, पृ. 15
12. आलोचना, जुलाई-सितम्बर, 1984, 'यान्त्रिक पुनरुत्पादन युग में कलाकृति', वाल्टर वेन्यामिन, पृ. 21
13. साक्षात्कार, फरवरी 94, सं. प्रभाकर श्रोत्रिय, वर्तमान स्थिति और साहित्यकार का संकट, नरेन्द्र मोहन, पृ. 88
14. नवान्न, प्रवेशांक, जनवरी-मार्च 1988, सं. रामदरश मिश्र, 'पेड़', नरेन्द्र मोहन, पृ. 50-51
15. माध्यम, दिसम्बर 1964, 'आज के संकट में एक खास आदमी की जिम्मेदारी', रघुवीर सहाय, पृ. 85-86
16. मुक्तिबोध रचनावली, पंचम खंड, 'आधुनिक काव्य की चिन्ताजनक स्थिति', मुक्तिबोध, पृ. 28

अन्तिम दो दशकों की हिन्दी काव्य-भाषा

प्रोफ़ेसर नरेश मिश्र

भावाभिव्यक्ति के साधन को भाषा कहते हैं। सृष्टि का सर्वाधिक चैतन्यशील प्राणी मनुष्य है। इसलिए वह भाषा को अनेकानेक रूपों में प्रयोग करता है। सम्प्रेषणीयता भाषा की प्रमुख प्रवृत्ति है। मानवीय सम्प्रेषण भाषिक और अभाषिक दोनों रूपों में सम्भव है। मानव भाषा की विलक्षण क्षमता विशेष उल्लेखनीय है। मानवीय भाषा के श्रव्य-दृश्य दोनों रूपों का विशेष महत्त्व है। बिहारी ने कहा भी है—"भरे भवन में करत है नयनन ही सों बात।" सीता बन-गमन के समय ग्राम-वधुओं के प्रश्नोत्तर भाव-भंगिमा से ही दे देती हैं :

"तिरछे करि नैन दै सैन तिन्हें, समुझाइ कछू मुसकाइ चली।"

—कवितावली

सामान्य भाषा का प्रयोग दैनिक जीवन में व्यवहार हेतु किया जाता है। मानव भाषा का यही प्रारम्भिक रूप है। इसका ही प्रयोग सर्वाधिक रूप में होता है। इससे ही साहित्यिक भाषा का विकास हुआ है। सामान्य भाषा और साहित्यिक भाषा दोनों अन्योन्याश्रित हैं। माना गया है कि बोल-चाल की भाषा का स्वरूप व्याकरण की शिथिल आधारभूमि पर विकसित होता है, किन्तु कभी-कभी साहित्य में नयापन लाने के लिए बोल-चाल की भाषा का प्रयोग किया जाता है। साहित्यिक भाषा-सन्दर्भ में डॉ. भोलानाथ तिवारी का कथन उद्धरणीय है, "साहित्यकारों ने साहित्य में सामान्य भाषा का प्रयोग करते-करते साहित्यिक भाषा के रूप में नए-नूतन रूप का सृजन किया है और सामान्य भाषा और साहित्यिक भाषा में आदान-प्रदान के बावजूद सामान्य भाषा से अलग साहित्यिक भाषा की सत्ता को स्वीकृति मिल गई।"[1]

साहित्य की विविध विधाओं के विकास के साथ साहित्यिक भाषा में वैविध्यपूर्ण विकास होना स्वाभाविक है। भाषा-प्रयोग क्रम में सर्वप्रथम गद्य-पद्य दो रूप सामने आते हैं। वर्तमान समय में भाषा की विविधता को निबन्ध-भाषा, कथा-भाषा, नाट्य-भाषा और काव्य-भाषा आदि रूपों में देख सकते हैं।

साहित्यकार समाज का सहृदय प्राणी है। वह समाज में जो कुछ देखता, सुनता और अनुभव करता है, उससे ही उसके मानस पटल पर बहुरंगी बिम्ब उभर आते हैं। वह भावान्दोलनों को मूर्त रूप देने के लिए मनचाही भाषा का प्रयोग करता है। काव्य-सृजन में भाषा का अपना महत्त्व होता है। डॉ. भगीरथ मिश्र ने भाषा-महत्त्व प्रतिपादित करते हुए लिखा है, ''भाषा कविता का शरीर है। बिना भाषा के भाव निराकार है।...कविता का प्राण भाव अवश्य है पर कला की देह भाषा ही है।''[2] काव्य-भाषा का भावानुकूल और सम्प्रेषणीय शक्ति-सम्पन्न होना अनिवार्य है। प्रसाद और माधुर्य गुण सम्पन्नता काव्य-भाषा की अपनी पहचान है। प्रकृति के चतुर चितेरे कवि पंत ने लिखा है, ''जहाँ भाव और भाषा की मैत्री अथवा ऐक्य नहीं रहता वहाँ स्वरों के पावस में केवल शब्दों के बटु समुदाय ही दादुरों की तरह इधर-उधर कूदते तथा साथ ध्वनि करते हुए सुनाई देते हैं।''[3] प्रसिद्ध समीक्षक आचार्य रामचन्द्र शुक्ल ने काव्य-भाषा के स्वरूप को रेखांकित करते हुए लिखा है, ''कविता की भाषा की पहली विशेषता है कि यह हमारे सामने जो भी वस्तु या व्यापार लावे वह साकार हो, मूर्त हो, जिसे कल्पना ग्रहण कर सके।...दूसरी विशेषता यह रही है कि उसमें जाति संकेत वाले शब्दों की अपेक्षा विशेष रूप-व्यापार सूचक शब्द अधिक रहते हैं। कविता में संगीतमयता उसकी तीसरी विशेषता है। काव्य-भाषा की चौथी विशेषता है—उसमें प्रसंगवश आवश्यक गुण सम्पन्न नामों का प्रयोग हो।''[4] निश्चय ही काव्य-भाषा में व्याकरण का सुस्थिर आधार ही नहीं, चयन, विचलन, बिम्ब-विधान के साथ अनुकूल सांस्कृतिक संरचना का विकसित स्वरूप होता है।

बीसवीं शताब्दी के अन्तिम दो दशकों में गद्य की विविध विधाओं के साथ काव्य के प्रबन्धात्मक और मुक्तक स्वरूप पर्याप्त समृद्ध हुए हैं।

शब्द को भावाभिव्यक्ति के महत्त्वपूर्ण आधार पर 'शब्द-ब्रह्म' नाम दिया गया है। काव्य में शब्द-शिल्प का अपना महत्त्व होता है। इस काल के अधिकांश कवियों में शब्द को नूतन स्वरूप में प्रस्तुत करने की क्षमता स्पष्ट रूप से दिखाई देती है। शब्द-शिल्पी शब्दों को तोड़-मरोड़कर नया रूप प्रदान करता है। यह प्रक्रिया पूर्व की काव्य-भाषा में भी दिखाई पड़ती है, किन्तु यहाँ यह सन्दर्भ विशेष उल्लेखनीय है। डॉ. अशोक वाजपेयी की 'तिनका-तिनका' कृति की 'समय आ रहा' रचना की कुछ पंक्तियाँ उद्धरणीय हैं :

> ''समय आ रहा है
> मंझरात में किसी चके की गड़गड़ाहट-सा
> किसी खण्डहर में अटक गए गान-सा
> नींद में डूबे शिशु की गुनगुनाहट-सा

समय आ रहा
पैंजनियाँ पहने हुए
किलकता तुतलाता ठुमकता हुआ।
समय आ रहा...''[5]

इस रचना में मूर्द्धन्य-टवर्ग की ध्वनियों से निर्मित 'गड़गड़ाहट', 'खण्डहर', 'अटक', 'डूबे', 'गुनगुनाहट', 'ठुमकता' शब्दों से विशेष ध्वन्यात्मक और चमत्कारिक भाव की अभिव्यक्ति हुई है। संस्कृत काव्य-शास्त्र तथा काव्य-भाषा के अनुसार प्रसाद और माधुर्य गुण सम्पन्नता हेतु काव्य में इन ध्वनियों का यथासम्भव प्रयोग नहीं करते हैं।

प्रतीकात्मकता काव्य-भाषा का रेखांकन योग्य गुण है। सच है, भाव की गम्भीर ध्वन्यात्मकता में अभिधा शब्द-शक्ति से लक्षणा और व्यंजना शब्द-शक्ति की भूमिका होती है। प्रतीकों के आधार पर रचा गया काव्य-संसार प्रभावोत्पादक भावाभिव्यंजित करता है। बीसवीं शताब्दी के नौवें दशक के प्रारम्भ में प्रकाशित होने वाली गिरजाकुमार माथुर की 'स्वर्ण-दैत्य' कविता की पंक्तियाँ अवलोकनीय हैं :

''जनमत?
जनमत क्या होता है
जब अणुबम उद्जन बग
सब उपग्रह, राकेट, जैट, दूरमापक प्रचण्ड
हैं हाथ हमारे मृत्यु-किरण
तब जनमत जैसी छुद्रवामनी चीजों की है
क्या विसात?''[6]

शब्द-चयन की सफलता काव्य-भाषा के उत्कर्ष का सुदृढ़ आधार सिद्ध होता है। कवि नव भाव-सृजन का आकर्षक सर्जक होता है। वह एक-एक शब्द को मणि सम चुन कर पद रचना कर मोतिक्य माल सी वाक्य रचना करता है। कभी समानार्थी शब्द एक साथ प्रयुक्त होते हैं, तो कभी विरोधाभासी शब्द एक साथ प्रयुक्त होकर चमत्कारिक भाव प्रकट करते हैं। ऐसे पदों से निर्मित वाक्य जब प्रश्नवाचक या सम्बोधनात्मक रूप में सामने आते हैं तो सम्प्रेषण-शक्ति में विशेष अभिवृद्धि होती है। धर्मवीर भारती की रचना 'सपना अभी भी' की 'अनाम' कविता की कुछ पंक्तियाँ द्रष्टव्य हैं :

''सख्त रेशम के नरम स्पर्श की वह धार
उसको नाम क्या दूँ?
एक गदराया हुआ सुख, एक विस्मृति एक डूबापन

काँपती आतुर हथेली के तले वह फूल-सा तन
हर छुवन जिसको बनाती और ज्यादा अनछुआ
....
हर सिंगार-सा वह प्यार
उसको नाम क्या दूँ?"[7]

कवि की उदार भाषायी दृष्टि विभिन्न भाषा के प्रचलित शब्दों को सहज रूप से ग्रहण करती है। हिन्दी में परम्परागत तद्भव शब्दों की बहुलता स्वाभाविक है, किन्तु जहाँ पर तत्सम शब्दों की विशेष योजना होती है, वहाँ अभिव्यक्ति विशेष गम्भीर होती है। डॉ. रामेश्वर लाल खण्डेलवाल 'तरुण' के काव्य की काव्य-भाषा में तद्भव शब्दों के मध्य तत्सम शब्दों का प्रयोग मणिकांचन योग सिद्ध हुआ है :

"तुमने तो कहा था आश्वासन के स्वर में
मेरे कान में
सिरजनहार की उस परम सुन्दर और दिव्य सृष्टि में
तुम्हें मिलेगी–
....
मणिक्याभ मनुष्य!
आभावान मोतियों की किरणों की-सी झलमल
बोली बोलता
सृष्टि का शृंगार
अमृतस्य पुत्रः मानव!
....
सृष्टि मिली सूअरों का बाड़ा
आदमी खून की पौ में तैरता, पड़ा पड़ा!
ध्रुव से ध्रुव तक धुवाँ और लपट
लाल आँखें हुंकार, चिंघाड़, चुनौती और डपट।
धोखा हुआ"[8]

काव्य-भाषा में सम्बोधनात्मक और निषेधात्मक वाक्यों की संरचना से चमत्कारिक भावों की अभिव्यक्ति होती है। ऐसे वाक्यों में व्यंग्य की प्रभावोत्पादक प्रक्रिया सामने आती है। पूर्व के दो दशकों की काव्य-भाषा में निषेधात्मक वाक्यों के माध्यम से सामाजिक विद्रूपताओं, व्यवस्था के खोखलेपन और शिथिल आचरण आदि पर करारा व्यंग्य किया गया है। केदारनाथ सिंह की 'उत्तर कबीर और अन्य कविताएँ' कृति की 'शिलान्यास' कविता से कुछ पंक्तियाँ उद्धृत हैं–

"नहीं, कोई **धमाका** नहीं हुआ
सिर्फ बीच धार में
भहराकर गिर पड़ा था समूचा पुल।

और अब सब चकित थे
कि क्या हुआ क्या हुआ
कैसे गिरा पुल?
जो चकित थे
उनमें वह कुत्ता भी था
जो लगातार भूके जा रहा था
उसी तरफ मुँह किए।"[9]

मध्य काल में दोहा छन्द का भरपूर प्रचलन था। भक्त शिरोमणि तुलसीदास ने रामचरितमानस महाकाव्य में अपनाया तो जायसी ने पद्मावत महाकाव्य में सँवारा है। कबीरदास और रहीमदास आदि ने मुक्तक काव्य में अनुप्रेरक रूप में अपनाया है गत दो दशकों में दोहा-प्रयोग का प्रचलन त्वरा से हुआ है। दोहों में सरल तथा सुबोध भाषा के प्रयोग से इसे जन सामान्य में अधिक पैठ मिली है। देवेन्द्र शर्मा 'इन्द्र' की 'आँखों खिले पलाश' के कुछ दोहों का विषय-वैविध्य और उनकी बोधगम्यता द्रष्टव्य है :

बूढ़े बरगद को मिली शीशम प्रिय अधेड़।
रस लेकर चर्चा करे नयी उम्र के पेड़ ॥ पृ. 43

आँधी आकर थम गई, जमी रह गई गर्द।
शाख शाख सहला रही, अब कोंपल का दर्द ॥ पृ. 112

पेट माँगता रोटियाँ, हाथ माँगते काम।
देने को कुछ भी नहीं, लेने को हरि नाम ॥ पृ. 71

डॉ. वेदप्रकाश पाण्डेय की दोहावली में बहुप्रचलित तद्भव के माध्यम से देश की चरमराती व्यवस्था पर करारी चोट की गई है। सरलतम भाषा में प्रबलतम अभिव्यक्ति का स्वरूप द्रष्टव्य है :

बिगड़ रहा भूगोल है, धूमिल है इतिहास।
देश रसातल जा रहा, नेतागण आकाश ॥[10]

देश हो गया भैंस है, दुहते काले चोर।
मालिक भकुआ सा खड़ा, करता तनिक न शोर ॥[11]

सरल शब्दावली के दोहों में उद्‌बोधन का भी स्वर अपनी प्रेरक ऊर्जा में उन्मेष प्राप्त करता है :

आग धधक कर कह रही, धधको इसी प्रकार।
पूरी ज्वाला से जलो, पूजेगा संसार ॥[12]

दर्द और वेदना की टीस से व्यथित कवि जब ग़ज़ल के मार्ग का स्पर्श करता है, तो अरबी-फारसी शब्दावली अपनी भाव-भंगिमा के साथ उभर आती है। काव्यात्मक पंक्तियाँ गम्भीर होकर सोचने के लिए विवश कर देती हैं। डॉ. रामदरश मिश्र की अरबी-फारसी के साथ तद्‌भव शब्दावली आधारित पंक्तियाँ उद्धृत हैं :

अल्लाह तेरी रहमत के क्या-क्या नजारे हैं।
कुछ चैन से घायल हैं, कुछ दर्द के मारे हैं ॥
आँखों में तूने भर दी आँसू की रोशनी थी।
कुछ बन गई है पत्थर कुछ बहते पनीर हैं ॥[13]

जापानी लोकप्रिय मुक्तक हाइकू जिसे One breath poem—'एक श्वासी काव्य' कहते हैं। इसमें सामान्यतः 5+7+5 =17 अक्षरों की योजना होती है। यदा-कदा 19 अक्षर भी प्रयुक्त होते हैं। ऐसी रचना में संक्षिप्त वाक्यों के प्रत्येक पद विशेष भाव-गम्भीर होते हैं। तीसरा अन्तिम वाक्य सर्वाधिक गम्भीर भाव-बिम्ब प्रस्तुत करता है। भगवतशरण अग्रवाल के कुछ हाइकू प्रस्तुत हैं :

"मत कुरेदो
स्मृतियों के ढेर को
ज्वालामुखी हैं।"[14]

"कृष्ण नाचे थे
इसी भ्रम में हमें
राधा नचाती।"[15]

"वफा के वादे
कभी वफा हुई भी!
फूलों से पूछो।"[16]

वर्तमान दो दशकों में अनूदित काव्य भी पर्याप्त रूप में सामने आए हैं। काव्यानुवाद की भाषा सम्प्रेषणीयता की दृष्टि से यदा-कदा शिथिल हो जाती है।

इसके पीछे प्रतिभा, अनुभव अथवा कल्पना शक्ति में से कोई भी कारण हो सकता है। मुनमुन सरकार द्वारा अनूदित तसलीमा नसरीन की 'दुविधाहीन'–'मुक्ति' कविता की कुछ पंक्तियाँ प्रस्तुत हैं :

''स्वर्ग-लोभ में स्त्री चाटे-खाए
पति-चरणों की धूल और कीच
तमाम कानून और कायदे
तैयार किए थे नामवर मर्दों ने।''[17] –मुक्ति

''एक नदी भर पानी है, मैं उतरूँगी
भले ही न आता हो तैरना
साठ साल में प्रेमासक्त हो सकते हैं मर्द
प्रेम में मैं उम्र का कोई बन्धन नहीं मानती।''[18] –दुविधाहीन

अहिन्दी भाषी क्षेत्र में रचित हिन्दी काव्य की भाषा प्रायः भावानुकूल और प्रभावी रूप में सामने आती है। उनकी काव्य-भाषा की श्रेष्ठता में उनका हिन्दी-प्रेम और उनकी साहित्यिकता प्रमाणित होती है। हैदराबाद के नरेन्द्र राय की रचना अवलोकनीय है :

''मुश्किलों से रोज टकराता हूँ, अनजाना नहीं।
गर्दिशों ने मुझको लगता है, पहचाना नहीं ॥
मैं समन्दर सा बहुत खामोश लगता हूँ मगर।
मेरे दिल में बस रहे, तूफां को उकसाना नहीं ॥''[19]

विदेशों में भारतीय संस्कृति दर्शन और हिन्दी भाषा के प्रति विशेष लगाव दिखाई देता है। प्रवासी भारतीयों के द्वारा हिन्दी काव्य-सृजन में आकर्षक रुचि है। इनके द्वारा छन्दबद्ध तथा मुक्तछन्द दोनों प्रकार की रचनाएँ की जा रही हैं। सरलता तथा सहज बोधगम्यता इनकी काव्य-भाषा की अपनी पहचान है। वेदप्रकाश बटुक की कुछ पंक्तियाँ उल्लेखनीय हैं :

''हर न्याय से
हर विधान से
और सच्चाई से
हमें
कुरसी से प्यारी है
जो हमारे

टूटे हुए सिद्धान्तों से
चिपक गई है
प्लास्टर-सी
गोंद-सी
कभी न छूट पाने को।"[20]

हिन्दी काव्य-सन्दर्भ में एक प्रवासी कवि की चर्चा करना अनिवार्य लग रहा है। वह नाम है—प्रो. हरिशंकर आदेश। उनकी लेखनी से शकुन्तला, अनुराम और निर्वाण—तीन महाकाव्य, लगभग दो दर्जन खण्डकाव्य और इतने मुक्तक काव्यों की रचना हो चुकी है। इनकी अधिकांश रचनाएँ छन्दबद्ध सरल शब्दावली में हैं। कनाडा निवासी प्रो. आदेश की कविता में वैश्वीकरण की स्पष्ट झलक दिखाई देती है। इनकी काव्य-भाषा में भारतीय संस्कृति का आकर्षक स्वरूप प्रकट होता है। भारतीय सांस्कृतिक संचरण का यह भाषायी रूप इनकी काव्य-भाषा के लिए वरदान सिद्ध हुआ। अमेरिका में होने वाले समलिंगी विवाह के प्रति आक्रोश प्रकट करते हुए इनकी भाषा परुष शब्दावली अपना लेती है, तो शकुन्तला महाकाव्य में राजा को उद्‌बोधिक करने हेतु आज्ञार्थक वाक्यों का प्रयोग कर जय-विजय की कामना की गई है :

"निकटस्थ पड़ोसी देशों की
गतिविधियाँ जान सतर्क रहें।
हों सदा सुरक्षित सीमाएँ,
सेना से नित सम्पर्क रहे।"[21]

"भुजबल, धनबल, जनबल, मनबल,
आत्मा का बल एकत्र करे।
जब जैसी आवश्यकता हो
उस बल का वहाँ प्रयोग करे ॥"[22]

दोहा छन्द में रचित चारों सप्तशती में इनकी बहुज्ञता का स्पष्ट बोध होता है। तद्‌भव शब्द-बहुला भाषा में वर्तमान समय की विविध विषमताओं और विद्रूपताओं को सहज रूप में चित्रांकित किया गया है :

"पत्ता गोभी खोलिए, मिले पात में पात।
त्यूँ दुष्टों से विश्व में मिले घात पर घात ॥"[23]

"जगत स्वप्न है आग का जीवन तृण का खेल।
बहुत देर निभता नहीं, आग फूस का मेल ॥"[24]

प्रवासी भारतीयों के सरल हिन्दी में रचित काव्य में अनुप्रेरक राष्ट्रीय भावना है। इनके काव्य में अपूर्व राष्ट्रीय भावना है :

"पग पग पर ही हो जहाँ मानव का उत्कर्ष।
जगद्गुरु बन जाए फिर, मेरा भारत वर्ष ॥"[25]

विशद चिन्तन के पश्चात् स्पष्ट रूप से कहा जा सकता है कि गत दो दशकों की काव्य-भाषा में युगीन परिस्थितियों, वैश्वीकरण प्रक्रिया में उभरते भावों और उनसे उपजी समस्याओं को व्यक्त करने में पूर्ण समर्थ है। पूर्व की काव्य-भाषा की सभी प्रवृत्तियाँ तो हैं ही साथ ही नये भावों, नये सन्दर्भों को रेखांकित करने के लिए नयी-नयी भाषायी भंगिमाएँ विकसित हुई हैं। भाषा और भाव का अभिन्न सम्बन्ध है अतः श्रेष्ठ सम्प्रेषणीयता में दोनों की सुन्दर समन्वित भूमिका दिखाई देती है।

सन्दर्भ :

1. डॉ. भोलानाथ तिवारी, भाषा और संस्कृति, पृ. 127
2. डॉ. भगीरथ मिश्र, हिन्दी काव्य-भाषा का विकास, पृ. 323
3. सुमित्रानंदन पन्त, पल्लव (प्रवेश), पृ. 23
4. आचार्य रामचन्द्र शुक्ल, चिन्तामणि (भाग-1), पृ. 39-40
5. अशोक वाजपेयी, तिनका तिनका (प्रवीण प्रकाशन, दिल्ली), 1986, पृ. 357
6. गिरजाकुमार माथुर, कल्पांतर (नेशनल पब्लिशिंग हाउस, दिल्ली, 1983), पृ. 60
7. सम्पादक चन्द्रकान्त वांदिवडेकर, धर्मवीर भारती ग्रन्थावली (वाणी प्रकाशन, दिल्ली, 1998), पृ. 348
8. सम्पादक प्रकाश मनु, खूनी पुल पर से गुजरते हुए, (मगध प्रकाशन, दिल्ली, 1991), पृ. 65
9. केदारनाथ सिंह, उत्तर कबीर और अन्य कविताएँ (राजकमल, दिल्ली, 1995), पृ. 127
10. डॉ. वेदप्रकाश पाण्डेय, बढ़ने दो आकाश (अनुभव प्रकाशन, गाजियाबाद, 1998), पृ. 64
11. –सम–पृ. 66
12. –सम–पृ. 31
13. डॉ. रामदरश मिश्र, गोलकुण्डा दर्पण
14. भगवतशरण अग्रवाल, शाश्वत क्षितिज, 199
15. भगवतशरण अग्रवाल, शाश्वत क्षितिज, 206
16. –सम–68
17. तसलीमा नसरीन, अनु. मुनमुन सरकार, तसलीमा नसरीन की कविताएँ, पृ. 47

18. –सम–पृ. 173
19. नरेन्द्र राय, गोलकुण्डा दर्पण
20. वेदप्रकाश बटुक, आपात शतक (मीनाक्षी प्रकाशन, मेरठ), पृ. 31
21. प्रो. हरिशंकर आदेश, शकुन्तला (शिल्पायन, दिल्ली), पृ. 388
22. –सम–पृ. 397
23. प्रो. हरिशंकर आदेश, आदेश सप्तशती (निर्मल पब्लिकेशन, दिल्ली), 163
24. –सम–निर्मल सप्तशती–सम–पूर्वार्द्ध, 161
25. –सम–उत्तरार्द्ध, 242

अन्तिम दो दशकों का हिन्दी काव्य : लोकोन्मुखी चेतना

डॉ. रामपत यादव

'साहित्य' और 'लोक' का गहन सम्बन्ध है। साहित्य मूलतः लोक चेतना से सम्पृक्त होता है। लोक को उद्‌बुद्ध करने तथा उसमें नूतन भावराशि भरने का काम साहित्य का होता है। इस प्रकार साहित्य लोक का 'दीपक' भी है और 'दर्पण' भी। वस्तुतः साहित्य का अनुष्ठान लोक का, लोक के लिए और लोक द्वारा होता है। लोक की जीवन्तता और समग्रता का एहसास साहित्य के माध्यम से ही होता है। लोकोन्मुखी दृष्टि का गम्भीर विश्लेषण करती हुई सुप्रसिद्ध समीक्षक डॉ. मीरा गौतम कहती हैं–"हमारी दृष्टि में साहित्य की रचना का जीवन रस उसके 'लोक' से ही सिंचित होता है। साहित्य अपना स्वरूप, इसी 'लोक' से ग्रहण करके शाश्वत सत्यों का निर्माण करता है। भारत की सांस्कृतिक, राजनीतिक और सामाजिक जटिलताओं में जो उतार-चढ़ाव भारतीय लोक मानस को झेलने पड़ते हैं उसमें साहित्य की भूमिका अत्यन्त महत्त्वपूर्ण हो जाती है।...हिन्दी कवियों ने इसी लोक चेतना को उभारा है और उसे एक दिशा प्रदान की है।"[1]

'लोकदृष्टि' और 'संस्कृति' का भी घनिष्ठ सम्बन्ध है। कविवर 'दिनकर' ने 'संस्कृति' को जीवन की शैली और ढंग के रूप में स्वीकार किया है। वस्तुतः 'संस्कृति' संस्कारों का निर्माण करती है जिससे समाज की लोकोन्मुखी दृष्टि का विकास होता है। डॉ. मीरा गौतम के शब्दों में, "किसी भी समाज की लोकदृष्टि उसके साहित्य में निहित होती है। किसी भी साहित्य का लोकतात्त्विक मूल्यांकन उसके सांस्कारिक उद्‌घाटन का प्रमुख कारक होता है।"[2]

'लोक चेतना' और 'रचनाकार' के पारस्परिक सम्बन्धों पर प्रकाश डालते हुए डॉ. आनन्दप्रकाश दीक्षित लिखते हैं, "सजग रचनाकार अपने समय की लोक चेतना का साक्षी होता है। साक्षी होकर वह उसका केवल द्रष्टा ही नहीं होता। द्रष्टा की सीमा तो भावक होने तक की सीमा है। स्रष्टा होने में जो एक अतिरिक्त उत्तरदायित्व

उसके कन्धों पर आ जाता है, वह उसे भावक की स्थिति से केवल इस अर्थ में ही आगे नहीं ले जाता कि वह भोगे हुए को, अपने अनुभूत को, वाणी भी दे पाता है, बल्कि इस अर्थ में ही उसे विशिष्ट बनाता है कि वह अपनी चेतना से उस अनुभूत को एक भिन्न और विशिष्ट रूपाकार प्रदान करने की शक्ति भी रखता है।... रचनाकार उस चेतना का पक्षधर बनता है जो लोक में व्याप्त है। वह उस व्यग्रता को पकड़ता है जो वृहत्तर समाज को विकल कर रही होती है और अभिव्यक्ति की राह खोज रही होती है अर्थात् उसकी अनुकूलता और उसका समर्पण इस लोक चेतना के प्रति होता है।''[3]

यहाँ 'लोकोन्मुखी चेतना' के सन्दर्भ में 'चेतना' शब्द की व्याख्या करना अप्रासंगिक न होगा। धर्मेन्द्र कुमार गुप्त ने चेतना को 'ज्ञानात्मिका वृत्ति', 'बुद्धि', 'समझ', 'ज्ञान', 'सजीवता' आदि पर्यायों से व्याख्यायित किया है। 'हिन्दी विश्वकोश' के अनुसार, ''चेतना जीवधारियों में रहने वाला वह तत्त्व है जो उन्हें निर्जीव पदार्थों से भिन्न बनाता है।''[4] सुप्रसिद्ध समीक्षक डॉ. जयनाथ नलिन 'चेतना' को 'बोध', 'भाव' और 'कर्म' की व्यापक प्रक्रिया मानते हुए लिखते हैं, ''बोध, भाव और कर्म की समन्वित राशि चेतना है। चिन्तन, अनुभूति और कर्म की प्रक्रिया, इनका प्रसार और विकास ही चेतना है।''[5] वस्तुतः चेतना, रचनाकार की सृजनात्मक शक्ति को उद्बुद्ध करती है। आत्मबोध और लोक-बोध की सार्थक प्रक्रियाओं से गुजरती हुई 'चेतना' अनुभव-पुंजों को संवेदनात्मक-स्तर पर प्रसारित करती है।

जब हम बीसवीं शताब्दी के अन्तिम दो दशकों की कविता पर विहंगम दृष्टिपात करते हैं तो पाते हैं कि इस कालखण्ड की कविता लोकोन्मुखी चेतना से सम्पृक्त है। अन्तिम दो दशकीय कविता के कथ्य एवं शिल्प में लोकोन्मुखी प्रवृत्तियों को सहज ही निहारा जा सकता है। वस्तुतः यह कविता जमीन से जुड़ी हुई कविता है। इन दशकों का कवि अपनी लोकोन्मुखी दृष्टि का परिचय देते हुए कहता है :

कागज़ की धरती पर कवि तुम
बीज उगाओ
अंकुर फूटे अन्तस से
क्षुधा शान्त हो मस्तिष्क की
ऐसी तुम फसल उगाओ।
भाव खाद हो
कलम हल हो
हलधर कवि हो
और कविता आती हो...।[6]

अन्तिम दो दशकों के कवियों ने लोक जीवन के विविध आयामों को अपने

काव्य में समेटा है। जीवन की असुरक्षा, अजनबीपन, एकाकीपन, अस्तित्व संकट, सेक्स, कुण्ठा, रोटी जनित अन्तःसंघर्ष को अपने में समाहित करती हुई दो दशकीय कविता जन-जीवन की ओर लौटती हुई दिखाई देती है। इन दशकों के कवि शहरों की आपाधापी व व्यस्तता से ऊब चुके हैं। उन्हें महानगरों या नगरों की चकाचौंध की अपेक्षा गाँवों के टिमटिमाते दीए की रोशनी सुखद लगती है। वस्तुतः अन्तिम दो दशकीय काव्यधारा जनतन्त्र, समाजवाद, संसद, भ्रष्टाचार, कुण्ठा, संत्रास आदि को आत्मसात् करती हुई लोकोन्मुखी हो गई है। यह काव्यधारा बहती हुई दिखाई देती है—गाँव की गलियों में, लोक के जीवन में। इस कालखण्ड की कविता ने लोक-संवेदना को यथार्थ के धरातल पर रेखांकित करने का प्रयास किया है।

वस्तुतः लोकजीवन सहज व स्वाभाविकता की ओर उन्मुख होता है। ग्राम्य जीवन की सहजता और साफगोई प्रवृत्ति ने इन दशकों के कवियों को सहज ही आकृष्ट किया है। इस कालखण्ड की कविता में ग्राम्य-परिवेश और लोकजीवन का अंकन सहजता से हुआ है। यह लोकोन्मुखता ओढ़ी हुई या थोपी हुई नहीं है अपितु सहज-संवेद्य है। भाव या संवेदना के स्तर पर जहाँ कविता में सहजता है, वहाँ शैल्पिक स्तर पर लोकशब्दों, लोकबिम्बों, लोकप्रतीकों, कहावतों-मुहावरों का सहज प्रयोग देखा जा सकता है। डॉ. प्रतिभा मुलदियार आज की कविता की लोकोन्मुखता पर प्रकाश डालती हुई कहती हैं—"कवि की विवशता भी है कि वह वही व्यक्त करता चलता है जो उसके आस-पास बिखरा होता है लेकिन अन्तर्मन के तल में एक सहज-सरल निरीह भाव है वह तो फूटता ही है बिना किसी शब्दाडम्बर के, बिना किसी भाषाई शृंगार के, बिलकुल अपने सहज रूप में, कारण वही उसकी पहचान होती है।"[7]

अन्तिम दो दशकों के कवि श्याम विमल को शहर और गाँव की तुलना में गाँव ही प्रिय है। वे कहते है—"मेरे भीतर कई गाँव बसते हैं। मेले के गुमा देने वाले रस्ते हैं।...सरसों का दिन। हवा का कुर्त्ता। घंटियों का पजामा। पत्तों की चप्पल।" वे शहर को नकारकर गाँव को लौटने की सलाह देते हुए कहते हैं, "शहर आकर शहर तो देख लिया, यहाँ किसी को रोकने या टोकने से न कोई रुकता है, न ही सुनता है। जिस नगर में मनुष्य की आवाज़ सुनने तक का समय नहीं है, तो फिर वहाँ क्यों रहें?" इस सन्दर्भ में श्याम विमल की कतिपय पंक्तियाँ द्रष्टव्य हैं :

> चलो भइया, चलें अपने गाँव
> शहर आए, देखे शहरी नकली आदम जात बहरी
> बाहर न भीतर। हैं कहीं नहीं ठहरने को ठाँव
> चलो भइया चलें अपने गाँव।[8]

केवट सूद ने 'कुछ और सोचने दो' शीर्षक कविता में गाँव के लहलहाते खेतों

के साथ-साथ पारिवारिक चित्र भी प्रस्तुत किए हैं। 'खेतों से मशीनों तक' शीर्षक कविता में मिट्टी का सुख-शान्ति वाला रूप चित्रित किया है। यथा :

साथ ही सटा जोहड़ है, तरंगित
सिहरन भरा, कम्पित, मुर्गाबियाँ तैर रही हैं
(कुछ और सोचने दो)
जोहड़ के किनारे/बोहड़ के पेड़
का ठूँठ पड़ा है
कभी वह भी हरा-भरा था
आश्रयदाता बहुतों का।[9]

केवट सूद की इस लोकोन्मुखी चेतना पर प्रकाश डालते हुए, सुप्रसिद्ध समीक्षक डॉ. गंगाप्रसाद 'विमल' लिखते हैं–"सूद की कविताओं में मिट्टी के प्रति प्यार का कोई अतीत राग नहीं है, बल्कि एक गर्मजोशी है, धरती माँ की गोद की तरह शरण देने वाली, सुरक्षा देने वाली। वास्तव में माटी के प्रति लगाव का यह रूप केवल सूद की पंजाबियत की गर्मजोशी से हासिल हुआ है।"[10]

सुरेश तँवर के काव्य-संग्रह 'खाली द्वार फिरे बनजारा' में लोकजीवन के संघर्ष, क्षोभ, आक्रोश और भटकाव की सहज गूँज सुनाई पड़ती है। जमीन की गन्ध से जुड़ी ये कविताएँ समाज को एक नई दिशा देने में सक्षम हैं। इसी प्रकार लोक की आधारभूमि को लेकर मनोज सोनकर ने राजनीतिक विकृतियों को उजागर करते हुए तथा आजादी को नकली आजादी बताते हुए अपना व्यवस्था-विरोधी स्वर व्यंग्यात्मक ढंग से प्रस्तुत किया है :

आजादी/एक तालाब है/जिसमें/मैं/जब चाहूँ नहा सकता हूँ
सिर्फ नहाने के पहले/गले में पत्थर बाँधना होगा।[11]

अपनी लोकोन्मुखता पर प्रकाश डालते हुए सुप्रसिद्ध समीक्षक व कवि डॉ. रामदरश मिश्र लिखते हैं–"मैं जिस परिवेश में पला और वहाँ से मैंने अनुभव और जीवन-दृष्टि प्राप्त की, वह गाँव का खुला परिवेश था, जहाँ सामाजिकता जीवन की बुनियाद है। वहाँ के सम्बन्धों, संघर्षों और मूल्यों के अनुभवों से मैं और मेरा कवि बना। इसलिए मैं समझता हूँ कि मेरी कविताओं का सम्बन्ध समाजशास्त्रीय अनुशासन से बहुत ज्यादा है।"[12] प्रबुद्ध समीक्षक वीरेन्द्र सिंह के शब्दों में, "आज की कविता लोकोन्मुख होने की भरसक कोशिश में है। अपनी पूरी संवेदनाओं और अनुभवों को मार्मिक ढंग से पहुँचाना चाहती है। पिछले दिनों कविता में कथात्मकता की प्रवृत्ति का बढ़ना भी इसी बात को सूचित करता है। ...इधर करुणा की आर्द्रता व संघर्ष-दीप्ति भी बदली है। मैं महसूस करता हूँ कि सन् 1980 के बाद प्रकाशित

काव्य-संग्रहों में जीवन के बहुमुखी अनुभव-खण्डों को सृजनात्मक स्तर पर उतारने की कोशिश बढ़ी है और लोक-सापेक्षता के आयाम में उदारता और विविधता बढ़ी है।''[13]

अन्तिम दो दशकों की कविता जनोन्मुखी-लोकोन्मुखी है। इस कालखण्ड के कवियों ने मानवीयता की बात सख्त जमीन से जुड़कर की है। इन कवियों की मानवीयता सतही या वायवी नहीं है। देवीप्रसाद मिश्र ने अपनी कविता 'कविता' शीर्षक में अपनी बात सटीकता से प्रस्तुत की है :

> कविता खतरनाक ऊँचाइयों तक पहुँचती है और वह देख पाती है
> कि भारत के कच्चे घर आगत महायुद्ध के करोड़ों शिखर हैं
> कि हल और इतिहास की मूँठ किसान के हाथ में है
> कि ज़मीन को देखकर चलने का सलीका अब भी बचा है
> कि बुलाने पर मुड़कर देखने की रस्म अब भी बाकी है।[14]

लोक चेतना से सम्पन्न तथा समाज व संस्कृति की विभिन्न मोर्चों पर संघर्षरत कवि गोरख पाण्डे की कविता वास्तव में प्रतिपक्षधर्मी है। 'संसद का गीत' शीर्षक कविता में उनका धारदार प्रतिपक्षधर्मी स्वर द्रष्टव्य है :

> सावधान! संसद है बहस चल रही है
> भीतर कुछ कुर्सियाँ मँगाओ
> बाहर जेलें नई बनाओ
> बाँधो झोंपड़ियों को
> महलों की रौनक बचाओ
> खलबली मची है जंगल में
> आग जल रही है या भूख जल रही है
> जनता के नाम सन्देशा है
> बिलकुल आराम से मरो तुम
> पर अपने राज को चलाने
> के लिए, हमें चुना करो तुम।[15]

'नीलाभ' ने अपनी कविता 'उत्तराधिकार' (1985) में वर्ग-चेतना को प्रस्तुत करते हुए प्रतिपक्षधर्मी दृष्टि प्रदान की है। कवि चिन्तित है कि अन्याय शोषण से कैसे संघर्ष किया जाए। अपनी लोकोन्मुखी दृष्टि से कवि ने इस बदले दृश्य को इस प्रकार प्रस्तुत किया है :

> देखते ही देखते बदल गए जीवनदायी मेघ
> धुएँ के काले, जहरीले बादलों में

पेड़ : कागजों में कागज : कानूनों में
कानून नए शिकंजों में,
पहले से भी खूँखार पंजों में
बदल गए पहल : कारखानों में, दफ्तर : मजदूरों में
हवेलियों की नींव पर उगने लगे गगनचुम्बी बैंक
अनगिनत जड़ों को चूसते हुए रस
धरती का, कपास का, श्रमिकों के पसीने का।
करघों की कब्रों पर खड़ी हो गईं विशालकाय कपड़ा-मिलें।[16]

अन्तिम दो दशकों का कवि कविता की बंजर भूमि को अपने रक्त से सींचता हुआ उर्वर बनाना चाहता है जिससे कविता एक मशाल के रूप में परिणत होकर सम्भावित जनक्रान्ति के मार्ग को आलोकित कर सके और शोषित जन समाज के जीवन की हरियाली सही अर्थों में उपलब्ध हो सके। कुमारेन्द्र जन-संघर्ष और रचना-संघर्ष को अपने रक्त से सींचता हुआ, गतिशीलता प्रदान करता हुआ कहता है :

मैं अपने खेतों की हरियाली को जिलाने के लिए
अपना खून दे रहा हूँ?
और तुम?[17]

कुमारेन्द्र की प्रतिबद्धता ग्रामीण शोषित जनता के प्रति अपने दायित्वों का निर्वाह करने में अन्तर्निहित है। कवि गाँव के शोषित परिवारों की ज्योति (सम्पन्नता) को वापिस दिलवाने हेतु संघर्ष से जूझ रहा है। कवि लोकोन्मुखी दृष्टि से भारतीय गाँवों की विडम्बनाओं को व्यक्त करता हुआ कहता है :

मैं धूप और धुआँ और आग और कीचड़ में हूँ
मगर अपने गाँव के साथ हूँ
और यह अँधेरा जो बिलकुल अलग किस्म का है
मेरा, दुश्मन नहीं, अभी रहबर है
सूरज को मुक्त कर लेने तक मुझे इसका पीछा नहीं छोड़ना है।[18]

अन्तिम दो दशकों के कवियों का ध्यान समाज के अल्पचर्चित वर्गों पर भी गया है। जयन्त परमार अपनी कविता 'उपरा' में 'बंजारों' की बेबसी व मजबूरी का अंकन करते हुए कहते हैं :

गधों की पीठ पर
बरतन, चारपाई और चाँद
ख्वाब, ख्वाहिशें, खौफ की गठरी

उम्मीदों का बोरिया बिस्तर लादे हुए
पेट की आग बुझाने को
एक गाँव से दूसरे गाँव
भटक रहे हैं बंजारे
जिनके नसीब में
आसमान ही घर की छत
और ज़मीं का है बिस्तर।[19]

इस कालखण्ड के कवियों ने लोक-जीवन की आन्तरिक पीड़ा व बेबसी को गम्भीरता से महसूसा है। इस कालखण्ड का कवि यह महसूस करता है कि चन्द लोगों के ऐशो-आराम के निमित्त लाखों-करोड़ों की आकांक्षाएँ कुर्बान कर दी जाती हैं और यह सब कुछ आज राजधर्म के लिए नीति-सम्मत है। इन सबसे उद्वेलित होकर सुखबीर सिंह लिखते हैं :

ओ मेरे गाँव!
मैं किसी स्कूल में नहीं पढ़ा
यह सबक/या रटा पहाड़ा
कि इकाई की सुविधा के लिए
पिसता देश का सैकड़ा दहाड़ा।[20]

इस कालखण्ड के कवि लोकोन्मुखी चेतना से सम्पृक्त हैं। बल्लीसिंह चीमा कहते हैं :

ले मशालें चल पड़े हैं, लोग मेरे गाँव के।
अब अँधेरा जीत लेंगे, लोग मेरे गाँव के।।[21]

दलित संघर्ष के उन्नायक एन. सिंह की कविताओं में लोकोन्मुखी चेतना पद-पद पर निहारी जा सकती है। वैचारिक स्तर पर कवि धरती से जुड़ा हुआ है। वे लिखते हैं :

अब मैं समझ गया हूँ
उस अंकगणित को
जिसके कारण
मेरे श्रमकण
मिट्टी में मिलकर
दूसरों की झोली को
मोतियों से भर देते हैं और

मेरी झोली में होती है
भूख बेबसी और लाचारी
इसलिए अब/मेरे हाथ की कुदाल
धरती पर कोई नींव खोदने से पहले
कब्र खोदेगी
उस व्यवस्था की
जिसके संविधान में लिखा है–
तेरा अधिकार सिर्फ कर्म में है
श्रम में है
फल पर तेरा अधिकार नहीं।[22]

कविवर 'तरुण' भी लोकोन्मुखी प्रवृत्ति के कवि हैं। सन् 1987 में रचित कविता 'देखना चाहता था मैं तो' में कवि की लोक चेतना द्रष्टव्य है :

जीवन देखना चाहता था मैं तो–
ग्राम-ताल के किनारे, कस्बई मेले में
धरती की सोंधी माटी-रज से सने
साड़ी घाघरे की पटलियाँ फहरा-फहरा कर
अंग-लता लहरा-लहराकर, ढोलकी की थाप पर
उन्मुक्त झूमरों में नाच-नाच उठती,
रागनियाँ घहराती-छितराती
चिड़िया कंठी लोक-नर्तकी-सा।[23]

काव्यात्मक वर्ण्य-विषय को सम्प्रेषणीय बनाने में सर्वाधिक योगदान भाषा का है। इस कालखण्ड के कवियों की भाषिक सजगता एवं संरचनात्मक क्षमता अद्भुत है। पैनी धार वाले शब्दों के प्रयोग के फलस्वरूप अर्थवत्ता को बल मिला है। लोक भाषा के टोन, लय द्वारा भाषिक सौन्दर्य में श्रीवृद्धि हुई है। कवियों की भाषागत भंगिमाओं से भाव-सौन्दर्य को बल मिला है। इस कालखण्ड के कवि श्री मनोज सोनकर का मत है कि, ''मैं मुक्तिबोध की तरह 'रियाज' में विश्वास करता हूँ लेकिन 'कथ्य' पर 'शिल्प' को हावी नहीं होने देता। प्रतीक भी मैं जन-जीवन से ही चुनता हूँ।''[24] 'खिड़की' को मनुष्य की निर्माण-प्रवृत्ति के प्रतीक-रूप में प्रस्तुत करते हुए वे कहते हैं कि :

लेकिन/सबसे बड़ा सच यह है कि
लोग/खिड़कियाँ बनाते थे/बनाते हैं/
और बनाते रहेंगे।[25]

कवि की अप्रस्तुत-योजना में लौकिक उपमानों का प्रयोग हुआ है यथा :

उसकी आँखें
अरगनी थी/लोग लटक जाते थे।[26]

इस कालखण्ड की कविता में व्यंग्य का बड़ा सुन्दर निरूपण हुआ है। मनोज प्रभाकर का व्यंग्य का एक उदाहरण द्रष्टव्य है, जिसमें लौकिक उपमानों का प्राधान्य है :

एक गाँव में
एक कुआँ है
जिसमें दूध की नहीं
पानी की आवश्यकता है।[27]

इस कालखण्ड में रचे गए नवगीतों में भी लोकोन्मुखी स्वर-सौष्ठव एवं अर्थलय का सुन्दर सामंजस्य देखा जा सकता है। 'बोलो रक्त शहीद शब्द का' (बलबीरसिंह 'करुण'), 'गीत पर्व आया है' (राजेन्द्र गौतम), 'सूरज बिखरा द्वारे द्वारे' (इन्द्र सेंगर), 'गीतों की पाती' (रतनम), 'ऋतुगन्धा' (मनोरमा मधु), 'आसमान सबका है' (सुरेशचन्द्र त्यागी), 'एक हकीकत और' (सारस्वत मोहन मनीषी), 'वंशी और मादल' (ठाकुर प्रसाद सिंह) आदि नवगीत-संग्रहों में लोकोन्मुखी लय व तुक का पुट देखा जा सकता है।

निष्कर्षतः कहा जा सकता है कि अन्तिम दो दशकों के काव्य में लोकजीवन और लोकमन को बड़ी आत्मीयता से रेखांकित किया गया है। लगता है इस काल के अधिकांश कवि लोक के विभिन्न स्तरों से गुजरे हैं। उन्होंने लोकजीवन और भाषा-परिवेश को देखा और भोगा है। इस कालखण्ड की कविता ग्रामीण बोली के शब्दों से संवलित, लोकगीत शैली से सम्पृक्त तथा मिट्टी की गन्ध से सुवासित है। कवियों ने लोकजीवन के विविध उपादानों का प्रयोग करके गाँव की मिट्टी, पानी, धूप, हवा को पाठकों तक पहुँचाने की कोशिश की है।

सन्दर्भ :

1. डॉ. मीरा गौतम, सूर काव्य में लोकदृष्टि का विश्लेषण, पृ. 47
2. वही, पृ. 50
3. (सं.) वीरेन्द्र सिंह, समकालीन कविता (डॉ. आनन्दप्रकाश दीक्षित का 'समकालीनता और काल-बोध' शीर्षक आलेख), पृ. 27-28
4. (सं.) रामदरश मिश्र, त्रिपाठी, हिन्दी विश्वकोश (चतुर्थ खण्ड), पृ. 282
5. जयनाथ 'नलिन', साहित्य का आधार : दर्शन, पृ. 1

6. स्वामी कुशलनाथ 'धीर', कागज़ की धरती, पृ. 1
7. डॉ. प्रतिभा मुलदियार, हिन्दी-अनुशीलन, (मार्च-जून 2001), पृ. 16
8. श्याम विमल, 'इतना जो मिला' शीर्षक कविता, हिन्दी अनुशीलन (जून 2001), पृ. 18
9. केवट सूद, 'खेतों से मशीनों तक' शीर्षक कविता, हिन्दी अनुशीलन (मार्च-जून, 2001), पृ. 20
10. 'कुछ और सोचने दो' (भूमिका—सहयात्री की ओर से) से उद्धृत, हिन्दी अनुशीलन (मार्च-जून 2001), पृ. 20
11. मनोज सोनकर, 'घंटाघर' (1981), पृ. 46
12. वीरेन्द्र सिंह, समकालीन कविता, पृ. 144
13. वही, पृ. 65-66
14. ए. अरविंदाक्षन, समकालीन हिन्दी कविता (देवी प्रसाद मिश्र की 'प्रार्थना के शिल्प में नहीं' शीर्षक कविता से), पृ. 114
15. ए. अरविंदाक्षन, समकालीन हिन्दी कविता (गोरख पाण्डेय की 'संसद का गीत' शीर्षक कविता से), पृ. 100
16. ए. अरविंदाक्षन, समकालीन हिन्दी कविता, पृ. 105
17. कुमारेन्द्र पारसनाथ सिंह, इतिहास का संवाद, पृ. 31
18. वही, पृ. 152
19. डॉ. वी. कृष्णा आदि 'दलित साहित्य' (2002) (जयंत परमार की 'उपरा' शीर्षक कविता से), पृ. 325
20. (सं.) रमणिका गुप्ता, हिन्दी-साहित्य में दलित संघर्ष के उन्नायक एन. सिंह (सुखबीर सिंह की 'बयान बाहर' शीर्षक कविता से), पृ. 56
21. वही (बल्लीसिंह चीमा की पुस्तक 'भगतसिंह के दस्तावेज से'), पृ. 59
22. (सं.) रमणिका गुप्ता, हिन्दी-साहित्य में दलित संघर्ष के उन्नायक एन. सिंह (डॉ. एन. सिंह की काव्य-पुस्तक 'सतह से ऊपर उठते हुए' से उद्धृत), पृ. 60
23. रामेश्वरलाल खण्डेलवाल 'तरुण', 'तरुण-ग्रन्थावली', पृ. 458
24. वीरेन्द्र सिंह, समकालीन कविता, पृ. 163
25. मनोज सोनकर, नौवें दशक की काव्य-यात्रा (1986)
26. वही, शोषितनामा (1983), पृ. 41
27. वही, इदम् (1985)

अन्तिम दो दशकों की हिन्दी-कविता : काव्यगत अवधारणा

डॉ. मंजुल उपाध्याय

सामान्य और काव्यशास्त्रीय साहित्य-विश्लेषण में अवधारणात्मक संरचना की समझ को सदैव महत्त्व मिलता रहा है। बोध या बुद्धितत्त्व के रूप में इसे राग और कल्पना के साथ ज्ञान का विषय बनाया जाता रहा है। भारतीय रसवाद के व्याख्याकार भी किसी-न किसी रूप और मात्रा में भाव, भावचक्र या भाव-क्षेत्र मानकर उसमें बोध-वृत्त को शामिल करते आए हैं, क्योंकि धारणाएँ भाव को जाग्रत करती हैं, प्रतिबन्धित करती हैं, उन्हें दिशा देती हैं और प्रायः नये भावनाकेन्द्रों को उत्तेजित करती हैं, किन्तु प्रश्न तो शैली शास्त्र का है, जहाँ काव्य-भाषा की विशिष्टताओं की पहचान होती है और अर्थ तथा मूल्यों की चिन्ता नहीं की जाती।

रोगर ब्राउन ने सिबौक (Sebeok) द्वारा सम्पादित पुस्तक 'स्टायल इन लैंग्वेज' में एक लेख लिखा है। इस लेख में वह साहित्य की भाषा के अध्ययनकर्ता भाषा वैज्ञानिकों को सुझाव देता है कि उन्हें काव्य-भाषा के अध्ययन में मूल्य से नहीं बचना चाहिए क्योंकि मूल्य का विश्लेषण भी वस्तुगत विधिपरक हो सकता है। इसके लिए वह किसी मानव-समुदाय या ग्रुप के अध्ययन पर बल देता है :

"Value can be objectively treated. It is only necessary to specify a group for study, an objective way of determining what the value is."

विश्लेषणकर्ता की अपनी कोई भी मूल्य-व्यवस्था हो सकती है पर यदि वह तटस्थ रहे तो वह कृति के मूल्यों-अवधारणाओं-अर्थों आदि का वस्तुगत विश्लेषण कर सकता है, उसी तरह जिस तरह, रक्त-चाप के विषय में कोई भी मत रखने वाला चिकित्सक रोगी के रक्त-चाप का वस्तुगत निदान कर सकता है।

बहरहाल, अभी तक भाषाशास्त्री और आलोचक मिलकर कोई समान विश्लेषण-धरातल नहीं पा सके हैं। यह काम होना चाहिए, यह सभी महसूस कर रहे हैं।

काव्य कृतियों में शब्द ही हमारी पकड़ में आते हैं। शब्द अपने में लेखक या कवि की सम्पूर्ण मानसिकता और परिवेश के साथ सम्बन्धों और संघर्षों के स्वरूप को समेटे रहते हैं। एक ही दौर में कई कवियों की कविता को लें तो उनमें कुछ केन्द्रीय शब्द मिलेंगे और कुछ सामान्य शब्द होंगे।

केन्द्रीय शब्द वे होते हैं जो किसी काल खण्ड में व्यक्ति या समूहों की बुनियादी आकांक्षाओं और विचारों को व्यक्त करते हैं। ये केन्द्रीय शब्द कवियों के कृतित्व को समझने के लिए बीज-मन्त्र या मूल-सूत्रों की तरह होते हैं, जिनमें कवि की सारी मानसिक-स्थिति, स्पन्दन या छलाँगों का रहस्य बन्द रहता है। शैली-शास्त्री हो या काव्य-शास्त्री, इन केन्द्रीय शब्दों के बिना कृति के मूल को नहीं समझ सकता। इसके बिना, वह सिर्फ सतही विश्लेषण या प्रचलित से भिन्न तत्त्वों का संग्रह करता रहेगा।

ये केन्द्रीय शब्द या पद, अपने प्रचलन-काल में, अनेक कृतिकारों की रचनाओं में दुहराए जाते हैं, अतः पुनरावृत्तियों के आधार पर भी इन्हें पहचाना जा सकता है।

समकालीन कविता में 1965 के पूर्व वितृष्णा या घृणा (Disgust) से सम्बन्धित शब्दों का बाहुल्य है। राजकमल चौधरीकृत 'मुक्ति प्रसंग' में इसे देखा जा सकता है। इसके पूर्व 'नई कविता' वृत्त में अन्तःसंघर्ष और अन्तर्द्वन्द्व से सम्बन्धित शब्द अधिक मिलते हैं। अवसाद, पीड़ा, घुटन, मूल्य-द्वन्द्व आदि शब्द बहुत अधिक हैं। 1960 के बाद हिन्दी कविता में, प्रतिबद्धता, संघर्ष, आक्रोश, पक्षधरता, क्रान्ति, सम्बद्धता (एंगेजमेंट), चिन्ता, आम आदमी, सर्वहारा, गुरिल्ला चेतना, प्रगतिशीलता, ध्वंस, नव-वामपंथ, वाम संस्कृति, विद्रोह और समकालीनता जैसे शब्दों का प्रयोग बढ़ा है और 'अजनबीपन', 'प्रामाणिक अनुभव' जैसे शब्दों का प्रयोग नहीं हुआ है।

स्पष्टतः ये शब्द अवधारणात्मक हैं। वे कवि की मनोदशा को ही नहीं बताते, बल्कि उसके विचार-पक्ष और उसके सामाजिक-दर्शन को संकेतित करते हैं। मैं वास्तविक गणना यहाँ नहीं दे रहा हूँ पर मोटी गणना के आधार पर यह निष्कर्ष दे सकता हूँ कि सप्तम-दशक के उत्तरार्द्ध में जनान्दोलनों के तीव्र होने और सारे विश्व में नववामपंथी लहर के कारण, हिन्दी कविता में अस्तित्ववादी शब्दावली का प्रयोग कम और वामपंथी, मार्क्सवादी शब्दावली का प्रयोग बढ़ा है। कविता पर लिखे हुए लेखों में भी यही दिखाई देता है। सामाजिक परिवर्तन के आवेश में पूर्व कवियों को असमकालीन, पिछड़ा हुआ, अप्रगतिशील और जन-विरोधी तक कहा गया।

इस नई शब्दावली का प्रयोग न करने वाले कवियों श्रीकान्त वर्मा, अज्ञेय जैसे कवियों को प्रतिक्रान्तिवादी कहा गया है।

वामोन्मुख रैडिकल राजनीति के शब्दों का एक निश्चित अर्थ होता है, पर

यह सन्देहपूर्ण है कि सभी हिन्दी कवियों, विशेषकर युवाकवियों का सामाजिक राजनीतिक बोध स्पष्ट है। इन शब्दों के अस्पष्ट प्रयोगों का सांख्यिकी विधि से आकलन हो सकता है। परन्तु यह निश्चित रूप से कहा जा सकता है कि अस्पष्ट प्रयोगों की संख्या, स्पष्ट प्रयोगों से अधिक है। यह निष्कर्ष, कवियों की सामाजिक चेतना के अन्तर्विरोध को रेखांकित करती है।

धूमिल की कविता में संसदीय स्थितियों के विडम्बनात्मक चित्रणों के बाद कोई अन्य स्पष्ट विकल्प नहीं उभरता, यों नक्सलवादी या सशस्त्र क्रान्ति का विकल्प यत्र-तत्र गूँजता है। इस विकल्प पर भी कवि को पूरा भरोसा नहीं है। ठीक यही स्थिति लीलाधर जगूड़ी में भी है। व्यवस्था का अनावरण (एक्सपोजर) और उस पर व्यंग्य खूब है, पर क्या किया जाए, इस ओर कवि का ध्यान जाता ही नहीं। धूमिल यह अवश्य कहते हैं कि वह कहीं से भी इस विराट कारागार में सुरंग बना लेगा और पार हो जाएगा।

दरअसल, इस चित्तवृत्ति का निर्माण नववामपंथ में 'स्वतः स्फूर्त क्रान्ति' के प्रत्यय से हुआ था। नए विचारकों में प्रमुख कोहन बेंदो, तारिक अली, चेगुवेवारा, रेजिस दिब्रे आदि का मत था कि पारम्परिक विचार-दृष्टि, राजनीतिक पार्टियाँ संसदीय मिथक की शिकार हो गई हैं और जनसमुदायों को किसी भी क्रान्ति, परिवर्तन की कार्यवाही में भाग नहीं लेने देतीं। कोहन बेंदो ने बहुत विस्तार से 'अब्सोल्यूट कम्यूनिज्म, ए लैफ्टिस्ट ऑलटरनेटिव' पुस्तक में इस प्रवृत्ति का विश्लेषण किया है। वह क्रान्ति के लिए युवकों और छात्रों पर अधिक विश्वास करता है। वह सामाजिक चेतना सम्पन्न बौद्धिकों पर बहुत विश्वास करता है।

इन विचारकों का मत था कि विश्व भर में पुरानी पद्धति के शिकार समाजों में बदलाव के सभी उपादान मौजूद हैं। प्रचार, मानसिक तैयारी और चुनाव पद्धति में भाग न लेकर व्यापक सामाजिक प्रश्नों को उठाकर व्यवस्था पर हमला करना चाहिए। दिब्रे कहता है अग्नि प्रज्वलित करो, फिर पीड़ित और पक्षधर स्वतः इस अग्निधारा में खिंचे आएँगे। अग्नि धारा न भी बने, तो भी व्यवस्था पर किया गया आक्रमण व्यवस्था को एक्सपोज करेगा। ये नए विचारक मानते हैं कि बलिदान सबसे बड़ा प्रचार होता है।

इस कालावधि में 'क्रान्ति' शब्द का अर्थ सामाजिक-परिणति की दृष्टि से मार्क्सवादियों और नववामपंथियों के लिए एक ही अर्थ रखता है, क्योंकि वर्ण वर्गहीन समाज की स्थापना और श्रमिक-राज्य ही दोनों का लक्ष्य है, किन्तु प्रक्रिया की दृष्टि से दोनों में अन्तर है।

क्रान्ति शब्द का प्रयोग दिनकर, बच्चन काल के कवि भी करते रहे हैं। क्रान्ति शब्द यहाँ यत्रतत्र सुधार का पर्याय है।

इसी तरह 'प्रतिबद्धता' शब्द का अस्पष्ट प्रयोग चलता रहा है। जो साम्यवाद

विरोधी लेखक हैं, लेकिन नवीन साम्यवादी लहर से प्रभावित हैं, वे अपने मत को अलगाने के लिए 'सम्बद्धता' शब्द का प्रयोग करते हैं, जैसे 'मधुमती' द्वारा आयोजित परिचर्चा में नन्द चतुर्वेदी ने किया है। इधर, प्रतिबद्धता की वर्गीयता या वर्ग धारणात्मकता से बचने के लिए कवियों ने 'सरोकार' शब्द का प्रयोग किया है। ऐसे सरोकारी सम्पादक 'प्रतिबद्ध' शब्द का प्रयोग न कर 'समान्तर' शब्द का प्रयोग करते हैं, ताकि उन पर कोई आरोप न लग जाए।

पिछले दशकों में सक्रिय साहित्यिक बौद्धिकों में अजनबी या 'आउट साइडर' शब्द लोकप्रिय था।

ऐसे लेखकों ने अल्बेयर कामू का अनुकरण किया, ज्याँ पाल सार्त्र का नहीं।

सार्त्र की अस्तित्ववादी धारणाएँ अन्त में 'मानववाद' और उसमें भी क्रान्तिकारी-मानववाद में परिणत हो जाती हैं। अतः सार्त्र में वरण, वैयक्तिकता और वितृष्णा आदि अवधारणाएँ सामाजिक संघर्ष की ओर ले जाती हैं, पर इसके लिए हिन्दी के लिए रचनाकार उतने तैयार नहीं थे। वे जनशक्ति के स्रोतों के पास नहीं जाना चाहते, अपनी सीमा या वर्ग (निम्न मध्यवर्ग : मध्यवर्ग) में ही अजनबी बनकर आक्रोश का वर्णन करते रहना चाहते थे।

पूर्व दशकों में इस मनोवृत्ति को तोड़ने के लिए 'पक्षधरता' (पार्टीजनशिप) की अवधारणा का अभ्युदय हुआ। पक्षधरता, प्रतिबद्धता जैसे शब्द एक पक्ष विशेष के शब्द हैं। इस अवधि के कवि संवैधानिक गतिविधियों को अपर्याप्त मानकर अपनी रचना में हिंसात्मक युद्ध का विकल्प अपनाते हैं।

व्यवहार में वह किसी अग्रगामी दल को सहानुभूति देता है, तब वह परिवर्तन समर्थक या पक्षधर लेखक या कार्यकर्ता बनता है। संघर्षकारी समाज ही जन-संघर्ष के प्रेरक नमूने बने हैं। इस अवधि के लेखक साहित्य में सुधारवादी राजनीति को जन-विरोधी सिद्ध कर पाठकों में नई क्रान्तिकारिता पैदा करते हैं, अतः परिवर्तन समर्थक अवधारणा को ठीक से समझने की जरूरत है।

यह गौरतलब बात है कि प्रतिबद्धता कम खतरनाक विचार था। प्रगतिशीलता तो फायदे का विचार बन गया है। पक्षधर रचनाओं को 'प्रोटैस्ट' या मनमाने अन्ध विरोध की कोटि में डालकर, हिन्दी के प्रगतिशील सम्पादकों-आलोचकों ने उनकी उपेक्षा की है। उनकी अपनी स्थिति खतरे में न पड़े, इसलिए ऐसे साहित्य के कर्ताधर्ताओं ने धूमिल जैसे प्रखर सामाजिक चेतना के कवि को राजकमल चौधरी जैसा साबित करना शुरू कर दिया है। उनके लेखों, सम्पादकीयों और पत्रिकाओं में पक्षधर-साहित्य की इस नई चेतना और मनोदशा को निर्माण में सहायक मानकर भी विश्लेषित नहीं किया गया। ये विचारक, सारे व्यवस्था विरोधी साहित्य को, एक साथ रखकर समग्र दृष्टि से नहीं देखते और न उसके सम्भावनापूर्ण अन्तर्विरोधों का लेखा-जोखा करते हैं। पिछले दशकों में इस विचलन को साफ देखा जा सकता

है, और यह विचलन, परिवर्तनकामी शक्तियों की कमजोरी से बढ़ रहा है।

इसी काल में विकसित 'आम आदमी' की अवधारणा में अस्पष्टता है। आम आदमी एक वर्ग-धारणा है, वह 'सामान्य मानव' या सामान्यीकृत मानव का पर्याय नहीं है। जो शोषित है, वह आम आदमी है। शोषण सिर्फ आर्थिक प्रकार का नहीं होता, वह अनेक प्रकारों का है। मुख्यतः वह आर्थिक किस्म का होता है। समकालीन काव्य साहित्य में आम आदमी के चित्रण हुए हैं, पर उसमें शोषक वर्गों की असली दुनिया गायब है। स्वातन्त्र्योत्तर काव्य साहित्य में कतिपय स्थलों को छोड़कर 'खास आदमी' के समानान्तर आम आदमी के समाज और संसार का भूगोल नहीं मिलता। सिद्धान्तहीन राजनीति, सत्ता की छीन-झपट, अवसरवाद, दलबदल, कर्ज के धन का दुरुपयोग इन सब पर अमूर्त प्रहार हुए हैं। भ्रष्ट ठेकेदार, इंजीनियर, राजनेता, धनपति, बौद्धिक आदि के टिपीकल चरित्रों की पूरी तरह पहचान नहीं हो सकी है। केवल अमूर्त्त आक्रोश अधिक व्यक्त हुआ है। अतएव 'आम आदमी' अपने शत्रु 'खास आदमी' की तस्वीर के बिना अमूर्त्त होता गया है। इसी वजह से आम आदमी से सम्बन्धित रचनाओं में कवि लेखक के आक्रोश के स्वरूप और मात्रा को जितनी आसानी से समझा जा सकता है, उतनी आसानी से आदमी के व्यक्तित्व और चरित्र को नहीं समझा जा सकता। धूमिल के 'मोचीराम' में मोची धूमिल के वाग्वैदग्ध्य को अपनाता है, अपना मोची-मुहावरे में नहीं बोलता। इस उलझन में सर्वहारा और 'आम आदमी' की अवधारणाओं में अस्पष्टता आई है। इस अस्पष्टता से मध्यवर्ग के लेखक को लाभ यह होता है कि वह अपने को 'आम आदमी' कहकर सर्वहारा वर्ग से अलग-अलग रहने के सुख में निमग्न रहता है। अपने आत्म-अपराध को आवृत करने के लिए रेडिकल शब्दों के प्रयोग इन दशकों की कविता में बहुत हुए हैं।

विकल्पहीन आक्रोश, ध्वंसवाद या अराजकतावाद का पर्याय बनता है, लेकिन इसे हिन्दी कविता में विद्रोह का समानार्थक शब्द मान लिया गया है। अकवियों के घृणावाद और अन्ध-आक्रोश में, कोई समाज-दृष्टि निहित नहीं थी, अतः अकवितावादी कवि अराजकतावादी लगते हैं। वह स्वस्थ विद्रोह नहीं था, जिसकी वकालत अपनी पुस्तक 'द रिबैल' में अल्बेयर कामू करता है। कामू के अनुसार लेखकों को क्रान्तिकारी नहीं, विद्रोही होना चाहिए, क्योंकि क्रान्ति सर्वदा व्यवस्था का निर्माण करती है। कामू के अनुसार लेखक की नियति अभिशप्त होने की नियति है, जो आजीवन बोझ ढोता है और अन्त में थककर मर जाता है।

फिर भी कामू का विद्रोह अकवियों के विद्रोह से अधिक दृष्टि-सम्पन्न है, क्योंकि वह व्यवस्था के अन्तर्विरोधों पर निगाह रखता है और उसे रचना में रेखांकित करता है। व्यवस्था के वस्तुगत अध्ययन-पर्यवेक्षण के लिए बुद्धि का प्रयोग करना पड़ेगा, किन्तु हिन्दी के विद्रोही कवि ऊपरी विरोध को ही पर्याप्त मान लेते हैं,

और सोचने का काम सामाजिकों पर डाल देते हैं।

लेकिन यह न कहना न्यायहीनता होगी कि अकवियों ने अपने काव्यात्मक विरोध द्वारा, व्यवस्था औचित्य के आगे प्रश्न-चिह्न लगाया है। सौमित्र मोहन की 'लुकमान अली' में भारतीय समाज और राजनीति की स्थितियों का जो सवाक् चित्र है, वह अन्य कवियों में दुर्लभ है। इसका कारण यह कि दलबद्ध लेखक, दल की कार्यनीति को साहित्य में लाते हैं और एक घेरे में घिर जाते हैं, वहीं दूसरे लेखक अपनी काव्यात्मक प्रतिक्रिया में स्थिति के पूरे परिदृश्य को फंतासियों में बाँधता है, वह किसी का लिहाज नहीं करता। उनके विशिष्ट काव्य स्वर समाज और मानव-वास्तविकता की विकृति का नक्शा 'लुकमान अली' में पूरे संयम के साथ उभरता है। अकविता अति पर पहुँची हुई विकृति और वैषम्य को, अतिवादी मुहावरे के जरिए भास्वरित करती है। अकवितावादी कवियों की इस शक्ति को यदि नजरअन्दाज कर दें तो राजीव सक्सेना की कविता 'आत्मनिर्वासन' को 'लुकमान अली' से ज्यादा प्रभावक होना चाहिए था।

सच यह है कि सौमित्र मोहन, व्यवस्था के एक्सपोजर में अपने साथ के अन्य कवियों से ज्यादा कामयाब हुए हैं। वेणु गोपाल, कुमार विकल और राजीव सक्सेना में दृष्टि सम्पन्न क्रान्तिकारिता है और सौमित्र में वह नहीं है।

इस काल में 'प्रमाणिक अनुभव' की अवधारणा को स्पष्ट किया गया है। कुछ रचनाकारों ने अनुभव और बोध के द्वन्द्वात्मक सम्बन्ध को काट कर देखा था। इस रहस्य को समझे बिना रचनाओं की संरचना अस्पष्ट रहती है और लेखक, अपने हितों की रक्षा के लिए अनुकूल अवधारणा चुन सकता है, इस ओर प्रायः ध्यान नहीं दिया गया है। फलतः रचनाओं के अर्थ और मर्म नहीं खुले, उनके प्रभाव की प्रकृति का पूरा परीक्षण नहीं हो सका है। कोई रचना सिर्फ नई होने से ही प्रासंगिक नहीं हो जाती, उसे 'सही' भी बनना पड़ता है।

इस कालावधि में कुछ रचनाएँ ऐसी भी हो सकती हैं, जहाँ शब्दों के प्रयोग और शब्दों की बुनावट में कोई भिन्नता न हो, लेकिन रचना में गुँथी हुई केन्द्रीय अवधारणा की उपस्थिति और उसमें व्यंजक शब्दों से रचना के प्रभावों का अन्दाज लग सकना सम्भव है। हिन्दी की समकालीन कविता में अवधारणात्मक शब्द-विन्यासों के निकटतम अध्ययन की आवश्यकता है। रचना वस्तु-स्थिति का बोध प्रकट करती है या नहीं, इसका वस्तुगत ज्ञान, मात्र कुछ पुनः-पुनः प्रयुक्त शब्दों से नहीं होता बल्कि सन्दर्भबोध से होता है। कवि, किसे सम्बोधित कर रहा है, और उसका सम्बोधित कथ्य क्या है, यह जानना जरूरी है, तभी उसका शब्द-विन्यास और प्रचलित से भिन्न प्रयोगों के स्वरूपों का ज्ञान हो सकता है। इस स्थिति को स्पष्ट करने के लिए दो कविताएँ उद्धृत करने की अनुमति चाहूँगा। एक कविता कवि बसन्त बसु की है। दूसरी कविता श्री शेषेन्द्र शर्मा की। ये दोनों

कविताएँ पिछले दो दशकों की चर्चित कविताएँ हैं। बसन्त बसु की कविता में अवधारणात्मक शब्दावली नहीं है, जबकि शेषेन्द्र की कविता में है। इन दोनों ही कविताओं का सन्देश भी एक है। बसन्त बसु की कविता में अवधारणात्मक शब्दों के वाचक शब्द नहीं हैं पर शेषेन्द्र शर्मा की कविताओं में हैं। वस्तुगत अध्ययन के लिए पहले सन्दर्भ समझना होगा। तदनन्तर लगेगा कि शेषेन्द्र की कविता की अवधारणाएँ बसन्त बसु की कविता में भी विद्यमान हैं। शब्द संज्ञात्मक हुए बिना भी, दूर जाकर उन धारणाओं तक पहुँचा सकता है, जिनके ज्ञान के बिना रचना का अभिप्राय ही अदृश्य रहेगा। इसलिए रचनाओं में शैली-शास्त्रीय विश्लेषण स्थिति-बोध और विचार-बोध के बाद होना चाहिए। पद्धति के लिए रचना मूल्य का बलिदान पद्धतिवाद है। काव्य तकनीक को काव्य तत्त्व से अधिक महत्त्व देना गलत है। सच तो यह है कि काव्य तत्त्व को समझकर तकनीक समझ में आती है। काव्य में भाषा ही सामने होती है पर भाषा और उसके विन्यास हमें कहाँ ले जाते हैं, इसे शैली-शास्त्र में शामिल कर लेना होगा। बसन्त बसु की कविता इस प्रकार है :

अमृत्यु

यह सच है कि भारी आवाजों के बीच
टूट गई थी, रात की खामोशी
        लेकिन क्यों
आखिर क्यों मान लिया तुमने
उन आवाजों से सम्बन्ध
क्या तुम्हारे पास नहीं थी
उफनती नदी
या वह सूख गई
इतनी जल्दी
कि कमजोरी घबराहट के नीचे दबाए
तुम हर आहट पर सहमते रहे
और मैं, किसी अज्ञात नाटक में फँस कर
संवादों की भाषा में तुम्हें समझाता रहा।

दूसरी कविता शेषेन्द्र शर्मा की है। यह कविता मूल रूप में तेलगू में लिखी है। यहाँ इसका अंग्रेजी अनुवाद प्रस्तुत है :

गुरिल्ला

> "You are born youth of our mother earth. You have taken the roaring wind for your span of life. You have taken the raw power of the oceans of the final Destruction as your flesh and blood, the flame of fire have turned in to your eyes and the whole sky stands as your voice. Where is that which doesn't succumb to you my ancester? It is you settled with the ancient beasts and initiated us into the skills of the art of destroying the aggression and the exploitation. Come over my body and possess me gorilla?"

शेषेन्द्र के स्वर में आह्वान है, महाकाव्यात्मक औपचारिक उच्चता है। इस कविता में क्रान्तिपरक मनोदशा के वाचक शब्दों का प्रयोग है। यहाँ विनाश : 'दहाड़ती हवाएँ' 'आग की लपटें', 'आकाशगामी गूँज', 'आक्रान्ताओं का दमन', 'शोषक-वध' जैसे शब्दों की अवधारणात्मकता स्पष्ट है। किन्तु बसन्त बसु की कविता में अवधारणात्मक शब्दों का उभरा हुआ स्थापत्य नहीं है, यहाँ अवधारणात्मकता स्थिति टिप्पणी के भीतर बन्द है। यदि पाठक को वस्तु-स्थिति का बोध है, तो दोनों कविताएँ सन्देश में एक लगेंगी यों उनकी कलात्मकता भिन्न-भिन्न प्रकार की है।

निष्कर्ष यह कि समकालीन हिन्दी-कविता में अवधारणात्मक शब्दावली और उनके विन्यास की समझ जरूरी है। शैली शास्त्र एक विकासशील ज्ञानानुशासन है, पद्धति है, उसमें सन्दर्भ और मूल्यों का भी वस्तुपरक अध्ययन होना चाहिए। यह वस्तुपरकता, कवि-समुदाय की कविताओं में व्यक्त केन्द्रीय शब्दों की पहचान से आ सकती है।

अन्तिम दो दशकों के काव्य में भाषिक-प्रयोग

डॉ. राजनाथ भट्ट

प्रवेश

आपातकालीन दमन, जनता पार्टी सरकार का बिखराव, कांग्रेस का फिर से सत्ता में आना, अमृतसर के स्वर्ण मन्दिर पर सेना का 'ऑप्रेशन ब्ल्यूस्टार', प्रधान मन्त्री इन्दिरा गाँधी की हत्या, पंजाब, असम, उत्तर-पूर्व और फिर कश्मीर में आतंक, हत्याएँ, बर्बरता, सोवियत संघ का विघटन, रूसी जनता की दरिद्रता का प्रकटीकरण, मंडल आयोग की सिफारिशों का लागू होना, जातीय हिंसा, राजीव गाँधी की हत्या, एक-के-बाद एक नई सरकारों का गठन और विघटन, भ्रष्टाचार, बर्बरता, हत्या, शोषण का निरन्तर चल रहा ताण्डव, और इस सब के मध्य आम आदमी की असहाय कराह, त्राहि-त्राहि और चीख-पुकार, इसी में 20वीं शती के अन्तिम दो दशकों का सामाजिक-राजनीतिक लेखा-जोखा प्रस्तुत होता है। सृजनात्मक कलाकार ऐसी संत्रासीय स्थिति में किसी सुन्दरी के गेसुओं की छाया की तलाश तो कर नहीं सकता। साहित्यकार में सामाजिक प्रतिबद्धता होती है, वह स्वच्छ-सभ्य समाज की कल्पना करता है, उसके 'ब्ल्यूप्रिंट' का सृजन करता है, परन्तु जब शोषण, रिश्वतखोरी, हत्या, हिंसा और आतंक का माहौल हो, प्यारी भोली सूरतें डरी-सी, सहमी-सी दीखती हों, भय और घृणा का बोलबाला हो, तो सृजक का संवेदनशील हृदय इसी भय का, भयावह दृश्यों का चित्र खींचने लगता है, वह स्वयं भी भयभीत होता है। भय के चित्र खींचने के लिए वह नए प्रतिमान तलाशता है, क्योंकि यह भय नवीन प्रकार का है जिसमें आम-आदमी हर सुबह घर से यह सोचकर निकलता है कि हो सकता है कि वह आखिरी बार जीवित निकल रहा हो, वापसी, किसी बम-विस्फोट के बाद, केवल उसके शरीर की हो! ऐसे में सृजक इस भयावह माहौल को रेखांकित करने के लिए नए बिम्ब, नए प्रतीक तराशता है, वह नवीन भाषा का आविष्कार करता है क्योंकि पुराने प्रतिमान उसे अप्रयोज्य लगने लगते हैं। इस लेख में अन्तिम दो दशकों की हिन्दी-कविता में प्रस्तुत भाषिक प्रयोगों को विश्लेषित

करने का प्रयास किया गया है।

काव्य-भाषा : पृष्ठिका

भाषा किसी भी रचना के भीतर जाने का एकमात्र माध्यम है। रचनाकार की संवेदनाएँ, दर्शन, सोच, सांस्कृतिक परिवेश भाषा के माध्यम से ही प्रकट होते हैं। भाषिक व्यवस्था ही पाठक को मस्त कर देती है, चमत्कृत कर देती है तथा इसी से रचना में व्यक्त संवेदना से पाठक तादात्म्य स्थापित करता है। अपनी संवेदनाओं, पीड़ाओं, भावनाओं, इच्छाओं, सपनों, आशाओं को आकर्षक भाषिक ताने-बाने में ढालकर ही सृजक अपनी कला में उत्कृष्टता पैदा करता है। इसी से उसकी व्यक्तिगत पीड़ा भी सामाजिक पीड़ा बन जाती है। पिछली शती में छायावाद और प्रयोगवाद में जिस भाषिक व्यवस्था का निर्माण हुआ उसे मुक्तिबोध ने समकालीन सन्दर्भों की अभिव्यक्ति के लिए अपर्याप्त और असंगत पाया और इसलिए एक नई काव्य-भाषा के सृजन का प्रयास किया। मुक्तिबोध की काव्य-भाषा ही साठोत्तरी कवियों के लिए एक प्रतिमान भी बनी और चुनौती भी। **केदारनाथ सिंह** कहते हैं[1] कि "मुक्तिबोध की कविता अपने समय के जीवित इतिहास को कविता में बदलने की कठिन चुनौती का सामना करने वाली कविताएँ हैं।" **मुक्तिबोध** शब्दों से, शब्दार्थों से जूझते हुए कह उठते हैं :[2]

> ऐसे सब अर्थों की छाती पर पैर जमा
> तोड़ेंगे काराएँ कल्मष की
> तोड़ेंगे दुर्ग सब अर्थों के अनर्थ के

नवीन भाषा-व्यवस्था के निर्माण के लिए मुक्तिबोध विद्रोही स्वर में कहते हैं :[3]

> अब अभिव्यक्ति के सारे खतरे
> उठाने ही होंगे
> तोड़ने होंगे ही मठ और गढ़ सब।
> पहुँचना होगा दुर्गम पहाड़ी के उस पार
> तब कहीं देखने को मिलेगी हमको
> नीली झील की लहरीली थाहें।

मुक्तिबोध ने कविता की भाषा को एक नया मोड़ दिया। वे जीवन और सृजन, दोनों ही सीमाओं पर संघर्षरत रहे और परवर्ती कलाकारों के प्रेरणा-स्रोत बने।

अन्तिम दो दशक : भाषा का प्रश्न

धूमिल साठोत्तरी काव्य-भाषा को 'शब्दों को खोलने वाली' मानते हैं। वे कहते हैं :[4]

छायावाद के कवि शब्दों को तोलकर रखते थे
प्रयोगवाद के कवि शब्दों को टटोलकर रखते थे।
नई कविता के कवि शब्दों को गोलकर रखते थे
सन् साठ के बाद के कवि शब्दों को खोलकर रखते हैं।

धूमिल की दृष्टि में "एक सही कविता पहले एक सार्थक वक्तव्य होती है"। धूमिल ने काव्य-भाषा की समकालीनता के प्रश्न को 'सार्थक वक्तव्य' से सम्बद्ध किया और इसे 'हलफ़नामे' का समानार्थी मानते हुए कवि की संकल्पधर्मिता और परिवेश से जुड़े होने का प्रमाण कहा। उन्हीं के शब्दों में :[5]

कविता
शब्दों की अदालत में
मुजरिम के कठघरे में
खड़े
बेकसूर आदमी का
हलफ़नामा है।

'सार्थक वक्तव्य' की भाषा सीधी-सपाट और सार्थक होनी चाहिए, जिसमें आम आदमी की संवेदना मुखरित हो। इसीलिए **कुमार विकल** कहते हैं :[6]

मैं सिर्फ इन चित्रों, बिम्बों से मुक्ति चाहता हूँ
मैं इन की अन्धी दुनिया से निकलकर
लोकगीतों की खुली दुनिया में लौटना चाहता हूँ
मेरी माँ इन्तजार में होगी।
मैं माँ के चेहरे की झुर्रियों पर
एक महाकाव्य लिखना चाहता हूँ।

कवि अलंकृत भाषा को त्याग लोकभाषा में लौटना चाहता है और एक नव्य-सृजन करना चाहता है, जिसमें सौन्दर्य रहित यथार्थ हो, समाज की विद्रूपता और विवशता झलकती हो, तड़प और त्याग हो। इसी स्वर में **नरेन्द्र मोहन** भाषा और कविता को नये सिरे से गढ़ना चाहते हैं जिसमें इस काल के प्रदूषित जीवन की विसंगतियाँ और बुराइयाँ स्पष्ट हो सकें। वे कहते हैं :[7]

कहीं से तो शुरू करना ही होगा

'चिकने' और 'गोल' शब्दों को तोड़ने का क्रम
भाषा और कविता को भी
बनाना होगा अशुद्ध और भोंडा।

कात्यायनी भाषा के प्रश्न पर जरा सा गम्भीर हो उठती हैं। उनका मानना है कि इसे माँजने और निखारने की आवश्यकता है, इसे गतिमान बनाने की ज़रूरत है ताकि चिन्तन और दृष्टि, जीवन की ही तरह, गतिमान बन सके, यानी नित नये भाषिक प्रयोगों की आवश्यकता है, नित नये कटु अनुभवों और पीड़ाजनक सन्दर्भों को लिपिबद्ध करने के लिए :[8]

कला को
माँजा और निखारा जाए
इस हद तक कि
सच के बारे में
लिखी जा सके
एक सीधी-सादी छोटी-सी
कविता।

× × ×

चिन्तन का शब्दों का व्यापक क्षितिज बनाओ
जीवन है गतिमान, दृष्टि को गतिज बनाओ।[9]

भूख, शिक्षा, रोग, छत, कपड़ा जैसी प्राथमिक आवश्यकताओं की पूर्ति के अभाव में दहकते भूखे जन गरजते हैं, दहाड़ते हैं। इसलिए **सर्वेश्वरदयाल सक्सेना** कहते हैं :[10]

शब्द जिन्हें मैं बर्फ की सिलियों पर भी
अकेली चींटी सी चला ले जाता था
अब अंगारों से धधक रहे हैं।
उनसे मैं खेल नहीं सकता
वे युद्धभूमि में बदल गए हैं।

कवि शब्दों में युद्ध देख रहा है, युद्ध व्यवस्था के विरुद्ध, शोषण और अन्याय के खिलाफ। अब पुराने साहित्यिक शब्द, जैसे शान्ति, अहिंसा, त्याग आदि अप्रयोज्य हैं, अनप्रयुक्त।

स्पष्ट वक्तव्य

शताब्दियों से हाशिए पर पड़ी जातियाँ स्वतन्त्र भारत में भी स्वाभिमान और सम्मान

के साथ जीने को तरस गई हैं। जात-पाँत की जंजीरें अभी तक टस से मस नहीं हो पाई हैं। ऐसे में वे पुनः अपने मुल्क की तलाश करने के लिए विवश हैं। **मनोज सोनकर** कहते हैं :[11]

अगर यह मुल्क मेरा होता
तो मुझे नंगा न रखता
मुझे भूखा न रखता
मुझे लावारिस न रखता
मुझे अपमानित न करता
मुझे दुःखों की दवा 'सत्यनारायण की पूजा' न बतलाता
मुझे 'कल्पतरु' और 'कामधेनु' के झाँसे न देता
मुझे अपने मुल्क की तलाश है।

कवि सम्पूर्ण दलित समुदाय की पीड़ा को प्रस्तुत करता है। इसके लिए सरल और सटीक भाषा के द्वारा ही वह एक साफ बयान दे सकता है।

परम्पराएँ और मान्यताएँ कभी-कभी व्यवस्था को जड़ बना देती हैं जिससे सामाजिक विकास अवरुद्ध होता है। इसलिए ऐसी मान्यताओं/परम्पराओं पर सीधी चोट करना आवश्यक हो जाता है। इसके लिए भी आम आदमी की ही भाषा का प्रयोग उचित रहता है। **मनोज सोनकर** वर्ण-व्यवस्था पर तीखा प्रहार करते हैं, जिससे तथाकथित सवर्ण भी कुप्रथाओं और कुण्ठित मान्यताओं पर फिर से निरीक्षण करने को बाध्य हो जाता है :[12]

मुँह से जन्म से ब्राह्मण!
भुजा से क्षत्रिय!
जाँघ से वैश्य!
और पैर से शूद्र!
पैर कट गया
तो खड़े कैसे रहोगे?
लँगड़े हो जाओगे!

वर्ण-व्यवस्था के खोखले आधार का यह एक सटीक प्रस्तुतीकरण है और इसके अर्थ के अन्दर, अर्थ कई परतों में छिपे हैं।

नौवें और दसवें दशक आतंकवादी हिंसा और बर्बरता के कारण भारत की अखंडता को चुनौती देने वाले दशक कहलाएँगे। इन दशकों में असम, उत्तरपूर्व भारत, पंजाब और फिर कश्मीर में आतंकवाद ने आम आदमी के जीवन में भय और त्रासदी के नये आयाम प्रस्तुत किए। सड़कों पर, घरों में, बसों/ट्रेनों में, हवाई

जहाज में, दफ्तर में, मुद्दा यह कि कहीं भी आम आदमी सुरक्षित नहीं रहा। आए दिन अखबारों के मुख पृष्ठ मृतकों की संख्या का ब्यौरा देते, आम जन की अकस्मात् गोली खाकर मृत्यु की घोषणा करते रहे। इस भय के आलम में कवि का संवेदनशील मन भी भयभीत हुआ। उसने इस मृत्यु तांडव के भयावह दृश्य बिम्बों में बदले। **रामप्रसाद दाधीच** का यह बिम्ब देखिए :[13]

वे सिर्फ अपने पीछे
हिंस्र दाँतों, खूनी पंजों
घातक हथियारों
और वहशियत की शिनाख्त छोड़ते हैं—
बेगुनाह, भोले-भाले इन्सानों के
नंगे, कटे, जले मुर्दा जिस्मों को
बस्तियों की उजाड़ पड़ी
पगडंडियों और सड़कों पर
और तत्काल अन्तर्धान हो जाते हैं
वे फिर भद्रजनों में।

भय और आतंक में घिरे साधारणजन सहमे-सहमे, भयभीत अपने आप से भी छिपे-दबे बैठे हैं, जैसे मृत्यु की प्रतीक्षा में। उन्हें रास्ता नहीं मिल पा रहा भागने का, कोई किरण नहीं दिख रही आशा की। **दिनेश सिंहल** ऐसा ही एक दृश्य प्रस्तुत करते हैं :[14]

भयभीत एक दूसरे से
या
शायद अपने-आप से
सभी हैं चुप
सहमे-सहमे से।

मधुर शास्त्री भी इसी मृत्यु के साए में जी रहे हारे हुए आदमी का बिम्ब प्रस्तुत करते हैं और वे ज्ञान और प्रकाश की पराजय पर क्षुब्ध हैं :[15]

साँस-साँस मरघट की दासी
धड़कन रुकी हुई
अपनी ही अपने के आगे
गरदन झुकी हुई...
अन्धकार हँसता प्रकाश पर, दीप उदास हुआ
मन से ही मर रहा आदमी, हृदय विलास हुआ

कब तक और मरेगा जीवन
ईश्वर मुझे बता।

आतंकवादी बर्बरता के सामने पत्थर-दिल भी पिघल जाना चाहिए, परन्तु सत्ता के गलियारों में यह भी आम दिनों की तरह ही सुहानी शामें हैं। उनके ऐश्वर्य और भोगविलास में कोई कमी नहीं आई है। गुमनाम लाशों के साए में भी वे अपना वैभव और आनन्द नहीं खोते हैं। **गिरधर राठी** का यह बिम्ब देखिए :[16]

चेहरे नहीं
जिस्म नहीं
कफ़न के थान
असम
इक कटी हुई ज़ुबान
शाम है
मौसम सुहाना है
रम है
लाशें गुमनाम हैं।

एक तरफ आतंकवाद और दूसरी तरफ शासन का आतंक, आम आदमी इसी में पिसता है और समाप्त हो जाता है। एक ऐसी स्थिति जिससे छुटकारा नहीं। आतंकवादी से दया और न्याय की अपेक्षा करना तो हास्यास्पद है परन्तु यह शासन से भी नहीं मिल पाता क्योंकि शासक वर्ग अपनी दलगत राजनीति के दाँव-पेंचों में निमग्न है। उसे जन-समुदाय की चिन्ता बिलकुल नहीं है। **नरेन्द्र मोहन** इसलिए उन्हें 'जानवर' बर्बर, अमानुष मानता है। राजनेताओं के बीच 'मैं' जन-समुदाय ही खत्म होता है :[17]

चुना हुआ रास्ता दाएँ-बाएँ से पिचक कर
सँकरा होता जाता है दिनोंदिन
सँकरी इस राह पर
घिसटता हुआ चलता है
दो अँधेरी गुफाओं को लाँघते हुए
दो जानवरों के बीच आ पड़ा हूँ
ख़त्म होता हूँ मैं ही चुनते हुए।

मनुष्य इस भय और आतंक से धीरे-धीरे एकाकी हो चुका है। सभ्यता और जाति को नष्ट करने का यही एक सशक्त अस्त्र भी है। **अरुण कमल** कहते हैं :[18]

काट दो दुनिया से
अकेला बन्द कर दो बहुत बड़े मकान में
बन्द कर दो अकेला
और धीरे-धीरे वह नष्ट हो जाएगा।

इस भयावह त्रासदी से अछूते देश के राजनेता सत्ता के लोभ में जोड़-तोड़ में जुटे हैं। हिंसा और घृणा के इस माहौल में भी वे केवल अपनी कुर्सी की तलाश में हैं। सरकारें बनती हैं और फिर बिखरती हैं। **कुँवर नारायण** का बिम्ब देखिए :[19]

दलों के दलदल में जूझ रहे
आठ धर्म, अट्ठारह भाषाएँ, अट्ठाईस प्रदेश
एक ओर रथ पर
शान्तभाव से गीता पकड़े
श्रीकृष्ण
दूसरी ओर एक हाथ में गाण्डीव
और दूसरे से सिर पकड़े गुडाकेश
देख रहे,
भारत से महाभारत होता हुआ एक देश।

राजनेता नीति, मूल्य, नैतिकता को तिलांजलि दे चुके हैं। उन्हें केवल सत्ता से प्रेम है। देश में कितने ही 'महाभारत' हों, कितनी ही वहशियत, उन्हें इससे ज्यादा सरोकार नहीं है। **नागार्जुन** ने आपात्काल की घोषणा के बाद इन्दिरा गाँधी से मुखातिब होकर पूछा था :[20]

इन्दु जी, इन्दु जी
क्या हुआ, आपको?
सत्ता की मस्ती में भूल गईं बाप को।

शहर सभ्यता का नया नमूना है जहाँ हर खिड़की, हर रोशनदान बन्द है। सूरज की किरणें भी घर में प्रवेश नहीं कर पातीं। बिजली, एयरकण्डिशनर, बहुमंजिली फ्लैटें, जिनमें आदमी कैद है। **लीलाधर जगूड़ी** इसे नरक की संज्ञा देते हैं :[21]

नरक में आकाश नहीं होता
नरक में खुशबू नहीं होती
नरक में शुद्ध हवा का एक भी झोंका नहीं होता...
नरक में दायरे ही दायरे होते हैं
दायरे से बाहर कुछ भी नहीं होता

कितना जाना पहचाना है नरक
हममें से कौन नहीं जानता इसे।

दिनेश सिंहल मानते हैं कि शहर में मासूमियत नदारद है। वहाँ केवल शोषक, लहू चूसने वाले, मुखौटों पे मुखौटा पहने, बिलकुल 'ड्रेक्यूला' जैसे लोग रहते हैं। बिम्ब देखिए :[22]

लो
तुम्हारे लिए ले आया हूँ
बड़े-बड़े दाँत
धारदार नाखून
उलझे बाल
खौफनाक चेहरे
ओढ़ लो इन्हें
और हो आओ शहर
शहर नहीं जानता
मासूम चेहरों की भाषा।

मानव मूल्यों की निरर्थक दुहाई देने वाले स्वयं कितने खोखले हो चुके हैं, इसका उदाहरण **प्रमोद वर्मा** की पंक्तियों में देखिए :[23]

मैंने ऐनक के काँच साफ किए
खाँसा और खँखारा
फिर लोकतन्त्र और स्वतन्त्रता और
मानवीय अधिकारों की गरिमा पर
मसीहा अन्दाज में भाषण किया।

आम-आदमी की मान्यता यह है कि पापी अपने पापों के लिए दण्डित अवश्य होता है, एक अदृश्य शक्ति उसे दण्ड देती है। इस धारणा को नकारते हुए **चन्द्रकान्त देवताले** कहते हैं :[24]

गया साथियो गया
मिट्टी के घड़े का जमाना
जो पाप से भर जाने के कारण
फूट जाता था आप से आप कभी।

कवि मानता है कि यह पापियों का ही समय है। पापी ही सत्ताधारी हैं, उन्हीं का गुणगान होता है, मालाएँ उन्हें ही पहनाई जाती हैं, वे ही आज के 'दाता' हैं।

मान्यताएँ, विश्वास टूट रहे हैं, ऐसे में आवश्यकता है नई मान्यताओं और विश्वासों को प्रस्तुत और स्थापित करने की। इसके लिए **कुँवर नारायण** जानबूझ कर चीखने की जरूरत महसूस करते हैं। सत्तापक्ष भी और विपक्ष भी बहरा हो गया है, इसलिए चीखने की आवश्यकता है :[25]

एक बार जानबूझ कर चीखना होगा
जिन्दा रहने के लिए
दर्शक दीर्घा में से

इसके लिए **कुँवर नारायण** शब्द नहीं खोज रहे, उन्हें तलाश है विश्वास की :[26]

आज मैं शब्द नहीं
किसी ऐसे विश्वास की खोज में हूँ
जिसे आदमी में पा सकूँ।

और **महेन्द्रप्रताप सिंह** को अभी भी आशा की किरण नजर आ रही है। इस भय, आतंक, क्रूरता, बर्बरता, भ्रष्टाचार, सत्ता लोभ के बीच भी कवि को मनुष्यता, नैतिकता के अंश मिलते हैं। वह कहता है :[27]

कुछ लोग हैं
जो गिरे नहीं हैं
हालाँकि
नदी में बहुत बाढ़ आई है फिर भी
किनारे पर कुछ पत्थर हैं
जो इस बहाव में
बहे नहीं हैं।

सन्दर्भ

1. मुक्तिबोध रचनावली, भाग-2 : वक्तव्य से उद्धृत, 1981
2. वही, पृ. 42
3. वही, पृ. 348
4. धूमिल : संसद से सड़क तक : 1980
5. वही
6. कुमार विकल
7. नरेन्द्र मोहन : भाषा एक कार्यवाही

8. कात्यायनी : सात भाइयों के बीच चंम्पा, पृ. 39
9. वही, पृ. 99
10. सर्वेश्वरदयाल सक्सेना : जंगल का दर्द
11. मनोज सोनकर : तलाश
12. वही : शोषितनामा
13. रामप्रसाद दाधीच : तुम एक इच्छा हो, पृ. 27
14. दिनेश सिंहल : बन्द रास्ते पर, पृ. 51
15. मधुर शास्त्री : 'कब तक' आजकल, मार्च 1991, पृ. 23
16. गिरधर राठी : मीडिया कोलाज : एक मर्सिया
17. नरेन्द्र मोहन : रक्तपात
18. अरुण कमल : यातना
19. कुँवर नारायण : महाभारत
20. नागार्जुन : क्या हुआ आप को
21. लीलाधर जगूड़ी : नरक
22. दिनेश सिंहल : शहर को ढोते हुए
23. प्रमोद वर्मा : ऋतुचक्र
24. चन्द्रकान्त देवताले : सवाल-जवाब
25. कुँवर नारायण : कोई दूसरा नहीं, पृ. 81
26. वही, पृ. 90
27. महेन्द्रप्रताप सिंह : अन्धेरे के बावजूद

सन्दर्भ-ग्रन्थ :

संजय जैन–1999, कविता का नया सौन्दर्यशास्त्र बनाम समकालीन प्रतिबद्धता, दिल्ली, सिद्धार्थ प्रकाशन।

राजमणि शर्मा–1995, काव्य भाषा : रचनात्मक सरोकार, इलाहाबाद, संजय बुक डिपो।

कविता की आलोचना : मनोवैज्ञानिक दृष्टियाँ

प्रोफ़ेसर के. एम. मिश्र

साहित्य के अध्ययन की मनोवैज्ञानिक दृष्टियों की चर्चा करते ही साहित्यालोचन की स्वायत्तता का प्रश्न उठा दिया जाता है। वस्तुतः साहित्यालोचन के क्षेत्र में इतर अनुशासनों का उपयोग कोई नई बात नहीं है। अभिनवगुप्त पादाचार्य का रस सिद्धान्त शैव दर्शन पर आधारित है। ध्वनि-सिद्धान्त स्फोटवाद से प्रेरित है। काव्य के यथार्थ को लेकर प्रायः होनेवाले विवाद की जड़ें प्लेटो और अरस्तू के काव्य-सत्य-विषयक दार्शनिक विवाद में निहित हैं। इस तरह प्राचीन देशी-विदेशी काव्यशास्त्रीय सम्प्रदाय प्रायः दर्शन-सापेक्ष रहे हैं। अतः आलोचन की स्वायत्तता की चर्चा सीमित अर्थों में ही सार्थक है।

साहित्य के सृजन और भावन का सम्बन्ध मानव के चित्तीय जीवन से है अतः साहित्यालोचन के क्षेत्र में मनोविज्ञान के उपयोग की अनिवार्यता स्वतः सिद्ध है। यह उपयोग साहित्यिक कृतियों के अभिधेयार्थों के उद्‌घाटन, कृतियों के निर्वचन और मूल्यांकन में किया जा सकता है। अनेक आधुनिक साहित्यकारों ने मनोवैज्ञानिक शोधों का प्रयोग अपनी रचनाओं में किया है, अतः मनोविज्ञान की अपेक्षित जानकारी के अभाव में ऐसी रचनाओं के अभिधेयार्थों का भी सम्यक् उद्‌घाटन नहीं हो पाएगा। मिसाल के तौर पर मुक्तिबोध की 'ब्रह्मराक्षस' जैसी अनेक रचनाएँ आज भी अपनी सम्यक् व्याख्या की प्रतीक्षा में हैं। उसमें मनोविश्लेषण के कतिपय प्रत्ययों का सचेत प्रयोग किया गया है।

साहित्य की व्याख्या में मनोविज्ञान की उन शाखाओं का उपयोग अधिक होता है, जिनमें प्रत्यय परिव्यापी हों और ये व्याख्याएँ वहीं तक स्वीकार्य या अस्वीकार्य हो सकती हैं, जहाँ तक सम्बद्ध परिव्यापी प्रत्यय स्वीकार्य या अस्वीकार्य हो सकते हैं। उदाहरण के लिए मनोविश्लेषण को अस्वीकार करनेवाले आलोचकों के लिए कृति की मनोविश्लेषणात्मक व्याख्याएँ भी स्वीकार्य नहीं होंगी।

मनोविश्लेषण के उपयोग की सर्वाधिक महत्त्वपूर्ण दिशा है—साहित्यिक कृति के मूल्यांकन के सन्दर्भ में आलोचना के मानदंडों का विकास। यहाँ नार्थ्रम फ्राइ

जैसे उन आलोचकों से सहमत होना कठिन है, जो मूल्यांकन को आलोचना की परिधि से बाहर मानते हैं। वस्तुतः आलोचना केवल व्याख्याकारी सिद्धान्तों पर आधारित नहीं हो सकती। उस आलोचना-दृष्टि और आलोचना-पद्धति की सार्थकता सीमित ही रहेगी, जो साहित्यिक मूल्य की दृष्टि से किन्हीं दो रचनाओं में अन्तर नहीं कर पाती। मनोविज्ञान के उपयोग से आलोचना-सिद्धान्तों का विकास करने पर आलोचना की सापेक्ष स्वायत्तता भी अक्षुण्ण रहेगी। इसलिए इस दिशा में सबसे ज्यादा ध्यान देने की जरूरत है।

मनोविज्ञान के आधार पर आलोचना का विकास करनेवालों में रिचर्ड्स अग्रणी रहे। 'नयी समीक्षा' के इस प्रवर्त्तक ने आलोचना के क्षेत्र में मनोविज्ञान की अनिवार्यता को उत्कटता से अनुभव किया। रिचर्ड्स ने व्यवहार मनोविज्ञान के आधार पर अपने आलोचना प्रतिमानों का विकास किया।

रिचर्ड्स का एक बहुत बड़ा योगदान यह रहा कि उन्होंने पाश्चात्य काव्यशास्त्र को एक ज्यादा सही दिशा दी। पाश्चात्य काव्यशास्त्र का आरम्भ इस समस्या से होता है कि कविता में क्या है और फलतः वहाँ काव्यगत यथार्थ का प्रश्न सदैव महत्त्वपूर्ण रहा। यह समस्या पश्चिम के अधिकांश मतवादों के मूल में रही। साहित्य को शब्दार्थ माननेवाली भारतीय परम्परा के मूल में सदैव यह प्रश्न रहा कि साहित्य क्या है। इन दोनों प्रश्नों की उत्तर-परम्पराओं का अन्तर ही भारतीय और पाश्चात्य काव्यशास्त्र का अन्तर है। रिचर्ड्स ने पाश्चात्य काव्यशास्त्र के प्रस्थान बिन्दु को ही नकार दिया। उनके अनुसार "कविता जो कुछ अभिव्यक्त करती है, वह महत्त्वपूर्ण नहीं है, बल्कि महत्त्वपूर्ण यह है कि वह क्या है?" एक ज्यादा सही दृष्टिकोण अपनाने के कारण रिचर्ड्स को आलोचना की वस्तुनिष्ठ प्रतिमानों के विकास में विशेष सफलता मिली।

रिचर्ड्स ने आधुनिक आलोचना को बड़ी दूर तक प्रभावित किया। उनके समय तक पाश्चात्य काव्यशास्त्र में सृजन-शक्ति के रूप में कल्पना की प्रतिष्ठा हो चुकी थी और इस सन्दर्भ में कॉलरिज के चिन्तन को महत्त्व मिल चुका था, रिचर्ड्स ने कॉलरिज की कल्पना-विषयक धारणा का व्यवहार मनोविज्ञान की दृष्टि से नव-निर्वचन किया। उन्होंने अपने मूल-सिद्धान्त के अन्तर्गत कल्पना की समाहार-शक्ति द्वारा विरोधी आवेगों के सामंजस्य का प्रतिपादन किया। उनकी दृष्टि में कविता के मूल्य की उक्त सामंजस्य से समवर्तिता है।

रिचर्ड्स अपने भाषाविषयक दृष्टिकोण के कारण साहित्यालोचन के क्षेत्र में सदैव याद किए जाएँगे। काव्य-भाषा के वैशिष्ट्य की उनकी व्याख्या को व्यापक स्वीकृति मिली। परवर्ती पाश्चात्य आलोचक उनसे आगे नहीं बढ़ सके। रिचर्ड्स के भाषाविषयक दृष्टिकोण को इस रूप में व्यक्त किया जा सकता है—"स्थिति के प्रति व्यक्ति का प्रत्युत्तर वैज्ञानिक (अभ्युद्देशनात्मक) एक रागात्मक भाषा में

व्यक्त होता है। रागात्मक भाषा बहिर्जगत के उद्दीपनों की अपेक्षा आन्तरिक चित्तीय स्थिति से नियन्त्रित रहती है। कविता की रागात्मक भाषा में ऐसी आन्तरिक चित्तीय स्थितियाँ व्यक्त होती हैं, जिनमें अत्यधिक विरोधी आवेगों का सामंजस्य होता है और परिणामतः बहिर्जगत के उद्दीपकों के प्रति व्यक्ति का प्रत्युत्तर भी उसमें समंजित हो जाता है। ये आवेग एकरूप होते हैं। दूसरे शब्दों में काव्य-भाषा में ऐसे आवेग समंजित होते हैं जो मानव मात्र में सामान्य हैं। सामान्य और परस्पर विरोधी आवेगों के समंजन की प्रक्रिया अधिकांशतः चेतन है। सारतः काव्य-भाषा अभ्युद्देशनात्मक और रागात्मक भाषा का सामान्य और परस्पर विरोधी आवेगों के समंजन की अचेतन प्रक्रिया पर आधारित, ऐसा समंजन है जिसमें अभ्युद्देशनात्मक भाषा का महत्त्व सहायक रूप में है।'' रिचर्ड्स का यह भाषा-चिन्तन कथा-साहित्य के सन्दर्भ में भी महत्त्वपूर्ण है। कथा-साहित्य की रागात्मक भाषा में अभ्युद्देशन का महत्त्व सहायक रूप में ही होता है, किन्तु यह महत्त्व कविता की अपेक्षा कहीं अधिक होता है। उपन्यास के सन्दर्भ में यह बात और अधिक दृढ़तापूर्वक कही जा सकती है। उसमें वर्णन का विस्तार कविता की अपेक्षा, चाहे वह कथाप्रधान कविता ही क्यों न हो, कहीं अधिक होता है आधुनिक आलोचना में रिचर्ड्स के भाषा-चिन्तन को अत्यन्त व्यापक स्वीकृति मिली है, क्योंकि यह चिन्तन आलोचना की मूलभूत समस्याओं पर नई रोशनी डालता है। यह चिन्तन कविता या कहानी आदि के प्रत्येक वाक्य को लोकातिक्रान्त गोचर उक्ति के रूप में देखने की बजाय समूचे प्रसंग या बिम्बात्मक इकाई को महत्त्व देता है। इसमें ऐसी भाषा के महत्त्व को भी स्वीकृति मिली है, सहायक रूप में ही सही, जो उक्ति की वक्रता से रहित हो। भारतीय परम्परा में साहित्य को रमणीयार्थ प्रतिपादक या रसात्मक भाषा के रूप में परिभाषित किया गया है। रिचर्ड्स का चिन्तन उसमें इतना और जोड़ना है कि रसात्मक भाषा में अभ्युद्देशनात्मक भाषा भी सहायक रूप में रहती है। रसात्मक या रमणीयार्थक में आवेगों के सन्तुलन की बात स्वतः निहित है। इन आवेगों के समंजन की प्रक्रिया को रिचर्ड्स ने अचेतन मानकर छोड़ दिया है। इस अचेतन प्रक्रिया का विश्लेषण गहनता मनोविज्ञान के क्षेत्र में अत्यधिक विस्तार से हुआ। गहनता मनोविज्ञान से अभिप्राय यहाँ प्रमुखतः विश्लेषणात्मक मनोविज्ञान एवं गौणतः मनोविश्लेषण से है। इन दोनों मनोविज्ञानों के अतिरिक्त एडलर के व्यक्ति मनोविज्ञान ने भी हिन्दी-साहित्य एवं आलोचना को प्रभावित किया, किन्तु यह प्रभाव अत्यन्त सीमित रहा है। हिन्दी-आलोचना के क्षेत्र में कृति के मूल्यांकन का कोई प्रतिमान एडलर प्रेरित नहीं है, अतः उसके व्यक्ति मनोविज्ञान की चर्चा यहाँ नहीं की जा रही है।

गहनता मनोविज्ञान और साहित्यालोचन की चर्चा फ्रायड से शुरू होती है। मनोविश्लेषण के क्षेत्र में फ्रायड की स्थापनाओं के फलस्वरूप विचारकों के एक

वर्ग ने समीक्षा के क्षेत्र में क्रान्ति का अतिवादी दावा किया।

फ्रायड ने साहित्य-सृजन और दिवास्वप्न या फैंटेसी में एक ही चित्तीय प्रक्रिया का प्रतिफलन स्वीकार किया। दिवास्वप्न की मूल प्रेरक शक्ति अतृप्त इच्छाएँ हैं। फ्रायड के अनुसार, सुखी आदमी कभी कल्पना चित्रों की सृष्टि नहीं करता, केवल असन्तुष्ट व्यक्ति ही यह सृष्टि करते हैं। साहित्यकार भी एक असन्तुष्ट व्यक्ति होता है, उसमें भी एषणाएँ होती हैं जिनकी तृप्ति के लिए उसके पास साधनों का अभाव होता है। वह भी सामान्य व्यक्ति की तरह दिवास्वप्न देखता है, अतः फैंटेसी की चित्तीय प्रक्रिया और सृजन-प्रक्रिया प्रारम्भिक में समान है।

फ्रायड की मान्यताओं ने साहित्यकारों को अतिशीघ्र और अत्यधिक प्रभावित किया। साहित्यालोचन के क्षेत्र में मनोविश्लेषण का उपयोग 1910 ई. के आसपास से प्रारम्भ हो गया। 1919 ई. तक मनोविश्लेषणात्मक आलोचना का इतना अधिक प्रचलन हो गया था कि उस पर एक व्यंग्य रचना भी लिखी गई। यह एक अलग बात है कि मनोविश्लेषणात्मक आलोचना प्रारम्भ से ही अत्यधिक विवादग्रस्त रही। विवाद का विषय मुख्यतः सर्जक व्यक्तित्व, सृजन प्रक्रिया एवं आस्वादन के सन्दर्भ में फ्रायड की मान्यताएँ थीं। विवाद में फ्रायड समर्थक वैज्ञानिकों के साथ-साथ साहित्यालोचक और ऐसे लोग भी शामिल थे, जिनका फ्रायड की स्थापनाओं के विषय में ज्ञान अन्य स्रोतों से गृहीत था। मनोविश्लेषणात्मक आलोचना को स्वीकार या तिरस्कार फ्रायड की स्थापनाओं की स्वीकृति या अस्वीकृति का परिणाम था।

मनोविश्लेषणात्मक आलोचना पर प्रमुख आक्षेप यह रहा है कि उसमें आम आदमी के दिवास्वप्न और कलाकृति को एक मान लिया गया और कृति के विश्लेषणार्थ वही पद्धति अपनाई गई नतीजा यह निकला कि कलाकृति के मूल्यांकन का कोई पैमाना मनोविश्लेषणात्मक आलोचना नहीं दे सकी और जहाँ तक मनोविज्ञान जो मनस्ताप के विश्लेषणार्थ आलोचना नहीं दे सकी और जहाँ तक मनोविश्लेषणात्मक दृष्टि से कलाकृति की व्याख्या का प्रश्न है, युंग का कहना है कि यदि कलाकृति और स्नायविक विकृति (मनस्ताप) की पूर्णरूपेण एक ही व्याख्या हो तो या तो कलाकृति स्नायविक विकृति है अथवा स्नायविक विकृति कलाकृति है। इस प्रकार की उक्ति विरोधात्मक शब्द क्रीड़ा के रूप में तो चल सकती है, किन्तु जिस व्यक्ति के पास स्वस्थ बुद्धि है, वह कलाकृति और स्नायविक विकृति को एक कठघरे में रखने के विचार का ही विरोध करेगा। दरअसल फ्रायड का विचार यह नहीं था कि कलाकार का मनस्ताप ऐसा होता है, जिसकी मनश्चिकित्सा अनिवार्य हो। इसके विपरीत उन्होंने कलाकार की चित्तीय संरचना में वृत्तियों के उन्नयन या उदात्तीकरण की ऐसी प्रबल क्षमता स्वीकार की, जिससे कलाकार यथार्थ की ओर लौट आता है और फलतः रोगी होने से बच जाता है। उन्होंने आम आदमी के दिवास्वप्न और कलाकृति में भी अन्तर किया है। कलाकार

उदात्तीकरण के द्वारा अपने दिवास्वप्न के अहंपूर्ण स्वरूप का परिहार करता है। स्पष्ट है कि फ्रायड ने सिद्धान्ततः न तो कलाकार को रोगी कहा और न ही कलाकृति को आम आदमी के दिवास्वप्न से आत्यन्तिक रूप से अभिन्न माना। उन्होंने कलाकार में उदात्तीकरण की क्षमता को स्वीकार किया किन्तु साहित्य के सन्दर्भ में उदात्तीकरण की प्रक्रिया का सम्यक् विवेचन वे नहीं कर पाए। प्रोफेसर कलीमुद्दीन अहमद के शब्दों में–''हमें इस आपवादिक नैसर्गिक शक्ति या उदात्तीकरण की सबल क्षमता की कोई सन्तोषप्रद वैज्ञानिक व्याख्या नहीं मिलती।'' इस प्रकार फ्रायड की एक प्रमुख सीमा यह थी कि उन्होंने कलाकार द्वारा दिवास्वप्न के अहंपूर्ण स्वरूप के परिहार की प्रक्रिया का मनोवैज्ञानिक विवेचन नहीं किया जिससे कलाकृति और दिवास्वप्न की समानताएँ तो चर्चित हो गईं, किन्तु महत्त्वपूर्ण विषमताएँ उपेक्षित कर दी गईं। परिणामतः कलाकृति और कलाकार के व्यक्तिगत जीवन के कार्य-कारण सम्बन्ध को तो बल मिला किन्तु कृति विशेष के सौन्दर्य के मनोवैज्ञानिक आयाम उद्घाटित न हो सके। मनोविश्लेषणात्मक आलोचकों ने कलाकृति और स्वप्न की समानताओं को तो महत्त्व दिया किन्तु फ्रायड द्वारा अचेतन पर अत्यधिक बल दिए जाने के कारण, सृजन-प्रक्रिया में चेतना का योगदान तिरस्कृत हो गया। क्लाइव बेल और रोजर फ्राइ जैसे प्रख्यात आलोचकों ने मनोविश्लेषणात्मक आलोचना पर यह न्यायोचित आक्षेप किया है कि उसमें स्वप्न और काव्य के प्राथमिक अन्तर का रूप के तत्त्व का विवेचन नहीं किया गया।

मनोविश्लेषण ने कृति और कलाकार के व्यक्तिगत जीवन के सम्बन्ध और कलाकार के मनस्ताप को सिद्धान्त के रूप में प्रतिष्ठित किया। मनोवैज्ञानिक स्टेकल ने कलाकार के मनस्ताप को हिस्टीरिया की कोटि में रखा और हिस्टीरिया को मनुष्य के सांस्कृतिक विकास का कारण माना। सृजन-प्रक्रिया में मनस्ताप जैसी पूर्वावस्था को युंग ने भी स्वीकार किया किन्तु इस सम्बन्ध में उनका मत फ्रायड से उल्लेखनीय सीमा तक भिन्न है। युंगीय दृष्टि से कुछ विशिष्ट मनोवैज्ञानिक पूर्वावस्थाएँ तो मानव-मात्र में सामान्य हैं अतः उन्हें कलाकार या कलाकृति के वैशिष्ट्य के रूप में स्थापित नहीं किया जा सकता। फ्रायड और उसके अनुयायियों ने अपनी सारी ताकत कलाकार के मनस्ताप जैसी पूर्वावस्था के अध्ययन में लगा दी। युंग के अनुसार ''इस पद्धति से प्राप्त निष्कर्ष पूरे मानव समाज से सम्बन्धित होने के कारण कलाकार एवं कलाकृति के वैशिष्ट्य को उद्घाटित नहीं करते।'' उन्होंने यह भी स्वीकार किया कि सृजन-प्रक्रिया में कलाकार का मनस्ताप एक पूर्वावस्था ही है और कलाकृति का अर्थ एवं इसकी विशिष्टता पूर्वावस्थाओं और पूर्वतत्त्वों में नहीं होती। फ्रायड ने कलाकार के मनस्ताप को व्यक्तिगत जीवन से सम्बन्धित माना, जबकि युंग ने कलाकार के मानसिक संघर्ष में समग्र युग के मानसिक संघर्ष की गूँज स्वीकार की। दरअसल फ्रायड चिन्तन जिन कलाकृतियों के सन्दर्भ में

उपयोगी हो सकता है, वह महान साहित्य की कोटि में नहीं आता। क्लाइव बेल के अनुसार फ्रायड ने उन विषयों पर विचार व्यक्त किए जिनका उन्हें ज्ञान नहीं था। उनके विचार से फ्रायड का कला चिन्तन घरेलू नौकरानियों के कलाविषयक चिन्तन का विवरण है, क्योंकि घरेलू नौकरानियों के लिए उपन्यास फैंटेसी की दुनिया में इच्छापूर्ति होते हैं। फ्राइ के अनुसार फ्रायड का इच्छापूर्ति-सिद्धान्त लोकप्रिय कला के सन्दर्भ में तो ठीक है किन्तु महान उपन्यास के विषय में नहीं। यह आक्षेप इस कारण से और अधिक संगत जान पड़ता है कि फ्रायड ने अपने विचारों को ऐसे साहित्य के प्रसंग में व्यक्त किया है जिसे फ्रायड के अपने शब्दों में, "एक विशाल जन-समुदाय चाव से पढ़ता है।" इस प्रकार महान साहित्य की फ्रायड ने उपेक्षा की। एन्थनी स्टार्ट ने फ्रायड के कला-चिन्तन के बारे में सही कहा है कि फ्रायड ने कभी यह धारणा स्वीकार नहीं की कि कला इच्छा-पूर्त्यात्मक फैंटेसी की दिशा में पलायन की अपेक्षा प्रमाता को यथार्थोन्मुख करने का मार्ग हो सकती है। दरअसल फ्रायड का दृष्टिकोण हेतुवादी था। अतः दिवास्वप्न की प्रक्रिया में इच्छापूर्ति को हेतु रूप में स्थापित करने के बाद साहित्यास्वादन प्रक्रिया में इच्छापूर्ति के सिद्धान्त की स्थापना के अतिरिक्त और कोई चारा न था।

फ्रायडीय दृष्टि के आधार पर विकसित आलोचना पद्धति मूलतः मनस्ताप-विश्लेषण की पद्धति है। युंग के अनुसार इस पद्धति का मूल तत्त्व है—"अचेतन पृष्ठभूमि के सारे परिस्थितिगत साक्ष्य का संकलन और इस सामग्री के विश्लेषण और व्याख्या द्वारा प्राथमिक अचेतन और सहजवृत्तिमूलक प्रक्रियाओं का पुनर्निर्माण। फ्रायड कलाकृति को कलाकार की मानसिक अवस्था के लक्षण-रूप में ग्रहण करते हैं, युंग ने उसे प्रतीक रूप में ग्रहण किया है। लक्षण रूप में गृहीत कलाकृति के विश्लेषण से निकाले गए निष्कर्ष मनस्तापितों को ही सन्तुष्ट कर सकते हैं।

निष्कर्षतः फ्रायड के विचारों ने साहित्यालोचन को जितनी तीव्रता से प्रभावित किया, उतनी ही तीव्रता से अपनी स्पष्ट सीमाओं के कारण वे गम्भीर आलोचकों के उग्र विरोध का विषय बने। उदाहरण के लिए फ्रायड से प्रभावित होकर 'पोइट्री एंड ड्रीम्स' की रचना करने वाले प्रेसकॉट की 'पोइट्री एंड मिथ' शीर्षक पुस्तक की शब्दानुक्रमणिका में भी फ्रायड का नाम नहीं था। साहित्यालोचन के क्षेत्र में फ्रायड के चिन्तन की एक बहुत बड़ी सीमा यह भी है कि उसके आधार पर किसी कृति की व्याख्या तो की जा सकती है, किन्तु उसका मूल्यांकन नहीं किया जा सकता। फ्रायडीय चिन्तन की उक्त सीमाओं के कारण ही सर हर्बर्ट रीड जैसे सौन्दर्यशास्त्री एवं गम्भीर आलोचक युंग के विश्लेषणात्मक मनोविज्ञान की ओर झुके।

वक्त से आगे चलने के कारण युंग को बार-बार यह सफाई देनी पड़ी कि वे वैज्ञानिक हैं, दार्शनिक नहीं। फ्रायड के मनोविश्लेषण से असहमत होकर उन्होंने

विश्लेषणात्मक मनोविज्ञान की नींव रखी। पिंड और ब्रह्मांड की सही समझ के विकास के सन्दर्भ में उन्होंने विज्ञान के यान्त्रिक, निश्चितवादी और हेतुवादी दृष्टिकोण के स्थान पर अन्त्यवादी, अनिश्चिततावादी और ऊर्जीय दृष्टिकोण अपनाया। उनके सिद्धान्त केवल गहनता मनोविज्ञान तक सीमित नहीं रहे, मानव मात्र से सम्बद्ध होने के कारण परमाणविक भौतिकी, नृतत्त्वशास्त्र, चीनविद्या जैसे क्षेत्रों में भी गूँजे।

युंग ने जीवन को और फलतः मानव चित्त को भी ऊर्जा के रूप में देखा। चित्तीय ऊर्जा को उन्होंने तेजस् (लिबिडो) कहा। तेजस् फ्रायडीय जिजीविषा (लिबिडो) से स्पष्टतः भिन्न है। तेजस् निरन्तर गतिमय रहता है। इसकी गतिमयता के प्रारूप होते हैं। इन प्रारूपों को युंग ने आद्यरूप (आर्केटाइप) कहा है। आद्यरूप हमारी चित्तीय सामग्री को आकर्षित और पुंजित करने में समर्थ हैं। इस ऊर्जा से सम्बन्ध पुंज निरन्तर बदलते रहते हैं और आद्यरूप अपने नए-नए पुंजों के अनुसार नए-नए आद्यबिम्बों में अभिव्यक्त होते रहते हैं। एक ही व्यक्ति के चित्त में एक ही आद्यरूप देशकाल-भेद से अनेकानेक आद्यबिम्बों में व्यक्त हो सकता है, और प्रायः होता है। प्रत्येक आद्यबिम्ब अद्वितीय होता है क्योंकि आद्यरूप की बिम्बात्मक अभिव्यक्ति देशकालानुसार परिवर्तनशील चेतन मन की स्थिति के सापेक्ष होती है।

आद्यबिम्ब और अन्य आद्यरूपात्मक अभिव्यक्तियों में अन्तर है। आद्यरूप निम्नतर जैविक और उच्चतर आध्यात्मिक स्तर पर व्यक्त हो सकता है। हमारा समस्त वृत्यात्मक व्यवहार जैविक स्तर पर आद्यरूप की अभिव्यक्ति में अन्तर्भुक्त किया जा सकता है। आध्यात्मिक स्तर की अभिव्यक्ति आद्यबिम्ब है। आद्यबिम्ब पूर्णतया गृहीत हो जाने पर या चेतना से अदृश्य होने पर अपनी ऊर्जा खो बैठता है और समाज के सामान्य मानदंडों, रूढ़ प्रथाओं और विशुद्ध प्रत्ययों आदि में परिणत हो जाता है। ऐसी स्थिति में इन्हें निष्प्रभ या मृत आद्यबिम्ब कहा जा सकता है।

युंगीय दृष्टि से आद्यबिम्ब और प्रतीक में कोई अन्तर नहीं है। युंग ने प्रतीक और चिह्न में भेद किया है। चिह्न हमारी चेतना द्वारा स्पष्टतः गृहीत अर्थ का द्योतक है। आद्यबिम्ब या प्रतीक प्रत्यक्ष अर्थ से अधिक के व्यंजक होते हैं। व्यक्ति-भेद से चिह्न की प्रतीक-रूप में और प्रतीक की चिह्न रूप में परिणति सम्भव है। युंगीय दृष्टि से मिथक भी आद्यबिम्ब या प्रतीक का उदय आत्यन्तिक रूप से चेतन या आत्यन्तिक रूप से अचेतन स्रोत द्वारा न होकर दोनों की सम्यक् सन्धि से सम्भव है। युंग ने उसे समग्र चित्त की अभिव्यक्ति माना है।

फ्रायड और युंग की कला विषयक धारणाओं का अन्तर उनकी मनोवैज्ञानिक धारणाओं के अन्तर पर आधारित है और उनकी मनोवैज्ञानिक धारणाओं का अन्तर वैज्ञानिक दृष्टिकोणों के अन्तर पर। फ्रायड ने हेतुवादी दृष्टिकोण ग्रहण करने के कारण व्यक्तिगत जीवन में मनस्ताप के कारण खोजे और फैंटेसी आदि के रूप

में प्राप्त अचेतन सामग्री को रोग लक्षणात्मक स्वीकार किया। युंग ने अन्त्यवादी दृष्टिकोण अनाने के कारण मनस्ताप को व्यक्ति के भावी विकास का दिशा-निर्देशक माना और फैंटेसी आदि की प्रतीकात्मकता को भी स्वीकार किया। फ्रायडीय दृष्टि से सृजन-प्रक्रिया और भावन-प्रक्रिया में इच्छापूर्ति को हेतुवादी सिद्धान्त नियामक होने से कला विरेचक होती है। युंगीय दृष्टि से वह बिम्बात्मक होने के कारण अचेतन ऊर्जा का विमोचन करती है। फ्रायड के अनुसार कला पलायन की ओर ले जाती है। युंग के अनुसार वह नवोन्मेष का निमित्त बनती है।

युंग ने अपने साहित्य-चिन्तन में सृजन-प्रक्रिया और सर्जक व्यक्तित्व की विस्तार से चर्चा की है। सृजन-प्रक्रिया के वैभिन्न्य से उन्होंने काव्य के दो रूप माने—मनोवैज्ञानिक काव्य और संकल्पात्मक काव्य। मनोवैज्ञानिक काव्य का सम्बन्ध मानव चेतना से गृहीत सामग्री के साथ है। चेतन अनुभवों से सम्बद्ध होने के कारण ऐसे काव्य के भाव और कलापक्ष बुद्धिगम्य होते हैं। ऐसे काव्य के विषय में हम कभी यह नहीं पूछते कि उसकी सामग्री और उसका अर्थ क्या है। उसका अर्थ सुज्ञात होता है। उलटबासियाँ और कूटपद भी मनोवैज्ञानिक काव्य की परिधि में आते हैं क्योंकि अपेक्षित ज्ञान हो जाने पर उनकी गूढ़ता का परिहार हो जाता है। इस प्रकार तथाकथित गूढ़ काव्य भी मनोवैज्ञानिक ही है क्योंकि उसका निश्चित अर्थ है और वह पूर्वज्ञात या सप्रयास ज्ञातव्य है। अधिकांश साहित्यिक कृतियाँ मनोवैज्ञानिक काव्य की कोटि में रखी जा सकती हैं जैसे कबीर की अधिकांश साखियाँ, बिहारी के अधिकांश दोहे, हरिऔध का प्रियप्रवास, प्रसाद की 'कामना,' अज्ञेय की असाध्य 'वीणा' आदि।

संकल्पात्मक काव्य की सामग्री अपरिचित होती है। उसमें व्यक्त आद्यानुभव हमें सुदूर अतीत में पहुँचा देते हैं। ये आद्यानुभव हमारे व्यवस्थित चित्रफलक की धज्जियाँ उड़ाकर एक भिन्न संसार का चित्र प्रस्तुत करते हैं। हम उसे देखकर विस्मित, स्तम्भित या विभ्रमित हो जाते हैं। इसीलिए निश्चित अर्थ और सीमित व्यंजनाओं की अपेक्षा संकल्पात्मक काव्य में अनन्त अर्थ छायाएँ और अनन्त व्यंजनाएँ होती हैं। संकल्पात्मक काव्य केवल चेतन अनुभवों के सन्दर्भ में तो अव्याख्येय ही रहता है। ऐसे काव्य के आद्यानुभव को युंग ने फ्रायड की भाँति व्यक्तिगत अनुभव का प्रच्छन्न रूप नहीं माना है। वे इसे भौतिक वास्तविकता के समान चित्तीय वास्तविकता के रूप में स्वीकार करते हैं। फ्रायड ने काव्य को अचेतन की अभिव्यक्ति माना और दमन की प्रक्रिया से उसका हेतु रूप सम्बन्ध स्थापित किया। दमन की प्रक्रिया से सम्बन्ध रखनेवाली सभी अभिव्यक्तियाँ अनिवार्यतः रोगलक्षणात्मक होती हैं। प्रतीक से फ्रायड का अभिप्राय ऐसी ही रोगलक्षणात्मक अभिव्यक्तियों से था। काव्यात्मक अभिव्यक्तियों को भी उन्होंने इसी वर्ग में रख दिया। युंग ने ऐसी अभिव्यक्तियों को प्रतीक न कहकर चिह्न कहा और काव्यात्मक

अभिव्यक्तियों को उनसे बिलगाया। युंग के अनुसार काव्यात्मक अभिव्यक्तियों का जन्म दमित अचेतन से नहीं होता। कलात्मक एवं आध्यात्मिक सृजन अचेतन की स्वाभाविक प्रक्रिया से जन्मते हैं।

वस्तुतः फ्रायड रोगलक्षणात्मक फैंटेसी और सृजनात्मक फैंटेसी के भेद के प्रति उदासीन रहे। परिणामतः काव्य, फैंटेसी, स्वप्न आदि में अभेद स्थापित करने के प्रयास होने लगे तथा सृजन-प्रक्रिया में चेतना का योगदान उपेक्षित हो गया। युंग ने रोगलक्षणात्मक फैंटेसी और सृजनात्मक फैंटेसी के भेद पर बल देते हुए पहली को निष्क्रिय और् दूसरी को सक्रिय कहा। सक्रिय फैंटेसी मानव चित्त की उच्चतम क्रिया है। इसमें विषयी के चेतन और अचेतन सम्मिलित रूप से सृजनशील रहते हैं। सक्रिय फैंटेसी ही हमारी समग्र व्यक्तिकता की अभिव्यक्ति है। आद्यबिम्ब या प्रतीक ऐसी ही फैंटेसी है। संकल्पात्मक काव्य शब्दबद्ध आद्यबिम्ब या फैंटेसी है।

युगीय दृष्टि से कलाकृति और कलाकार के व्यक्तिगत जीवन में अनिवार्य कार्य-कारण सम्बन्ध नहीं होता। सृजन-क्षणों में कवि मानव न होकर सामूहिक मानव बन जाता है। सामूहिक अचेतन का व्यापार होने से कला अव्यक्तिगत होती है। फलतः कलाकार का व्यक्तिगत जीवन कलाकृति को समझने के लिए अनिवार्य नहीं, साधक या बाधक होता है। संकल्पात्मक काव्य का सर्जक भयावह चित्र खींचता है। उसकी सर्जक प्रतिभा अकेली कभी नहीं होती और इसीलिए असंख्य आत्माओं से उसका संवाद होता है। अपने-आपको इस संवाद के योग्य बनाने के लिए सृजनात्मक अग्नि का वरदान पाने के लिए व्यक्ति के रूप में उसे महान बलिदान करना पड़ता है।

युंगीय दृष्टि से सर्जक भावक और समाज के सन्दर्भ में काव्य का चरम प्रयोजन आत्मोपलब्धि है। संकल्पात्मक काव्य के बहुरंगी कल्पना-चित्र सामूहिक अचेतन को अभिव्यक्त आद्यबिम्ब सर्जक के चित्तीय विकास के निर्णायक और उसके भाग्यविधाता बन जाते हैं। प्रमाता के सन्दर्भ में महान कलाकृति स्वप्न की भाँति अपनी व्याख्या स्वयं नहीं करती और कान्तासम्मित उपदेश नहीं देती। वह प्रकृति की भाँति बिम्ब रूप पौधा उगा देती है और उसका अर्थ समझने के लिए हमें कलाकार की कलावृत्ति के हाथों उसी प्रकार ढलना होगा, जिस प्रकार उसका सर्जक कलाकार ढला था।

मनोवैज्ञानिक और संकल्पात्मक काव्य की युंगीय धारणा के बारे में यह स्पष्टीकरण अनिवार्य है कि एक ही कृति में मनोवैज्ञानिक और संकल्पात्मक कहे जानेवाले अंश सम्भव हैं। स्वयं युंग ने 'फाउस्ट' के पूर्वार्द्ध को मनोवैज्ञानिक और उत्तरार्द्ध को संकल्पात्मक कहा। युंग ने मनोवैज्ञानिक काव्य के सन्दर्भ में मनोविज्ञान का कोई उपयोग स्वीकार नहीं किया है, क्योंकि ऐसा काव्य स्वतः स्पष्ट होता है। किन्तु आलोचक तो ऐसे काव्य की भी उपेक्षा नहीं कर सकता। वस्तुतः युंग

मनोवैज्ञानिक थे। साहित्यालोचन के अनुशासन से उनका अपेक्षित परिचय नहीं था। अतः उनके मनोवैज्ञानिक सिद्धान्त और साहित्य-सम्बन्धी धारणाओं के आधार पर आलोचना के प्रतिमानों के विकास का दायित्व आलोचकों का है। यहाँ युंगीय चिन्तन और आलोचना के क्षेत्र में उसके उपयोग को साहित्यालोचन की शब्दावली में निम्नलिखित रूप में प्रस्तुत किया जा सकता है :

(क) आलोचना-दृष्टि और (ख) आलोचना-पद्धति।

(क) आलोचना-दृष्टि : युंगीय साहित्य-चिन्तन को साहित्यालोचन की शब्दावली में निम्नलिखित रूप में स्पष्ट किया जा सकता है :

1. काव्य का स्वरूप
2. सृजन-शक्ति
3. सृजन-प्रक्रिया
4. सर्जक व्यक्तित्व
5. काव्य-प्रयोजन

1. काव्य का स्वरूप : काव्य के स्वरूप से सम्बन्धित भारतीय और पाश्चात्य मतों पर विचार करने के उपरान्त आचार्य नगेन्द्र ने इस तथ्य का आख्यान किया है कि "पश्चिम में प्लेटो से लेकर क्लीन्थ ब्रुक्स आदि तक और भारत में भामह से लेकर आचार्य शुक्ल या आज के नए से नए समीक्षक तक किसी ने भी इसका प्रतिवाद नहीं किया कि कविता शब्द-विधान है। काव्य के प्रति इन लोगों का दृष्टिकोण सर्वथा विपरीत है किन्तु कविता शब्द-विधान है—इस विषय में ये एकमत हैं। काव्य के सन्दर्भ में शब्द-विधान का अर्थ वे 'अभिव्यंजना-नैपुण्य' स्वीकार करते हैं।" विभिन्न आलोचकों ने इस नैपुण्य या सौन्दर्य की अपने-अपने ढंग से व्याख्याएँ कीं।

युंग के काव्य-चिन्तन से स्पष्ट है कि वे काव्य को शब्द-विधान ही मानते हैं, किन्तु शब्द-विधान से उनका अभिप्राय ऐसे शब्द-विधान से है जिसमें आद्यबिम्ब व्यक्त हो। युंग का दृष्टिकोण ध्वनिवादी और रसवादी आचार्यों के निकट है, क्योंकि शब्द या वाक्य अपने आद्यबिम्ब के कारण ही रमणीय या रसात्मक होता है। आद्यबिम्बत्व के अभाव में भाषा निष्प्रभ हो जाती है। सहृदय का चित्र आद्यबिम्बों को उद्‌बुद्ध करनेवाली भाषा में ही रमण करता है।

2. सृजन-शक्ति : सृजन-शक्ति या काव्य हेतु पर भारतीय आचार्यों ने अत्यन्त गहनतापूर्वक विचार किया है। आचार्यों ने हेतु-रूप प्रायः प्रतिभा को या प्रतिभा की प्रधानता को प्रतिष्ठित किया है। परमशक्ति रूपा प्रतिभा, बुद्धि से भिन्न, जन्म-जन्मान्तर के संस्कारों से प्राप्त, नैसर्गिक, शास्त्राचार्यानपेक्षी, अनौपदेशिक, नवनवोन्मेषशालिनी अथवा अपूर्व वस्तु के निर्माण में सक्षम प्रज्ञा है, जिसके निर्मल होने पर कवि लौकिक विषयों का साधारणीकरण करने में सक्षम होता है।

सृजन-शक्ति के सन्दर्भ में युंगीय चिन्तन का भारतीय चिन्तन से अद्‌भुत साम्य है। उत्तम काव्य चित्तीय समग्रता की अभिव्यक्ति है। इस चित्तीय समग्रता को युंग ने आत्म कहा है। इस आत्म को वे सभी विशेषण दिए जा सकते हैं जो ब्रह्म को दिए जाते रहे हैं। दर्शन की शब्दावली में, जिसे परम शक्ति कहते हैं, मनोविज्ञान की शब्दावली में वही अचेतन ऊर्जा है। अभिनवगुप्त की प्रतिभा की तरह अचेतन की स्वतन्त्रता भी प्रख्यात रही है। उसकी सृजनशीलता भी अतिचर्चित है। अचेतन की गहराइयों से ही नव-नवोन्मेष होता है। स्वतन्त्र होने के कारण अचेतन शास्त्राचार्यानपेक्षी है। उसका स्फुरण अनायास, असंलक्ष्यक्रम और अनन्त होता है। युंग ने अचेतन की अभिव्यक्तियों पर ध्यान देने पर भविष्य दर्शन की सम्भावनाओं को भी स्वीकार किया। अतः अचेतन की भविष्य-दर्शनी बुद्धि का भी समाहार है। अचेतन का नैसर्गिक और सहजात होना तो स्वतः स्पष्ट है। भारतीय आचार्यों ने उत्तम काव्य के सृजनार्थ प्रतिभा के साथ व्युत्पत्ति और अभ्यास पर जितना बल दिया है, उतना ही बल युंग ने अचेतन को अनुकूल करने के लिए चेतना के विकास और चेतन एवं अचेतन के जीवन सम्बन्ध पर दिया है। सामूहिक चेतन का निर्माण चूंकि दिक्कालातीत आद्यरूपों से होता है, अतः प्रतिभा को ऊर्जा के आदिम प्रारूपों-आद्यरूपों के समकक्ष भी समझा जा सकता है।

3. सृजन-प्रक्रिया : पश्चिम में सृजन-प्रक्रिया पर विशेष विस्तार से विचार हुआ है। इस सन्दर्भ में विरोधी आवेगों के सामंजस्य (रिचर्ड्स) द्विधरातलीय वस्तुओं के संयोजन (इलियट), उपमितों के सन्तुलन (एलन टैंट), शब्द और अर्थ के टकराव या सन्तुलन के साथ ही सृजन-क्षणों में शून्यता और अनस्तित्व की अनुभूति, कला की निर्वैयक्तिकता, व्यक्तित्व से पलायन, अहं के विसर्जन अथवा सृजन की अचेतनता आदि की पश्चिम में चर्चा रही है। हिन्दी के नए कवियों ने ऐसी धारणाओं को दोहराया है। कवि कर्तृव्य पर प्रश्न-चिह्न लगानेवाली ये धारणाएँ अत्यन्त विवादग्रस्त रही हैं। इन अतिवादी धारणाओं के स्थान पर युंग का दृष्टिकोण सन्तुलित रहा है। युंगीय दृष्टि से शब्द और अर्थ का, बहिर्मुख एवं अन्तर्मुख अर्थ-संकेतों का अथवा विरोधी आवेगों का टकराव चित्तीय द्वन्द्वों का संघर्ष ही है। समानतः शक्ति-सम्पन्न विरोधों के चरम संघर्ष में सर्जक का संकल्प निष्प्रभ हो जाता है। और तेजस् अपने उद्‌गम-स्रोत की ओर लौटता है, जहाँ भेदों के स्थान पर अद्वय की सत्ता रहती है। तेजस् की ऐसी अवस्था को ही अहं का विलयन, शून्य और अनस्तित्व के अनुभव आदि के रूप में समझा गया है। प्रगति की यह अवस्था भारतीय काव्यशास्त्र में वर्णित समाधि-दशा के अत्यन्त निकट है। समाधि-दशा में बिम्बोदय होता है। उदित बिम्ब में निहित तेजस् को अक्षुण्ण रखने के लिए युंग ने अहं की दृढ़ता पर विशेष बल दिया है। उदित बिम्ब में समस्त द्वन्द्व समंजित होते हैं।

सर हर्बर्ट रीड ने अपने कला-चिन्तन में आद्यरूप की युंगीय धारणा को असाधारण महत्त्व दिया। रीड काव्य को उपादानों का ऐसा विशिष्ट संगठन मानते हैं, जो अनिवार्यतः रूपात्मक होता है। आद्यरूप इन उपादानों का सौन्दर्यात्मक घटक है। रीड के शब्दों में, ''आद्यरूप स्पष्टतः ऐसे सिद्धान्त के रूप में पृथक्कृत है, जो सौन्दर्यात्मक बोधों के वैविध्य को महत्त्वपूर्ण एकता प्रदान करता है।''

4. सर्जक व्यक्तित्व : युंग ने सर्जक की असाधारण और उसके बलिदानी स्वभाव की चर्चा अनेकत्र की है। उनका चिन्तन भारतीय परम्परा के निकट है। भारतीय आचार्यों की भाँति युंग भी व्यक्ति और उसके सृजन में कारण-कार्य सम्बन्ध को अस्वीकार करते हैं।

5. काव्य-प्रयोजन : भारतीय आचार्यों ने यश, अर्थोपार्जन, व्यवहार-ज्ञान, आदि गौण प्रयोजनों के साथ दो मूल प्रयोजन स्वीकार किए हैं—आनन्द और लोकमंगल। आनन्द और लोकमंगल का अनिवार्य सहभाव भी विवादयुक्त रहा है। काव्यास्वाद की आनन्दरूपता युंग के मनोवैज्ञानिक सिद्धान्तों से सिद्ध होती है। युंग ने उसका स्वतन्त्र-उल्लेख नहीं किया है किन्तु काव्य की लोकमंगलकारिणी शक्ति का अत्यन्त प्रभावक शब्दों में अनेकधा विवेचन किया है और इसी शक्ति के कारण उन्होंने काव्य के असाधारण महत्त्व को मुक्त कंठ से स्वीकार किया है।

सारतः, युंग ने काव्य के विषय में जो विचार व्यक्त किए हैं, वे परम्परागत धारणाओं को रौंदने के स्थान पर पुष्ट करते चलते हैं। उनके काव्य-चिन्तन का महत्त्वपूर्ण योगदान यह भी है कि कुछ अनावश्यक प्रश्न समीक्षा की परिधि से बाहर हो जाते हैं तथा कुछ मूलभूत प्रश्नों पर नई रोशनी पड़ती है। उदाहरणार्थ उन्होंने कवि और काव्य के कारण-कार्य सम्बन्ध का निषेध कर केस-हिस्ट्रियों से भरी पड़ी समीक्षा की अनुपयोगिता सिद्ध कर दी। सृजन-प्रक्रिया के विषय में उनके चिन्तन की महत्ता इसी से स्पष्ट है कि हर्बर्ट रीड जैसे आधुनिक सौन्दर्यशास्त्री ने उसी के आधार पर सृजन-प्रक्रिया में रूप की समस्याओं का समाधान किया है। युंग को इसलिए भी याद किया जाएगा कि फ्रायड के चिन्तन के कारण इच्छापूर्ति के सिद्धान्त की भँवर में पड़े काव्य और व्यक्तिगत अचेतन की दलदल में फँसे कवि का उन्होंने उद्धार किया एवं काव्य की आनन्द-उमंग की उदात्त एवं पुरातन भूमिका को पुनः प्रतिष्ठित किया। उनके सिद्धान्तों के आलोक में इस बात का खतरा समाप्त हो गया है कि ''कहीं पूरब के सारे स्रोत ही सूखे साबित न हो जाएँ।''

(ख) आलोचना-पद्धति : हिन्दी में मिथकीय आलोचना का इतिहास तो अपेक्षतया पुराना है। प्रोफेसर रमेश कुन्तल मेघ प्रभृति विद्वानों ने इस दिशा में महत्त्वपूर्ण कार्य किया है। युंगीय चिन्तन के आधार पर मिथकीय आलोचना की एक नई शाखा का प्रारम्भ आठवें दशक में हुआ। युंगीय चिन्तन के आधार पर विकसित आद्यबिम्बात्मक आलोचना एक व्याख्याकारी सिद्धान्त के रूप में ऐसे

साहित्य के सन्दर्भ में विशेष सफल रही है, जिसकी व्याख्या केवल चेतन अनुभवों के सन्दर्भ में अपर्याप्त या असम्भव हो। इसके साथ ही वह कृति-विशेष के मूल्यांकन का विश्वसनीय आधार प्रदान करते हुए सौन्दर्य के उन आयामों को उद्‌घाटित करती है जो आलोचना के प्रचलित प्रतिमानों की पहुँच से परे हैं।

आद्यबिम्बात्मक आलोचना यह मानकर चलती है कि बिम्बों में चित्तीय समग्रता की अद्वितीय अभिव्यक्ति होती है। इस अभिव्यक्ति में भाषा पूर्णतया संधानित होती है। ऐसी पूर्ण अभिव्यक्ति प्रायः दुर्लभ है। अतः विभिन्न रचनाओं के सौन्दर्य का मूल्यांकन बिम्बत्व की सापेक्षिक सघनताओं के आधार पर ही सम्भव है। भाषा की संघनन का उसकी सामासिकता न होकर शब्द और अर्थ का 'अन्यूनानतिरिक्तत्व' है। ऐसा संघनन सपाटबयानी का अनिवार्य विरोधी नहीं है क्योंकि ऋजुकथनों में भी आद्यरूप का स्फुटता से बिम्बत्व हो सकता है।

भाषा की प्रत्येक इकाई के सौन्दर्योद्‌घाटन में आद्यबिम्बात्मक आलोचना प्रचलित पद्धतियों और निकर्षों के साथ ही निर्देशित साहचर्य एवं विस्तरीकरण की पद्धति और बिम्बत्व के निकष को स्वीकार करती है। वर्ण-विधान के विश्लेषण में यह आलोचना वर्ण-वैचित्र्य या वैशिष्ट्य के हेतु रूप बिम्बों का सन्धान करती है। शब्द-सौन्दर्य के उद्‌घाटन में यह एक ओर शब्द प्रयोग के वैशिष्ट्य के कारणों पर प्रकाश डालती है तो दूसरी ओर शब्द की गहरी व्यंजनाओं को उजागर करती है। इसमें शब्दों के मणिभीकरण के सिद्धान्त के अन्तर्गत शब्दों के परस्पर सम्बन्ध से जन्मी अर्थछायाओं का विशेष अध्ययन किया जाता है। आद्यबिम्ब की धारणा के आधार पर काव्य-बिम्बों की अर्थपरक गहनताओं के नए आयाम उद्‌घाटित किए जा सकते हैं। छन्द-विधान के अन्तर्गत बिम्बों की लयात्मक गहनताओं का सन्धान किया जाता है। युंगीय दृष्टि से साहित्य में वस्तु-वर्णन तभी मूल्यवान होता है जब उसे बिम्बों का संस्पर्श मिले। प्रबन्धात्मक रचनाओं के विश्लेषण में आद्यबिम्बात्मक आलोचना मर्मस्थलों को बिम्बात्मक इकाइयों के रूप में महत्त्व देती है। हिन्दी में मिथकीय आलोचना की इस शाखा का तीव्र विकास हो रहा है। कथा-साहित्य के क्षेत्र में भी यह आलोचना अपनी उपयोगिता ही नहीं, अनिवार्यता भी सिद्ध कर चुकी है।

सन्दर्भ :

1. जगदीश चन्द्र जैन, पाश्चात्य समीक्षा-दर्शन, हिन्दी प्रचारक संस्थान, प्रथम संस्करण के पृष्ठ 275 पर उद्‌धृत।
2. कृष्णमुरारी मिश्र, आद्यबिम्ब और गोदान, राधाकृष्ण प्रकाशन, 1972, पृ. 107
3. कृष्णमुरारी मिश्र, आद्यबिम्ब और नई कविता, राधाकृष्ण प्रकाशन, 1980, पृ. 66
4. कलीमुद्‌दीन अहमद, मनोविश्लेषण और साहित्यालोचन (अनुवादक : देवेन्द्रनाथ शर्मा)

भारतीय भवन, पटना, 1966, पृ. 4
5. पाश्चात्य काव्यशास्त्र की परम्परा, सम्पादक डॉ. नगेन्द्र, पृ. 329
6. क्लादिया डी. मॉरिसन, फ्रायड एंड दी क्रिटीक, द युनिवर्सिटी ऑफ नार्थ केरीलाइन प्रेस, यू.एस.ए., 1968, पृ. 36-45
7. पाश्चात्य काव्यशास्त्र की परम्परा, पृ. 341
8. कलीमुद्दीन अहमद, मनोविश्लेषण और साहित्यालोचन, पृ. 14
9. क्लादिया डी. मॉरिसन, फ्रायड एंड दी क्रिटीक, पृ. 95
10. वही, पृ. 49
11. पाश्चात्य काव्यशास्त्र की परम्परा, पृ. 343
12. वही, पृ. 345
13. क्लादिया डी. मॉरिसन, फ्रायड एंड दी क्रिटीक, पृ. 77-80
14. पाश्चात्य काव्यशास्त्र की परम्परा, पृ. 333
15. एंथनी स्टार्र, सी.जी. युंग, द विकिंग प्रेस, न्यूयार्क, 1973, पृ. 25
16. पाश्चात्य काव्यशास्त्र की परम्परा, पृ. 344
17. क्लादिया डी. मॉरिसन, फ्रायड एंड दी क्रिटीक, पृ. 67
18. एम.एल. वान फ्रांज, सी.जी. युंग : हिज मिथ इन अवर टाइम, अनुवादक : विलियम एच. केनेडी, हॉडर एंड स्टांग्टन, लन्दन, 1975, देखिए—भूमिका
19. सी.जी. युंग, सिम्बल्स् ऑब ट्रांसफॉरमेशन, पृ. 61
20. साइकॉलॉजिकल, रिफ्लेक्शन्स, पृ. 183
21. नगेन्द्र, नई समीक्षा : नए सन्दर्भ, नेशनल पब्लिशिंग हाउस, 1974, पृ. 15
22. निर्मला जैन, रससिद्धान्त और सौन्दर्यशास्त्र, नेशनल पब्लिशिंग हाउस, दिल्ली, 1967, पृ. 408
23. मैन एंड हिज सिम्बल्स्, सम्पादक सी.जी. युंग आदि, एडलस बुक लिमिटेड, लन्दन, 1964, पृ. 38
24. जगदीश कुमार, नई कविता : विलायती-सन्दर्भ, सन्मार्ग प्रकाशन, दिल्ली, 1978, पृ. 35
25. हर्बर्ट रीड, द फार्म्स ऑव द थिंग्स अननोन, पृ. 61
26. विस्तार के लिए देखिए : (क) जगदीश कुमार शमशेर : कवितालोक, राधाकृष्ण प्रकाशन, दिल्ली। (ख) कृष्णमुरारी मिश्र, आद्यबिम्ब और नई कविता, राधाकृष्ण प्रकाशन, दिल्ली।

बीसवीं शताब्दी के अन्तिम चरण का हिन्दी-उपन्यास

डॉ. शशिभूषण सिंहल

जमाने की बदलती हवा

अच्छा प्रस्ताव आया है कि गत, बीसवीं शताब्दी के अन्तिम चरण, यानी बीस-पच्चीस वर्षों में प्रकाशित हिन्दी-साहित्य की देन की पहचान की जाए। साहित्य की यह प्रगति बिलकुल ताजी है। इसे एकाएक पूरा पहचान पाना सरल नहीं। सोचने-समझने के लिए कुछ ठहराव चाहिए। मुझे इस काल के हिन्दी उपन्यास पर विचार करना है। इस प्रसंग में भूमिका-स्वरूप कुछ प्रासंगिक प्रश्नों पर विचार कर लेना आवश्यक है। इन्हें हम एक-एक कर के लेंगे। यह कार्य वस्तुतः साहित्य के इतिहास-लेखन का एक प्रयत्न है। इतिहास-लेखन अपने प्रतिपाद्य तथा इतिहासकार के मध्य काल का पर्याप्त अन्तराल चाहता है। जिस प्रकार किसी व्यक्ति या वस्तु से केमरा भिड़ाकर उसका फोटो नहीं खींचा जा सकता, ठीक फ़ोकस बनाने के लिए दोनों के बीच उपयुक्त फासला, या यथेष्ट दूरी चाहिए। काल का प्रवाह बड़ा प्रबल है। उसके बीच किसी कृति का उभर पाना और टिक जाना बड़ी उपलब्धि है। आज जो रचना चलती अभिरुचि या प्रचार-प्रसार के बल पर हमें चमत्कृत करती जान पड़ती है वह आने वाले कल में हल्की पड़कर कहीं बिला जाए, तो आश्चर्य नहीं। काल देवता अपने निर्णयों में बड़ा निष्ठुर है। यही तथ्य किसी प्रस्तुति में पत्रकारिता तथा साहित्य को पृथक करता है। उदाहरणस्वरूप, कुछ फिल्मी गीत अपनी चलती लोकप्रियता के कारण गली-गली बजते हैं और बच्चे-बच्चे की जबान पर थिरकते हैं, पर कालान्तर में, अपने भीतर तत्त्व न होने के कारण जनरुचि से ऐसे विलुप्त हो जाते हैं कि याद दिलाने पर भी उनकी सुध नहीं आती। तात्पर्य है, रचना अपनी पहचान बनाने, टिकने और इतिहास में विधिवत स्वीकृति पाने में लम्बा समय लेती है। उस पर तत्काल कोई पक्का निर्णय नहीं लिया जा सकता। फिर भी, रचनाओं को पहचानने और अपना मत बनाने की प्रक्रिया को आगे के लिए उठा नहीं रखा जा सकता। यह करते हुए, हम उसकी

पहचान की दिशा में यथासाध्य गतिशील होंगे।

बीसवीं शती का अन्तिम चरण भारतीय इतिहास का अत्यधिक महत्त्वपूर्ण मोड़ है। इस उथल-पुथल के हम स्वयं साक्षी हैं। राजनीतिक अस्थिरता के झोंकों से देश के जन-मन में, हाल में मिली आजादी के प्रति नया उत्साह जगा है। क्या विविध वर्ग, और क्या व्यक्ति सभी अपने-अपने अस्तित्व की पहचान स्थापित करने के लिए व्यग्र हैं। व्यग्रता सभी को विचित्र बेचैनी से भर गई है। जैसे, देश में क्षेत्रीय, साम्प्रदायिक, जातीय, वर्गीय, सेक्स सम्बन्धी पहचान और स्वीकृति के लिए सब ओर से मानो आक्रामक प्रयासों की बाढ़-सी आ गई है। उन्हें कहीं-न-कहीं स्वीकृति भी मिली है। उदाहरणार्थ, जिन वेश्याओं का शोषण करते हुए उन्हें समाज में कहीं नहीं गिना जाता है, उन्हें 'सेक्स वर्कर्स' का नया नाम दिया गया है। उनके अस्तित्व को स्वीकार करते हुए, उन्हें सम्मान देने का प्रयत्न किया जा रहा है। उनकी सुरक्षा के बारे में गम्भीरता से विचार किया जा रहा है। अदालतों ने स्वीकृति दी है कि स्कूल में सेक्स वर्कर्स की सन्तान के स्कूल में दाखिले के समय, वल्दियत के लिए, केवल माँ का नामोल्लेख पर्याप्त होगा। इसी प्रकार, 'यूनक' (Eunuch) समाज में नचक-मटक कर लोगों को रिझा-खिजा कर कुछ झटक ले जाते रहे हैं। उन्हें चाहे-अनचाहे हमने राजनीति और प्रशासन-जैसे गुरु गम्भीर कार्यों में स्वीकृति दी है। मध्य प्रदेश तथा उत्तर प्रदेश में उनके इस क्षेत्र में उभरने के लक्षण तरोताजा हैं। उन पर हिन्दी में 'बृहन्नला' शीर्षक से दामोदर सदन का उपन्यास आया है। इन पंक्तियों के लेखक के उपन्यास 'परतें और परछाइयाँ' में इस जाति का इसी सम्बोधन से उल्लेख आया है। पत्रों ने इन्हें सूझ-बूझ से नया, सम्मानजनक नाम दिया है—किन्नर। किन्नर, अर्थात् 'किंचित्+नरः'। वैसे भी हमारे प्राचीन साहित्य में किन्नर और गन्धर्व नृत्य-गान प्रिय जातियाँ प्रचलित हैं। जहाँ जो पिछड़ा रह गया है, वह ऊपर आने का और उसे ऊपर लाने का भरसक प्रयत्न हो रहा है। इसके बिना चारा नहीं। यह जमाने की बदलती हवा है।

इस युग में वैज्ञानिक शोधों का प्रतिफल, तकनीकी प्रगति की चारों ओर धूम है। जिस प्रगति की हम आगामी एक शताब्दी में कठिनाई से कल्पना कर पाते, वह कुछ ही दशकों में साक्षात् हमारे द्वार पर बिना खटखटाए, चारों ओर छा गई है। अद्भुत चमत्कार! इसके साथ मीडिया—संचार-साधनों ने पूरे जीवन पर दखल कर लिया है—रेडियो, फोन, टी.वी., इंटरनेट, पत्र-पत्रिकाओं आदि सभी हमारे जीवन के सहज अंग हो चले हैं। औद्योगीकरण और व्यवसाय ने नई करवट ली है। देश की चहारदीवारियों को लाँघकर आज भूमंडलीकरण की धूम है। इस बदलाव से समाज के एक वर्ग में नव-सम्पन्नता का दौरदौरा आया है, और दूसरी ओर जो गरीबी और आर्थिक पिछड़ेपन की जद में हैं, वहीं घिरे मार खा रहे हैं। गरीबी-अमीरी के बीच इतनी गहरी दरार सम्भवतः पहले नहीं थी। इनके फलस्वरूप

भारतीय जीवन में विदेशी संस्कृतियों के गुण-दोष तेजी से आ धँसे हैं। बहुतों को चिन्ता है कि ये प्रभाव हमारी मूल संस्कृति को चाट जाएँगे। भारतीय जीवन-पद्धति या संस्कृति में पहले भी बाहरी संस्कृतियों का प्रभाव आता-जाता रहा है। नये जमाने की छलाँगों में यह प्रभाव आकर रहेगा। मिलावटें आती रहती हैं। वे आएँगी और जाएँगी भी। जो रहने योग्य है, रह जाएगा। शेष भुला दिया जाएगा। यही सामासिक संस्कृति (Cosmopolitan culture) है। वास्तव में, संस्कृति कोई ठहरा पानी नहीं है। उसके बहाव में बहुत कुछ आकर बिला जाता है। वह प्रकृति से ही सामासिक होती है। इस अदला-बदली में पुराना विघटित हो रहा है, ठीक है। पर, क्या खँडहरों में ही हम भटकते रहेंगे। नहीं। जो टूटा है, वह कुछ नया बनने को है। इस घमासान में ही युग नये मूल्यों की तलाश कर पाएगा। मूल्य आधुनिकता के प्रतिफल हैं। मूल्य हैं, जीवन विषयक उद्देश्य। इन्हें पाने में आधुनिकता सहयोग करती है। आधुनिकता, अर्थात् जागरूकता। थोड़ी इस पर चर्चा आवश्यक है।

आधुनिकता का सम्बन्ध हमारे जीवन, साहित्य और उपन्यास, सभी से गहराई से जुड़ा है। डॉ. इन्द्रनाथ मदान ने अपनी पुस्तक 'हिन्दी उपन्यास : एक नई दृष्टि' में आधुनिकता की प्रमुख विशेषता बताई है कि वह जीवन का असंलग्न भाव से चित्रण करते हुए समस्या का, रचना पर, उसका फल आरोपित नहीं करती। इस दृष्टि से आधुनिकता का सूत्रपात वे हिन्दी उपन्यास में प्रेमचन्द के 'गोदान' से स्वीकार करते हैं। उनके अनुसार, 'गोदान' की कथा का 'अन्त' उसमें नहीं, उससे बाहर है। तात्पर्य है, उपन्यासकार उपन्यास की मूल समस्या का यहाँ हल नहीं देता, वरन् समस्या-चित्रण में निहित व्यंजना द्वारा उसे संकेतित मात्र करता है। इस कला का परवर्ती हिन्दी उपन्यास में विकास हुआ है।

इस बात को थोड़ा आगे बढ़ाएँ। 'गोदान' में मेहता, लेखक प्रेमचन्द के विचारों का अच्छा वाहक है। मेहता एक बार गाँव जाकर वहाँ के लोगों में उठता-बैठता है। उसे किसानों की सरलता अच्छी लगती है। लेकिन यह सरलता किस काम की! वह सोचने को विवश होता है—'यह वह (आदर्शवादी) भूल जाता है कि भेड़ियों ने भेड़ों की निरीहता का जवाब पंजे और दाँतों से दिया है। वह अपना एक आदर्श संसार बनाकर उसको आदर्श मानवता से आबाद करता है उसी में मग्न रहता है। यथार्थता कितनी अगम्य, कितनी दुर्बोध, कितनी आप्रकृतिक है, उसकी ओर विचार करना उसके लिए मुश्किल हो जाता है।'

अखिल भारतीय सिविल सेवाओं के परीक्षा-पाठ्यक्रम में, हिन्दी-साहित्य में, 'गोदान' उपन्यास रहा है। इस प्रकार की प्रतियोगिता-परीक्षाओं में प्रत्येक वर्ष प्रश्नों को नए ढंग से पूछा जाता है। एक वर्ष, 'गोदान' उपन्यास विषयक प्रश्न जिस रीति से पूछा गया, उसके द्वारा हमारे उपर्युक्त विवेचन की विशेषताएँ अच्छी उभरती हैं। प्रश्न था : ' 'गोदान' का समाज ठहरा हुआ है, सभी चरित्र जैसे प्रतीक्षारत

हैं, जैसे कोई घटना घटेगी। लेकिन कोई घटना नहीं घटती। 'गोदान' का यह ठहराव आश्चर्यजनक है।–इस कथन के आधार पर 'गोदान' का आलोचनात्मक मूल्यांकन कीजिए।' इस प्रकार आधुनिकता का हिन्दी उपन्यास के सन्दर्भ में एक अर्थ हाथ आया, स्थिति के चित्रण में ठहराव की स्थिति। किसी हल को प्रत्यक्ष स्थापित करने के प्रयत्न का अभाव। यह विशेषता बीसवीं शती के अन्तिम चरण के हिन्दी उपन्यास में स्पष्ट देखी जा सकती है।

यहाँ, आधुनिकता का अर्थ है जीवन विषयक विशिष्ट दृष्टि। अद्यतन ज्ञान-विज्ञान के आलोक में व्यक्ति का जीवन को परिभाषित करना, उसकी आधुनिकता है। परम्परा और आधुनिकता का पारस्परिक सम्बन्ध भी विचारणीय है। परम्परा जीवनधारा की देन है, पुरानी है, और आधुनिकता है नयी। क्या इन दोनों के बीच कोई संगति है? हाँ, है। किसी परम्परा को सोच-समझ कर अपनाना और दोहराना, आधुनिकता है। दूसरी ओर, बिना समझे, आँख मूँद कर उसे दोहराते रहना 'रूढ़ि' है। परम्परा का अवशिष्ट जड़ खण्ड, रूढ़ि है।

साहित्य के सन्दर्भ में रचयिता की अनुभूति की ताजगी को आधुनिकता कहा गया है। बदलते जीवन-बोध के आलोक में नई अनुभूति आती है। अभिव्यक्ति में वह सहज होती है, और वह शिल्प की स्वयं तलाश कर लेती है। आरम्भ में अनुभूति में कुछ अनगढ़पन रहता है। धीरे-धीरे, विकसित होते हुए दोनों के बीच सामंजस्य आता है। आगे चलकर एक स्थिति ऐसी भी आ सकती है कि जब शिल्प परिपक्व हो जाता है, किन्तु मूल अनुभूति चुक जाती है। ऐसी रचना का अन्ततः सौन्दर्य ऐसा ही रह जाता है, जैसे कागज या प्लास्टिक से बने नकली फूल। उनमें प्राकृतिक फूलों का टटकापन नहीं रहता। रचयिताओं और वादों के उत्थान-पतन में यह बात देखी जा सकती है। रचनागत नया विद्रोह 'आधुनिक' है, वही बाद में परम्परित या रूढ़िगत हो जाता है।

ठीक कहा गया है कि किसी देश की स्थिति को समझने के लिए देखना होगा, वहाँ 'सेक्स' का क्या स्थान है। जो देश वास्तव में आधुनिक हैं, उनकी संस्कृति में स्त्री की आध्यात्मिकता या मांसलता का कोई अर्थ नहीं। ये क्रमशः नारी विषयक छायावादी (रोमांटिक) या नग्नतावादी दृष्टियाँ हैं। इन्हें आधुनिक नहीं कह सकते। उस देश के लोग स्त्री-पुरुष के बीच एक प्रकार की बराबरी या समता की भावना को स्वीकार करते हैं। इसी प्रकार, अतीत की पुनर्व्याख्या आधुनिक बोध की दृष्टि से आवश्यक है।

सारांश यह कि आधुनिक वह दृष्टिकोण है, जो मध्यकालीन नहीं, परम्परित नहीं, वरन् नया और स्वतन्त्र या आत्मनिर्भर है। मध्यकालीन दृष्टि के अनुसार मनुष्य कालधारा का निश्चेष्ट अंग बनकर, उसका अनुसरण-मात्र करता था। वह परम्परा का अनुयायी था और भावाकुल होकर उसी पर निछावर होता था। अब नवयुग

में विज्ञान और वैज्ञानिक दृष्टि के विकास ने 'क्यों और कैसे' के निरन्तर प्रश्नचिह्न लगाकर जीवन को समझने का आलोचनात्मक बोध दिया है। उसकी बौद्धिकता ने, आत्मविश्वास ने उसे भावुकता से छुड़ाया है। उसे नियति का नहीं, अपनी इच्छाशक्ति का भरोसा है। वह विकट परिस्थितियों का सामना स्थिर मन से गम्भीरतापूर्वक करता है, ऐसे अवसरों पर उसमें न विद्रोह होता और न ही निरीहता।

स्पष्ट है, आधुनिकता सन्तुलित स्वतन्त्र दृष्टि है। किन्तु उसकी ओट में लोगों ने नए अतिवाद को धारण कर लिया है। ये लोग आत्मनिर्णय के उत्तरदायित्व को भूलकर उच्छृंखलता और अराजकता पर जुट पड़े हैं। ऐसे लोग क्षण-मात्र में जीवित रहने की बात सोचने लगे हैं। क्षणिक निराशाओं से घबराकर वे निराश और, अपने आप में, अकेले हो गए हैं। उनके व्यक्तिवाद ने उन्हें संघर्ष से कतराकर बिल्ली से भयभीत कबूतर की भाँति आँखें मूँदकर परिस्थितियों के आगे घुटने टेकना सिखाया है। ऐसे 'अति आधुनिक' युवक अगति, अनास्था और आत्मरति को आधुनिकता मान बैठे हैं।

हमारे आलोच्य उपन्यासों में आधुनिकता के उक्त दोनों रूप दीख पड़ते हैं, विशेषकर दूसरा रूप। यह बात उपन्यासों से सोदाहरण स्पष्ट की जाएगी। आज उपन्यासकार पीड़ितों के प्रति हमारे मन में करुणा जगाकर हमें अधिक जागरूक बनाना चाहता है। यह उचित है। किन्तु कुछ और विचारणीय भी है। आज के कथा-साहित्य में मुख्यतः स्थिति के गतिरोध और मनुष्य के टूटने की ही कथा है। उसमें जीवन की व्यापकता और गति नहीं, वरन् भोगे हुए क्षण की गहराई है। वह भविष्य के स्वप्न नहीं देखती, घूम-फिर कर तत्काल में समा जाना चाहती है। इसकी प्रगति का आकलन हम यों कर सकते हैं : स्थूल से सूक्ष्म, घटना से मानसिकता, समाज से व्यक्ति, महान् से साधारण, और नैतिक से स्वाभाविक। आज के कथाकार की घोषणा है कि रचनाकार अपने युग की चेतना का प्रतीक है, उसका अगुआ नहीं। उसने भविष्य की कल्पनाओं को वर्तमान पर आरोपित नहीं किया, यह ठीक है। आज के टूटे हुए मनुष्य के बिखरे मन की कथा कहना बड़ी बात है। पर ऐसा तो नहीं कि हर समय हर प्रसंग में इसी को कहकर हम अपनी रचना को एकांगी बना रहे हैं। क्या, हमारे जीवन में, पहाड़-जैसी कठिनाइयों से टक्कर लेने की क्षमता बिलकुल चुक गई है! क्या मानवता का इतिहास इसी बिन्दु पर आकर, ठहरकर, निःशेष हो गया है। क्या मनुष्य की नियति अब झेलने भर की रह गई है। क्या उसे अब जीना, अच्छी तरह जीना कभी नसीब न होगा। बात सम्भवतः ऐसी नहीं। आवश्यकता है, स्थिति के सर्वथा तटस्थ, चित्रण, परोक्ष विश्लेषण और भावी संघर्ष के लिए मानसिक तैयारी की प्रेरणा देने की। जीवन सदैव ऐसा समस्यामूलक रहा है। जिस भूमि पर एटम बम जैसा सर्व संहारक अस्त्र गिरकर सभी कुछ नष्ट कर देता है, उसमें भी कुछ काल के बाद कहीं से जीवन-तत्त्व

जोर मारकर दूब की कोमल कोंपल के रूप में फूट ही पड़ता है। घुटने तोड़कर मनुष्य की चेतना जो बैठ गई है, उसमें उठने और चलने के भी आसार हैं। उन्हें देखने-दिखाने की माँग उपन्यासकार से युग कर सकता है। जान पड़ता है, हिन्दी उपन्यास में मनुष्य की पस्ती का चित्रण बहुत दिन चल नहीं पाएगा। स्थिति बदलेगी। जीवन के पूरे रूप-रंग को जानने-पहचानने का प्रयत्न किया जाएगा। अस्तु।

नया उपन्यास

गत बीस-पच्चीस वर्षों में बड़ी संख्या में स्तरीय हिन्दी उपन्यास लिखे गए हैं। इन्हें पढ़ पाना और इन पर चिन्तन कर एक दृष्टि बना पाना हँसी-खेल नहीं। मेरा ऐसा कोई दावा नहीं। संयोग से प्रकाश मनु का इस विषय पर प्रबन्ध उपलब्ध हुआ है। यह अभी छपकर आना है। मनु संवेदनशील लेखक तथा पत्रकार हैं। प्रबन्ध का शीर्षक है : 'शताब्दी के अन्त में उपन्यास (1981 से 2000 तक) : एक पाठक के नोट्स'। मनु ने स्वयं सौ से अधिक उपन्यास ध्यानपूर्वक पढ़े हैं और उन पर अपनी दृष्टि बनाई है। वे पीड़ितों के पक्षधर हैं और यथास्थितिवाद के विरोधी हैं। उनकी दृष्टि पर भरोसा किया जा सकता है। अपने निर्णयों में वे बेवाक हैं। जो जैसा उन्हें जँचा है, वैसा ही उन्होंने लिखा है। यह सही है कि ऐसे प्रारम्भिक कार्य स्थिति का अधिकतर सर्वेक्षण कर पाते हैं और भविष्य के गहनतर अध्ययन की दिशाएँ खोलते हैं। हम उनके आधार पर इस काल के उपन्यास का संक्षिप्त विवेचन करेंगे और बाद में कुछ उपन्यासों पर कुछ गहराई से विचार करेंगे।

प्रकाश मनु के विवेचन का सार है : उपन्यास रोचक होते हुए भी जीवन के 'महाभारत' से जुड़ता है। आम आदमी के दुख-दर्द से सीधे-सीधे रिश्ता बनाता है। इस दौरान उपन्यास जैसे आम आदमी के साथ यात्रा करता है। आदमी का छोटे से छोटा सुख-दुख इन उपन्यासों में बिना झिझक के चला आता है। कई बार मुख्य कथानक के बजाय, ये छोटे-छोटे प्रसंग कहीं ज्यादा अर्थ-व्यंजनाएँ कर जाते हैं। उपन्यास साधारण में असाधारणत्व की प्रतिष्ठा करते हैं। इनमें 'नायकत्व' का विसर्जन है। नायक है तो समय, जो अजीब त्रासद स्थितियाँ और विडम्बनाएँ रचता है और अक्सर हमें वहाँ उपस्थित कर देता है, जहाँ हम होना नहीं चाहते और जहाँ हमें होना चाहिए, वहाँ हम 'लापता' होते हैं।

मनु ने गत बीस वर्ष के उपन्यास का मोटे तौर से तीन वर्गों में विभाजन किया है। एक है, वरिष्ठ पीढ़ी के उपन्यासकार, दूसरा है युवतर पीढ़ी के उपन्यासकार, तथा तीसरा प्रकार है महिला उपन्यासकार। इन तीनों वर्गों के सर्वाधिक उल्लेखनीय उपन्यासों की यहाँ अति संक्षेप में चर्चा की जा रही है। वरिष्ठ पीढ़ी के उपन्यासकार हैं जैनेन्द्र कुमार, अमृतलाल नागर, देवेन्द्र सत्यार्थी, भीष्म साहनी,

विष्णु प्रभाकर, रामदरश मिश्र, कृष्ण बलदेव वैद, कृष्णा सोबती, शैलेश मटियानी, शिवप्रसाद सिंह, रमाकान्त, जगदीश चन्द्र, बूदीउज़्ज़मा, निर्मल वर्मा, कमलेश्वर, योगेश गुप्त, हिमांशु जोशी, चन्द्रकान्ता, राजी सेठ, मृदुला गर्ग, चित्रा मुद्गल, मैत्रेयी पुष्पा, सिम्मी हर्षिता, कुसुम अंसल, गिरिराज किशोर, श्रीलाल शुक्ल, कामतानाथ, भगवान सिंह, विद्यासागर नौटियाल, श्रवणकुमार, द्रोणवीर कोहली, रमेश उपाध्याय, गोविन्द मिश्र, वल्लभ सिद्धार्थ, विवेकी राय, रवीन्द्र वर्मा, सुरेन्द्र वर्मा, स्वयं प्रकाश, रमेशचन्द्र शाह, मंजूर एहतेशाम, प्रताप सहगल, उषा यादव, कमलकुमार, नासिरा शर्मा, सत्येन कुमार, माहेश्वर, शशिभूषण सिंहल, चतुर्भुज, विजय, जगदीश चतुर्वेदी, शरद देवड़ा, यादवेन्द्र शर्मा 'चन्द्र', हरदर्शन सहगल, धमेन्द्र गुप्त, और हरिपाल त्यागी।

जैनेन्द्र कुमार एक सुन्दर, चित्ताकर्षक और सुन्दर युवती की कहानी 'दर्शाक' में प्रस्तुत करते हैं। रंजना वही है, उसे पति की अधिकार-लिप्सा और पशुता तोड़ती है। एक शब्द में वह 'वेश्या' बन जाती है। जो उसके समीप आते हैं, उन्हें वह, उसी उच्चतर भूमि पर ले जाती है, जहाँ प्रेम और काम तोड़ने वाले नहीं, जोड़ने वाले भाव व्यापार हैं। इस उपन्यास में ज्यादातर चीजें सिर्फ विचार के स्तर पर हैं, पर वे कथा-प्रवाह के भीतर से स्वतः जन्मती नजर नहीं आतीं।

अमृतलाल नागर 'करवट' और 'पीढ़ियाँ' उपन्यासों में एक ही खत्री परिवार की कई पीढ़ियों की कथा है। इनमें अंग्रेजों के सम्पर्क में आने के बाद भारतीय जीवन और यहाँ के लोगों के व्यक्तित्व और सोच में आए परिवर्तन को एक उपन्यासकार की दृष्टि से देखा गया है। देवेन्द्र सत्यार्थी का अन्तिम उपन्यास 'तेरी क़सम सतलुज' पंजाब के लोक जीवन में लेखक की आत्मकथा को साथ लेकर चलता है। विष्णु प्रभाकर का 'अर्धनारीश्वर' चर्चित रहा है। इसकी नायिका सुमिता स्वयं बलात्कार से पीड़ित है। वह समदुखी स्त्रियों की मानसिकता पर शोधकार्य करती है। उसके मन में एक ही प्रश्न निरन्तर गूँजता रहता है कि ऐसा क्यों होता है। उपन्यास निरे चिन्तन और बौद्धिक निष्कर्षों पर टिका है। भीष्म साहनी के 'मय्यादास की माड़ी' में ठेठ पंजाबी माहौल सहजता से उभरा है। इसमें सामाजिक जागरण और नारी की अस्मिता की खोज का अच्छा चित्रण है। इनके 'कुंतो' में कुंतो के व्यक्तित्व के विविध मार्मिक रूप हैं। निर्मल वर्मा का 'अन्तिम अरण्य' में आत्मविस्तार, और मृत्यु से सीधे-सादे साक्षात्कार की गहन कथा है। रामदरश मिश्र के 'दूसरा घर' में एक प्रदेश के 'घर' से निकलकर दूसरे प्रदेश के 'दूसरे घर' में पहुँचकर लोगों के संघर्ष की गाथा है।

यादवेन्द्र शर्मा 'चन्द्र' का उपन्यास 'गुलाबड़ी' में गुलाबड़ी कुम्हारिन के धाय माँ और त्यागमयी स्त्री के रूप में अच्छा चित्रण हुआ है। कथा में राजस्थानी सुवास मौजूद है।

श्रेष्ठ उपन्यासों में शिवप्रसाद सिंह का 'नीला चाँद', गिरिराज किशोर का 'पहला गिरमिटिया' तथा कमलेश्वर का 'कितने पाकिस्तान' उल्लेखनीय हैं। 'नीला चाँद' में काशी के इतिहास और सांस्कृतिक गौरव की पुनर्रचना है। साथ ही मानवीय प्रेम की धारा उसके भीतर धीर-गम्भीर गति से प्रवहमान है। गिरिराज किशोर के 'पहला गिरमिटिया' में एक दुर्बल आम आदमी की भाँति अपने आप से लड़ता हुआ गाँधी का सहज व्यक्तित्व है। यह गाँधी के अन्तर्विरोधों को टालता नहीं, और उन्हें उनकी कमजोरियों के बीच ही दिखाता है। यही कारण है कि गाँधी जब-जब कस्तूरबा के निर्मम सवालों के सामने पड़ते हैं, तो कभी-कभी श्रीहीन, और कभी-कभी निरुत्तर भी हो जाते हैं। गाँधी का विकास पाठक में एक तरह का आत्मगौरव जगाता है और उसे सामने मौजूद सत्य की लड़ाई में कूद पड़ने के लिए उकसाता और तैयार करता है।

कमलेश्वर का 'कितने पाकिस्तान' इतिहास को और बीती हुई सदियों को एक नई आँख से देखने और व्याख्यायित करने का प्रयत्न करता है। आम आदमी के प्रतिनिधि 'अदीब' (लेखक) की अदालत में इतिहास के बड़े-बड़े शक्तिशाली पात्र, बड़े सूरमा, बादशाह, इतिहास-लेखक और विचारक क्रमशः पेश होते हैं। दिखाया गया है कि दाराशिकोह की त्रासदी हमारे इतिहास की सबसे बड़ी त्रासदी है। उपन्यास फैंटेसी की शैली में लिखा गया है, और बड़बोला तथा 'लाउड' हो गया है।

वर्तमान जीवन के कटु यथार्थ को चित्रित करने में योगेश गुप्त का 'अनायास' तथा बल्लभ सिद्धार्थ का 'कठघरे' उपन्यास उल्लेखनीय हैं। द्रोणवीर कोहली का 'वाह कैम्प' देश-विभाजन की पृष्ठभूमि पर लिखा गया मार्मिक त्रासद स्थितियों का गहन चित्रण करता है। इसके नायक की पीड़ा हृदयस्पर्शी बन पड़ी है। सुरेन्द्र वर्मा का 'मुझे चाँद चाहिए' में एक कस्बाई किशोरी के और युवती हो जाने पर उसके परिस्थितियों से संघर्ष करने तथा उसके आत्मविकास की कथा है। आगे वह नाटक तथा फिल्मों की दुनिया में जाती है और वहाँ की दुनिया को गहराई से हमारे सामने लाती है।

युवतर पीढ़ी के उपन्यासकारों में लगभग तीन दर्जन से ऊपर नाम गिनाए गए हैं। इनमें वीरेन्द्र जैन का उपन्यास 'डूब' सर्वाधिक उल्लेखनीय है। इसमें एक गाँव के बसने का, तथा वहाँ के प्रमुख चरित्रों का सजीव इतिहास है। प्रदेश की सरकार की बाँध बनाने की योजना से गाँव किस प्रकार 'डूब' क्षेत्र में आकर लुटता और नष्ट-भ्रष्ट होता है। आज की योजनाओं के अँधेरे पक्ष को उपन्यास खूबी से उभारता है।

इस काल में महिला उपन्यासकारों ने अपने उपन्यासों में स्त्रियों की दुनिया की तकलीफों और छटपटाहटों को पहली बार सशक्त अभिव्यक्ति दी है।

सातवें-आठवें दशकों में उषा प्रियंवदा, मन्नू भंडारी और कृष्णा सोबती के उपन्यासों की धूम रही है। इस कालखण्ड में कृष्णा सोबती का 'दिलोदानिश', और 'समय सरगम', चन्द्रकान्ता का 'ऐलान गली जिन्दा है', 'यहाँ वितस्ता बहती है', और 'अपने अपने कोणार्क', राजी सेठ का 'तत-सम', मृदुला गर्ग का 'कठगुलाब', 'चितकोबरा', 'अनित्य', 'मैं और मैं', चित्रा मुद्गल का 'एक ज़मीन अपनी' और 'आवाँ', नासिरा शर्मा का 'ठीकरे की मँगनी', 'शाल्मली', मैत्रेयी पुष्पा का 'चाक', और 'इदन्नमम', प्रभा खेतान का 'छिन्नमस्ता' और 'पीली आँधी', गीतांजलिश्री का 'माई' और 'हमारा शहर उस बरस', कमल कुमार का 'हैमबर्गर' और 'यह खबर नहीं', जगनसिंह का 'अस्वीकार' और 'इच्छापत्र', पद्मा सचदेव का 'नौशीन', संजना कौल का 'पाषाण युग', उषा चौधरी का 'मेरे पटोले', अरुणा कपूर का 'धूप आती है', मृणाल पाण्डेय का 'पटरंगपुर पुराण', उषा यादव का 'एक टुकड़ा धूप' तथा 'कितने नीलकण्ठ', अनामिका का 'अवांतर कथा', अलका सरावगी का 'कलिकथा वाया बाई-पास', कुसुम अंसल का 'रेखाकृति', सिम्मी हर्षिता का 'सम्बन्धों के किनारे', और 'यातना शिविर', क्षमा शर्मा का 'परछाईं', तथा 'अन्नपूर्णा', वीणा सिन्हा का 'पथ-प्रज्ञा' तथा जया जादवानी का 'तत्त्वमसि', ऐसे उपन्यास हैं, जिनमें नए जमाने की बदली हुई स्त्री से हमारी मुलाकात होती है।

इस संक्षिप्त लेख में अधिक विस्तार में जाने का अवकाश नहीं। निष्कर्ष स्वरूप कुछ विचार-बिन्दु और प्रस्तुत किए जा रहे हैं। कुल मिलाकर यह उपन्यास 'कुंठाजन्य रस' का परिपाक कर पा रहा है। जहाँ कथा का अन्त सहज भाव से होना सम्भव है, वहाँ भी अद-बदा कर घुटन, संत्रास और लाचारी में हो रहा है। जीवन सम्बन्धी यह पूरी दृष्टि नहीं।

हिन्दी उपन्यास प्रेमचन्द के हाथों परिपक्व हुआ था। उनकी घोषणा थी कि उपन्यास मानव-चरित्र का चित्रमात्र है। जैनेन्द्र तथा अज्ञेय ने पात्रों के स्थूल आचरण को कम महत्त्व देकर उनके अन्तर्मन की सूक्ष्म कथा कही। फिर परिवेश-प्रधान उपन्यासों का दौर आया। इसमें देश, काल तथा परिस्थिति के बीच उसके बीच रहते पात्रों की मानसिकता का चित्रण किया गया। प्रस्तुत काल खण्ड के उपन्यासों में इन तीनों शैलियों का सहारा लिया गया है, किन्तु परिवेश-प्रधान उपन्यासों के दर्शन अधिक होते हैं।

इस काल खण्ड का एक बड़ा अभाव है, स्तरीय ऐतिहासिक उपन्यासों का न होना। सन् 1930 से लेकर 1960 के दशकों में हिन्दी के ऐतिहासिक उपन्यास-लेखन का स्वर्णयुग रहा है। अब केवल नरेन्द्र कोहली तथा मनु शर्मा जैसे पौराणिक कथाओं पर आधारित उपन्यास लेखक तो हैं, किन्तु ऐतिहासिक उपन्यास लेखन के लिए जो परिश्रम और निष्ठा चाहिए उसके प्रति वे प्रायः उदासीन हैं। शेष स्पष्टीकरण विषय-सम्बन्धी वक्तव्य में हो सकता है।

स्त्री-विमर्श के सन्दर्भ में पिछले दो दशकों का हिन्दी-उपन्यास

डॉ. रोहिणी अग्रवाल

जब-जब जीवन या साहित्य के सन्दर्भ में स्त्री-विमर्श पर विचार किया है, बार-बार यही लगा है कि स्त्री-विमर्श की महीन और व्यापक जानकारी पाने के लिए विश्व स्तर पर घटने वाली चार प्रमुख घटनाओं को रेखांकित करना बेहद जरूरी है। एक 1789 की फ्रांसीसी क्रान्ति जिसने स्वतन्त्रता, समानता और बन्धुत्व जैसी चिरवांछित मानवीय आकांक्षाओं को नैसर्गिक मानवीय अधिकार की गरिमा देकर राजतन्त्र और साम्राज्यवाद के बरअक्स लोकतान्त्रिक शासन व्यवस्था के स्वस्थ और अभीप्सित विकल्प को प्रतिष्ठित किया। दूसरे, भारत में राजा राममोहन राय की लम्बी जद्दोजहद के बाद 1829 में सती प्रथा का कानूनी विरोध जिसने पहली बार स्त्री के अस्तित्व को मनुष्य के रूप में स्वीकारा। तीसरे, 1848 में सिनेका फॉल्स न्यूयार्क में ग्रिमके बहनों की रहनुमाई में आयोजित तीन सौ स्त्री-पुरुषों की सभा जिसने स्त्री दासत्व की लम्बी शृंखला को चुनौती देते हुए स्त्री मुक्ति आन्दोलन की नींव धरी। और चौथे, 1867 में प्रसिद्ध अंग्रेज दार्शनिक और चिन्तक जॉन स्टुअर्ट मिल द्वारा ब्रिटिश पार्लियामेंट में स्त्री के वयस्क मताधिकार के लिए प्रस्ताव रखा जाना जिसने कालान्तर में स्त्री-पुरुष के बीच स्वीकारी जाने वाली अनिवार्य कानूनी और संवैधानिक समानता की अवधारणा को बल दिया। असल में इस फ्रेम वर्क के बिना स्त्री-विमर्श को उसकी समग्रता में जाना ही नहीं जा सकता। संयुक्त रूप में ये चारों घटनाएँ एक तरह से विभाजक रेखाएँ हैं जिसके एक ओर पूरे विश्व में स्त्री उत्पीड़न की लगभग एक-सी यूनिवर्सल परम्परा है तो दूसरी ओर इससे मुक्ति की लगभग एक-सी तड़प और अकुलाहट भरी संघर्ष कथा। यह बात भी गौरतलब है कि पूर्व हो या पश्चिम, स्त्री मुक्ति की सैद्धान्तिकी प्रारम्भिक दौर में स्त्रियों की ओर से नहीं, पुरुषों की ओर से आई। स्त्रियों की भूमिका उस दौरान निरी पैसिव रही या ज्यादा से ज्यादा समर्पित सहायक की। इसलिए स्वाभाविक

था कि स्त्री को केन्द्र में रखकर रचा जाने वाला तदयुगीन साहित्य स्त्री उद्‌बोधन या स्त्री सुबोधिनी के रूप में ही सामने आता।

तकनीकी क्रान्ति के कारण बेशक आज मीडिया का जादू सिर चढ़ कर बोलने लगा है जिसने सात समन्दरों और सात पहाड़ों की ओट में बँटे और छिपे विश्व को एक गाँव में तब्दील कर दिया है। लेकिन इतिहास साक्षी है कि लाख भौगोलिक दूरियों के बावजूद पुरा सभ्यताओं से लेकर उत्तर-औपनिवेशिक काल तक मनुष्य विचार और साहित्य के आदान-प्रदान के जरिए दिक्-काल की दूरियों को पाटने का प्रयास अवश्य करता रहा है। यही कारण है कि विश्व के एक कोने में घटने वाली घटना/विचारधारा/दर्शन का प्रभाव देर-अबेर ही सही, दूसरे देशों तक पहुँचता रहा है जिसने मन्थर गति से समूचे विश्व की भौतिक और आध्यात्मिक दृष्टि में आमूल परिवर्तन की विशिष्ट भूमिका निभाई। इसलिए आज स्त्री-विमर्श की चर्चा प्रत्यक्ष-अप्रत्यक्ष अन्तर्राष्ट्रीय प्रभावों के बगैर की ही नहीं जा सकती, भले ही इसमें कुछ लोगों को गौरवमयी भारतीय संस्कृति के क्षय और पाश्चात्य (अप) संस्कृति के ग्लैमरस प्रभाव की बू आती रहे।

भारतीय सन्दर्भ में स्त्री-विमर्श दो विपरीत ध्रुवों पर टिका हुआ है। एक ओर परम्परागत भारतीय नारी की छवि है जो सीता और सावित्री जैसे जड़ पात्रों में अपना मूर्त रूप पाती है (बेशक सुविधानुसार यहाँ द्रौपदी जैसी जीवन्त एवं ओजस्वी पात्र को भुला दिया गया है) तो दूसरी ओर होमब्रेकर और कुलटा रूप में विख्यात पाश्चात्य नारी की छवि है जो अक्सर पुरानी फिल्मों में खलनायिका के रूप में उकेरी जाती रही है। जीवन में हम व्यक्तिगत राग-द्वेष से परिचालित होकर आवेश या आक्रोश में किसी के भी हक या खिलाफत में फतवे जारी कर सकते हैं, लेकिन साहित्य में फतवेबाजी या सामान्यीकरण की हर कोशिश अक्षम्य अपराध है। साहित्य जीवन की भावनात्मक अभिव्यक्ति होते हुए भी भावनाओं द्वारा अनुशासित नहीं होता। मूलतः वह बीज रूप में विचार से बँधा होता है जिसका पल्लवन-पुष्पन भविष्य में होता है तो जड़ों का जटिल जाल सुदूर अतीत तक चला जाता है। यानी एक आम आदमी की तरह निश्चित कालखण्ड में बँधे होने के बावजूद व्यक्ति तभी लेखक हो सकता है जब वह उस कालखण्ड का अतिक्रमण कर हवा के झोंके और प्रकाश की किरण की तरह समूचे दिक्-काल का भ्रमण करने में सक्षम हो जाए। अपने भौतिक अस्तित्व से ऊपर उठकर विराट् को महसूसने की क्षमता ही लेखक के ज्ञान और संवेदना को उन्मुक्त और घनीभूत करते हुए विजन का रूप दे डालती है। यह विजन ही मुक्तिबोध के शब्दों में ज्ञान को 'संवेदनात्मक ज्ञान' और 'संवेदना को ज्ञानात्मक संवेदन' का रूप दे रचना में वांछित बौद्धिक संयम और अनुशासन बनाए रखता है। लगभग यही अपेक्षा आलोचक से भी की जाती है। हालाँकि उसे धड़कते जीवन से सीधे मुखातिब नहीं होना है,

लेकिन एक हाथ जीवन की नब्ज पर रख कर दूसरे हाथ से जीवन को प्रतिबिम्बित करती रचनाओं की नब्ज को टटोलना है। कहना न होगा कि उसका दायित्व दोहरा और चुनौती भरा है। यूँ भी विमर्श का अर्थ है जीवन्त बहस। किसी भी समस्या या स्थिति को एक कोण से न देखकर भिन्न मानसिकताओं, दृष्टियों, संस्कारों और वैचारिक प्रतिबद्धताओं का समाहार करते हुए उलट-पुलट कर देखना, उसे समग्रता में समझने की कोशिश करना, और फिर मानवीय सन्दर्भों में निष्कर्ष प्राप्ति की चेष्टा करना। अलबत्ता प्रयास यही रहे कि निष्कर्ष अन्तिम निर्णय की तरह थोपे न जाएँ, वरन् उन्हें ग्रो करने के लिए भरपूर स्पेस और समय दिया जाता रहे।

पिछली डेढ़ सदी के हिन्दी कथा साहित्य में उभरने वाला स्त्री-विमर्श उपर्युक्त दोनों विपरीत दृष्टियों में बँधी स्त्री-छवि के परस्पर संघर्ष, स्खलन और भंजन का प्रामाणिक इतिहास है। भोर की खुमारभरी नींद तोड़ने के लिए 'देवरानी जिठानी की कहानी' (1869 में रची पं. गौरीदत्त की कृति) और 'भाग्यवती' सरीखी रचनाओं को निःशंक भाव से प्रभातफेरियों का दर्जा दिया जा सकता है। समाजसुधार के सजग और सायास गढ़े उद्देश्य, पात्र, कथानक और घटनाओं से बुनी इन रचनाओं में राजा राममोहन राय, विद्यासागर, राना डे, महर्षि कर्वे, महर्षि दयानन्द तक के समाज सुधार आन्दोलन की परम्परा, अनुगूँज और छाप साफ दिखाई पड़ती है। बाल विवाह विरोध, विधवा विवाह समर्थन, स्त्री शिक्षा, (जिसका पाठ्यक्रम अनिर्वायतः स्त्रियोपयोगी विषयों जैसे सिलाई, बुनाई, कढ़ाई से अटा पड़ा था। लड़कों को दी जाने वाली विज्ञान जैसी आधुनिक शिक्षा से पूर्णतया वंचित) और आवश्यकता पड़ने पर आर्थिक स्वावलम्बन पर बल आज बहुत ही साधारण और हास्यास्पद से मुद्दे जान पड़ते हैं, लेकिन उस समय इनकी अहमियत इस बात से जानी जा सकती है कि बाल विवाह का विरोध करते हुए कन्या की विवाह योग्य न्यूनतम आयु दस वर्ष से तेरह वर्ष करा पाने में समाजसुधारकों को 69 वर्ष लग गए थे। 1860 में विद्यासागर बहुत मशक्कत के बाद कानूनी तौर पर लड़कियों के लिए विवाह की न्यूनतम आयु दस वर्ष करा पाए थे। 1929 में बहुतेरे प्रयासों के बाद यह आयु बढ़ा कर तेरह वर्ष ही हो पाई थी। अठारह वर्ष न्यूनतम आयु का प्रावधान शारदा ऐक्ट के बाद ही सम्भव हो पाया था जबकि 'भाग्यवती' में श्रद्धाराम फिल्लौरी पं. उमादत्त के जरिए लड़के और लड़की के विवाह की न्यूनतम आयु क्रमशः.. .का सन्देश देकर वक्त से काफी आगे चलने का संकेत देते हैं।

यह ठीक है कि सदी का वर्क बदलने पर हिन्दी-साहित्य में उभरने वाला स्त्री-विमर्श इतना जड़, उपदेशात्मक और इकहरा नहीं रह गया था। लेकिन यह भी तय है कि उसका रेखांकन अब भी पुरुष और परिवार के सन्दर्भ में ही किया जाता था। निश्चय ही इसकी प्रमुख वजह थी सामाजिक-राजनीतिक जीवन में पुरुष नायकों के साथ स्त्रियों की प्रत्यक्ष भागीदारी। प्रारम्भ में समाजसुधारकों के परिवारों

की स्त्रियाँ प्रादेशिक स्तर पर आम जनता के उद्‌बोधन का मन्त्र फूँकने आगे बढ़ाई गई थीं, लेकिन वक्त के साथ उन्होंने दो उल्लेखनीय कार्य किए। प्रथम, वैयक्तिक तौर पर परिवार के पुरुष के अनुशासन/दिशा निर्देशन से मुक्त हो अपनी स्वायत्त सत्ता महसूस की। दूसरे, अपनी आवाज को संगठित कर अखिल भारतीय पहचान देने की कोशिश की। 1917 में वीमैंस इंडियन एसोसिएशन की स्थापना, 1925 में नेशनल काउंसिल ऑव वूमैन इन इंडिया की स्थापना और 1927 में अखिल भारतीय महिला परिषद् का अस्तित्व में आना अपने आप में ऐतिहासिक और क्रान्तिकारी घटनाएँ थीं जिनकी अनुगूँज आज भी स्वतन्त्र भारत के संविधान और कानून में सुनी जा सकती है। मसलन 1946 में 'अखिल भारतीय महिला परिषद्' द्वारा प्रस्तुत अधिकारों और कर्तव्यों के चार्टर में वर्णित कुछ माँगों को भारतीय संविधान में ज्यों का त्यों स्थान दिया गया। जैसे, धारा 44 के अन्तर्गत देश भर में समान सिविल कोड लागू किया जाना, धारा 15 के अन्तर्गत लिंग, जाति, धर्म के आधार पर सामाजिक, आर्थिक, धार्मिक क्षेत्र में भेदभाव न किया जाना; धारा 16 के अन्तर्गत लिंग, जाति, धर्म के आधार पर सरकारी नौकरियों और दफ्तरों में भेदभाव न किया जाना। इसके अतिरिक्त 1971 के 'मेडिकल टर्मीनेशन ऑव प्रेगनेंसी ऐक्ट' के मूल में भी चार्टर का यह अंश है कि अपने स्वास्थ्य व परिवार की आर्थिक स्थिति को देखते हुए स्त्री को परिवार का आकार निश्चित करने का अधिकार होना चाहिए तथा सरकारी अस्पतालों में उसे एतद्विषयक निःशुल्क सलाह और सहायता मिलनी चाहिए। असल में यही वह स्थल है जिसने स्त्री को अपनी चिर-पोषित 'अबला' छवि को तोड़ कर एक नए जुझारू व्यक्तित्व और रचनाशील भूमिका में आविर्भूत होने के लिए प्रेरित किया। अपेक्षा थी कि सामाजिक उथल-पुथल के इस दौर में हिन्दी कथा साहित्य भी नारी की स्वायत्तता और स्वतन्त्र चेतना को शिद्दत से चित्रित करता। लेकिन विडम्बना यह रही कि इस बिन्दु पर आकर लेखक निर्वैयक्तिक नहीं रह पाया। उसका पुरुष अहं या संस्कार, जो भी कहें, स्त्री की इस आत्मनिर्भर विचारवान संघर्षशील छवि को स्वीकार नहीं कर पाया। कथन की पुष्टि हेतु मैं प्रेमचन्द की दो रचनाओं का उल्लेख करना चाहूँगी। 'निर्मला' में जितनी पच्चीकारी करके सामाजिक कुरीतियों की पृष्ठभूमि में निर्मला के जरिए औसत भारतीय स्त्री की आँसूभरी अनूठी तस्वीर गढ़ने की कोशिश की गई है, उसे तोड़ कर सुधा के रूप-रंग-रेखा विहीन चरित्र की आउटलाइंस ही दिलोदिमाग पर हावी हो जाती हैं। निर्मला की पीड़ा और दीनता के सेलीब्रेशन से ज्यादा सुधा के चरित्र का आकस्मिक एवं अविश्वसनीय टर्न कहीं ज्यादा जरूरी लगता है क्योंकि कभी-कभी अविश्वसनीयता ही साहित्य में 'विश्वसनीयता' को पैदा करने का औजार बन जाती है।

दूसरा उदाहरण 'गोदान' की मालती के रूप में लिया जा सकता है जिसके

पर कतरने के प्रयास में पसीने-पसीने हो गए हैं बेचारे प्रेमचन्द। मालती यानी सुशिक्षित, स्वतन्त्रचेता, आत्मनिर्भर प्रोफैशनल युवती, जो पुत्र की तरह घर के दायित्वों को सँभाले है और मित्र की तरह पुरुष-मंडली में घूमती है। वर्जनाओं और कुंठाओं से मुक्त एक स्वस्थ व्यक्ति की तरह। उसकी यह पारदर्शी उन्मुक्तता 'मेहतानुमा' पुरुषों के लिए खतरा है। इसलिए वे खिसियाकर फतवेबाजी करने लग जाते हैं–''स्त्री में जब पुरुष के गुण आ जाते हैं तो वह कुलटा हो जाती है।'' प्रेमचन्द जो भी हों (मेहता या पुरुष) सर्जक के रूप में समाज को 'कुलटाओं' का रोल मॉडल अपनी रचनाओं के जरिए नहीं दे सकते थे। इसलिए मालती की ऊर्जा और तेजस्विता को 'चैनलाइज' करते हुए उसे समाज सेवा और राष्ट्रसेवा के बृहत्तर आयामों से जोड़ कर विपरीत दिशा की ओर मोड़ देते हैं। अब वह राष्ट्रवादिनी है, साध्वी है। स्त्री अस्मिता और स्त्री-सरोकारों से दूर स्वाधीनता संग्राम की एक सेनानी मात्र। यहाँ अचानक 'सीमंतनी उपदेश', जैसी रचनाओं का ख्याल आ जाता है। साथ ही उठता है एक सवाल कि इसके कड़े और कड़वे तेवरों ने ही तो कहीं चिन्तनशील प्रबुद्ध साहित्यकारों को विवश नहीं किया कि वर्तमान और भविष्य के समाज की रक्षा हेतु वे ऐसी 'विस्फोटक' रचना को साहित्यिक परिदृश्य से लुप्त ही कर दें? बेशक महादेवी वर्मा भी स्त्री प्रवक्ता की हैसियत से स्त्री की दुर्दशा पर निरन्तर लिखती रही हैं, लेकिन तुलनात्मक दृष्टि से 'सीमंतनी उपदेश' और 'शृंखला की कड़ियाँ' में बुनियादी फर्क है। महादेवी वर्मा जहाँ पितृसत्तात्मक व्यवस्था के अभिजात फ्रेम और अनुशासन को स्वीकारती हुई स्त्री के लिए थोड़ी सी 'मानवीय' ढील की अपेक्षा करती रही हैं, वहीं 'सीमंतनी उपदेश' की अज्ञात लेखिका तीखे उजड्ड गँवई मिजाज में स्त्रियों को चेताती हैं। चेताने की इस कोशिश में पुरुषसत्तात्मक व्यवस्था का शोषक रूप अनायास इस कदर बेनकाब हो जाता है कि घबराकर खुद ही अपनी नग्नता पर शर्मसार हो उठता है।

अपनी सीमाओं के चलते प्रेमचन्द भले ही युगानुरूप स्त्री की बदलती छवि अपनी रचनाओं में नहीं उकेर सके, लेकिन उन्हीं के समकालीन जैनेन्द्र ने निर्भीकतापूर्वक उसे मानवीय अस्मिता से दीप्त अवश्य किया है। असल में हिन्दी कथा साहित्य में यहीं से पहली बार स्त्री-विमर्श एक गम्भीर और मानवीय चिन्ता के रूप में नए आयाम और ऊँचाइयाँ लेने लगता है। कभी-कभी लगता है वह इंग्लैंड रिटर्न्ड मालती ही थी जो मेहता और प्रेमचन्द द्वारा थोपे गए कानूनों, वर्जनाओं, अनुशासनों के बीच भी अपने वजूद को पूरी ऊँचाई और फैलाव दे पाई। कोई सामान्य स्त्री होती तो शायद कल्याणी ('कल्याणी') की तरह स्वतन्त्रता और वर्जना, अस्मिता और पति सापेक्ष पत्नी की परतन्त्र भूमिका के निरन्तर द्वन्द्व तले पिसते आत्मपीड़न और हिस्टीरिया की शिकार हो जाती। यह ठीक है कि प्रेमचन्द की तरह जैनेन्द्र के यहाँ सामाजिक सरोकार अपनी तमाम स्थूलता और व्यापकता में उपस्थित नहीं

हैं, लेकिन 'पत्नी' कहानी की सुनंदा और 'त्यागपत्र' की मृणाल (अज्ञेय रचित 'रोज़' की मालती और 'नदी के द्वीप' की रेखा भी) क्या बहुत गहराई से उस व्यवस्था को प्रश्नचिन्हित नहीं कर देतीं जो स्त्री को तिल भर भी स्पेस देने को तैयार नहीं?

असल में विश्व स्तर पर भी यह वह दौर था जब स्त्रियाँ अपने अधिकारों के लिए निष्फल लड़ाई लड़ रही थीं। 1867 में जे.एस. मिल द्वारा वयस्क मताधिकार की माँग किए जाने के बावजूद 1920 में अमेरिका में तथा 1928 में ब्रिटेन में स्त्रियों को वयस्क मताधिकार मिल पाया था। जबकि पुरुष को लगभग सौ साल पहले 1832 में (ब्रिटेन के सन्दर्भ में) यह अधिकार मिल चुका था। जाहिर है मानसिक रूप से सामन्तवादी युग में जी रहे भारतीय समाज से स्त्री की निजता और अस्मिता की स्वीकृति की अपेक्षा करना बालू से तेल निकालने का प्रयास करना था। स्वतन्त्रता के तुरन्त बाद तमाम कोशिशों के बावजूद पार्लियामेंट में शारदा ऐक्ट को पास न किया जाना हमारी समाज व्यवस्था के इसी सामन्ती और जड़ चरित्र की कथा कहता है। अन्ततः 1956 में दो किस्तों में बँट कर हिन्दू कोड बिल के रूप में पारित हो जाने के बावजूद क्या आज व्यावहारिक स्तर पर इसे जन स्वीकृति मिल चुकी है?

प्रश्न गम्भीर है, खासकर इसलिए कि सदी का एक और वर्क उलट गया है और बावजूद पिछले तीन-चार वर्षों की कोशिशों के महिला आरक्षण बिल अभी तक संसद में पारित नहीं हो पाया है, बावजूद इस घोषित 'तथ्य' के कि हर राजनीतिक दल व्यक्तिगत तौर पर ऐसे बिल को तुरन्त पारित कर देने का पक्षधर है। तो अड़चन कहाँ है? यूँ यह सवाल अपने आप में डिबेटेबल है कि आरक्षण की बैसाखियाँ कब तक? और क्यों? आरक्षण क्या एक वर्ग/जाति के रूप में व्यक्ति की स्थिति और स्थान के कमजोर और कमतर होने की पुष्टि नहीं करता? जबकि स्त्री की सारी लड़ाई समानता और वजूद के लिए है। लेकिन सवाल यह भी उठ जाता है कि लगभग पौने दो सौ वर्षों की संघर्ष यात्रा के बाद अन्ततः क्या वह अपना वजूद पा सकी है? रूपकँवर और चारणशाह काण्ड को दो दुर्घटनाएँ कह कर खारिज किया जा सकता था यदि मन्दिर/समाधि बना कर सती और देवी के रूप में उनकी पूजा न होती। सती जैसी घिनौनी और अमानुषिक प्रथा का पुनः अस्तित्व में आना और उन्माद की हद तक इसकी प्रतिष्ठा किया जाना क्या प्रतिक्रियावादी ताकतों के रिवाइवल का सबूत नहीं जो राष्ट्रवाद और भारतीयता के नाम पर खुल्लमखुल्ला कठमुल्लापन को प्रश्रय दे रहे हैं?

मुझे नहीं लगता स्त्री-विमर्श के सन्दर्भ में हिन्दी कथा साहित्य की पड़ताल करने के लिए कालक्रमानुसार रची गई प्रत्येक महत्त्वपूर्ण रचना की चीरफाड़ ही की जाए। बल्कि इसके इसके विपरीत उन धरातलों को पहचानने की जरूरत बढ़ जाती है जिन्होंने यथार्थ जीवन के सन्दर्भ में स्त्री-विमर्श को एक खास उठान और

गढ़न दी। इस दृष्टि से तीन प्रमुख धरातल दिखाई पड़ते हैं—अन्तर्राष्ट्रीय महिला वर्ष (1970) के आसपास रचा गया साहित्य, इसका पूर्ववर्ती साहित्य एवं परवर्ती साहित्य। यदि मैं यह कहूँ कि इन तीनों में से सदी के आखिरी डेढ़-दो दशकों का स्त्री-विमर्श अपेक्षाकृत अधिक जटिल, अनेकायामी, धारदार और विवादास्पद है तो कोई अत्युक्ति न होगी। उपभोक्तवाद और वैश्वीकरण के पाये पर टिकी उत्तर-आधुनिकता ने चूँकि इतिहास के साथ-साथ सनातन सार्वभौमिक मूल्यों की समाप्ति की घोषणा कर दी है, किसी भी साहित्यिक कृति के 'पाठ' को महत्त्व देते हुए लेखक से उसकी केन्द्रीय और दिशा-निर्देशक की भूमिका छीन ली है, महानायकों और महावृत्तान्तों पर अविश्वास करते हुए हर व्यक्ति को अपनी तरह से सोचने, विचारने, अभिव्यक्ति करने की स्वतन्त्रता दी है, इसलिए अलिफ नंगा होकर लेखक अपनी 'रचनाओं' में वह सब दर्ज कर रहा है जिसे आठ-दस बरस पहले दिन के उजाले में वह सोच भी नहीं सकता था। हमाम में सब नंगे हों तो कैसा डर? कैसी शर्म? खासतौर पर 'हमजाद' की चर्चा करना चाहूँगी जिसका नायक टी के अपनी बहन, बेटी, नातिन समेत 954 स्त्रियों के साथ संभोग कर चुका है। क्या टिप्पणी की जाए उपन्यास पर कि आज के मूल्यहीन दौर का प्रामाणिक दस्तावेज है 'हमजाद'? हरगिज नहीं! मूल्यहीनता का दौर बेशक हो (यूँ इतिहास में मूल्यहीनता कब किस दौर में नहीं आई?), अभी इन्सान अपनी इन्सानियत से इतना नहीं गिरा कि देह सम्बन्धों में संस्कार और वर्जनाओं को अँगूठा दिखाता चले। बेशक रुग्ण मानसिकता वाले लोग खबर बनकर जब-तब अखबार के पन्नों पर छा जाते हैं, लेकिन उन्हें वक्त का प्रतिनिधि बनाकर पेश नहीं किया जा सकता। उनकी सही जगह अस्पताल है या फिर पागलखाना। दूसरे, तमाम घोषणाओं के बावजूद साहित्य न लेखक का प्रलाप हो सकता है, न खिलवाड़ का मैदान। लेखक मूलतः स्रष्टा है, इसलिए आर्कीटैक्ट की तरह नई ऊर्ध्वगामी सम्भावनाओं की तलाश और निर्माण उसका सतत अन्वेषण है और अन्तिम लक्ष्य भी।

स्त्री-विमर्श को एक अलग कोण से उठाने वाले लेखकों में सुरेन्द्र वर्मा (मुझे चाँद चाहिए) और उदयप्रकाश (पालगोमरा का स्कूटर) का नाम विशेष रूप से उल्लेखनीय है। मनोहर श्याम जोशी की तरह इनके यहाँ भी स्त्री मूलतः 'देह' है। लेकिन फर्क यह है कि स्वयं स्त्री ने अपनी अस्मिता को देह में ढूँढ़ने का जतन किया है। बेशक स्त्री के लिए यह स्थिति बेहद घातक है, लेकिन चुनाव तो उसी का है। पैसे और प्रतिष्ठा के लोभ में बाजार की भोगवादी ताकतों के हाथों बिक जाना आज के दौर की एक भीषण सच्चाई है, लेकिन किसी अन्धे को कुएँ की ओर बढ़ते देखना और निर्विकार भाव से कुएँ में गिरते देखना कहाँ की नैतिकता है? दूसरे, सवाल यह भी उठता है कि बाजारू ताकतों द्वारा स्त्री के पतन का सेलीब्रेशन मुख्यतः पुरुष कथाकारों के यहाँ ही क्यों? महिला रचनाकार भी इसी

युग में आँख खोल कर लिख रही हैं। फिर क्यों उनकी स्त्री 'देह' बनाए जाने की सारी साजिशों को सजग भाव से नकारती हुई अपनी अस्मिता की लड़ाई में अथक भाव से संलग्न है? सुषमिताएँ और ऐश्वर्याएँ यदि आज का दारुण 'सच' हैं तो क्या मैधा पाटकर और भँवरी बाई के वजूद और जद्दोजहद को एक लुभावने और सुहावने भ्रम में भुलाना सम्भव है?

बेशक नारीवादी आन्दोलनों द्वारा पोषित समूचा स्त्री-विमर्श विकास के विभिन्न दौरों में जेंडर के इर्द-गिर्द घूमता रहा है, लेकिन जेंडर और देह एक नहीं हैं। जेंडर शब्द जहाँ स्त्री की पुरुष से भिन्न शारीरिक, प्राकृतिक, मानसिक, बौद्धिक, नैतिक संरचना को उद्घाटित करते हुए उसकी स्वतन्त्र और मानवीय अस्मिता को रेखांकित करता है, वहीं 'देह' शब्द मानवीय पहचान के बुनियादी सवाल को दरकिनार कर उसे भोग्या और वस्तु बना डालता है। अभियोग लगाया जाता है कि दैहिक कामनाओं को खुले-डुले शब्दों में व्यक्त करने वाली मित्रो और रत्ती की सर्जना करके कृष्णा सोबती ने ही हिन्दी कथा साहित्य में पहले-पहल स्त्री की अश्लील एवं वर्जित छवि को स्त्री के अन्तिम सत्य के रूप में प्रतिष्ठित नहीं किया? अन्यथा अब तक उसे 'देवी' होने की वजह से पूजा जाता था या 'देह' बनने की कोशिश में 'नरक का द्वार' कहकर फटकारा जाता था। इन्हीं दिनों पुरुष के समान हो जाने की झोंक में पेरिस में हुई ब्रा बर्निंग की चौंका देने वाली ऐतिहासिक घटना के जरिए वह विश्व स्तर पर देह के प्रति सचेत लापरवाही दिखाते हुए उन्मुक्त दैहिक सम्बन्धों को अपनी मुक्ति का पर्याय मान बैठी। बात कुछ हद तक सही भी है क्योंकि उन्मुक्त दैहिक सम्बन्ध रजामन्दी से स्थापित किए गए हों या बलात् आरोपित किए गए हों, उनकी शारीरिक-मानसिक-भावनात्मक परिणतियों का शिकार मात्र स्त्री ही होती रही है। पितृसत्तात्मक समाज व्यवस्था के चलते। इसलिए कभी वह अपराध बोध से ग्रस्त हुई है तो कभी अवैध सन्तान के भविष्य को लेकर चिन्तित। विशेषकर महिला कथाकारों द्वारा रचित सत्तर और अस्सी के दशक का लगभग सारा कथा साहित्य नारी की इसी आक्रोशभरी खण्डित मानसिकता से उत्पन्न समस्याओं से जूझता-टकराता रहा है। स्वतन्त्र व्यक्तित्व के विकास में बाधक होने के कारण विवाह संस्था के प्रति पूर्णतया अनास्थावान होते हुए भी विवाह द्वारा मिलने वाली सामाजिक-मानसिक-आर्थिक सुरक्षा ने उसे हमेशा निर्णय दुर्बल बनाया। फलतः गालियों और आँसुओं के जरिए अपने आवेश और आक्रोश की 'पनीली' अभिव्यक्ति और फिर पुरुषों तथा पितृसत्तात्मक व्यवस्था के समक्ष विकल्पहीन समर्पण। उदाहरण के लिए शशिप्रभा शास्त्री के 'नावें' और 'सीढ़ियाँ' उपन्यास, मृदुला गर्ग का 'उसके हिस्से की धूप', मंजुल भगत का 'अनारो', कुसुम अंसल का 'उसकी पंचवटी', उषा प्रियंवदा का 'पचपन खम्भे लाल दीवारें' और 'रुकोगी नहीं राधिका', मन्नू भंडारी का 'आपका बंटी'। विशिष्ट दैहिक संरचना की ईमानदार

स्वीकृति का अर्थ अपनी हीनतर स्थिति की स्वीकृति कदापि नहीं। लेकिन पता नहीं क्यों इस दौर के कथा साहित्य की स्त्री व्यक्ति रूप में अपने आप को पहचानने और तत्पश्चात् समाज के साथ अपने सम्बन्ध को पुनःपरिभाषित करने में संकोच करती रही है। सामाजिक संस्थाओं के पुनरीक्षण और विकल्पीकरण जैसे ठोस मुद्दे भी उसकी सोच के दायरे से बाहर रहे हैं। बँधा-बँधाया ढर्रा यदि सदियों से उसकी गुलामी का प्रतीक रहा है तो उसके विपरीत चल कर स्वतन्त्रता हासिल की जा सकती है—ऐसे आसान नुस्खे किसी शेखचिल्ली की कल्पना हो सकते हैं, बुद्धिजीवी लेखक और संवेदनशील समाज का चिन्तन नहीं। लेकिन दुर्भाग्यवश ऐसा हुआ और पूरी टीमटाम के साथ हुआ। आन्दोलनकारी बुद्धिजीवी 'स्वतन्त्र' महिलाओं द्वारा बिंदी और लिपस्टिक का विरोध और सभाओं-मंचों पर निधड़क धूम्रपान ने नारीमुक्ति आन्दोलन को कोई सकारात्मक उपलब्धि तो नहीं दी, पश्चिम का ठप्पा लगाकर भारतीय सन्दर्भ में इसका प्रभाव अवश्य क्षीणतर किया। यह उसी छवि का परिणाम है कि आज भी भारतीय समाज में (जिसमें शिक्षित समुदाय भी शामिल है) फेमिनिस्ट होना गाली समझा जाता है और इसका प्रतिकार करते हुए फंडामेंटल ताकतों द्वारा सीता-सावित्रीनुमा भारतीय छवि को पोषित करने का दुराग्रह बढ़ा है।

लेकिन यह तस्वीर का एक रुख है, समग्र तस्वीर नहीं। प्रतिक्रिया कितनी ही विस्फोटक क्यों न हो, वह तात्कालिकता में जीती है। अन्ततः शान्त होकर बैठ जाना उसकी नियति है। लेकिन यह शान्त बैठना उसकी पराजय का सूचक नहीं, बल्कि अपनी अन्तःशक्तियों को संचित-संयोजित करके एक दिशा देने का तार्किक और संयमित प्रयास है। यही वह बिन्दु है जो विजन को स्पष्ट आकार देता है और ठोस कर्मक्षेत्र का विस्तार करता है। अस्सी तक के नारी-मुक्ति आन्दोलन को प्रतिक्रियावादी कहकर खारिज कर देना आसान है, लेकिन इस सवाल से बचना आसान नहीं कि यदि यह दौर इतिहास में न आता तो क्या आज स्त्री को वे सब अधिकार मिल जाते जिनकी कल्पना तक किसी भी सुसभ्य-विकसित समाज ने नहीं की थी? मसलन, तलाकशुदा होने की स्थिति में कानूनी तौर पर बच्चे की संरक्षिका होने का अधिकार, अपनी मर्जी से परिवार के आकार को सीमित रखने का अधिकार (भारतीय सन्दर्भ में हम जानते हैं पति-पत्नी के शारीरिक सम्बन्ध और सन्तान की संख्या का निर्धारण अक्सर परिवार करता है—बतर्ज मुझे पोता चाहिए या राम-लक्ष्मण की जोड़ी चाहिए), अविवाहित मातृत्व की अवस्था में पिता का नाम न देने की बाध्यता, विवाहित पुत्री द्वारा वृद्ध माता-पिता के भरण-पोषण का कानूनी अधिकार। ('पचपन खम्भे लाल दीवारें' की सुषमा को कितनी राहत मिली होगी!)

ठीक यही स्थिति साहित्य को लेकर भी है। कृष्णा सोबती को 'बोल्ड' लेखिका के रूप में रेखांकित करने की चौंकी हुई विद्रूप कोशिशें उनके कथा साहित्य

का गम्भीर और गहन विश्लेषण करने में हमेशा बाधक रही हैं। बेशक मित्रो निर्लज्जतापूर्वक मुँह खोलकर अपनी शारीरिक अतृप्ति का सार्वजनिक बखान करती फिरती है, बेशक ईर्ष्याविदग्ध हो माँ से कोई मनलायक 'साथी' जुटा देने का आग्रह भी करती है, लेकिन बस, इतनी सी नहीं है मित्रो। यह तो उसका प्रारम्भिक परिचय है। पति सरदारी लाल को पटियालेवाली बाई की तरह सुरापान करा नींद और नशे में धुत्त करने के बाद चौबारे में प्रतीक्षारत डिप्टी के साथ 'मिलन' की उत्कंठा में धड़कती-लपकती शोख मित्रो उस मित्रो से रू-ब-रू होने की पहली कड़ी है जो उपन्यास के अन्तिम पृष्ठों में अपने समस्त ताप, ओज और सौन्दर्य सहित उपस्थित हुई है। (लेकिन ताज्जुब है कि आलोचकों की दृष्टि उस पर पड़ती ही नहीं। क्या इसलिए कि उनकी ललचाई दीठ लालीबाईनुमा मित्रो पर ही टिकी हुई है?) "तू सिद्ध भैरों की चेली, अब अपनी खाली कड़ाही में मेरी और मेरे खसम की मछली तलेगी? सो न होगा बीबो, कहे देती हूँ।" वह चीत्कार कर उठती है और परिवार के महत्त्व को समझते हुए पुनः सरदारी की बाँहों में समा जाती है जहाँ जीवन कभी खत्म नहीं होता, बचपन, जवानी और बुढ़ापे के रूप में अपनी सम्पूर्णता और विविधता में अनन्त काल तक बना रहता है। ठीक ऐसी है रत्ती। लेकिन जीवुत नहीं, जड़। अहल्या की नाईं। रत्ती शापमुक्त होकर स्त्री बन जाना चाहती है। "यहाँ उगेगा गाछ!" वह दिवाकर के सम्पर्क में पूर्ण नारीत्व को पहली बार महसूसती है तो मानो पुलक उठती है और बलात्कार से मिला दंश अनायास घुल जाता है। लेकिन उसकी उपलब्धि का बिन्दु हिन्दी समीक्षा के लिए अपमान और अभारतीयता का बिन्दु है, बावजूद इस तथ्य के कि अहल्या की गाथा आज भी गर्वपूर्वक कही जाती है। क्या इसलिए कि उसके उद्धारक राम थे और रत्ती स्वयं अपनी अद्‌भुत जिजीविषा और आस्था के सहारे शापमुक्त हुई?

बेशक कृष्णा सोबती की नारी स्थूल दृष्टि से देखने पर कामनाओं द्वारा संचालित विशुद्ध देह के स्तर पर जीवन जीती नारी है, लेकिन जरा-सी गहराई में उतरते ही वह स्त्री अस्मिता की ऊँचाइयों को छूने के प्रयास में जिन मानवीय मूल्यों के प्रति आस्था व्यक्त करती है, वह न केवल अन्यत्र दुर्लभ है, वरन् आज की महती जरूरत भी है। हो सकता है, मित्रो और रत्ती के व्यक्तित्व निर्माण में नारी मुक्ति आन्दोलनों ने कोई भूमिका निभाई हो, लेकिन आयातित नारी मुक्ति आन्दोलन की सक्रिय पैरोकार के रूप में उनकी रचना हरगिज़ नहीं हुई है। भारतीय मिट्टी और परिस्थितियों से जन्मी/उपजी ये पात्राएँ क्रमिक विकास के अनेक सोपान पार कर आत्मान्वेषण करते हुए मुकम्मिल व्यक्तित्व को पा सकी हैं, यह बात तब तक विश्वासपूर्वक नहीं कही जा सकती जब तक पृष्ठभूमि रूप में कृष्णा सोबती की प्रारम्भिक दो कहानियों 'गुलाबजल गंडेरियाँ' और 'बदली बरस गई' के बरअक्स इनका पाठ न किया जाए।

कृष्णा सोबती के योगदान का विस्तृत विश्लेषण करना इसलिए भी जरूरी लगता है क्योंकि मित्रो और रत्ती के जरिए जिस वर्जनामुक्त स्त्री को उन्होंने पहले-पहल हिन्दी कथा साहित्य में इंट्रोड्यूस किया, वह पूरी ऊर्जा और उत्साह के साथ नब्बे के दशक में कर्मक्षेत्र में उतरी है। इस दौर का कथा साहित्य इसलिए भी महत्त्वपूर्ण है कि विषय वस्तु के लिए वह न विघटनशील दाम्पत्य सम्बन्धों की उबाऊ आवृत्ति करता है, और न अभिव्यक्ति के औजारों के रूप में आत्मदया, आत्मपीड़ा, समर्पण, हताशा और पराजय जैसी 'स्त्रियोचित' मुद्राओं का सेलीब्रेशन करता है। बल्कि इसके विपरीत यह नारी बनी-बनाई कसौटियों को तोड़ने या उन पर स्वयं कसने के तनावभरे द्वन्द्व से मुक्त होकर समाज में अपनी पुख्ता पहचान बनाने के लिए विशेष रूप से आग्रहशील हुई है। शराबबन्दी, चिपको आन्दोलन, नर्मदा बचाओ आन्दोलन, जन साक्षरता आन्दोलन में सक्रिय भागीदारी करके उसने राष्ट्रीय स्तर पर अपनी उपयोगिता और अनिवार्यता सिद्ध की है। यही नहीं, गुजरात की 'सेवा' संस्था के माध्यम से निजी प्रयासों के जरिए आर्थिक स्वावलम्बन पाने और राजस्थान की 'साथिनों' के जरिए सामाजिक कुरीतियों और शोषण से टकराने का सामर्थ्य भी पाया है। जाहिर है उसके संघर्ष बढ़े हैं, और साथ ही तनाव भी। भँवरीबाई, शाह बानो, नैना साहनी, रूपकँवर आदि कुछ नाम हैं जो इसलिए पुरुष द्वारा प्रतिशोधात्मक हिंसा का शिकार हुई हैं ताकि शेष स्त्रियों का मनोबल तोड़ा जा सके। लेकिन अक्सर चुनौतियाँ और अड़चनें लक्ष्यसिद्धि के लिए प्रेरणा बन जाया करती हैं। मंदा (इदन्नमम), सारंग (चाक), अल्मा और कदमबाई (अल्मा कबूतरी) इसकी उदाहरण हैं। बेशक आखिरी दशक के हिन्दी कथा साहित्य की स्त्री तमाम कोशिशों के बाद सहचर पुरुष को उतना मानवीय नहीं बना सकी, लेकिन अपने लिए आत्मसम्मानपूर्वक जीवन जीने का रास्ता अवश्य तलाश सकी है।

गे कल्चर, स्पर्म बैंक, सरोगेटेड मदर, ह्यूमन क्लोनिंग की सम्भावनाएँ आदि कुछ ऐसी अधुनातन उपलब्धियाँ (?) हैं जिन्होंने स्त्री-विमर्श को एक नया आयाम दिया है। साथ ही बहुतेरे भयजनित प्रश्न भी। समलिंगी सम्बन्धों के प्रति बढ़ती आसक्ति स्त्री-पुरुष सम्बन्धों के परम्परागत स्वरूप को कहाँ तक प्रभावित करेगी? क्लोनिंग और स्पर्म बैंक जैसी सुविधाएँ क्या विवाह संस्था के स्वरूप को नष्ट नहीं कर देंगी? तब परिवार जैसी नैसर्गिक और मूलभूत आवश्यकता का क्या होगा? निजी सुखों की झोंक में क्या व्यक्ति समाज को बदरंग भविष्य नहीं देगा? या कि परिवार, समाज, विवाह जैसी संस्थाओं की समाप्ति सम्भव ही नहीं? हालाँकि राजकमल चौधरी ने बहुत पहले 'मछली मरी हुई' में लेस्बियन सम्बन्धों की विकृत परिणति को शीरीं और प्रिया के माध्यम से उजागर करने की कोशिश की है, लेकिन गम्भीरतापूर्वक पहली बार इन तमाम मुद्दों पर दो टूक राय देने का जोखिम उठाया है मृदुला गर्ग ने 'कठगुलाब' उपन्यास में। 'कठगुलाब' का स्त्री-विमर्श अपने आप

में अनोखा है। इसलिए कि न वह फेमिनिस्ट असीमा की पैरवी करता है जिसके लिए हर पुरुष हरामी है, न नीरजा जैसी यन्त्र-मानवी की जिसके लिए विवाह बेमतलब की चीज है। अलबत्ता बच्चे की इच्छा हो तो अल्पकालिक अनुबन्ध पर सम्बन्ध कायम किए जा सकते हैं या फिर स्पर्म बैंक तो हैं ही। मृदुला गर्ग मानती हैं कि पुरुष अनादि काल से प्रकृति का अनवरत दोहन और स्त्री का मानसिक शोषण करता आया है जिसके चलते आज धरती और स्त्री दोनों बंजर हो गई हैं। दुलार और स्नेहिल स्पर्श से दोनों लहलहा सकती हैं बशर्ते पुरुष डूब कर उनकी परिचर्या में जुट जाए। क्या ऐसा 'स्त्रीवादी' पुरुष मर्दवादी दुनिया में सम्भव है? है। मृदुला गर्ग को पूरा यकीन है और विपिन के जरिए वे अर्धनारीश्वर की परिकल्पना करती हैं जो न केवल असीमा जैसी फेमिनिस्ट के भीतर छुपी विशुद्ध स्त्री को छूता है, नीरजा के रूप में उभरने वाली इक्कीसवीं सदी की वैज्ञानिक पीढ़ी को मनुष्यता, आत्मीयता और रागात्मक सम्बन्धों की दीक्षा देता है, बल्कि पर्यावरण की रक्षा में जुटी स्मिता के अभियान का अनिवार्य हिस्सा बन कर गोधड़ की बंजर धरती को हरियाने के लिए कमर कस लेता है। आनेवाला समय यदि बीहड़ और बंजर है तो हुआ करे, उर्वर सम्भावनाओं के बीज तो मुट्ठी में बन्द हैं और साथ हैं असंख्य भोले-भाले मेहनतकश ग्रामीण। उपन्यास का आस्थावादी स्वर तमाम वैज्ञानिक पेचीदगियों से मुठभेड़ कर अन्ततः मनुष्यता का जयघोष करता है। यही इस उपन्यास की शक्ति है और इक्कीसवीं सदी का स्त्री-विमर्श भी जिसे पूर्ण काव्यात्मक उत्कर्ष के साथ 'दीवार में एक खिड़की रहती थी' में देखा जा सकता है। यहाँ विपिन का प्रतिरूप रघुबर तब तक अपने आप को पहचान नहीं पाता जब तक सोनसी पत्नी के रूप में उसकी जिन्दगी में नहीं आती और सोनसी के साथ जब वह अन्तर्यात्रा पर निकलता है तो सम्पूर्ण सृष्टि जैसे उसकी अभ्यर्थना में व्यस्त और नत हो जाती है।

यूँ एक सवाल मन में घुमड़ता भी रह जाता है कि पुरुष के सन्दर्भ में ही क्यों साहित्य और समाज दोनों जगह स्त्री की स्थिति/छवि पर विचार किया जाए? क्यों नहीं पल भर को स्थिति उलटते हुए स्त्री के सन्दर्भ में समाज और पुरुष की भूमिका, मानवीयता और दायित्व पर विचार किया जाता? कई बार कोण बदल देने से सारे निष्कर्ष सिरे से बदल जाते हैं। वैज्ञानिकों का कहना है चूँकि पृथ्वी और चन्द्रमा दोनों अपनी धुरी की प्रिक्रमा करने में लगभग एक सा वक्त लेते हैं, इसलिए चाँद का एक ही पक्ष हमेशा हम धरतीवासियों की ओर मुखातिब रहता है। रहेगा भी। प्रकृति की गति और नियम में हस्तक्षेप करना मनुष्य के लिए सम्भव नहीं। लेकिन अपनी प्रकृति की गति और नियमों को तो वह बदल ही सकता है। जस्ट फॉर अ चेंज। बेशक परिवर्तन की आशा में रक्तहीन क्रान्तियाँ होती रहती हैं, लेकिन बहुत धीरे-धीरे। कई बार सदियों के अन्तराल के बाद।

जो भी हो, स्त्री-विमर्श को 'तत्त्वमसि' उपन्यास की तरह न अतीन्द्रियता के कुहासे में लपेट कर आध्यात्मिक सुर दिया जा सकता है, न 'मुझे चाँद चाहिए' की तरह दैहिक जरूरतों के कीचड़ में सराबोर किया जा सकता है। नेति-नेति कह कर हर उपलब्ध चीज के प्रति असन्तोष व्यक्त करते हुए उससे बेहतर की खोज में दिग्-दिगन्त में भटकते रहना हमारी सांस्कृतिक विरासत हो सकती है। लेकिन जरूरी नहीं कि हर विरासत सही और समृद्ध ही हो। इसलिए आज जरूरी हो उठा है कि जो कुछ भी उपलब्ध है—समाज या परम्परा के रूप में, संस्थाओं के रूप में, इतिहास और संस्कार के रूप में—उसका बेबाक भाव से मूल्यांकन किया जाए, वर्ग-वर्ण आदि लौकिक भेदों से ऊपर उठ कर व्यक्ति को समाज तथा समाज को व्यक्त के सन्दर्भ में पढ़-गुन कर उन्हें निरन्तर ग्रो करने के लिए भरपूर स्पेस दिया जाए। स्पेस की माँग न प्रतिक्रियात्मक है, न अमानवीय। वरन् स्पेस का न होना ही मानवीय संकटों की शुरुआत का संकेत है।

अन्तिम दो दशकों का हिन्दी दलित साहित्य

डॉ. एन. सिंह

शोषण चाहे मानसिक हो या सामाजिक, आर्थिक हो या धार्मिक उसके विरुद्ध विद्रोह होगा ही। उसमें समय कितना भी लग सकता है। जैसे भारत में शताब्दियाँ बीत गईं, धर्म के नाम पर एक वर्ग को सामाजिक, मानसिक और आर्थिक शोषण सहते हुए। लेकिन जैसे ही इस वर्ग में जरा सी चेतना आयी, उसके विद्रोह का विस्फोट हुआ। उसका ही परिणाम है दलित साहित्य। दलित साहित्य की अवधारणा को समझने के लिए 'दलित' शब्द की व्युत्पत्ति को समझना आवश्यक है। फिर दलित साहित्य की अवधारणा स्वयमेव स्पष्ट हो जाएगी। 'दलित' शब्द की व्युत्पत्ति संस्कृत धातु 'दल' से हुई है। जिसका अर्थ फटना, खंडित होना, द्विधा होना है। 'संक्षिप्त हिन्दी शब्द सागर' में डॉ. रामचन्द्र वर्मा ने 'दलित' का अर्थ 'विनष्ट किया हुआ, मसला हुआ, मर्दित, दबाया, रौंदा या कुचला हुआ, खण्डित, विनष्ट किया' दिया है। इसलिए डॉ. कुसुमलता मेधवाल ने दलित की परिभाषा करते हुए लिखा है कि "दलित का शाब्दिक अर्थ है कुचला हुआ। अतः दलित वर्ग का सामाजिक संदर्भों में अर्थ होगा, वह जाति समुदाय जो अन्यायपूर्वक सवर्णों या उच्च जातियों द्वारा दमित किया गया हो, रौंदा गया हो। दलित शब्द व्यापक रूप में पीड़ित के अर्थ में आता है, पर दलित वर्ग का प्रयोग हिन्दू समाज व्यवस्था के अन्तर्गत परम्परागत रूप में शूद्र माने जाने वाले वर्णों के लिए रूढ़ हो गया है। दलित वर्ग में वे सभी जातियाँ सम्मिलित हैं, जो जाति सोपान क्रम में निम्न स्तर पर हैं और जिन्हें सदियों से दबाकर रखा गया है।"[1] इन्हीं वर्गों के लेखकों द्वारा लिखे गये साहित्य को दलित साहित्य कहते हैं।

श्री प्रेम कुमार मणि ने दलित साहित्य की परिभाषा करते हुए लिखा है कि "दलितों के लिए दलितों के द्वारा लिखा जा रहा साहित्य, दलित साहित्य है। यह विलास का नहीं आवश्यकता का साहित्य है। सम्पूर्ण विज्ञान इसकी दृष्टि है और पीड़ित मानवता का उद्धार उसका इष्ट है। दलित साहित्य वह प्रकाश पुंज है, जो अँधेरे में उतरा है।"[2] इसलिए हमारी दृष्टि में दलित साहित्य दलित लेखकों द्वारा

लिखित वह साहित्य है जो सामाजिक, धार्मिक, आर्थिक और मानसिक रूप से उत्पीड़ित लोगों की बेहतरी के लिए लिखा गया हो। जो सच्चे अनुभवों पर आधारित हो और जीवन्त भाषा में लिखा गया हो।

दलित साहित्य का उद्भव बौद्ध-साहित्य से माना जाता है। यह परम्परा सिद्ध और नाथ कवियों से होती हुई निर्गुण कवियों तक आई है। बीसवीं शताब्दी के अन्तिम दो दशकों में हिन्दी दलित साहित्य की उपलब्धियों को मैं यहाँ साहित्य की विभिन्न विधाओं के क्रम में प्रस्तुत कर रहा हूँ।

दलित कविता

हिन्दी दलित कविता मध्यकाल के निर्गुण संत कवि रैदास और कबीर से होती हुई जिस तरह 'हीरा डोम' और 'अघूतानन्द' तक आयी है। इस बीच लगभग 500 वर्षों का अन्तराल है। निश्चित रूप से इस बीच भी कुछ कवि हुए होंगे जिन्होंने वर्चस्ववादी हिन्दू धर्म और संस्कृति के विरुद्ध आवाज उठायी होगी। सन् 1914 के बाद भी दलित कविता कभी लोकगीत के रूप में तो कभी रैदास और कभी अम्बेडकर के जीवन और विचारों के काव्यात्मक आख्यानों के रूप में निरन्तर विकसित होती रही। लेकिन साठ के दशक में मराठी के दलित कवियों ने अपनी विद्रोही चेतना से सम्पूर्ण मराठी साहित्य की नींव हिला दी। जिसके कारण उसे देश में ही नहीं विदेश में भी मान्यता प्राप्त हुई। उसी से प्रेरणा लेकर हिन्दी के कवियों ने भी दलित कविता का सृजन किया। जो अब प्रतिष्ठित होकर स्थापित हो गई है।

हिन्दी दलित कविता की स्थापना में कुछ काव्य संकलनों का महत्त्वपूर्ण योगदान है। इनमें 'पीड़ा जो चीख उठी'[3] तथा 'दर्द के दस्तावेज' के नाम उल्लेखनीय हैं। 'पीड़ा जो चीख उठी' में पच्चीस दलित कवियों की दो-दो कविताएँ संकलित हैं। हालाँकि यह प्रथम दलित कविता संकलन है। लेकिन इसका कोई सम्पादक नहीं है। इसकी चर्चा उतनी नहीं हो पाई, जितनी होनी चाहिए थी। डॉ. एन. सिंह द्वारा सम्पादित काव्य संकलन 'दर्द के दस्तावेज' को ही हिन्दी दलित कविता के पहले और प्रतिनिधि संकलन के रूप में मान्यता मिली। श्री राधेश्याम तिवारी ने इस पर टिप्पणी करते हुए लिखा है कि—"यह संग्रह दलित साहित्य के चयन की दिशा में एक स्मरणीय प्रयास है। संग्रह के कवि डॉ. प्रेमशंकर, डॉ. सुखवीर सिंह, डॉ. चन्द्र कुमार वरठे, ओमप्रकाश बाल्मीकि, मोहनदास नैमिशराय, डॉ. रामशिरोमणि 'होरिल', डॉ. दयानन्द बटोही, डॉ. एन. सिंह, डॉ. भूपसिंह और रघुनाथ प्यासा हैं।" (समकालीन भारतीय साहित्य, मई-जून 1996, पृ. 170) इस काव्य-संकलन को कुमायूँ विश्वविद्यालय नैनीताल के एम. ए. हिन्दी, उत्तरार्द्ध के पाठ्यक्रम में पढ़ाया जाता है।

इसका मराठी में अनुवाद डॉ. पद्मजा घोरपड़े ने किया है। डॉ. एन. सिंह ने ही एक और काव्य संकलन 'चेतना के स्वर' (प्र.–अभिरुचि प्रकाशन, दिल्ली 1998) जिसमें हिन्दी दलित कविता के बारह प्रतिनिधि कवियों की कविताएँ संकलित हैं। इस कालावधि में जो दलित कवि प्रकाश में आए उनकी उपलब्धियों का लेखा-जोखा यहाँ प्रस्तुत है।

हिन्दी में दलित कविता की बाकायदा शुरुआत बीसवीं शताब्दी के आठवें दशक में हुई। इसकी प्रेरणा डॉ. अम्बेडकर की विचारधारा तो थी ही, महात्मा फुले का संघर्ष, मार्क्स की क्रान्ति दृष्टि तथा मराठी का दलित साहित्य भी रहा। इसके प्रारम्भिक दौर में हम श्री माताप्रसाद और डॉ. रामशिरोमणि 'होरिल' जैसे कवियों के सृजन को देख सकते हैं। डॉ. होरिल ने अपने काव्य में प्रेमानुभूतियों को भी अभिव्यक्ति दी है। उनके काव्य संग्रहों में 'करील के कांटे' और 'जीवन राग' प्रमुख हैं। श्री माताप्रसाद ने यूँ तो 'भीम शतक', 'एकलव्य' खण्डकाव्य और 'दिग्विजयी रावण' प्रबन्ध काव्य भी लिखे। लेकिन उनकी पहचान 'राजनीति की अर्द्ध सतसई' से हुई है। इसमें उन्होंने 350 दोहों में दलित, नारी और राजनीति को अपने दोहों का विषय बनाया है। इनके ये दोहे बहुत प्रभावकारी हैं तथा उनकी साधना और अनुभव को रेखांकित करते हैं। उनकी पीड़ा को महसूस करने के लिए यह एक ही दोहा पर्याप्त है :

> ''मनुष न पैदा होत यहाँ जाति पेट से आय।
> कंटक बनि वह गडि रही, 'मित्र' कष्ट हैं पाय॥''
>
> –राजनीति की अर्द्ध सतसई, पृ. 26

श्री लालचन्द्र राही का नाम हिन्दी दलित कविता में बड़े सम्मान के साथ लिया जाता है। उन्होंने सामाजिक स्थिति के कष्ट को समस्त दलित कवियों में लगभग सबसे अधिक भोगा है। वे मजदूरी करते हुए पढ़े और फिर अध्यापक बने। अतः उनके अनुभवों का फलक बहुत बड़ा है। सम्भवतः इसीलिए वे लिख पाए कि–''मेरी स्थिति धोबी के कुत्ते से कम नहीं थी/ मेरा नाम न स्कूल में था न कारखाने में/ मेरे भाग्य में मूँगफली बेचना या कपबशी धोना ही था।'' उनकी कविताओं का संग्रह 'मूक नहीं मेरी कविताएँ' सचमुच हमें दहला देने वाले अनुभवों से गुजरने पर विवश करती हैं। उनकी कविताएँ हमारे समय का सच बयान करती हैं। उनकी एक कविता 'स्वतन्त्रता के बाद' का यह अंश देखने योग्य है :

> ''पन्द्रह अगस्त के दिन/ फूल चढ़ाने पर/ डण्डे मिले/ पण्डे देवपाल के/ अछूत को/ उसी की बेटी के साथ/ बलात्कार हुआ/और मन्दिर अपवित्र नहीं हुआ/ छब्बीस जनवरी की रात को/ स्वतन्त्र भारत के/

एक छोटे से गाँव में।''

—मूक नहीं मेरी कविताएँ, पृ. 21

डॉ. पुरुषोत्तम 'सत्यप्रेमी' हिन्दी दलित कविता के एक अन्य महत्त्वपूर्ण हस्ताक्षर हैं। डॉ. सत्यप्रेमी के अब तक तीन कविता संग्रह प्रकाशित हो चुके हैं—'द्वार पर दस्तक', 'सवालों के सूरज' और 'मूक माटी की मुखरता'। इनकी कविता भी मोहभंग की कविता है। अपनी 'आँसू ही आँसू' कविता में वे लिखते हैं :

> ''आँसू ही आँसू है/ मेरे भारत /नम हुई है आँसू से/ हर आदमी की आँख/ और स्वतन्त्रता स्वराज्य व समता का/ सपना सँजोती भारत माता/ संशय की पीड़ा भोग रही है।''

—सवालों के सूरज, पृ. 47

डॉ. सोहन पाल 'सुमनाक्षर' भारतीय दलित साहित्य अकादमी दिल्ली के अध्यक्ष हैं। हिन्दी दलित साहित्य के प्रचार-प्रसार में इनकी भूमिका बहुत महत्त्वपूर्ण रही है। अब तक इनके दो काव्य संग्रह प्रकाशित हो चुके हैं—'अन्धा समाज बहरे लोग' तथा 'सिन्धु घाटी बोल उठी' लेकिन इनकी कविता राजनीतिक बयान होने से नहीं बच सकी है। इसका एक उदाहरण उनकी कविता 'फूलन हमारी आदर्श है' से देखिए :

> ''फूलन/ दलित शोषित समाज का प्रतीक है/ चाहे उसे कितना भी बदनाम करो/ तोहमत धरो/ वह/ हमारी ही नहीं/ सारी नारी जाति की/ शौर्यगाथा है।''

—हिन्दी काव्य में दलित काव्यधारा, पृ. 300

श्री मोहनदास नैमिशराय ऐसे दलित पत्रकार और कवि हैं, जिन्हें हिन्दी जगत में पर्याप्त सम्मान मिला है। देश भर के स्तरीय पत्र एवं पत्रिकाओं में उनकी रचनाएँ छपती रहती हैं। उन्होंने लगभग जिद्दपूर्वक स्वतन्त्र लेखन को अपनाया। 'लोकायन' और 'क्रान्तिधर्मी' पत्रिकाओं के वे सह सम्पादक, और 'बाबा साहब डॉ. अम्बेडकर सम्पूर्ण वाङ्मय' के सम्पादक रहे हैं। उनकी आत्मकथा 'अपने-अपने पिंजरे' किसी हिन्दी दलित लेखक की पहली आत्मकथा मानी जाती है। अब तक उनका एक कविता संग्रह 'सफदर का बयान' प्रकाशित हुआ है। अपनी एक प्रसिद्ध कविता 'फर्क तय करना है' में उन्होंने दलित जीवन की एक महत्त्वपूर्ण समस्या को उठाया है। कि सिर्फ जाति के कारण ही अपमान सूचक शब्द जो कल तक गाँव और कस्बों में ही कहे जाते थे। अब महानगरों में भी क्यों कहे जाने लगे हैं :

"एक ही मनुष्य जाति के होने पर भी/ जातिगत सम्बोधनों के आधार पर/ कसैले से लगने वाले स्वर/ कल तक जो गाँव और कस्बों के/ परिवेश में सुनाई देते थे आज उजालों के प्रतीक/महानगरों में भी/ वही जातिगत सम्बोधनों के आधार पर कसैले से लगने वाले स्वर/ सुनाई पड़ने लगे हैं।"

—दर्द के दस्तावेज, पृ. 89

डॉ. दयानन्द 'बटोही' पहले 'नई लहर' और अब 'साहित्य यात्रा' अनियतकालीन पत्रिका के सम्पादक हैं। अपने दलित सरोकारों के कारण प्रताड़ित किए गए डॉ. दयानन्द 'बटोही' ने दलित कविता में अपनी अलग पहचान बनाई है। उनका काव्य संग्रह 'यातना की आँखें' नवगीत विधा में सामाजिक विसंगतियों को अभिव्यक्ति देता है। लेकिन पाठकों का ध्यान इनकी अन्य कविताओं ने ही खींचा है। उनकी एक प्रसिद्ध कविता है—'द्रोणाचार्य सुनें उनकी परम्पराएँ सुनें' इस कविता में उन्होंने विद्यालयों से लेकर विश्वविद्यालयों तक में दलित छात्रों के साथ हो रहे अन्याय को मारक अभिव्यक्ति दी है :

"मैं सिर्फ/ द्रोण तुम्हारे रास्तों पर चले गुरु से कहता हूँ/ अब दान में अँगूठा माँगने का साहस कोई नहीं करता/ प्रैक्टिकल में फेल करता है/ प्रथम अगर आता हूँ तो/ छठा या सातवाँ स्थान देता है/ जाति गन्ध टाइटल में खोजता है/ वह आत्मा और मन को बेमेल करता है।"

—दर्द के दस्तावेज, पृ. 112

डॉ. जयप्रकाश कर्दम हिन्दी दलित कविता के एक सशक्त हस्ताक्षर हैं। इनका काव्य संग्रह 'गूँगा नहीं था मैं' हिन्दी क्षेत्रों में काफी चर्चित रहा है। उनकी कविता की एक बानगी यहाँ प्रस्तुत है। वह अपनी 'दमन की दहलीज पर' कविता में लिखते हैं :

"तमाम विरोधों और दबावों के बावजूद/ जाति के जंगल का यह जीव/ अपनी मुक्ति के लिए अड़ा है/ अपनी अस्मिता और अस्तित्व के लिए लड़ा है। और आज/ तमाम हौसलों के साथ/ हाथों में खंजर लिए वह/ दमन की दहलीज पर खड़ा है/ और ललकार रहा है चीखकर/ बाहर निकल हरामजादे/ तेरी ऐसी की तैसी।"

—गूँगा नहीं था मैं, पृ. 35

यहाँ कुछ अन्य कवियों के काव्य संग्रहों का उल्लेख करना समीचीन रहेगा। ये इस प्रकार हैं—'शोषितनामा'—डॉ. मनोज सोनकर, 'तब तुम्हारी निष्ठा क्या

होती'—कँवल भारती, 'प्रयास'—सूरजपाल चौहान, 'व्यवस्था के विषधर'—डॉ. कुसुम वियोगी, 'उत्पीड़न की यात्रा'—लक्ष्मी नारायण सुधाकर, 'कलम को दर्द कहने दो'—कर्मशील भारती, 'हार नहीं मानूँगा'—ईश कुमार गंगानिया, 'सुनो ब्रहम्मण'—मलखान सिंह आदि। इनके अतिरिक्त लगभग डेढ़ दर्जन कवि दलित कविता के क्षेत्र में संघर्ष कर रहे हैं। इन कवियों में सर्वश्री रत्नकुमार साँभरिया, डॉ. सुरेश पंचम, हरि किशन सन्तोषी, आचार्य गुरु प्रसाद, रजनी तिलक, डॉ. हेमलता माहेश्वर, रघुनाथ प्यासा आदि के नाम लिए जा सकते हैं।

हिन्दी दलित कविता को पहचान के स्तर पर जिन कवियों ने स्थापित किया है उनमें डॉ. सुखबीर सिंह, डॉ. प्रेमशंकर, डॉ. एन. सिंह, डॉ. श्यौराज सिंह बेचैन तथा ओमप्रकाश बाल्मीकि के नाम लिए जा सकते हैं। इनकी कविताओं में अनुभूति की गहनता और शिल्प की प्रौढ़ता तो देखने को मिलती ही है लेकिन अभिव्यक्त अनुभवों की प्रमाणिकता ही इनकी कविताओं का प्राण है। जिसके कारण ये कविताएँ बोधक तो हैं ही बेधक भी हैं।

डॉ. सुखबीर सिंह हिन्दी के प्रतिष्ठित समीक्षक और कवि थे। कई आलोचनात्मक पुस्तकों के साथ उन्होंने कुछ काव्य संकलनों का सम्पादन भी किया। उनके तीन काव्य संग्रह 'अन्नतर', 'बयान बाहर' और 'सूर्यांश' प्रकाशित हुए हैं। उनका 'बयान बाहर' काव्य संग्रह अपनी संवेदना और शिल्प के कारण बेहद चर्चित हुआ। यह हिन्दी की लम्बी कविताओं में अपना विशेष स्थान एवं महत्त्व रखता है। इस लम्बी कविता में उन्होंने आत्मकथात्मक शैली में किसी दलित के आगे बढ़ने की आकांक्षा में लहूलुहान होने की प्रक्रिया को रेखांकित किया है। उसका एक मार्मिक अंश देखिए :

> ''उस दिन मैंने/ दूसरों के आगे बढ़ने के लिए/ रास्ता छोड़ने की बन गई लीक से/ अलग हटकर अपना पाँव जमा/ खुद को आगे बढ़ाना चाहा/ तभी मैंने/ आग को चिमटे की नोक पर नहीं/ अपनी हथेली पर सुलगते पाया।''

—दर्द के दस्तावेज, पृ. 43

डॉ. प्रेमशंकर लम्बे समय से दलित कविता की रचना यात्रा से जुड़े हैं। वह एक अनियतकालीन पत्रिका 'अम्बेडकरीय कविता' भी निकालते हैं। वे इस कविता को 'दलित कविता' के स्थान पर 'अम्बेडकरीय कविता' कहना उचित समझते हैं। अब तक उनके कुछ समीक्षात्मक ग्रन्थों के अतिरिक्त दो काव्य-संग्रह 'नई गन्ध' तथा 'कविता : रोटी की भूख तक' प्रकाशित हुए हैं। अपनी बात को उत्तेजना के साथ कहना, उनकी कविताओं की विशेषता है। उनकी एक कविता 'वे सभ्य हैं' में यह प्रहारात्मक क्षमता देखते ही बनती है :

> "वे सभ्य हैं/ आदमी से/ हाथ मिलाने के बाद/ हाथ धोते हैं, माँजते हैं/ और फिर/ मुस्कुरा कर कहते हैं/ हम एक हैं/ फिर हाथ धोते हैं/ ताकि/ हाथ में आदमी की/ जाति न छप गई हो।"
>
> —कविता : रोटी की भूख तक, पृ. 14

डॉ. एन. सिंह, समीक्षक और कवि हैं। हिन्दी दलित साहित्य की स्थापना में ये अपना एक महत्त्वपूर्ण स्थान रखते हैं। डॉ. एन. सिंह मूलतः आक्रोश के कवि हैं। व्यवस्था पर चोट इनकी कविताओं का केन्द्रीय भाव है तथा सामाजिक परिवर्तन और सामाजिक न्याय उनका लक्ष्य है। अब तक इनका एक काव्य संग्रह 'सतह से उठते हुए' प्रकाशित हुआ है। सीधी सपाट भाषा में सामाजिक विसंगतियों पर चोट करती इनकी एक कविता यहाँ प्रस्तुत है :

> "सतह से उठते हुए/ मैंने जाना कि/ इस धरती पर किए जा रहे/ श्रम में/ जितना हिस्सा मेरा है/ इस धरती के/ हवा पानी और/ इससे उत्पन्न होने वाले/ अन्न और धन में भी है/ अब मैं समझ गया हूँ/ उस अंक गणित को/ जिसके कारण/ मेरे श्रमकण/ मिट्टी में मिलकर/ दूसरों की झोली को/ भर देते हैं मोतियों से और/ मेरी झोली में होती है/ भूख बेबसी और लाचारी/ इसलिए अब/ मेरे हाथ की कुदाल/ धरती पर कोई नींव खोदने से पहले/ कब्र खोदेगी/ उस व्यवस्था की जिसके संविधान में लिखा है/ तेरा अधिकार सिर्फ कर्म में है/ श्रम में है/ फल पर तेरा अधिकार नहीं।"
>
> —सतह से उठते हुए, पृ. 11

डॉ. श्यौराज सिंह 'बेचैन' हिन्दी दलित कविता के अपेक्षाकृत युवतर कवि हैं। उनके अब तक दो काव्य संग्रह 'नई फसल' और 'क्रौंच हूँ मैं' प्रकाशित हुए हैं। इनकी एक कविता यहाँ उद्धृत है :

> "इन आँखों के/ सपने तो टूट गए लेकिन/ जिन आँखों में। जन्मे ही नहीं/ उनकी सोचो/ तुमने तो कह ली/ अपनी और पराई भी/ अब खोल/ सको तो/ बेजुबान का मुँह खोलो।"
>
> —क्रौंच हूँ मैं, पृ. 53

कवि और कथाकार ओमप्रकाश बाल्मीकि अब किसी परिचय के मोहताज नहीं हैं। हिन्दी दलित कविता के इस प्रतिष्ठित कवि के अब तक दो काव्य-संग्रह 'सदियों का संताप' और 'बस्स! बहुत हो चुका' प्रकाशित हुए हैं। धर्म, दर्शन और पौराणिक मिथकों की पुनर्व्याख्या उनकी कविताओं की मुख्य विशेषता है। उनकी

एक कविता 'शायद आप जानते हों' का एक अंश यहाँ प्रस्तुत है :

> "तुम्हारे रचे शब्द/ तुम्हें डसेंगे साँप बनकर/ गंगा किनारे कोई वृक्ष ढूँढ़ लो/ कर लो भागवत का पाठ/ आत्मतुष्टि के लिए/ कहीं अकाल मृत्यु के बाद/ भयभीत आत्मा/ भटकते भटकते! किसी कुत्ते या सुअर की मृत देह में/ प्रवेश न कर जाए/ या फिर पुनर्जन्म की लालसा में/ किसी डोम या चूहड़े के घर/ पैदा न हो जाए/ चूहड़े या डोम की आत्मा। ब्रह्मा का अंश क्यों नहीं है/ मैं नहीं जानता/ शायद आप जानते हों।"
>
> —बस्स! बहुत हो चुका, पृ. 13

हिन्दी दलित कविता की नित नई सम्भावनाएँ खुल रही हैं। लेकिन उसकी कुछ सीमाएँ भी स्पष्ट होती जा रही हैं। जैसे प्रत्येक दलित कवि लगभग एक ही प्रकार की संवेदनाओं को अभिव्यक्ति दे रहा है। इस पुनरावृत्ति का कारण सम्भवतः सभी कवियों का एक ही प्रकार की स्थितियों और अनुभवों से गुजरना है। सच मायने में यह कविता अपमानित पीढ़ियों की कोख से जन्मी है। बावजूद इसके दलित कवियों की कविताएँ आत्माख्यान से निकलकर अपने शिल्प को निखारने का प्रयास कर रही हैं। वह अब विकास की प्रारम्भिक सीढ़ियाँ पार कर चुकी हैं।

दलित कहानी

हिन्दी में पहली कहानी 1900 के बाद ही 'सरस्वती' में प्रकाशित हुई। यह युग हिन्दी-कहानी के विकास का प्रारम्भिक काल है। यह युग ऐसा है जिसमें दलितों का विद्रोह धीरे-धीरे सुलगता हुआ सामाजिक धरातल तक आ पहुँचा था। एक तो स्वतन्त्रता आन्दोलन के क्षितिज पर महात्मा गाँधी का उदय हो चुका था, जिन्होंने पहली बार समझा था कि यह लड़ाई किसी एक वर्ग या जाति के लड़ने से नहीं जीती जा सकती। इसमें सभी धर्मों, जातियों और वर्गों ने सहयोग दिया जिनमें अछूत भी थे। तभी अपनी विद्रोही और विस्फोटक चेतना लेकर डॉ. अम्बेडकर भी भारत के राजनीतिक फलक पर अपनी उपस्थिति दर्ज कराने आ पहुँचे थे जो केवल भारत की आज़ादी ही नहीं चाहते थे, बल्कि अछूतों की हिन्दू धर्म से मुक्ति भी चाहते थे। अम्बेडकर कहीं अपने मिशन में सफल न हो जाएँ, अतः गाँधी जी ने काँग्रेस के अन्दर ही 'अछूतोद्धार' कार्यक्रम प्रारम्भ किया जिसके कारण एक प्रकार की गाँधीवादी सहानुभूति हिन्दुओं में अछूतों के प्रति देखने को मिलने लगी थी। हिन्दी के प्रारम्भिक युग के कुछ कथाकारों की कहानियों में यही सहानुभूति देखने को मिलती है। खासतौर पर सूर्यकान्त त्रिपाठी 'निराला' और यशपाल की कहानियों में। निराला की दो लम्बी कहानियों या 'लघु उपन्यासों'—'चतुरी चमार'

और 'बिल्लेसुर बकरिहा' को हम ले सकते हैं। जहाँ तक यशपाल का प्रश्न है, सन् 1936 के आस-पास हिन्दी-साहित्य में 'प्रगतिशील विचारधारा' का प्रवेश हो चुका था जिसके कारण शोषित, स्त्री और मजदूरों के प्रति सहानुभूति प्रकट करती हुई रचनाएँ लिखी गईं। अतः यशपाल की कहानियों में भूख, गरीबी और शोषण का अत्यन्त दारुण चित्रण हुआ है। मूलरूप में यही दलित चेतना है।

हिन्दी कथा साहित्य में प्रेमचन्द का पदार्पण एक अभूतपूर्व घटना है। प्रेमचन्द ही एक ऐसे कथाकार है जिन्होंने पहली बार भारतीय (हिन्दू) समाज में नरक भोगते हुए दलितों को अपनी कहानियों का विषय बनाया, उनकी सम्पूर्ण यातनाओं के साथ। उनकी कहानियों में शूद्रों और सवर्णों के बीच अन्तःसम्बन्धों का बहुत ही अच्छा चित्रण मिलता है। उनकी कहानियों में—कफन, ठाकुर का कुआँ, मन्त्र, सद्गति, दूध का दाम, पूस की एक रात, मन्दिर आदि विशेष रूप से उल्लेखनीय हैं।

प्रेमचन्दोत्तर कहानी विशेषकर नई कहानी मूलतः मध्यवर्गीय नगरीय जीवन के यथार्थ से जुड़ी रही है। इस युग की कहानी का संसार मानव-मानव के बनते-बिगड़ते सम्बन्धों और उनके बदलते मूल्यों की तलाश, परम्पराबोध और आधुनिकता की टकराहट, सामाजिक-राजनीतिक गतिविधियों से उत्पन्न मानवीय विकृतियों को भोगे हुए यथार्थ के धरातल पर चित्रित करता है। इतना होते हुए भी दलित इन कथाकारों द्वारा नजरअंदाज कर दिया गया। सातवें दशक की कहानी में दलित चेतना को उभारने का प्रयास नहीं किया गया। हिन्दी कथा साहित्य में दलित चेतना की अभिव्यक्ति के दृष्टिकोण से आठवाँ दशक महत्त्वपूर्ण है। श्री रमेश कुमार ने अपने लेख 'आधुनिक हिन्दी कहानियों में दलित चेतना' में लिखा है कि—"आठवें दशक के 'समानान्तर' कहानी आन्दोलन के माध्यम से समाज के कमजोर वर्ग की समस्या को कहानी का केन्द्र बनाया गया। स्वतन्त्रता के पचास वर्ष बाद भी निम्न दलित वर्ग का जीवन बद से बदतर होता चला गया है। ऐसी स्थिति में दलित उन्नायकों ने अपनी कहानियों के माध्यम से इस वर्ग के जीवन का यथार्थ निरूपण किया है। इन कहानियों में दलित जीवन की वेदना, निरन्तर संघर्ष करते रहने की अनिवार्यता, सुविधाभोगी लोगों के प्रति उनकी विरोध मुद्रा, प्रतिकूल नारकीय स्थिति में भी जीने की विवशता और अपने मानवीय अधिकारों की प्राप्ति हेतु आत्मसजगता जाग्रत हुई है।"[4] इस आत्मसजगता के लिए पृष्ठभूमि तैयार करने में 'सारिका' (सं. कमलेश्वर) ने दलित साहित्य पर दो विशेषांक अप्रैल-मई 1975 में प्रकाशित किए तथा संचेतना (सं. डॉ. महीप सिंह) ने भी एक 'मराठी दलित साहित्य' विशेषांक दिसम्बर 1981 में प्रकाशित कर महत्त्वपूर्ण कार्य किया। जिसमें मराठी के दलित कथाकारों की कहानियाँ प्रकाशित हुई थीं। इसके उपरान्त डॉ. सूर्यनारायण रणसूभे ने मराठी दलित कथाकारों की कहानियों का एक

संकलन 'दलित कहानियाँ'[5] शीर्षक से प्रकाशित किया। इसके उपरान्त डॉ. गिरिराजशरण अग्रवाल ने 'दलित जीवन की कहानियाँ'[6] सम्पादित कीं जिसमें केवल एक दलित कथाकार श्री रघुनाथ 'प्यासा' को भी शामिल किया गया। शेष सभी सवर्ण साहित्यकार थे। इस दिशा में रमणिका गुप्ता ने महत्त्वपूर्ण काम किया। उन्होंने 'दूसरी दुनिया का यथार्थ'[7] कथा संकलन सम्पादित किया जिसमें पहली बार एक साथ 18 दलित कथाकारों की कहानियाँ संकलित की गईं। जिनमें तीन दलित महिला कथाकार भी सम्मिलित हैं। डॉ. एन. सिंह ने दो कथा संकलन सम्पादित करके इस कार्य को और आगे बढ़ाया। उनके द्वारा सम्पादित 'काले हाशिए पर'[8] कहानी संकलन में हिन्दी और मराठी के कई दलित कथाकारों के साथ, हिन्दी के कई सवर्ण कथाकारों की दलित चेतना सम्पन्न कहानियों को भी संकलित किया गया जिसमें इन कथाकारों के सरोकारों को तुलनात्मक दृष्टि से परखा जा सके। 'यातना की परछाइयाँ'[9] में केवल दलित कथाकारों की ही कहानियों को संकलित किया गया है। इन कथाकारों में—ओमप्रकाश बाल्मीकि, प्रेमशंकर, जयप्रकाश कर्दम, दयानन्द 'बटोही', बी. एल. नय्यर, मोहनदास नैमिशराय, प्रेम कपाड़िया, रत्न कुमार साँभरिया और कुसुम मेधवाल की कहानियाँ संकलित हैं। डॉ. कुसुम वियोगी ने तीन कथा संकलन सम्पादित किए। इनके नाम इस प्रकार हैं—'चर्चित दलित कहानियाँ',[10] 'समकालीन दलित कहानियाँ'[11] तथा 'दलित महिला कथाकारों की चर्चित कहानियाँ'[12]। बीसवीं शताब्दी का अन्तिम दशक दलित कथा की दृष्टि से बहुत ही महत्त्वपूर्ण रहा है। दलित कथा के विकास पर दृष्टिपात करते हुए जय चौहान ने लिखा है कि—''कुल मिलाकर कहा जा सकता है कि दलित साहित्य के अपरम्परागत परिवेश को जीवन्त करती कहानियों का जन्म उत्तर भारत में प्रारम्भ हो चुका है। आवश्यकता है, तो बस इसे एक रचनात्मक साहित्यिक आन्दोलन बनाने की ताकि सदियों से सोया अल्प शिक्षित दलित समाज जाग्रत हो।''[13] हमें लगता है कि बीसवीं सदी के अन्तिम दशक में दलित कहानी ने एक आन्दोलन का रूप ले लिया है। इस दशक में जिन दलित कथाकारों के कथा संग्रह आए उनका विवरण निम्न प्रकार है—

सुरंग—डॉ. दयानन्द बटोही, चार इंच की कलम—डॉ. कुसुम वियोगी, टूटता बहम—डॉ. सुशीला टाकभौरे, साग—डॉ. टी. पी. राही, आवाजें—मोहनदास नैमिशराय, पुट्स के फूल—प्रहलाद चन्द्र दास, द्रोणाचार्य एक नहीं—कावेरी, हैरी कब आएगा—सूरजपाल चौहान, सलाम—ओमप्रकाश बाल्मीकि, के अतिरिक्त जिन कथाकारों के कथा संग्रह आने का उल्लेख है उनमें—अपना मकान, पुनर्वास—विपिन बिहारी, सत्य का सफरनामा—जिया लाल आर्य, चन्द्रमौलिक का रक्तबीज—सत्यप्रकाश, तीन महाप्राणी—बुद्धशरण हंस, आदि के नाम उल्लेखनीय हैं। इधर पत्र-पत्रिकाओं में जिन दलित कथाकारों की कहानियाँ प्रकाशित हुई हैं उनका नामोल्लेख करना

भी आवश्यक है। इन कथाकारों में रजत रानी मीनू, पारसनाथ, अजय यतीश, स्वरूप चन्द्र, अरविन्द कुमार राही, शत्रुघ्न कुमार, अंगद किशोर, विश्वजीत विश्वकिरण आदि के नाम लिए जा सकते हैं। इसके अलावा कुछ दलित कथाकार लघुकथाओं पर भी हाथ आजमा रहे हैं। उनमें सबसे प्रमुख नाम रत्नकुमार साँभरिया का है जिनका लघुकथा संग्रह 'बाँग' और अन्य लघुकथाएँ[14] प्रकाशित होकर चर्चित हुआ है। इस पर टिप्पणी करते हुए डॉ. एन. सिंह ने लिखा है कि–"रत्नकुमार साँभरिया की लघुकथाओं में धर्म, दर्शन और राजनीति की स्थापित विसंगतियों पर भरपूर चोट देखने को मिलती है। मोटे तौर पर इसमें दो तरह की लघुकथाएँ हैं। एक वे, जिनमें हिन्दू धर्म की मिथकीय मान्यताओं की बखिया उधेड़ी गई है तथा दूसरी वे लघुकथाएँ हैं, जिनमें भारतीय समाज में टूटते-बिखरते सम्बन्धों पर बेबाक टिप्पणियाँ की गई हैं।"[15] इन लघुकथाओं में कभी पशु-पक्षियों के माध्यम से तथा कभी सीधे-सीधे उन्होंने अपनी मान्यताओं को अभिव्यक्त किया है। जैसे चींटियों को आटा खिलाकर या साँप को दूध पिलाकर अथवा पशु (गाय) को 'माता' कहकर तथा पत्थर की पूजा करके हिन्दू धर्म की उदारता का ढोल नित्य प्रति पीटा जाता है। लेकिन वही हिन्दू मनुष्य (अछूत) के प्रति कितने निर्दयी हैं। इसे उनकी एक लघुकथा 'धर्म' में देखा जा सकता है। इस लघुकथा का एक अंश देखिए–"पंडिताइन ने होंठ बिचकाए, हाथ नचाया और चिनकी–बावली हुई है, धर्म हाथ का, गो माता के बारे में ऐसी अधर्मी बात मत निकालना मुँह से कि मैं उसकी सेवा करती हुई साड़ी खराब कर लेती हूँ, कहे देती हूँ–हाँ, चारावाली चुपा गई थी।"

"तबियत ठीक न होने के कारण मेहतरानी आज झाड़ने नहीं आ सकी थी। उसने दसवीं कक्षा में पढ़ने वाली अपनी लड़की को भेज दिया था। लड़की धुली स्कूल ड्रेस पहने थी। वह झुक कर आँगन की नालियाँ खींच रही थी। हवा में लहराती उसकी चुन्नी मटके से छू गई। पंडिताइन की आँखें उस पर पड़ीं तो वह क्रोध से झुलस गई, उसने कपड़ा पीटने वाली लकड़ी उठा ली और लड़की की ओर फेंकी, निशाना चूक गया था। डरी और सहमी लड़की वहाँ से भाग गयी। पंडिताइन ने मटके को उठाकर बाहर फेंक दिया और लड़की को अश्लील गालियाँ बकने लगी।"[16] अब दलित लेखकों की दलित चेतना सम्पन्न कहानियाँ और लघुकथाएँ निरन्तर प्रकाशित हो रही हैं जिससे उम्मीद बँधती है कि दलित कथा निश्चय ही समृद्धि की सीमा तक जा पहुँचेगी।

दलित उपन्यास

हिन्दी दलित साहित्य में उपन्यास की उपस्थिति इसके उज्ज्वल भविष्य का संकेत है। यूँ तो पहले भी दलित साहित्यकारों द्वारा उपन्यास लिखे गए। इनमें डॉ. धर्मवीर का 'पहला खत', बलवन्त सिंह 'चार्वाक' का 'भूखी चिनगारी की लाल मुस्कराहट',

जयप्रकाश कर्दम का 'करुणा' तथा प्रेम कपाड़िया का 'माटी की सौगन्ध' आदि के नाम लिए जा सकते हैं। लेकिन इन तीनों उपन्यासों के कथ्य दलितों की समस्याओं से सम्बन्धित नहीं थे। अतः इन्हें दलित उपन्यास की मान्यता प्राप्त नहीं हो सकी। किसी दलित उपन्यासकार का दलित चेतना सम्पन्न पहला उपन्यास 'छप्पर'[17] को माना जाता है जिसके लेखक जयप्रकाश कर्दम हैं। इस सम्बन्ध में डॉ. एन. सिंह ने लिखा है कि—"जयप्रकाश कर्दम का उपन्यास 'छप्पर' एक परिवर्तनकारी उपन्यास है जिसे मैं हिन्दी का पहला दलित उपन्यास मानता हूँ।"[18] 'छप्पर' की कथावस्तु एक मजदूर परिवार के युवक चन्दन की शिक्षा के लिए जद्दोजहद की कहानी है। जिसमें उसकी माँ रमिया और पिता सुक्खा को गाँव के ब्राह्मण, बनियों और ठाकुरों द्वारा मिलकर उत्पीड़ित किया जाता है कि वह सदियों से चली आती परम्पराओं को तोड़कर अपने लड़के को शहर में पढ़ने क्यों भेज रहा है? इससे समाज के उच्चवर्गीय लोगों की नाक कट जाएगी। लेकिन सुक्खा इन सारे दबावों से झुकने को तैयार नहीं होता है। जिसके कारण उसे घर से बेघर होना पड़ता है। वह गाँव के पास के एक कस्बे में मेहनत मजदूरी करने लगता है और शहर में चन्दन को पढ़ाई-लिखाई के लिए पैसा भेजता रहता है। चन्दन भी शहर में हरिया की झुग्गी में रहता है, कालिज जाता है और लौटकर दलित बालकों के लिए एक स्कूल चलाने लगता है। इससे पूरी बस्ती में शिक्षा के प्रति आकर्षण तो बढ़ता ही है, एक नई चेतना भी आने लगती है। धीरे-धीरे चन्दन अपने इस काम को शहर से देहातों तक ले जाता है, जो एक दिन जनान्दोलन का रूप ले लेता है और दलित एकजुट होकर धार्मिक, आर्थिक और सामाजिक शोषण के विरुद्ध विद्रोह कर देते हैं। संक्षेप में यही है 'छप्पर' का कथानक। इसके कथ्य और शिल्प पर विचार करते हुए डॉ. पुरुषोत्तम सत्यप्रेमी ने लिखा है कि—"मेरा आशय यह नहीं है कि 'छप्पर' में दलित समाज की यातनाओं, उनके साथ किए जा रहे पाखंडपूर्ण एवं अमानवीय सामाजिक व्यवहार अथवा उनकी दुर्गति—उपेक्षा, उत्पीड़न, प्रवंचना की कथा के माध्यम से जयप्रकाश कर्दम ने महज अपनी कलात्मक भूख या रचनात्मक जिजीविषा को शान्त करने की कोशिश की है। अपितु इसके विपरीत यहाँ हम लेखक की सामाजिक प्रतिबद्धता, उसके समतामूलक समाज की संरचना के सरोकारों से रूबरू होते हैं। अब यह बात तो अपनी जगह है कि बगैर मानवीय पीड़ा के कोई रचना जन्म लेती ही नहीं। एक बात और मानना ही होगा कि जयप्रकाश कर्दम में शिल्प शैली की एक प्रवाहमयी ऊर्जा है। इसी ऊर्जा के कारण वह निर्झर की गतिमान धारा की तरह छप्पर की अपनी कथा के साथ पाठक को बहा ले जाता है। उपन्यास की भाषा प्रवाहमयी और कहीं-कहीं काव्यमयी है। सचमुच यह एक पठनीय सफल कृति है। यह निःसंकोच कहा जा सकता है कि जयप्रकाश कर्दम का उपन्यास 'छप्पर' हिन्दी दलित साहित्य की नींव का पत्थर

या पथ प्रदर्शक 'माइल स्टोन' है।"[19] यह निःसंकोच कहा जा सकता है, हिन्दी दलित साहित्य का यह प्रथम उपन्यास अनेक सम्भावनाएँ जगाता है।

हिन्दी दलित साहित्य का दूसरा उपन्यास श्री सत्यप्रकाश द्वारा लिखित 'जय तस भई सवेर'[20] है। इस उपन्यास की कथावस्तु इस प्रकार है—"उपन्यास का एक पात्र हरसन्ना भगत (ब्राह्मण) है, जो लोगों को तरह-तरह के अन्धविश्वासों में उलझाता है। चौधरी देवी पाल इन कर्मकाण्डों की पूर्ति के लिए उनको ऊँची ब्याजदर पर कर्ज देकर उनके घर-खेत हड़पता है, उनसे बेगार करवाता है। वह गाँव की दलित औरतों की इज्जत से खेलता है। मंगल पहलवान के दो बेटे, सरवन और हंसा हैं। सरवन, पूजा-पाठ, जात-जमात आदि का विरोधी है। वह इन बातों में विश्वास न करके मेहनत से कमाता है, उसका परिवार सुखी है। उसका बेटा शिवदास पढ़कर बैंक में नौकरी पर लग जाता है। वह एक सवर्ण युवती से प्रेम विवाह करता है, जिसका सवर्णों द्वारा विरोध भी होता है।

दूसरी ओर हंसा और उसकी पत्नी दोनों घोर अन्धविश्वासी हैं। वे हर छोटी-बड़ी आपदा में या किसी काम को करने से पहले हरसन्ना भगत की सलाह लेते हैं। हरसन्ना भगत आपदा का कारण सरवन द्वारा टोटका या हवा छुड़वाए जाने की बात बताता है और फिर देवता जाहर पीर को खुश करने के लिए उपाय बताता है। जिसमें सबसे प्रमुख होता है जात लगाना। आर्थिक तंगी के कारण हंसा जात लगाने के लिए देवीपाल से कर्ज लेता है, कर्ज न चुकाये जाने पर बेगार करता है। पूजा के बहाने देवीपाल और हरसन्ना भगत दोनों मिलकर हंसा की पत्नी की इज्जत लूटते हैं। हंसा पूरी तरह बर्बाद हो जाता है।

सरवन और हंसा में हमेशा झगड़ा रहता है। दोनों कभी एक नहीं हो पाते। लेकिन अन्त में दलितों द्वारा एकजुट होकर देवीपाल और हरसन्ना भगत का विरोध किया जाता है। उनको जेल होती है। अन्याय, अज्ञानता और उत्पीड़न के शिकार दलितों के अन्धकारपूर्ण जीवन में जैसे-तैसे ज्ञान और उत्थान का सवेरा होता है।

इस उपन्यास पर गम्भीरतापूर्वक विचार करने के उपरान्त श्री जयप्रकाश कर्दम लिखते हैं कि—"उपन्यास के ज़रिए सामाजिक और धार्मिक रूढ़िवादिता के ख़िलाफ समाज में चेतना प्रवाहित करने की दृष्टि से 'जय तस भई सवेर' एक सफल प्रयास है।"[21] इसके उपरान्त मोहनदास नैमिशराय का उपन्यास 'मुक्ति पर्व'[22] प्रकाशित हुआ है। जो अपने कथ्य में सम्पूर्ण दलित संघर्ष को समेटे हुए है। इसका शिल्प और शैली अन्य उपन्यासों से प्रौढ़ एवं प्रवाहयुक्त है जो हिन्दी दलित साहित्य में आने वाले उपन्यासों के लिए मार्गदर्शक होगी।

दलित नाटक

हिन्दी क्षेत्र में दलित रंगमंच विकसित नहीं हो पाया जिसके कारण दलित लेखकों

ने बहुत अधिक नाटक नहीं लिखे। अब दिल्ली और पूर्वी उत्तर प्रदेश में दलित नाटकों का मंचन प्रारम्भ हो गया है। ये प्रायः रैदास जयन्ती एवं डॉ. अम्बेडकर जयन्ती के अवसर पर मंचित किये जाते हैं। लेकिन अब दलित नाटकों का मंचन कुछ नाटक ग्रुपों द्वारा भी किया जाने लगा है। दलित नाट्य साहित्य को सबसे अधिक नाटक श्री माताप्रसाद ने दिए हैं। उनके नाटकों में धर्म के नाम पर धोखा (1977), अछूत का बेटा (1990), वीरांगना झलकारी बाई (1995), तड़फ मुक्ति की (1999), वीरांगना ऊदा देवी पासी (1999), प्रतिशोध (1999), अन्तहीन बेड़ियाँ तथा धर्म परिवर्तन (2000) आदि। श्री माताप्रसाद ने अपने प्रत्येक नाटक में दलित समाज की किसी न किसी समस्या को उठाया और अन्ततः उसका समाधान भी प्रस्तुत किया है। कुछ नाटकों में ऐसे नायक-नायिकाओं को प्रस्तुत किया है, जिनकी पहचान भारतीय इतिहास से मिटाने का प्रयास किया गया। माताप्रसाद एक ऐसे सिद्धहस्त नाटककार हैं, जिनके नाटकों में युगबोध अपनी सम्पूर्ण विद्रूपता के साथ मुखरित हुआ है। उनके नाटकों का गम्भीरतापूर्वक अध्ययन करने के उपरान्त डॉ. शिप्रा बैनर्जी ने लिखा है कि—"नाटककार माताप्रसाद जी अपनी सामाजिक चेतना से प्रेरित हो समाज में व्याप्त बुराइयों को उद्घाटित कर एक ओर जहाँ दर्शकों की रुचि का परिष्कार करते हैं वहीं दूसरी ओर उन्हें इन समस्याओं से बचने के लिए भी आगाह करते हैं। इसके लिए पहले वे एक वैज्ञानिक की भाँति समस्या के तल तक जाते हैं। उसके कारणों का अन्वेषण करते हैं। फिर एक दार्शनिक के समान उसके प्रभाव प्रतिक्रिया पर विचार करते हैं। और अन्त में एक समाज सुधारक की तरह उस समस्या का समाधान प्रस्तुत करके ही अपने कर्त्तव्य की इतिश्री करते हैं। माताप्रसाद जी के नाटक हिन्दी नाट्य साहित्य में अपना विशिष्ट स्थान बनाने में समर्थ होंगे तथा आज ही नहीं आने वाला कल भी इन नाटकों को स्वीकृति देगा।"[23] हिन्दी दलित नाटक की दृष्टि से माताप्रसाद का योगदान निश्चय ही अमूल्य है।

एन. आर. सागर ने भी 'मार्ग का काँटा' तथा 'अन्तिम अवरोध' दो नाटकों का सृजन किया है। लेकिन ऐसा प्रतीत होता है कि ये दोनों ही आकाशवाणी से प्रसारण हेतु लिखे थे। दलित दृष्टिकोण से महत्त्वपूर्ण नहीं हैं। यही स्थिति मोहनदास नैमिशराय के नाटक 'अदालतनामा' की भी है। लेकिन कर्मशील भारती का नाटक 'फाँसी' 'इंडिया टुडे' में छपी रिपोर्ट 'पंच बने यमराज' के आधार पर लिखा गया था। जिसमें मेहराना (हरियाणा) में एक दलित युवक को सवर्ण युवती से प्रेम करने के कारण दिन दहाड़े पंचायत ने गाँव में ही फाँसी पर लटका दिया था। यह नाटक मंचित तो हुआ, लेकिन प्रकाशित न हो सका।

रघुबीर सिंह 'अरविन्द' का नाटक 'इतिहास की पहली घटना'[24] अपने कथ्य और लेखक के दृष्टिकोण के कारण एक महत्त्वपूर्ण नाट्य कृति है। इस नाटक

में डॉ. अम्बेडकर और सवर्ण हिन्दू नेताओं के बीच 24 सितम्बर 1932 को हुए उस समझौते को आधार बनाया गया जिसके तहत अब दलितों को आरक्षण की सुविधा प्राप्त हो रही है। ब्रिटिश प्रधानमन्त्री रैमजे मैकडोनाल्ड ने गोलमेज सभा में डॉ. अम्बेडकर के तर्कों को सुनकर 'कम्युनल अवार्ड' की घोषणा कर दी थी जिसके विरोध में गाँधी ने यरवदा जेल में आमरण अनशन कर दिया था। गाँधी की प्राण रक्षा के लिए हिन्दू नेताओं ने डॉ. अम्बेडकर पर दबाव डालना प्रारम्भ कर दिया तो अन्ततः उन्हें यह समझौता करना पड़ा जिसमें दलितों की पूर्ण मुक्ति के बदले उन्हें यह आरक्षण प्राप्त हुआ। श्री रघुबीर सिंह 'अरविन्द' ने डॉ. अम्बेडकर की पीड़ा, और विवशता तथा गाँधी जी की राजनीतिक चतुरता का बहुत ही मार्मिक चित्रांकन इस नाटक में किया है। इस नाटक के प्रथम अंक के तीसरे दृश्य का यह अंश देखिए–

''(बम्बई में मुंबा देवी का मन्दिर। एक सुनियोजित जुलूस में डॉ. अम्बेडकर एवं उनके साथी)

डॉ. अम्बेडकर : बाडेकर! मन्दिर प्रवेश में भी संघर्ष। ईश्वर का भी बँटवारा।

बाडेकर : (हैरानी से) डॉ. साहब! आपको मालूम है सनातनी कुछ शर्तें दलितों के सामने रखने वाले हैं। मामला दबाने के लिए फिर एक कुचक्र।

डॉ. अम्बेडकर : सनातनियों के चक्रव्यूह में प्रवेश तो आसान है लेकिन निकलना कठिन। मानसिक परिवेश को बदना ही पड़ेगा। बाडेकर।''[25]

कुल मिलाकर यह नाटक एक बहुत ही सशक्त कृति बन पड़ा है।

डॉ. एन. सिंह और ललित मैन्दौला द्वारा लिखित नाटक 'कठौती में गंगा'[26] एक महत्त्वपूर्ण नाट्यकृति है जिसमें सन्त रैदास के जीवन और उपदेशों को आधार बनाया गया है। नवें खण्ड के एक दृश्य के यह अंश द्रष्टव्य है:

''(मण्डप द्वार पर शोरगुल, काशी के पण्डे रैदास के उपदेशक बनने पर एतराज कर रहे हैं।)

एक : अरे अनर्थ हो गया भइया?

दूसरा : क्या हुआ?

पहला : एक शूद्र मंदिर में बैठकर उपदेश दे रहा है।

तीसरा-चौथा : यह तो वास्तव में पाप है।

रैदास : क्या पाप है और क्या पुण्य, ये तो शास्त्रार्थ का विषय है। आप लोग वहाँ क्यों नहीं जाते शास्त्रार्थ करने शंकराचार्य जी के पास।

पहला : अरे हम डरते हैं क्या शास्त्रार्थ से हम तो जाएँगे ही, लेकिन तुम जा सकते हो क्या?

दूसरा : तुम्हें उपदेश देने की और शास्त्रार्थ करने की आज्ञा किसने दी?

रैदास : क्यों?

तीसरा : क्योंकि तुम्हें तो ईश्वर पूजन का अधिकार है ही नहीं।

रैदास : ईश्वर भक्ति पर जन-जन का अधिकार है। ईश्वर न मस्जिद में है, न मन्दिर में और जो हृदय में वास करता हो उससे दूरी कैसे हो सकती है?''[27]

इस नाटक में रैदास के चरित्र को एक प्रखर चिन्तक और समाज सुधारक के रूप में प्रस्तुत करने का प्रयास किया गया है।

हिन्दी दलित साहित्य की इस संक्षिप्त जीवन अवधि में इनकी नाट्यकृतियों का प्रकाशित होना उसके उज्ज्वल भविष्य का स्पष्ट संकेत है।

दलित आत्मकथा

आत्मकथा लिखना सचमुच बहुत साहस का काम है। आत्मकथा लिखने के लिए जिस प्रकार की तटस्थता, ईमानदारी, स्पष्टता, प्रामाणिकता, निर्ममता और बेबाकी की आवश्यकता होती है, हिन्दी में अपने हिन्दू संस्कारों के कारण उसका सदैव अभाव ही रहा है। दरअसल हिन्दी-साहित्यकारों का चरित्र यूँ भी दोहरा ही रहा है, अतः हिन्दी में जितनी भी आत्मकथाएँ प्रकाशित हुई हैं, उनमें सत्य इतना ही है, जितना कि लेखक के व्यक्तित्व को उभारने में सहायक सिद्ध हुआ हो। इन आत्मकथाओं पर निरन्तर सवाल उठते रहे हैं कि ये दलित लेखक अपनी आत्म कथाएँ लिखकर दलितों की अस्मत जरी क्यों कर रहे हैं? कुछ इनकी भाषा पर अश्लीलता के आरोप भी लगाते हैं। इस विवाद में गैर-दलित लेखक ही नहीं, कुछ दलित लेखक भी शामिल हैं। डॉ. सोहनपाल 'सुमनाक्षर' का विचार है कि—''दया पँवार कृत बलुतं की तर्ज पर बहुत लोग आत्मकथा लिखने की कोशिश कर रहे हैं, परन्तु इनमें वह वास्तविकता कहाँ है?...हिन्दी में जिस तरह से दलित लेखक आत्मकथा लिखने की होड़ मचा रहे हैं, वह नकल मात्र है। अपने आपको उपहास बनाने की बात है। क्यों लोग हिन्दी में मराठी की नकल कर दलित साहित्य का विकास करना चाह रहे हैं।''[28] प्रश्न उठता है कि क्या किसी व्यक्ति की आत्मकथा किसी दूसरे व्यक्ति की नकल हो सकती है? लेकिन दलित आत्मकथाओं में अभिव्यक्त सच्चाई, इतनी बदरंग होती है कि उसे झेल पाना न तो दलितों के लिए सहज है और नहीं गैर-दलितों के लिए। श्री मोहनदास नैमिशराय ने लिखा है कि—''दलित आत्मकथा लिखने के संकट दोहरे हैं। दलित कथाकार को पहले स्वयं अपने समाज/जाति/परिवार और रिश्तेदारों से भी जूझना पड़ता है। बाद में सवर्ण जाति के समीक्षिकों/टीकाकारों से भी उलझना जरूरी हो जाता है। जो शालीनता तथा अश्लीलता की विपरीत शब्दावलियों के बहाने ऐसे कथाकारों को कोसना कतई नहीं भूलते...आत्मकथा छपने के पश्चात् ही मुझे अपने तथा परायों, दोनों ने अपनी-अपनी तीखी प्रतिक्रियाओं/लाछनों/दोषारोपणों तथा शील-अश्लीलता की कई पुरानी परिभाषाओं के साथ खूब घेरा। जहाँ एक तरफ मेरे भाइयों ने यह

कहा कि इस पुस्तक को जला दो, अन्यथा लोग मेरे घर को जला देंगे, वहीं एक मित्र रंजन जैदी ने इसलिए बुरा मानते हुए कहा कि आखिर आत्मकथा लिखने का मेरा मकसद क्या है? कि मैंने लौंडेबाजी के सन्दर्भ में मेरठ के स्थानीय मुसलमानों का जिक्र किया था, जो उन्हें बेहद खला। स्वयं दलित समाज से दो-चार ने मुझ पर ताने भी कसे। उनका कहना था कि अपनी ही जाति की दबी हुई परतें उघाड़ने की"[29] आखिर क्या आवश्यकता है।" हिन्दी दलित लेखकों की आत्मकथाएँ जहाँ कुछ लोगों को मराठी की नकल लग रही हैं, वहीं कुछ लोगों को आशंका है कि ये दलित लेखक नंगी सच्चाइयों को अभिव्यक्ति देकर अपने समाज को बेइज्जत कर रहे हैं। इसी प्रकार के सवालों से ओमप्रकाश बाल्मीकि को भी दो-चार होना पड़ा है। अपनी आत्मकथा 'जूठन' की भूमिका में वे लिखते हैं कि–"कई मित्र हैरान थे, अभी से आत्मकथा लिख रहे हो। उनसे मेरा निवेदन है कि–उपलब्धियों की तराजू पर यदि मेरी इस व्यथा-कथा को रखकर तौलोगे तो हाथ कुछ नहीं लगेगा। एक मित्र की यह भी सलाह थी कि मैं आत्मकथा लिखकर अपने अनुभवों का मूलधन खा रहा हूँ। कुछ का यह भी कहना था कि खुद को नंगा करके आप अपने समाज की हीनता को ही बढ़ाएँगे। एक बेहद आत्मीय मित्र को भय सता रहा है। उन्होंने लिखा आत्मकथा लिखकर आप अपनी प्रतिष्ठा ही न खो दें।"[30] कौशल्या बैसंत्री को भी लिखना पड़ा कि–"पुत्र, भाई, पति सब मुझ पर नाराज हो सकते हैं। परन्तु मुझे भी तो स्वतन्त्रता चाहिए कि मैं अपनी बात समाज के सामने रखूँ।"[31] वस्तुतः इन दलित लेखकों के जीवन में जो उत्पीड़न और अपमान का दंश है उसे ही इन्होंने अपने समाज के माध्यम से लौटाया है जैसा कि डॉ. श्यौराज सिंह 'बेचैन' ने अपनी आत्मकथा 'चमारका' में लिखा है कि–"धन्य है मेरा देश यह भारत। किस स्वर्ग से बढ़कर है यह देश जहाँ मेरी माँ-बहनों की तुलना पशुओं से की जाती है और उनसे पशु जैसा आचरण किया जाता है। 'बकरी का दूध और चमारी की...(अश्लील अकथनीय शब्द) टाँग उठाओ' अथवा 'चमरिया से चाची कह दो सो चौका में चली आएगी' 'करिया बामन गोरा चमार इनके संग न उतरो पार' 'जेठ की धूप, चमार की छाँव से दूर रहो'–ये लोक कहावतें किसकी देन हैं? ऐसे सम्बोधनों की भरमार है गैर-दलितों के पास हमारे लिए! सदियों से शब्दों के ये पत्थर फेंके जाते रहे हैं हमारी ओर! हम उनके कमेरे और सेवक जो ठहरे। तो आज मैं इन्हें वापस करता हूँ। स्वीकार हो हजूर! दलित लौटाना चाहता है आपको आपकी भाषा आपका व्यवहार।"[32] चूँकि दलितों के साथ सवर्णों का जो व्यवहार रहा है, और उसका जो परिणाम दलितों ने अपने आर्थिक, धार्मिक, सामाजिक और नैतिक जीवन में भोगा है। उसका चित्रण सवर्ण हिन्दुओं को कठघरे में खड़ा करके उन्हें अपराधी घोषित करता है। इसलिए इन आत्मकथाओं ने हिन्दी-साहित्य जगत में एकबारगी तूफान खड़ा कर दिया है।

सर्वप्रथम हिन्दी में डॉ. भगवान दास की आत्मकथा 'मैं भंगी हूँ'[33] प्रकाशित हुई। उसके लम्बे समय बाद मोहनदास नैमिशराय की आत्मकथा 'अपने-अपने पिंजरे' (1995) आई। फिर ओमप्रकाश बाल्मीकि की 'जूठन' (1997) तथा अब कौशल्या बैसंत्री की 'दोहरा अभिशाप' (1999) प्रकाशित हुई। श्यौराज सिंह 'बेचैन' की आत्मकथा 'चमारका' का प्रकाशन हजारी बाग (बिहार) से प्रकाशित त्रैमासिक पत्रिका 'युद्धरत आम आदमी' के अक्टूबर-दिसम्बर 1998 अंक से प्रारम्भ हुआ, जो निरन्तर जारी है। हिन्दी के प्रतिष्ठित लेखक माताप्रसाद की आत्मकथा का एक अंश उनके अभिनन्दन ग्रंथ 'शिखर की ओर' में 'दलित जीवन के खट्टे-मीठे अनुभव'[34] शीर्षक से प्रकाशित हुआ है। इसके अतिरिक्त सूरजपाल चौहान की अप्रकाशित आत्मकथा 'घूँट अपमान के'[35] का एक अंश 'दलित साहित्य–1999' में प्रकाशित हुआ है।

कुल मिलाकर ऐसा प्रतीत होता है कि आने वाले दशक में हिन्दी दलित साहित्य में आत्मकथाओं की एक बड़ी संख्या होगी। जो हिन्दी दलित साहित्य की प्रगति का एक स्पष्ट प्रमाण है।

दलित आलोचना

हिन्दी दलित साहित्य में आलोचना अभी अपने प्रारम्भिक चरण में है। दलित समीक्षकों द्वारा समीक्षा का प्रारम्भ तो पुस्तक समीक्षाओं से ही हुआ। डॉ. एन. सिंह, ओमप्रकाश बाल्मीकि, कँवल भारती, जयप्रकाश कर्दम, तथा पुरुषोत्तम 'सत्यप्रेमी' आदि ने हिन्दी-साहित्य की कई महत्त्वपूर्ण पुस्तकों की समीक्षा की। लेकिन जब सवर्ण आलोचकों ने बार-बार यह कहना प्रारम्भ किया कि हिन्दी में तो दलित साहित्य है ही नहीं, तो डॉ. एन. सिंह ने 'दलित साहित्य चिन्तन के विविध आयाम'[36] नामक पुस्तक का सम्पादन किया। जिसे हिन्दी दलित साहित्य में आलोचना की पहली पुस्तक माना जाता है। इस सम्बन्ध में मोहनदास नैमिशराय ने लिखा है कि–"डॉ. एन. सिंह द्वारा सम्पादित 'दलित साहित्य चिन्तन के विविध आयाम' हिन्दी दलित साहित्य को समझने, परखने के लिए पहली पुस्तक मानी जाएगी, जिसमें विभिन्न दृष्टिकोण से लिखे गए दलित साहित्य पर बारह महत्त्वपूर्ण लेखों का संग्रह है।"[37] जिस पर डॉ. चमनलाल[38] और ओमप्रकाश बाल्मीकि[39] ने भी इसी दृष्टिकोण से टिप्पणियाँ की हैं। उनके उपरान्त डॉ. टी. पी. राही की पुस्तक 'हिन्दी दलित कविता : नये सन्दर्भ'[40] हालाँकि यह एक लघु-शोध-प्रबन्ध है, फिर भी अपने विवेच्य विषय के कारण हिन्दी दलित कविता के विवेचन की दृष्टि से एक महत्त्वपूर्ण कृति है। इसकी भूमिका में प्रो. (डॉ.) अंगने लाल ने लिखा है कि–" 'हिन्दी दलित कविता : नये सन्दर्भ' को मैंने देखा और पाया कि समसामयिक परिप्रेक्ष्य में हिन्दी दलित कविता का विश्लेषण यथार्थ और मौलिक

है।''[41] रजत रानी 'मीनू' का एम. फिल् के लिए लिखा गया लघु-शोध-प्रबन्ध 'नवें दशक की हिन्दी दलित कविता'[42] पुस्तक के सम्बन्ध में 'हंस' सम्पादक राजेन्द्र यादव ने लिखा है कि–''नवें दशक की हिन्दी दलित कविता कई अर्थों में एक सार्थक पाठ है''[43] तथा रामदास शास्त्री ने इसे ''दलित साहित्य की प्रवृत्तियों को खोजने का अपूर्व प्रयास''[44] माना है। कुल मिलाकर, हिन्दी दलित साहित्य का आलोचना पक्ष अभी अपनी शैशवावस्था में है। लेकिन भविष्य में इसके पुष्ट होने की पूरी सम्भावनाएँ मौजूद हैं।

दलित निबन्ध

हिन्दी दलित साहित्य में निबन्ध की उपस्थिति इसकी परिपक्वता का प्रमाण है। हिन्दी दलित लेखकों द्वारा लिखित निबन्धों में प्रायः सामाजिक मुद्दों पर लिखित निबन्धों की ही अधिकता है। लेकिन डॉ. पुरुषोत्तम 'सत्यप्रेमी' का सर्वप्रथम ललित निबन्ध संग्रह 'पत्ते क्यों गिरते हैं' (1989) प्रकाशित हुआ। इसके उपरान्त उनके दलित निबन्धों का संग्रह 'दलित साहित्य और सामाजिक न्याय'[*45] (1997) आया। इस पुस्तक में उनके आठ निबन्ध संकलित हैं। इन निबन्धों की विषयवस्तु को स्पष्ट करते हुए, उन्होंने पुस्तक के 'लेखकीय' में लिखा है कि–'' 'दलित साहित्य और सामाजिक न्याय' में आज के समय में उभरे दलित साहित्य चिन्तन के अनेक स्वरों की पहचान की गई है और दलित साहित्य की विविध विधाओं में उसका व्यावहारिक रूप क्या रहा है। इसका मैंने अपने अल्पज्ञान के आधार पर आकलन करने का प्रयत्न भर किया है।''[46] इस पुस्तक में संकलित लेख 'दलित साहित्य की भाषा' निश्चय ही एक पठनीय निबन्ध है, जो डॉ. 'सत्यप्रेमी' की सुलझे हुए चिन्तन की अभिव्यक्ति है।

कँवल भारती दलित साहित्य के प्रतिष्ठित लेखक हैं। वे मूलतः पत्रकारिता से साहित्य में आए, अतः उनके निबन्धों के कई संग्रह प्रकाशित हुए हैं। उनका बहुचर्चित निबन्ध संग्रह 'लोकतन्त्र में भागीदारी के सवाल'[47] अपने दलित सरोकारों के कारण एक पठनीय कृति है। इस पुस्तक में कँवल भारती के आरक्षण के सम्बन्ध में लिखे गए छब्बीस लेख संकलित हैं।

डॉ. सुशीला टाकभौरे का निबन्ध संग्रह 'परिवर्तन जरूरी है'[48] में उनके ग्यारह निबन्ध संकलित हैं। जो विभिन्न दलित मुद्दों पर केन्द्रित हैं। उन्होंने अपने जिन लेखों में नारी की स्थिति पर विचार किया वे लेख अधिक विचारोत्तेजक बन पड़े हैं। जैसे 'नारी दलित क्यों और कब तक' निबन्ध में वे लिखती हैं कि–''नारी का शोषण हर जगह होता है, चाहे उच्च वर्ग हो या निम्न वर्ग। मध्य वर्ग में तो सबसे दीन हीन दशा में नारी रहती है। वह दोहरी जिन्दगी जीती है और दोहरा सन्ताप उठाती है। वह न हँस सकती है, न रो सकती है।''[49] नारी की स्थिति

का कितना तार्किक विश्लेषण यहाँ किया गया है।

डॉ. एन. सिंह का निबन्ध संग्रह 'मेरा दलित चिन्तन'[50] में उनके चौदह लेख संकलित हैं। अपने इन लेखों के विषय में स्वयं लेखक का कहना है कि–"मेरी मान्यता है कि दलित चिन्तन एक दर्शन भी है, जो हमें वह दृष्टि देता है कि हम समकालीन घटनाक्रम को दलित हित के दृष्टिकोण में देखें और जानने का प्रयास करें कि भविष्य में अमुक घटना का दलित जीवन पर क्या प्रभाव पड़ेगा और यदि वह प्रभाव प्रतिकूल है, तो उससे बचने का रास्ता क्या है। हमारी दृष्टि जितनी पारदर्शी और दूरदर्शी होगी, हमारा लेखन उतना ही सार्थक तथा प्रभावी होगा। मेरे इन लेखों में मेरी यह दृष्टि स्पष्ट परिलक्षित होती है। चाहे वह अयोध्या में बाबरी मस्जिद का विध्वंस हो, चाहे धर्म में घटती व्यक्ति की आस्था हो। मैंने सब पर इसी दृष्टिकोण से विचार किया है।"[51] डॉ. सिंह के दलित राजनीति और साहित्य पर लिखित निबन्ध बहुत ही प्रभावशाली हैं।

डॉ. दयानन्द 'बटोही' के निबन्धों का संग्रह 'साहित्य और सामाजिक क्रान्ति'[52] में उनके मिले-जुले नौ निबन्ध संकलित हैं। इसमें उनके कुछ ही निबन्ध पठनीय बन पड़े हैं। इन निबन्धों में 'साहित्य में नैतिकता की समस्या' तथा 'सामाजिक क्रान्ति के लिए दलित साहित्य की आवश्यकता' बहुत ही अच्छे बन पड़े हैं। इन निबन्धों पर दृष्टिपात करते हुए जयप्रकाश कर्दम ने लिखा है कि–"उनके सभी निबन्ध साहित्य के विभिन्न आयामों पर केन्द्रित हैं, जिनमें उनके गहन विचारों का समावेश है। राष्ट्रीयता, समाजवाद, और नैतिकता के साथ-साथ, दलित चेतना उनके लेखों की मुख्य विषयवस्तु है। चीजों को देखने-परखने की डॉ. बटोही की अपनी दृष्टि है और उनकी यह दृष्टि उनके इन लेखों में भी स्पष्ट रूप से दृष्टिगोचर होती है, जो परम्परागत मूल्य और मान्यताओं के विरुद्ध नवजागृति, नवनिर्माण और नवसृजन का आह्वान करती है।"[53] निश्चय डॉ. दयानन्द 'बटोही' के निबन्ध तार्किक विवेचन और विश्लेषण प्रस्तुत करते हैं।

हिन्दी दलित साहित्य में निबन्ध केवल दलित समस्याओं से ही सम्बन्धित लिखे गए हैं जो केवल विश्लेषणात्मक हैं। ये निबन्ध सामाजिक, धार्मिक, आर्थिक, एवं राजनीतिक स्थितियों का विश्लेषण करते हैं। निबन्ध अभी अपनी शैशवावस्था में है, लेकिन भविष्य में इसके निश्चित दिशा में विकसित होने की पूरी सम्भावनाएँ हैं।

इसके अतिरिक्त हिन्दी दलित साहित्य पर बहुत सारे शोधप्रबन्ध भी लिखे गए हैं। इन शोधप्रबन्धों में कुछ उपाधिपरक हैं, कुछ उपाधि निरपेक्ष! उपाधिपरक शोधप्रबन्धों में–"हिन्दी-साहित्य में दलित चेतना (आनन्द बास्कर), प्रेमचन्द साहित्य में दलित चेतना (डॉ. बलवन्त साधु जाधव), हिन्दी उपन्यासों में दलित वर्ग (डॉ. कुसुम मेधवाल), हिन्दी दलित पत्रकारिता पर डॉ. अम्बेडकर का प्रभाव

(डॉ. श्यौराज सिंह 'बेचैन')। इसके अतिरिक्त उपाधि निरपेक्ष शोधप्रबन्धों में—हिन्दी काव्य में दलित काव्यधारा (माताप्रसाद), दलित दस्तावेज (एम. आर. विद्रोही) आदि के नाम उल्लेखनीय हैं।

दलित पत्र-पत्रिकाओं के विशेषांक

बीसवीं शताब्दी के अन्तिम दशक में हिन्दी की पत्र-पत्रिकाओं ने भी दलित साहित्य के विकास में अपना महत्त्वपूर्ण योगदान किया। सारिका (सं. कमलेश्वर) तथा संचेतना (सं. महीप सिंह) ने मराठी दलित साहित्य को आधार बनाकर विशेषांकों का प्रकाशन किया जो अपने आप में मील का पत्थर है। उनका उल्लेख तो बराबर होता रहा है लेकिन इधर जिन पत्र-पत्रिकाओं ने अपने विशेषांक प्रकाशित किए, उनकी भूमिका को रेखांकित करने का प्रयास ही हम यहाँ कर रहे हैं।

फर्रुखाबाद से प्रकाशित मासिक पत्रिका 'प्रज्ञा साहित्य'[54] ने मार्च-जून, 1995 में प्रसिद्ध दलित साहित्यकार ओमप्रकाश बाल्मीकि के अतिथि सम्पादन में दलित साहित्य विशेषांक का प्रकाशन किया जो इस दृष्टि से महत्त्वपूर्ण है कि इस पत्रिका में हिन्दी के कुछ लेखकों जैसे राजेन्द्र यादव, कमलेश्वर, महीप सिंह और सुरेन्द्र प्रताप सिंह आदि के साक्षात्कारों में दलित साहित्य के सम्बन्ध में उनके विचारों की अभिव्यक्ति है जिससे पता चलता है कि अब दलित साहित्य के प्रति, उस तरह का नकार नहीं है, बल्कि देर-सवेर दलित साहित्य मान्यता के स्तर पर स्थापित हो जाएगा। अपने सम्पादकीय 'साहित्य में कठमुल्लापन' में बाल्मीकि ने हिन्दी दलित साहित्य की स्थिति और वैचारिक संकटों का सटीक विश्लेषण किया है।

बम्बई से प्रकाशित 'सुमन लिपि'[55] मासिक ने डॉ. एन. सिंह के अतिथि सम्पादन में नवम्बर 1995 में 'दलित साहित्य अंक' का प्रकाशन किया। इस अंक पर टिप्पणी करते हुए मोहनदास नैमिशराय ने लिखा है कि—''बम्बई से प्रकाशित 'सुमन लिपि' हिन्दी मासिक का नवम्बर 1995 का दलित विशेषांक अच्छा बन पड़ा है...उनके प्रयास की इस अभियान में प्रशंसा तो करनी ही पड़ेगी कि उन्होंने दलित साहित्य की पहचान हेतु सुमन लिपि को चुना।''[56] कुल मिलाकर इस विशेषांक ने हिन्दी दलित साहित्य को अहिन्दी भाषी क्षेत्रों विशेषकर महाराष्ट्र और गुजरात तक पहुँचाया।

जमशेदपुर से प्रकाशित 'नारी संवाद'[57] की सम्पादक डॉ. रेणु दीवान ने 'दलित महिला विशेषांक' का प्रकाशन, अक्टूबर-दिसम्बर, 1995 में प्रकाशित किया जिसमें भारतीय समाज और साहित्य में दलित स्त्री की स्थिति की पड़ताल करने का बहुत महत्त्वपूर्ण प्रयास किया गया है।

इसके उपरान्त 'युद्धरत आम आदमी' त्रैमासिक की सम्पादक रमणिका गुप्ता

ने हिन्दी दलित साहित्य को पहचान के स्तर पर स्थापित करने का महत्त्वपूर्ण प्रयास किया। उन्होंने इस पत्रिका के चार विशेषांक, क्रमशः दलित चेतना (कविता),[58] दलित चेतना (कहानी),[59] दलित चेतना (साहित्य),[60] दलित चेतना (सोच),[61] शीर्षकों से प्रकाशित किए तथा बाद में इस लगभग एक हजार पृष्ठों की सामग्री को उन्होंने पुस्तकाकार में प्रकाशित किया जिससे सैकड़ों दलित लेखक और कवि प्रकाश में आए।

इसके पश्चात् 'राष्ट्रीय सहारा' दैनिक, नई दिल्ली ने डॉ. श्यौराज सिंह 'बेचैन', देवेन्द्र चौबे और विभांशु दिव्याल के सहयोग से हस्तक्षेप के दो अंकों 18 और 25 जनवरी, 1997 को 'हिन्दी लेखन में दलित चेतना' पर केन्द्रित किया।

'पश्यन्ती'[62] त्रैमासिक सम्पादक डॉ. प्रणव कुमार बन्द्योपाध्याय ने नई दुनिया प्रकाशन समूह के अन्तर्गत आने पर अपना पहला अंक 'दलित चेतना पर केन्द्रित विशेषांक' प्रकाशित किया। इस अंक में दलित मुद्दों पर खुलकर चर्चा हुई है और पहली बार लगा है कि विस्तृत प्रसार वाली पत्रिकाएँ भी अब दलित साहित्य को प्रमुखता दे रही हैं।

गोरखपुर से प्रकाशित 'कल के लिए'[63] का दलित साहित्य विशेषांक, दिसम्बर 1998 में प्रकाशित हुआ। इसकी विषयवस्तु पर प्रकाश डालते हुए देवेन्द्र चौबे ने लिखा है कि " 'कल के लिए' में दलित साहित्य पर केन्द्रित रचनाओं में रामविलास शर्मा, जबरीमल्ल पारख के लेख, जयप्रकाश कर्दम, कर्मशील भारती, नमिता सिंह की कहानियाँ, श्यौराज सिंह 'बेचैन', महेन्द्र बेनीवाल की कविताएँ, विश्वनाथ त्रिपाठी, ओमप्रकाश बाल्मीकि, अजय तिवारी से क्रमशः संजीव, महेन्द्र बेनीवाल, नीरज कुमार की बातचीत, कुँवरपाल सिंह की मदन दीक्षित के उपन्यास 'मोरी की ईंट' की समीक्षा और दलित साहित्य पर एक परिसंवाद आदि शामिल हैं। परिसंवाद में राजेन्द्र यादव, मुरली मनोहरप्रसाद सिंह, मोहनदास नैमिशराय और श्यौराज सिंह बेचैन शामिल हैं।" इस अंक ने दलित साहित्य दलित लेखकों द्वारा लिखित साहित्य है या गैर-दलितों द्वारा दलित समस्याओं पर लिखित साहित्य भी दलित साहित्य है की लम्बे समय से चल रही बहस को ही आगे बढ़ाया है।

हिन्दूवादी साहित्य का गढ़ समझे जाने वाले शहर वाराणसी के आचार्य रामचन्द्र शुक्ल साहित्य शोध-संस्थान से प्रकाशित त्रैमासिक पत्रिका 'नया मानदण्ड'[64] ने भी दलित संघर्ष पर केन्द्रित विशेषांक का प्रकाशन जयप्रकाश कर्दम के अतिथि सम्पादन में किया। इस अंक में कुसुम चतुर्वेदी की प्रस्तावना और जयप्रकाश कर्दम के सम्पादकीय के अतिरिक्त बुद्धशरण हंस, डॉ. तारापरमार, चन्द्र भान प्रसाद, डॉ. अवन्तिका प्रसाद मरमट, रघुबीर सिंह, रिखीराम एडवोकेट, डॉ. शत्रुघ्न प्रसाद, स्वरूप चन्द्र, डॉ. एन. सिंह, डॉ. श्यौराज सिंह 'बेचैन', डॉ. पुरुषोत्तम सत्यप्रेमी, जयप्रकाश कर्दम, डॉ. सी. बी. भारती, डॉ. मधुसूदन शर्मा और कुमार

अतुल के लेख शामिल हैं।

संचेतना[65] मासिक ने जून 1999 में 'हिन्दी मानस और दलित लेखन' विषय पर अपना विशेषांक प्रकाशित किया जिसमें इस तथ्य की पड़ताल करने का प्रयास किया गया कि क्या हिन्दी मानस में कभी दलित लेखन के प्रति कभी कोई रुचि रही है? और क्या भविष्य में उसे मान्यता मिलने की सम्भावना है? इसमें दलित लेखकों में डॉ. चमन लाल को छोड़कर डॉ. श्यौराज सिंह बेचैन, ओमप्रकाश बाल्मीकि, डॉ. एन. सिंह और जयप्रकाश कर्दम आदि की मान्यतो है कि हिन्दी मानस में दलित लेखन के लिए कभी स्वीकार का भाव नहीं रहा, और भविष्य में भी इसे आसानी से नहीं स्वीकारा जाएगा। दलित लेखकों की इस राय से रमणिका गुप्ता, देवेन्द्र चौबे आदि भी सहमत हैं। लेकिन शेष सवर्ण लेखकों का मानना है कि हिन्दी मानस में दलित के लिए रुचि रही है और वर्तमान में इसके प्रसार के पीछे यही कारक काम कर रहे हैं। खैर 'संचेतना' के इस अंक ने दलित साहित्य के विमर्श को आगे बढ़ाने में बहुत महत्त्वपूर्ण काम किया है।

उपर्युक्त पत्र-पत्रिकाओं के विशेषांकों के अतिरिक्त जयप्रकाश कर्दम के सम्पादन में दलित साहित्य वार्षिकी 'दलित साहित्य–1999'[66] का प्रकाशन हिन्दी दलित साहित्य के इतिहास में एक महत्त्वपूर्ण घटना है। इस महाअंक में 16 लेख, 12 कहानियाँ, 2 लघुकथाएँ, 1 आत्मकथन, 1 नाटक का अंश, 16 दलित कवियों की कविताओं के साथ ही हिन्दी दलित साहित्य की पड़ताल करते हुए 6 समीक्षात्मक लेख शामिल हैं। 320 पृष्ठों के डिमाई आकार में प्रकाशित इस अंक ने सिद्ध कर दिया है कि हिन्दी-साहित्य में दलित साहित्यकारों की एक पूरी फौज तैयार हो गई है जो कलम की कुल्हाड़ी की धार को निरन्तर तेज कर रही है, जिससे दलित और दलित साहित्य के विरुद्ध रचे जा रहे षड्यन्त्रों की किलेबन्दी को तोड़ा जा सके।

सन्दर्भ :

1. डॉ. कुसुमलता मेधवाल : हिन्दी उपन्यासों में दलित वर्ग, पृ. 1
2. प्रेम कुमार मणि : दलित साहित्य : एक परिचय (लेख) दलित साहित्य : चिन्तन के विविध आयाम, सं. डॉ. एन. सिंह, पृ. 57
3. पीड़ा जो चीख उठी, प्रकाशक भारतीय दलित साहित्य मंच, दिल्ली, प्र. सं. 1988
4. रमेश कुमार : आधुनिक हिन्दी कहानियों में दलित चेतना, आजकल, दिल्ली, जनवरी 1992, पृ. 13
5. डॉ. सूर्यनारायण रणसुभे (सं.) : दलित कहानियाँ; पंचशील प्रकाशन, जयपुर, प्र. सं. 1981
6. डॉ. गिरिराज शरण अग्रवाल (सं.) : दलित जीवन की कहानियाँ; प्रभात प्रकाशन, दिल्ली, प्र. सं. 1986

7. रमणिका गुप्ता (सं.) : दूसरी दुनिया का यथार्थ; नवलेखन प्रकाशनं, हजारी बाग, प्र. सं. 1997
8. डॉ. एन. सिंह (सं.) : काले हाशिए पर, प्रकाशक लोकवाणी संस्थान, दिल्ली, प्र. सं. 1998
9. डॉ. एन. सिंह (सं.) : यातना की परछाइयाँ; नवलेखन प्रकाशन, हजारीबाग, प्र. सं. 1998
10. श्री कुसुम वियोगी (सं.) : चर्चित दलित कहानियाँ; साहित्य निधि, दिल्ली, प्र. सं. 1996
11. श्री कुसुम वियोगी (सं.) : समकालीन दलित कहानियाँ; मुहिम प्रकाशन, हापुड़ (उ.प्र.) प्र. सं. 1998
12. श्री कुसम वियोगी (सं.) : दलित महिला कथाकारों की चर्चित कहानियाँ; साहित्य निधि, शाहदरा, दिल्ली, प्र. सं. 1996
13. जय चौहान : चाहिए ऐसा साहित्य जो व्यवस्था की गाँठें समझा सके; राष्ट्रीय सहारा, दिल्ली, 28 दिसम्बर, 1994
14. रत्नकुमार साँभरिया : बाँग तथा अन्य लघुकथाएँ; विवेक पब्लिशिंग हाउस, जयपुर, प्र. सं. 1996
15. डॉ. एन. सिंह : आक्रोशित स्थितियों पर प्रश्निल टिप्पणियाँ (पुस्तक समीक्षा); हंस, मासिक, दिल्ली, मार्च 1997, पृ. 87
16. रत्नकुमार साँभरिया : बाँग तथा अन्य लघुकथाएँ, पृ. 36
17. जयप्रकाश कर्दम : छप्पर; संगीता प्रकाशन, शाहदरा, दिल्ली, प्र. सं. 1994
18. डॉ. एन. सिंह : उत्पीड़न का रचनात्मक प्रतिफलन : छप्पर (पुस्तक समीक्षा); न्यायचक्र, मासिक, दिल्ली, जुलाई 1994 (संयुक्तांक), पृ. 54
19. डॉ. पुरुषोत्तम 'सत्यप्रेमी' : दलित साहित्य और सामाजिक न्याय, पृ. 72
20. सत्यप्रकाश : जय तस भई सवेर; कामना प्रकाशन, दिल्ली, प्र. सं. 1998
21. जयप्रकाश कर्दम : रूढ़िवादिता के खिलाफ चेतना का स्वर : जय तस भई सवेर (पुस्तक समीक्षा); दलित साहित्य, 1999, पृ. 318
22. मोहनदास नैमिशराय : मुक्तिपर्व; प्रवीण प्रकाशन, दिल्ली, प्र. सं. 1999
23. डॉ. शिप्रा बैनर्जी : माताप्रसाद के नाटकों में सामयिकबोध; शिखर की ओर, (श्री माताप्रसाद अभिनन्दन ग्रंथ), पृ. 225
24. रघुवीर सिंह 'अरविन्द' : इतिहास की पहली घटना, राज प्रकाशन, अलीगढ़ (उ.प्र.), पृ. 1993
25. वही, पृ. 15
26. डॉ. एन. सिंह एवं ललित मैन्दोला : कठौती में गंगा; लोकवाणी संस्थान, दिल्ली, प्र. सं. 1998
27. वही, पृ. 58
28. डॉ. सोहनपाल 'सुमनाक्षर' : हिन्दी-साहित्य को दलित साहित्य से प्रेरणा लेनी चाहिए; राष्ट्रीय सहारा, दिल्ली, 18 जनवरी, 1997

29. मोहनदास नैमिशराय : हिन्दी दलित साहित्य में आत्मकथा लिखने के संकट, अभिमूकनायक, दिल्ली, फरवरी 2000, पृ. 3
30. ओमप्रकाश बाल्मीकि : जूठन (भूमिका)
31. कौशल्या बैसंत्री : दोहरा अभिशाप, (भूमिका)
32. डॉ. श्यौराज सिंह 'बेचैन' : चमारका...(आत्मकथा)
33. युद्धरत आम आदमी : त्रैमासिक, हजारी बाग, अक्टूबर-दिसम्बर, 1998, पृ. 52
34. डॉ. भगवान दास : मैं भंगी हूँ (आत्मकथा); दलित टुडे प्रकाशन, लखनऊ, .1998
35. डॉ. एन. सिंह (सं.) : शिखर की ओर, पृ. 131
36. सूरजपाल चौहान : घूँट अपमान के (आत्मकथा अंश) दलित साहित्य, 1999, पृ. 243
37. डॉ. एन. सिंह (सं.) : दलित साहित्य : चिन्तन के विविध आयाम; आम प्रकाशन, बम्बई, 1996
38. समकालीन भारतीय साहित्य, दिल्ली, मार्च-अप्रैल, 1997, पृ. 166, कदम, मऊनाथ भंजन, अंक 2-3, अप्रैल से अक्टूबर, 1998, पृ. 63
39. हंस, नयी दिल्ली, अप्रैल, 1999, पृ. 88
40. डॉ. टी. पी. राही : हिन्दी दलित कविता : नए सन्दर्भ; कल्चरल पब्लिशर्स, लखनऊ, 1996
41. वही, भूमिका
42. रजतरानी 'मीनू' : नवें दशक की हिन्दी दलित कविता; दलित साहित्य प्रकाशन संस्था, नयी दिल्ली, 1996
43. वही, पृ. 8
44. वही, पृ. 6
45. डॉ. पुरुषोत्तम 'सत्यप्रेमी' : दलित साहित्य और सामाजिक न्याय; कंचन प्रकाशन, शाहदरा, दिल्ली, प्र. सं. 1996
46. वही, पृ. 6
47. कँवल भारती : लोकतन्त्र में भागीदारी के सवाल, प्रकाशक : बोधिसत्व, सिविल लाइन्स, रामपुर (उ.प्र.), 1997
48. डॉ. सुशीला टोकभौरे : परिवर्तन जरूरी है, प्रकाशक : शरद प्रकाशन, नागपुर, प्र. सं., 1997
49. वही, पृ. 88
50. डॉ. एन. सिंह : मेरा दलित चिन्तन; प्रकाशक : कंचन प्रकाशन, शाहदरा, दिल्ली, प्र. सं., 1998
51. वही, दो शब्द
52. डॉ. दयानन्द बटोही : साहित्य और सामाजिक क्रान्ति; प्रकाशक : विकल्प, तिलक नगर, दिल्ली, प्र.सं. 1999
53. वही, चलो, चुप्पी तो टूटी (भूमिका)
54. प्रज्ञा साहित्य (मासिक), अतिथि सम्पादक ओमप्रकाश बाल्मीकि, फर्रुखाबाद, मार्च-जून, 1995

55. सुमनलिपि (मासिक), आताथ सम्पादक डॉ. एन. सिंह, बम्बई, नवम्बर, 1995
56. मोहनदास नैमिशराय : दलित अस्मिता के आसपास की पत्रकारिता (लेख), राष्ट्रीय सहारा, दिल्ली, 12 फरवरी, 1996
57. नारी संवाद (मासिक), जमशेदपुर, सं. डॉ. रेणु दीवान, अक्टूबर-दिसम्बर, 1995
58. युद्धरत आम आदमी, त्रैमासिक, दलित चेतना कविता विशेषांक, सं. रमणिका गुप्ता, हजारीबाग, जुलाई-सितम्बर, 1995
59. युद्धरत आम आदमी, त्रैमासिक, दलित चेतना कहानी विशेषांक, सं. रमणिका गुप्ता हजारीबाग, अक्टूबर 1995 से मार्च 1996
60. युद्धरत आम आदमी, त्रैमासिक, दलित चेतना साहित्य विशेषांक, सं. रमणिका गुप्ता, हजारी बाग, अप्रैल-सितम्बर, 1996
61. युद्धरत आम आदमी, त्रैमासिक, दलित चेतना सोच विशेषांक, सं. रमणिका गुप्ता, हजारीबाग, अक्टूबर-दिसम्बर, 1996
62. पश्यंती, त्रैमासिक, सं. प्रणव कुमार बन्द्योपाध्याय, इन्दौर, अप्रैल-जून, 1998
63. कल के लिए (मासिक), सं. जयनारायण, गोरखपुर, दिसम्बर, 1998
64. नया मानदण्ड (त्रैमासिक), अतिथि सम्पादक, जयप्रकाश कर्दम, वाराणसी, अक्टूबर-दिसम्बर, 1998
65. संचेतना (मासिक), सम्पादक डॉ. महीप सिंह, दिल्ली, जून, 1999
66. दलित साहित्य, 1999, सं. जयप्रकाश कर्दम, दिल्ली, (वार्षिक आयोजन)

इक्कीसवीं शताब्दी में साहित्य के समक्ष चुनौतियाँ
हिन्दी के उपन्यास-साहित्य का विशिष्ट-सन्दर्भ

डॉ. चमनलाल गुप्त

इक्कीसवीं सदी और नई सहस्राब्दी के प्रवेश-द्वार पर खड़ी मानवता ठिठककर सोच रही है कि आगे क्या होगा? साहित्य किसी भी जाति या समाज की सृजनशीलता का सर्वश्रेष्ठ परिचायक होता है। साहित्य के माध्यम से अपने समय के संसार को जानने और गढ़ने का प्रयास हर जाति करती है और इसी से सभ्यताओं और संस्कृतियों का निर्माण होता है। साहित्य एवं कलाओं के समक्ष चुनौतियों का अर्थ है मानव की सृजनशीलता के समक्ष चुनौतियाँ क्या होंगी? यह शताब्दी सामान्य नहीं है क्योंकि गत 2-3 दशकों से इसका भावबोध, रंग-रूप इतनी तेजी से बदला है कि मनुष्य का अपनी सृजनशीलता को लेकर चिन्तित होना स्वाभाविक है। औद्योगिक युग का राष्ट्रीय पूँजीवाद एवं औपनिवेशिक पूँजीवाद एकाएक छलाँग लगाकर अन्तर्राष्ट्रीय बाज़ार और भूमण्डलीकरण की माँग करने लगा है। आधुनिक युग में पूँजीवादी उत्पादन, प्रजातंत्र और कल्याणकारी राज्य के सपने धराशायी हो चुके हैं। समाजवाद का सपना ध्वस्त हो चुका है और उसकी स्मृतियाँ मानव-मन में टीस बनकर जीवित हैं। पूँजीवादी औद्योगिक व्यवस्था जिस ज्ञानोदय, नवजागरण एवं फ्रांसीसी क्रान्ति के समानता, स्वतन्त्रता एवं भ्रातृत्व जिन नारों से पैदा हुई थी वे कब के दफन हो चुके और पूँजीवाद का घिनौना शोषक चेहरा जो लाभ और लोभ का मूर्त्त रूप है आज मानवता का मुँह चिढ़ा रहा है। आधुनिकता द्वारा निर्मित समस्त संरचनाएँ जोकि पूरे विश्व को व्याख्यायित करती थीं दम तोड़ चुकी हैं। अब न तो डार्विन का विकासवाद मानव के दैहिक सत्य को प्रमाणित करता है, न फ्रायड का मनोविश्लेषणवाद उसकी मानसिक पशुता का सत्य माना जा रहा है। साम्यवाद का मार्क्सवादी सपना वृद्ध पूँजीवाद की उपभोक्तावादी संस्कृति की ताब न लाकर हिमखण्ड-सा पिघलकर विलीन हो गया। इक्कीसवीं शताब्दी आधुनिकता की तर्क प्रणाली, कार्य-कारण शृंखला, नैतिक सिद्धान्तवाद, तकनीकी

निर्धारणवाद को अँगूठा दिखाकर आधुनिकोत्तर पॉप-संस्कृति, अपमिश्रित जीवन-शैली एवं साहित्य कलाओं को लेकर हमारे समक्ष खड़ी है।

इक्कीसवीं शताब्दी की चुनौतियों पर बात करने से पहले इक्कीसवीं सदी की बनावट एवं बुनावट को समझ लेना आवश्यक है। यह सदी आधुनिकतावादी चिन्तन और समाजवादी सपने की राख पर खड़ी है। अब पिछले युग की तरह मनुष्य के पास न तो लोक कल्याणकारी राज्य का सपना है जो प्रजातन्त्र के माध्यम से देखा गया था और न ही समाजवादी, साम्यवादी, समतामूलक समाज का सपना उसके पास है जिसे समाजवादी क्रान्ति ने साकार करना चाहा था। दोनों सपने मानव की स्वार्थपरता, संकीर्णता, लाभ और लोभ की भेंट चढ़ गए। आज अन्तर्राष्ट्रीय व्यापार के युग में, बहुराष्ट्रीय कम्पनियाँ हवा, पानी, मिट्टी और जीवन तक का निजीकरण कर इसे औद्योगिक उत्पादन में बदलने में लगी हैं। हर दुर्लभ पदार्थ बाजार की वस्तु है और उसे बाजारी मूल्य पर बिकना चाहिए। डेनियल बेल ने इसे उत्तर-औद्योगिक समाज कहा है जहाँ पर उत्पादन इतना बढ़ गया है कि उसके लिए बाजार खोजे या खोले जा रहे हैं। माँग का क्षितिज और ऊर्ध्व विकास करने के लिए आर्थिक उदारीकरण भूमण्डलीकरण के नारे दिए जा रहे हैं और आई.एम.एफ. डब्ल्यू.बी. के माध्यम से तीसरी दुनिया का अँगूठा डंकल प्रस्तावों पर लगवाया जा रहा है। उन्नत राष्ट्रों के उत्पाद का आनन्द विकासशील राष्ट्रों के मध्यम वर्गीय बाजार का उपभोक्ता ले सके इसकी तैयारी है। इसको आसान बनाने के लिए सूचना-प्रौद्योगिकी और संचार-क्रान्ति का जिन्न आ उपस्थित हुआ है। मार्शल मेकलूहान हमारे युग को 'सूचना युग' की संज्ञा देता है क्योंकि कम्प्यूटर, ई-मेल, दूरदर्शन के युग में प्रिण्ट माध्यम बौने पड़ गए हैं। मीडिया या प्रचार माध्यम वस्तुओं का प्रचार ऐसे कर रहे हैं कि लोग वस्तुओं को भूलकर उनकी छवियाँ खरीदने में लगे हैं। तीसरी दुनिया के पिछड़े लोगों के लिए उन्नत तकनीक के द्वारा एक ऐसे परी लोक के दर्शन करवाए जा रहे हैं कि वे सब अपनी अस्मिता भूलकर अपनी सुध-बुध खोकर वही देख रहे हैं जो आज का वृद्ध पूँजीवाद दिखाना चाहता है वही सुन रहे हैं जो वह सुनाना चाहता है। पूरे के पूरे राष्ट्र विचार-शून्य, संवेदन-शून्य, भाव-शून्य बनते जा रहे हैं। हमारा युग विकेन्द्रीकरण का युग है, संरचनाओं के टूटने का युग है। इतिहास, संस्कृति, विचारधारा, धर्म, ईश्वर, मनुष्य सब खण्डित हो रहे हैं। अतिवृत्तान्त टूट रहे हैं। यथार्थ का द्विचर (Binasy) स्वरूप नष्ट हो गया है। प्रचार-तन्त्र ने अच्छे-बुरे, उचित-अनुचित, पाप-पुण्य का भेद मिटा दिया है। सब अपने-अपने परिप्रेक्ष्य में ठीक है, यही आज का नारा है। कोई विचार, सिद्धान्त, नैतिकता अथवा महावृत्तान्त आज मानव के व्यवहार को संचालित नहीं करता, मात्र व्यावहारिकता, समय की आवश्यकता और सुविधा ही ठीक आचरण की कसौटी है। विवेक अथवा बुद्धि का मापदण्ड हर स्थिति में अपनी रक्षा करने

में है। इस वृद्ध पूँजीवाद (Later Capitalism) का अन्तिम तर्क उपभोक्तावाद है, ऐसा जेमेसन ने बताया है। पूरे संसार को एक मण्डी या बाजार बनाकर, पूरे मानव समुदाय को उपभोक्ता बनाकर धन कमाना ही युगधर्म है। डार्विन का जैविक विकासवाद अब भूमण्डलीकरण के सामाजिक विकासवाद का रूप धारण कर रहा है। बड़ी आर्थिक शक्तियाँ, तकनीकी शक्ति से सम्पन्न होकर कमजोर राष्ट्रों को निगल जाना अपना अधिकार समझती हैं।

हमारा युग मानव-मात्र के लिए कड़ी परीक्षा का युग है। संचार माध्यमों से उसकी इन्द्रियाँ जैम कर दी गई हैं, उसका चिन्तन सीमित कर दिया गया है, उसका भावजगत कलुषित कर दिया गया है। संचार माध्यमों ने वस्तुओं की छलनाओं को इस प्रकार प्रक्षेपित किया है कि मनुष्य अन्धाधुन्ध उपभोग के पीछे भाग रहा है। एक सतत असन्तुष्ट उपभोक्ता बन कर वस्तुओं की छलना में भटकना, यही उसकी नियति है। मनुष्य को समझाया जा रहा है कि उसकी प्रतिष्ठा, उसका अस्तित्व वस्तुओं में है। उपभोग का स्तर उसका सामाजिक स्तर तय करेगा, उसकी शिक्षा, जाति, वंश, या परिवार नहीं। बोद्रिआं ने जिस भयावह उपभोक्ता समाज का नक्शा खींचा है उसे साकार करने में 'कौन बनेगा करोड़पति' 'छप्पर फाड़ के' तथा ऐसे ही असंख्य अपसंस्कृति के चमकते नक्षत्र चकाचौंध पैदा कर रहे हैं। हमारा युग ऐसे जीवन और समाज का परिचायक है जिसमें कर्मों के भोग पर विश्वास नहीं रह गया है, भोग के कर्म की लालसा बढ़ी है। हमारा युग तकनीक, पूँजी, केन्द्रीय-अर्थतन्त्र और सत्ता की विवशता का खेल है। जीवन का समग्रतावादी स्वरूप बिखर गया है, हम टुकड़ों में जीवन जी रहे हैं, उसे ही पूर्णता मान रहे हैं। प्रकृति से तारतम्य अब मात्र पर्यावरण तक सिकुड़ गया है।

हर युग कुछ यक्ष-प्रश्न बिखेरता हुआ आता है जिनका उत्तर युग-दृष्टि रखने वाले युधिष्ठिरों को देना होता है ताकि मानवता जीवित हो सके, जिन्दा रह सके। हमारे युग के यक्ष-प्रश्नों का उत्तर भी साहित्यकार एवं विचारक ही देंगे क्योंकि अतीत में भी उत्तर देने का दायित्व इन्हीं पर आया है। भीम, अर्जुन, नकुल और सहदेव के मृत शरीर युग की दहलीज पर पड़े हैं, जीवनदायी जल तो युधिष्ठिर को ही लाना है क्योंकि वह धैर्यवान है, विचारक है, धर्मराज है। साहित्य, समाज का तीसरा नेत्र होता है जिसके खुलते ही अमंगलकारी तत्त्व जल पर राख हो जाते हैं और अदृश्य भी दृश्य हो जाता है। इक्कीसवीं सदी की रक्षा यह तीसरा नेत्र कर सकेगा अपना नहीं यही यक्ष-प्रश्न है।

उपभोक्तावाद सुख कम देता है, वायदा बहुत अधिक का करता है। तीसरी दुनिया के वंचित, पश्चिमी सुखभोग के आकर्षक चित्र देखकर लालायित हो उठते हैं और विज्ञापनों द्वारा निर्मित छलनाओं के संसार में खो जाते हैं। वस्तु का यथार्थ चिन्हों में खो जाता है तथा मीडियम, सन्देश से अधिक महत्त्वपूर्ण बन जाता है।

ब्रैण्ड से गुणवत्ता का मिथक उभरता है। सच्चाई नेपथ्य में खो जाती है। बोद्रिआं इसे ही 'हाइपर रिएलिटी' अति यथार्थवाद का नाम देता है। छवियों के छलनामय संसार में सब कुछ बनावटी हो उठता है। संचार-माध्यम ऐसा विपर्यय रचते हैं कि यथार्थ, छवि के द्वारा सत्यापित होता है। हम छवि विकल संसार में निवास करने लगते हैं और जो नहीं है वही दीखने की लालसा करते हैं।

विकेन्द्रीकरण के चलते समग्रतावादी संरचनाएँ टूट रही हैं। नारीवाद, दलितवाद, अश्वेतवाद, अल्पसंख्यकवाद जो आधुनिकता के दौर में प्रस्तुति योग्य नहीं था, उपेक्षित था अब साहित्य के केन्द्र में आ रहा है। विकेन्द्रीकरण ने ही अनेकान्त को जन्म दिया। समस्याओं का कोई निश्चित, ठीक समाधान नहीं है। सब सही है, गलत कुछ भी नहीं। परिप्रेक्ष्य ही सही-गलत का निर्णय करता है। माना जाने लगा है कि सिद्धान्त और तर्क उत्पादित होते हैं इसलिए व्यर्थ हो जाते हैं।

यथार्थ, वस्तुनिष्ठ अथवा निश्चित नहीं। मीडिया यथार्थ को स्वरूप प्रदान करता है, उसे गढ़ता है, उसे मैनुपलेट करता है। मीडिया द्वारा सम्पादित यथार्थ स्वीकारने के लिए हम विवश हैं। मीडिया, यान्त्रिक तरीके से जनमत का निर्माण करता है और मनुष्य की विवेक-बुद्धि को सुला कर अपनी दृष्टि उस पर थोप देता है। मीडिया ने मनुष्य को मात्र दर्शक बना दिया है, विचार, संवेदनशून्य। मनुष्य के यथार्थ बोध को वह नियन्त्रित करता है।

आज का युगधर्म उपभोग, अनियंत्रित उपभोग है और उसको बढ़ावा देने का प्रयत्न पूरा तन्त्र कर रहा हे। उपभोग वस्तुतः आत्मकेन्द्रण की प्रक्रिया है। अतिशय इन्द्रियभोग इसलिए हमारी परमपरा में निषिद्ध समझा गया है क्योंकि यह मनुष्य का नहीं, पशुओं का गुण है। उपभोगवाद को बढ़ाने वाला भूमण्डलीकरण अथवा उदारीकरण, नव उपनिवेशीकरण अथवा पश्चिमीकरण ही है। उन्नत समाजों का यथार्थ वस्तुतः पिछड़े समाजों का स्वप्न बनता जा रहा है। टैस्ट ट्यूब बेबी, कलोनिंग, साइबर तकनीक, रोबो, इलैक्ट्रॉनिक मुद्रा और वर्चुअल रिएलिटी से एक आधुनिकेतर संसार बन रहा है, जो हमारे युग का यथार्थ है। जिस स्वर्गिक यथार्थ के दर्शन उन्नत राष्ट्र करवाते हैं उसकी यथार्थवत्ता नरक भोगती तीसरी दुनिया में छुपी है।

विकास के समकालीन मॉडल में गरीबी एक उप-उत्पाद की तरह बढ़ती जा रही है। अतिविकास से नई नैतिक, सांस्कृतिक और आर्थिक समस्याएँ उत्पन्न हो रही हैं।

इस प्रकार यह स्पष्ट हो जाता है कि इक्कीसवीं सदी का भौतिक जीवन और चिन्तन पिछली सदी से पर्याप्त भिन्न होगा। डेनियल बेल ने इसे 'उत्तर-औद्योगिक समाज' कहा तो मार्शल मैक्लूहन ने 'सूचना युग' की संज्ञा दी है।

लियोतार्द ने इस युग की केन्द्रीय प्रवृत्ति विकेन्द्रीकरण को माना और स्थापित संरचनाओं के टूटने की बात कही। बोद्रिआं ने इसे उपभोक्तावादी, उपभोगवादी युग कहा है।

इक्कीसवीं सदी में साहित्य और साहित्यकार

'साहित्य की मृत्यु' की घोषणा आल्विन कर्नान ने 1990 में की। अब साहित्यकार विशिष्ट प्राणी नहीं क्योंकि साहित्य भी अन्य प्रकार के लेखनों की तरह एक लेखन है। तकनीकी परिवर्तनों के कारण दृश्य माध्यम प्रकाशित सामग्री से अधिक महत्त्वपूर्ण हो गये हैं। 1968 में रोलाँ बार्थ ने (Death of the Author) में लेखन की केन्द्रीय स्थिति के समाप्त होने की घोषणा की। पहले लेखक दर्शन, धर्म या साहित्य लिखते थे जिन्हें समाज में सम्मान प्राप्त था। लेखक के विचार सर्वाधिक महत्त्वपूर्ण माने जाते थे जिन्हें आलोचक परिश्रमपूर्वक व्याख्यायित पर पाठक तक पहुँचाता था। आज लोकप्रिय साहित्य का महत्त्व संचार माध्यमों के कारण बढ़ा है और साहित्यकार तथा आलोचक महत्त्वपूर्ण नहीं रहे। मीडिया में लेखक के पाठ की अपेक्षा प्रस्तुति शिल्प अधिक महत्त्वपूर्ण हो गया है। पाठ की अन्विति लेखक में नहीं, पाठक में है और पाठक का उद्भव, पाठ को 'पाठकीय' बनाता है। अर्थग्रहण वैयक्तिक है, वस्तुनिष्ठ नहीं इसलिए भी आलोचक का महत्त्व नहीं रहा। देरिदा का विखण्डनवाद भाषा के स्तर पर शब्द और अर्थ के बदलते सम्बन्धों को स्पष्ट करता है और उत्तर-संरचनावादी व्याख्या द्वारा अर्थ की असंख्य सम्भावनाओं को व्यक्त करता है। इसी अर्थ को खोलने में आलोचक/पाठक का महत्त्व है।

इस प्रकार हम देखते हैं कि इक्कीसवीं शताब्दी का भौतिक जीवन और वैचारिक चिन्तन पर्याप्त रूप से वर्तमान सदी से भिन्न होगा। डेनियल बेल ने इसे 'उत्तर-औद्योगिक समाज' के उद्भव के रूप में पहचाना है और मार्शल मैक्लूहन ने इसे 'सूचना युग' तथा 'भूमण्डलीकृत गाँव' के रूप में देखा जिसमें माध्यम ही सन्देश बन जाता है और संचार क्रान्ति वस्तुओं की अपेक्षा छवियों के संसार में हमें भटकाती है। लियोतार्द ने उत्तर-आधुनिकता की मुख्य पहचान 'विकेन्द्रीकरण' के रूप में की है जिसके चलते आधुनिकता के सभी महावृत्तों का अवसान हो जाएगा। न ईश्वर होगा न धर्म, न मनुष्य होगा, न विचारधारा, न इतिहास रहेगा और न ही तर्क की केन्द्रीय स्थिति। साहित्य, साहित्यकार और आलोचक भी क्रमशः समाप्त होंगे तथा पाठक और उसके पाठ का उदय होगा। लोकप्रिय साहित्य अकादमिक साहित्य पर हावी हो जाएगा। जेमेसन ने उत्तर-आधुनिक स्थितियों को 'वृद्ध पूँजीवाद का सांस्कृतिक तर्क' कहा है। इसमें आधुनिकता द्वारा छोड़े गए रिक्त स्थान नई तरह की सांस्कृतिक चीजों से भर जाएँगे तथा 'निजी जगत' (प्राइवेसी) का अन्त हो जाएगा। सैक्स और हिंसा के माध्यम से निजी जगत समाप्त होगा

जिनका प्रयोग बाजार करेगा। यह मीडिया पापुलिज्म की स्थिति है। चूँकि उत्तर-आधुनिकता यथार्थ के तत्त्वों के मनमाने संयोजन की अवस्था है इसलिए यहाँ सृजन का स्थान 'निर्मित' या 'पुनर्निर्मित' ने ले लिया है। जब नया कुछ नहीं बनता है तो यह अनिवार्य है कि सांस्कृतिक निर्माण की प्रक्रियाएँ अतीत पर आश्रित हो जाएँगी। परम्परावाद या पुनरुत्थानवाद को बल मिलेगा। जेमेसन ने इसे उत्तर-आधुनिकता की सांस्कृतिक विशेषता माना है।

साहित्य तथा कलाओं के सम्बन्ध में उत्तर-आधुनिकता

उत्तर-आधुनिकता निश्चित दृश्य कारणों जैसे उत्तर-औद्योगिक युग या वृद्ध पूँजीवाद, तकनीकी वर्चस्व, उपभोक्ता समाज आदि के आधार पर बना एक व्यापक दृष्टिकोण है जिसने सम्पूर्ण समाज के हर पक्ष को प्रभावित किया है। उत्तर-आधुनिकता के इस दृष्टिकोण का साहित्य एवं कलाओं पर क्या प्रभाव पड़ा तथा आधुनिक कला और साहित्य और उत्तर-आधुनिक कला और साहित्य के अन्तर को रेखांकित करना हमारा लक्ष्य है।

उत्तर-आधुनिक कलासंगति (Harmony) को महत्त्व तो देती है परन्तु असंगत तत्त्वों का दमन करने और कृत्रिम रूप से संगति पैदा करने का विरोध करती है। आधुनिकता की केन्द्रवादी दृष्टि एक समग्र (Integrated) और संगति-पूर्ण (Harmonious) व्यवस्था को आदर्श मानती है जिसमें न कुछ जोड़ना सम्भव हो, न कुछ घटाना। उत्तर-आधुनिक युग की बहुलवादी दृष्टि ऐसी अति सरल संगति को व्यर्थ मानती है और इसके स्थान पर 'असंगतिपूर्ण-संगति, (Disharmonious Harmony) को प्रतिष्ठित करती है। असंगतिपूर्ण संगति को 'तीव्र-अन्तर्विरोध' (Oxymoron) के माध्यम से व्यक्त किया जाता है।

उत्तर-आधुनिक कला की दूसरी विशेषता यह है कि वह बहुलवादी दृष्टि की पोषक है। यह अन्तर्वस्तु (Content) तथा रूप (Form) के स्तर पर कला के लिए कोई निश्चित और अनिवार्य से प्रतीत होने वाले प्रतिमान स्थापित नहीं करती। इसके विपरीत यह विभेद (Difference) विषमता (Hetrogeneity) और विकल्प बहुलता (Variety) को प्रतिष्ठित करती है। इसके विपरीत आधुनिकता, एकरूपता की पक्षधर थी।

जैन्कस नेंडबल कोडिंग को उत्तर-आधुनिक कला का प्रमुख बिन्दु माना है—विडम्बना (Irony) अनेकार्थता (Ambiguity) और अन्तर्विरोध (Contradiction) के माध्यम से इसे व्यक्त किया जाता है। जैन्कस के अनुसार अन्तर्विरोधी दृष्टिकोण तथा स्वादों (Taste) को प्रामाणिकता देता है। डबल कोडिंग ऐतिहासिकता और समकालीनता को आमने-सामने खड़ा कर वर्तमान और अतीत के नैरन्तर्य को स्थापित करने में सहायक है। अतीत और वर्तमान के बीच इस 'क्रमिकता'

(Continum) और सम्बन्ध ने 'पैरोडी' 'नौस्टालजिया' और 'पैश्टीच' को तीव्र रूप में उभार दिया है। इस प्रकार उत्तर-आधुनिक कला की अन्तर्वस्तु विडम्बना, अन्तर्विरोध और अनेकार्थता पर आधारित है और शिल्प या रूप पैरोडी या पैश्टीच जैसी धारणाओं पर।

उत्तर-आधुनिकता के हित चिन्तकों ने 'बहुमुखता' पर बहुत बल दिया है। इन चिन्तकों के अनुसार कला में विविध प्रवृत्तियों या 'कोडों' (Codes) का प्रयोग किसी एक उद्देश्य के लिए किया जाता है तो बहुमुखता का गुण पैदा होता है। आधुनिकता में प्रायः एकोन्मुखता की प्रवृत्ति थी। बहुमुखी कला का यह लक्षण है कि यह खुद को विविध सन्दर्भों तथा शेष वातावरण से जोड़ती है। इसी विशेषता का विस्तार 'अन्तर्पाठीयता (Intertextuality) है जिसमें रचना में बहुत-सी अन्य रचनाओं के सन्दर्भ आते रहते हैं।

कलाओं के क्षेत्र में उत्तर-आधुनिकता के प्रभावों में 'परम्परा की पुनर्व्याख्या' (Tradition reinterpreted) का महत्त्व बढ़ा है। इतिहास-क्रमिकता के सन्दर्भ में कहा जा सकता है कि परम्परा की कोई भी धारणा या प्रघटना एक सन्दर्भ विशेष से सम्बद्ध होती है। पुनर्व्याख्या में उसे नए सन्दर्भ में रखा जाता है जिससे वह कोई नया और प्रासंगिक अर्थ देने लगती है। इस प्रकार हम देखते हैं कि अन्तर्वस्तु के स्तर पर 'विकेन्द्रीयता' और उसी से सम्बद्ध 'बहुमुखता' उत्तर-आधुनिक कला की निर्णायक विशेषताएँ हैं। इसी तरह पैश्टीच (या नियम विहीन पैरोडी) उत्तर-आधुनिक कला की प्रमुख विशेषता है जिसे सम्भव बनाने के लिए अन्तर्विरोध (Contradiction), जक्सटापोजिशन, अनेकार्थता आदि तत्त्वों का सहारा लिया जाता है।

साहित्य एक 'पठनीय' विधा या कला है, यद्यपि उसकी मंचीय या दृश्य-श्रव्य प्रस्तुति भी सम्भव है। मूलतः पठनीय होने के नाते साहित्य का जितना महत्त्व आधुनिक युग में था उतना उत्तर-आधुनिक युग में नहीं है। उत्तर-आधुनिक युग में एक ओर साहित्य या लेखन के मुकाबले दृश्य-श्रव्य माध्यमों को उपस्थित किया है तो दूसरी ओर अर्थ और सार जैसी मूल्य आधारित धारणा के स्थान पर 'मनोरंजन' की प्रतिष्ठित किया है। इस कारण एक ओर साहित्य (या लेखन) की केन्द्रीयता टूटी है तो दूसरी ओर लेखन 'में' (लेखक की) केन्द्रीयता भी टूटी है। लेखन की केन्द्रीयता के टूटने का सम्बन्ध मैक्लूहन के अनुसार इलैक्ट्रॉनिक मीडिया के विकास से है।

साहित्य के क्षेत्र में उत्तर-आधुनिकता ने जो महत्त्वपूर्ण परिवर्तन उपस्थित किया है, वह रचना लेखक और पाठक के सम्बन्धों में दिखता है तथा आधुनिकता के दौर में यह सम्बन्ध-व्यवस्था लेखक को केन्द्र में रखती थी। लेखक एक निश्चित अर्थ को रचना के माध्यम से व्यक्त करता था, रचना (या पाठ) एक माध्यम की

तरह होती थी जो उस 'अर्थ' को बिना क्षति पहुँचाए पाठक तक पहुँचती थी। पाठक का सरोकार रचना के नहीं, 'रचनाकार' के अर्थ से होता था। रचनाकार द्वारा प्रेषित अर्थ किसी विचारधारा द्वारा पुष्ट निश्चित अर्थ होता था जिसकी खोज आलोचक गहन चिन्तन एवं परिश्रम द्वारा पाठक तक पहुँचाता था इसलिए आलोचक का भी बहुत अधिक महत्त्व था। उत्तर-आधुनिकता में महावृत्तान्तों की समाप्ति से लेखक का महत्त्व कम होगा और आलोचकों की भूमिका समाप्त हो जाएगी क्योंकि साहित्य अधिकतर लोकप्रिय मनोरंजन का माध्यम बनेगा और लेखक द्वारा दिए अर्थ की अपेक्षा पाठक द्वारा प्राप्त अर्थ का महत्त्व बढ़ जाएगा। पाठक की भूमिका केन्द्रीय होने से 'पाठकीय पाठ' को प्रामाणिक एवं महत्त्वपूर्ण माना जाने लगेगा।

उत्तर-आधुनिकता ने अप्रस्तुति-योग्यों तथा अनुपस्थितों को प्रस्तुति योग्य तथा उपस्थित बनाया है। उत्तर-आधुनिकता में रचना को पाठ (Text) कहा जाता है क्योंकि इसका सम्बन्ध पाठक से है जबकि रचना का सम्बन्ध लेखक से है। पाठक हर पाठ को पढ़ते समय पुनः लिखता है इसलिए इसे (Writerly Text) लेखकीय पाठ कहा जाता था। आधुनिकता का पाठ (Text) लेखकीय पाठ था। क्योंकि लेखक अपनी रचना में पूरी तरह अपने अभिप्राय को व्यक्त नहीं करता और बहुत कुछ अनकहा रह जाता है इसलिए पाठक को लेखक से भिन्न मानना आवश्यक है। पाठक, समालोचक के समकक्ष होता है क्योंकि वह पाठ को पूर्णता प्रदान करता है। उत्तर-आधुनिकता रचना के विश्लेषण और मूल्यांकन में लेखक के अनुभव और उसके अर्थ को महत्त्व नहीं देती। यहीं आकर रोलां बार्थ के अनुसार लेखक की मृत्यु हो गई है क्योंकि वह पठन की प्रक्रिया के दौरान निरन्तर उपस्थित रहकर पाठ के अर्थ को निर्देशित नहीं कर सकता। वे साफ कहते हैं कि पाठक का जन्म अनिवार्य रूप से लेखक की मृत्यु की कीमत पर होना चाहिए। यहाँ आकर हम समझ सकते हैं कि उत्तर-आधुनिकता की धारणा में 'अर्थ' न लेखक में होता है, न आलोचक में। 'अर्थ' पाठ में 'स्थित' नहीं होता बल्कि वह 'पाठ' और 'पाठक' की अन्तःक्रिया द्वारा निर्धारित होता है। अतः न तो पाठ समान होते हैं और न एक पाठ अलग-अलग 'पठन' में समान होता है। इस दृष्टि से उत्तर-आधुनिकता का यह दावा है कि कोई भी रचना अन्य सभी रचनाओं (या पाठों) से सम्बद्ध होती है क्योंकि 'पाठ' संस्कृति के असंख्य केन्द्रों से लिए गए उद्धरणों का समुच्चय है। क्योंकि सभी पाठ ऐसे ही होते हैं, इसलिए स्वाभाविक है कि सभी पाठ अन्तःसम्बन्धित होते हैं। पाठों की यह अन्तःसम्बन्धता, अन्तःपाठीयता को जन्म देती है। उत्तर-आधुनिकता पाठ को पढ़ने की प्रक्रिया में 'विखण्डन' का सहारा लेती है। उत्तर-आधुनिकतावादी विचारकों का मानना है कि 'पाठ' एक ओर कुछ कहता है तो दूसरी ओर कुछ छुपाता है या दबाता है। पाठ क्या कह रहा है की अपेक्षा क्या छुपा या दबा रहा है उसकी खोज महत्त्वपूर्ण है।

उत्तर-आधुनिक भावबोध को व्यक्त करने वाले गत दो दशकों के हिन्दी उपन्यास

भूमण्डलीकरण और आर्थिक उदारीकरण की आँधी के साथ ही भारतीय समाज कम्प्यूटीकरण, संचार-क्रान्ति और नव-उपनिवेशवाद की गिरफ्त में आ गया। कुछ आन्तरिक अनिवार्यता और कुछ फैशन के स्तर पर हिन्दी उपन्यास साहित्य में गत बीस वर्षों में उत्तर-आधुनिक स्थितियों का चित्रण होने लगा। इस प्रकार के साहित्य लेखन में चार प्रकार के उपन्यासकारों की गणना की जा सकती है '

(क) उत्तर-औद्योगिक युग की विकेन्द्रित, मूल्यहीन व्यवहारवादी, पॉप-संस्कृति को आधार बनाकर लिखने वाले उपन्यासकार। इनमें मुख्य रूप से मनोहर श्याम जोशी और सुरेन्द्र वर्मा का नाम आता है। जोशी के चार उपन्यास 'कुरु कुरु स्वाहा', 'हमजाद', 'कसप' तथा 'हरिया हरकयूलिस की हैरानी' को लिया जा सकता है। सुरेन्द्र वर्मा का 'मुझे चाँद चाहिए' भी ऐसा ही उपन्यास है।

(ख) दूसरे प्रकार के उपन्यासकार वे हैं जो उत्तर-आधुनिक विकास की अवधारणा को गरीबों/ग्रामीणों/पिछड़े वर्गों के लिए विनाशकारी मानते हैं। वीरेन्द्र जैन के दो उपन्यास 'पार' और 'डूब' को इस श्रेणी में रखा जा सकता है।

(ग) तीसरे प्रकार के वे उपन्यासकार हैं जोकि आधुनिकता के दौर में साहित्य में उपेक्षित, अनुपस्थित अथवा बहिष्कृत पात्रों, परिस्थितियों अथवा कथानकों को साहित्य में ला रहे हैं। नारीवादी, दलित तथा अन्य जनजातीय क्षेत्रों से जुड़े उपन्यासों को इसमें लिया जा सकता है। मैत्रेयी पुष्पा का 'इदन्नमम', प्रभा खेतान का 'छिन्नमस्ता' तथा कृष्णा सोबती का 'दिलो दानिश' लिया जा सकता है।

(घ) चौथी तरह के उपन्यासकार वे हैं जोकि मिथकों को तोड़ कर उनमें नए अर्थ भर रहे हैं या फिर मिथकों का नए ढंग से विश्लेषण कर रहे हैं। भगवान सिंह का 'अपने-अपने राम' तथा नरेन्द्र कोहली के रामायण और महाभारत पर आधारित उपन्यास ऐसे ही हैं।

मनोहर श्याम जोशी : विभिन्न संचार माध्यमों से वर्षों जुड़े रहने वाले जोशी जी कथ्य तथा शिल्प, दोनों दृष्टियों से इक्कीसवीं सदी के उत्तर-आधुनिकतावादी भावबोध और शिल्प विधान को अपने उपन्यासों में उतारते प्रतीत होते हैं। 'कुरु कुरु स्वाहा' में अर्थ पर आधारित सम्बन्धों का विश्लेषण है। वाचक मैं स्वयं लेखक है जोकि 'जोशी जी' 'मनोहर' तथा 'मैं' तीन भूमिकाओं में एक साथ उतरा है। जोशी जी के रूप में वे महत्त्वाकांक्षी लेखक हैं, मनोहर के रूप में वे विद्वान ब्राह्मण हैं तथा 'मैं' जो कथावाचक भी है शुद्ध ऐन्द्रिय भोग तक सिमटा पुरुष शरीर है। उपन्यास की कहानी इन तीन स्तरों पर चलती है इसलिए अस्पष्ट और उलझी है। मनोहर सहज आस्था का अर्थात् हृदय का प्रतीक है, जोशी जी सन्देह, जिज्ञासा अर्थात मेधा या बुद्धि के प्रतीक हैं तथा मैं शरीर का, अस्तित्व-रक्षा का प्रतीक है।

व्यक्तित्व की एकसूत्रीय धारणाओं को खण्डित करता यह पात्र जिस पहुँचेली के प्रेम पाश में बँधता है वह भी अनेक स्तरों पर जीती है। वह वेश्या है, विदुषी है, क्रान्तिकारी है। कभी वह पहुँचेली बन जाती है, कभी पतुरिया, कभी तारा झवेरी तो कभी महामाया सेन गुप्ता। उपन्यास के निवेदन में कहा गया है कि 'कुरु कुरु स्वाहा' दृश्य और संवाद प्रधान 'गप्प बायोस्कोप' है। लेखन और दृश्य-श्रव्य माध्यम का संलयन उत्तर-आधुनिकता का एक और आयाम खोलता है। पहुँचेली के रूप में नारी की केन्द्रीय स्थिति भी उपन्यास को महत्त्वपूर्ण उत्तर-आधुनिक आयाम देती है। इसमें बहुमुखता का गुण है। पैश्टीच का प्रयोग हुआ है। इसमें बहुमुखता है क्योंकि फिल्मी दुनिया, साहित्यकारों की दुनिया, अपराध की दुनिया, तन्त्र-मन्त्र की दुनिया यहाँ एक साथ है। यौन सम्बन्धों की स्वायत्त-व्यवस्था और परम्परा के सैकड़ों उद्धरण भी इसमें हैं। भदेस चित्रण भी इसमें है जिसके माध्यम से अप्रस्तुतियोग्य यथार्थ को प्रस्तुत किया गया है। इसकी भाषा सन्दर्भानुसार बदलती है तथा ठोस गँवारू एवं बम्बइया भाषा से लेकर उर्दू, हिन्दी तथा संस्कृत का प्रयोग इसमें हुआ है। अन्तःपाठीयता ऐसे उपन्यासों का विशिष्ट गुण है क्योंकि इसके माध्यम से यह संकेतित किया जाता है कि रचना एक परम्परा का अंग है। विधाओं में संलयन का संकेत पहले किया गया है। इसमें फिल्म और उपन्यास शिल्प का मिश्रण है। सारी कथा बिखरी है तथा इसकी संगति अन्तर्विरोधी स्थितियों में उभरती है। जोशी जी के 'कसप' उपन्यास में प्रेम की नई अवधारणा है तो 'हरिया हरकयूलिस' में भदेस चित्रण के माध्यम से स्वार्थ पर आधारित सम्बन्धों का चित्रण है। 'हमजाद' समस्त नैतिक मान्यताओं और पारिवारिक सामाजिक मर्यादाओं के टूटने का साक्षी है। सुरेन्द्र वर्मा का उपन्यास 'मुझे चाँद चाहिए' भी कथ्य एवं शिल्प की दृष्टि से सम्पूर्ण उत्तर-आधुनिक मान्यताओं को रेखांकित करता है।

वीरेन्द्र जैन के दो उपन्यास 'पार' और 'डूब' जीरौन और लड़ैई गाँवों के बाँध के जल में डूबने की कहानी कहते हैं। भीलों का शोषण गाँव वाले और गाँव का शोषण शहर के लोग करते हैं। दोनों उपन्यास वर्तमान विकास के मॉडल पर उँगली उठाते हैं जिसमें कमजोर, पिछड़े, दलित लोगों को उजाड़ कर विशालकाय बाँधों से बिजली तैयार की जाती है जो अमीरों को और अमीर बनाने के काम में आती है। विकास बनाम प्रगति का विचार इन उपन्यासों में है। विकास की कीमत गरीब ही क्यों चुकाए?

भगवान सिंह ने 'अपने-अपने राम' में राम के पौराणिक मिथक को तोड़ कर, नष्ट करके एक कॉमरेड के रूप में चित्रित किया है जो प्रयोग की दृष्टि से नूतनता लिए है परन्तु जनग्राह्य नहीं है। कोहली जी ने रामायण और महाभारत के अनेक मिथकों की तर्क-संगत व्याख्या की है जो श्लाघ्य है। 'कलिकथा बाईपास' (अलका सरावगी), 'दीवार में खिड़की रहती थी' (विनोद शुक्ल) 'बारामासी', 'अन्तिम

अरण्य', 'अल्मा कबूतरी' तथा 'समय-सरगम' जैसे उपन्यास भी उत्तर-आधुनिकता के विभिन्न पहलुओं को उजागर करते हैं।

'नारी विमर्श' से जुड़े कृष्णा सोबती, प्रभा खेतान तथा मैत्रेयी पुष्पा के उपन्यास पुरुष प्रधान समाज को चुनौती देती महिलाओं के चरित्र के लौह दस्तावेज हैं। साहित्य में उपेक्षित और हाशिए पर रखी नारियाँ अपना अस्तित्व सिद्ध करने के लिए यहाँ संघर्ष करती दीखती हैं।

आज इक्कीसवीं शताब्दी में साहित्य के अस्तित्व को खतरा है, उसके कथ्य और शिल्प के नष्ट होने का खतरा है, साहित्य के वस्तु बनकर बिकने का खतरा है। साहित्यकार व्यापारी न बन जाए और साहित्य सस्ते मनोरंजन और कुत्सित वासनाओं की तृप्ति का उत्पाद न बन जाए यह खतरा है। अपमिश्रित भाषा और संस्कृति उसे भ्रष्ट कर सकती है। मूल्यहीनता उसे निरर्थक बना सकती है। संचार माध्यमों, दृश्य-श्रव्य माध्यमों के सम्मुख प्रिण्ट मीडिया का अस्तित्व कब तक बना रह सकेगा, यह भी खतरा है। सचमुच हमारे युग में साहित्य के सम्मुख जो चुनौतियाँ खड़ी हैं वे यक्ष-प्रश्नों से कम नहीं। उन सबका उत्तर देकर साहित्य अपनी जययात्रा की घोषणा करेगा अथवा निरुत्तर होकर मृत्यु का वरण करेगा, यह तो भविष्य के गर्भ में छुपा है।

अधुनातन कहानी का परिवर्तित भाव-बोध : कथ्य और शिल्प के नए आयाम

डॉ. पुष्पपाल सिंह

सहस्राब्दी के अन्त के साथ ही हिन्दी कहानी अपनी विकास यात्रा के प्रायः सौ वर्ष पूरे करती है। कहानी का शतवर्षीय इतिहास अनेक उपलब्धियों का इतिहास है। स्वतन्त्रता के बाद के वर्षों में विशेषतः नई कहानी दौर—के बाद के कथा समय में उसके विकास की गति और भी अधिक तेज तथा विविधमुखी रही है। कहानी जितने विपुल परिमाण में लिखी जा रही है उसका सम्यक् परीक्षण मूल्यांकन एक गहरी निष्ठा, कहानी को निरन्तरता में पढ़कर पूर्णतः अधुनातन (मोस्ट अप-टू डेट) रहने के घोर श्रम और अध्यवसाय, गुट-निरपेक्ष दृष्टि के सन्तुलित समीक्षा-विवेक की माँग कर रहा है। अभी तो प्रायः हो यह रहा है कि हाथी को जितना जाना-परखा, उतना ही बताने की तुर्ती-फुर्ती में तरह-तरह की फतवेबाजियाँ जारी कर दी जाती हैं। इससे कहानी-मूल्यांकन की दृष्टि धुँधलायी बहुत है, आवश्यकता कहानी की अधुनातन प्रवृत्तियों का सम्यक् मूल्यांकन कर उनके अधुनातन चेहरे से परिचित कराने की है। प्रस्तुत पत्र इसी दिशा में एक विनम्र प्रयास-भर है, समय और स्थान की सीमा को पूर्णतः ध्यान में रखते हुए। अधुनातन (मोस्ट अप-टू डेट) से मेरा अभिप्राय पिछले 15-20 साल के कहानी-लेखन से है। यह वह कथा समय है, जिसमें कथाकारों की नई पीढ़ी ने सशक्त लेखन द्वारा अपने कृतित्व का रेखांकन कराया है, सभी नाम नहीं लिखे जा सकते किन्तु नामों से बचना भी प्रकारान्तर से समीक्षक के दायित्व से कतराना होगा। उदय प्रकाश, संजीव, अखिलेश, शिवमूर्ति, शैवाल, रामधारी सिंह दिवाकर, अरुण प्रकाश, पुन्नी सिंह, जयनंदन प्रियंवद, शैलेन्द्र सागर, अवधेश प्रीत, महेश कटारे, अमरीक सिंह दीप, सुरेश कंटक, तरसेम गुजराल, संजय खाती, चन्द्र किशोर जायसवाल, मनोज रूपड़ा, अशोक शुक्ल, ऋषिकेश सुलभ, हरि भटनागर, शंकर शशांक, जितेन ठाकुर, हरनोट आदि तथा महिला कहानीकारों में मैत्रेयी पुष्पा, अलका सरावगी, ऋतु शुक्ल, गीतांजलि श्री, क्षमा शर्मा, जया

जादवानी, लवलीन, सुषमा बेदी, उर्मिला शिरीष, सुषमा मुनीन्द्र, आदि (सूची) में श्रेष्ठता वरीयता जैसा कोई क्रम नहीं है और वैसे भी कुछ नाम रह गए होंगे। कथाकारों ने हिन्दी कहानी के विकास को नई दिशा दी है। इन कथाकारों से थोड़ी पहले की पीढ़ी तक वरिष्ठ कथाकारों ने भी पिछले 15-20 वर्षों में महत्त्वपूर्ण कथा-लेखन किया है। इन सभी के कृतित्व के आधार पर हिन्दी कहानी के अधुनातन चरित्र की पहचान की जा सकती है।

हिन्दी-कहानी की बहुत बड़ी खूबी तात्कालिकता की है। वह अपने समय की गम्भीर चिन्ताओं, समस्याओं और ज्वलन्त प्रश्नों को तत्काल उत्कटता से ग्रहण कर उन पर गम्भीर विमर्श प्रस्तुत करती है। बहुत पहले मैंने अपने तईं कहानी को जीवन का ई.सी.जी. साथ ही (+) लेखकीय सोच के रूप में परिभाषित किया था। समकालीन कथा-दौर में कहानी की यह परिभाषा निरन्तर चरितार्थ होती मिली है। कहानी ने अपने समय से निरन्तर मुठभेड़ कर उसमें बड़े सार्थक ढंग से हस्तक्षेप किया है। यह भी ध्यान में रखने योग्य बात है कि नई कहानी-दौर के साथ ही हिन्दी-कहानी एक ललित विधा से गम्भीर सोच की विधा में रूपान्तरित होती चली गई और शती के अन्त तक आते-आते वह एक गम्भीर बौद्धिक विमर्श की विधा के रूप में स्थापित हो जाती है। पुरानी कहानी का पाठक जब आज की कहानी पढ़ता है तो वह उसका स्वरूप-परिवर्तन देख भौचक रह जाता है। अपने इसी रूप-परिवर्तन के कारण कभी कहानी में कथा की अनुपस्थिति की बात कही गई और कभी अपने समय के बड़े और महत्त्वपूर्ण सवालों से टकराते हुए उसकी विस्तृत चिन्तना को देखकर कहा गया कि इसे कहानी भी माना जाए या नहीं। यह सवाल कहानी से कहानीपन के खोने का सवाल बन जाता है। किन्तु कोई भी सशक्त और जीवन्त विधा अपने लिए निश्चित किए गए साँचों और साँचों को अस्वीकृत कर एक नया शास्त्र और प्रतिमान निश्चित करती है। हिन्दी कहानी का दिक्-काल आज पूरी तरह बदला हुआ है।

आठवें दशक में हिन्दी कहानी की सबसे बड़ी चिन्ता समाज के विभिन्न क्षेत्रों में फैला भ्रष्टाचार कदाचार रही थी, इसलिए उस समय व्यवस्था में विभिन्न रूपों में पसरी गलाजत पर एक से एक सशक्त कहानियाँ आईं। किन्तु नौवें दशक और विशेषतः हाल के कुछ वर्षों में कहानी की सबसे बड़ी चिन्ता बाजारवाद, उपभोक्तावाद, खुले बाजार की रणनीति का मनुष्य की जीवन-शैली पर प्रभाव, इलैक्ट्रॉनिक मीडिया द्वारा हमारे सांस्कृतिक परिदृश्य और जीवन-शैली के पूरी तरह बदल डालने के गहराते संकट पर केन्द्रित है। प्रौद्योगिकी और तकनीक के द्रुत-विकास ने किस प्रकार एक अपसंस्कृति इस पर बाखुशी थोपी है और मनुष्य उसके सामने कितना-कितना लाचार बनकर रह गया है—हमारी कहानी-संवेदना को आन्दोलित करने वाले ये प्रमुख घटक हैं। उपभोक्तावाद और

बाजारवाद, ने प्रचार को न केवल वस्तु अपितु व्यक्ति की भी श्रेष्ठता का मापदण्ड बना दिया है। यह अत्यन्त दुखद स्थिति है। आज टी.वी. का एक चैनल जब यह खबर (महेश भट्ट के द्वारा अधिकारिक रूप में) देता है कि अमेरिका (हालीवुड) में जितनी राशि फिल्म निर्माण पर खर्च की जाती है अपितु उतनी ही राशि उसके प्रचार-तन्त्र पर खर्च की जाती है, तो उसे सोचने को मजबूर होना पड़ता है कि इस बाजारवाद के चलते ही हम वह नहीं खरीद रहे हैं जो हमें खरीदना चाहिए, हम वह खरीद रहे हैं जो हमें खरीदवाया जा रहा है। हम वह नहीं देख रहे हैं, हम वह नहीं खा रहे हैं, हम वह नहीं पहन रहे हैं जो चाहिए की श्रेणी का है अपितु वह सब करने को अभिशप्त हैं जो करवाया जा रहा है। जीवन के सभी क्षेत्रों में वही व्यक्ति शीर्ष पर आ रहा है जिसको ढंग से प्रचारित किया जा रहा है या कहें, जिसकी अच्छी मार्केटिंग की जा रही है। नियुक्तियों से लेकर पदोन्नतियों तक यही सिलसिला जारी है। श्रेष्ठता का हमारा चुनाव का अधिकार बाधित होकर हमारी विवशता बन गया है। जीवन में जो 'कोमल' और 'श्रेष्ठ' था, उसका तेजी से क्षरण हो रहा है। इस सबसे आन्दोलित कहानीकार की सर्जना ने जो कहानी हमें दी है, उसकी संवेद्यता (सेन्सबिलिटी) पूरी तरह परिवर्तित है। उसकी सबसे बड़ी चिन्ता जीवन के श्रेष्ठ मूल्यों की रक्षा और इस अपसंस्कृति के 'ड्रैक्यूलो' के संकट से बचाने की चिन्ता है। कहानीकार की यह चिन्ता उनकी कहानियों में एक गम्भीर बौद्धिक विमर्श बनकर आती है। इस कथ्य पर गहरे सरोकारों से अनेक सशक्त कहानियाँ आई हैं। कुछ नाम जयनन्दन की, चीयर-अप कोला ब्लूम, 96 (1) विश्व बाजार का ऊँट, संजीव की नस्ल, काउंट डाउन, (2) शैवाल की भारतीय लोक संगीत–97, (3) सूर्यबाला की दादी और रिमोट, (4) अमरीक सिंह दीप की 'ड्रैकुला', (5) लवलीन के 'सहेलियाँ' (6) आदि अनेक-अनेक कहानियाँ। आश्चर्य नहीं है कि पुरानी पीढ़ी से लेकर बिलकुल अभी-अभी उभरी कथा पीढ़ी ने एक के बाद एक निरन्तर इतनी सशक्त कहानियाँ इस कथ्य पर लिखकर प्रमाणित किया है कि आज कहानी की सबसे बड़ी चिन्ता इसी संकट से उबरने की है। केवल इसी विषय पर केन्द्रित कहानियों की तो बात ही क्या, कहानी का विषय–मुख्य थीम, कुछ और होते हुए भी किस प्रकार अवसर निकालकर कहानीकार इस ज्वलन्त समस्या पर अपनी सोच कहानी में अनुस्यूत करता है, इसके उदाहरणस्वरूप नयी पीढ़ी की हाल के वर्षों में ही उभरी सशक्त कहानीकार लवलीन की कहानी 'सहेलियाँ' को देखा जा सकता है। कहानी का कथ्य परिवर्तित सामाजिक स्थितियों में प्रेम की एक स्थिति है। इसमें पति नवीन एक सी.डी. प्लेयर का नव्यतम मॉडल लेकर घर आता है और सारे घरवाले उसे इस तरह घेर कर बैठे हैं जैसे वह दिग्विजय करके अकूत खजाना लूट लाया हो। यह नायाब चीज इसलिए नहीं आई कि उनके संगीत के विशेष

संस्कार हैं अपितु दूसरों को अपना वैभव-शानों-शौकत प्रदर्शित करने के लिए यह पच्चीस हजार का खिलौना अब ड्राइंग रूम में सजाया जाएगा। और इसी सन्दर्भ में पत्नी की यह सोच बाजारवाद के दुष्प्रभाव को बड़ी गम्भीरता से रेखांकित करती है भरो। भरो। भरो। जिन्दगी के तमाम भौतिक उपादानों से भर दो ताकि भीतर से उठती शून्यता और रिक्ति की गूँज छाती में ही दम तोड़ दे। बाजार नित्य नए सामान से भरा पड़ा है। ए.सी. मारुति, बंगला सब खरीद डालो। कीमती कपड़ों के लिए शहर के सारे बुटीक छान मारो। दिन में चार बार खाओ और पेट का गड्ढा भरो। जीवन को निस्सार वस्तुओं के साथ इस कदर रचा-बसा लो कि आत्म-साक्षात्कार का मौका ही न मिले, घर तो भर लिया। अन्ततः महत्वाकांक्षाओं के पीछे लगे रहो। हम इसीलिए मरते-भागते हैं क्योंकि हम निरन्तर भावनाओं, संवेदनाओं और मनोवेगों के मानसिक आवर्तन और मानवीय संघर्ष से बचते हैं। प्रेम, करुणा, दया, क्षमा जैसे उत्कट और जीवन्त मनोलोक का कोई महत्त्व ही नहीं है। जिस्म को सुभीतों की चाट लग जाती है, आत्मा सूखकर शून्य हो जाती है। कहानी की इस गहरी चिन्ता के विषय पर उदय प्रकाश की पालगोमरा का स्कूटर जैसी बहुचर्चित कहानी में बहुत कुछ कहा गया है किन्तु महत्वाकांक्षाओं की इस अन्धी दौड़ और बाजारवाद के दुष्प्रभाव पर कुछ ताजा तरीन कहानियों के उदाहरण से सिद्ध किया जा सकता है कि बाजारवाद का संकट किस प्रकार गम्भीर रूप में हिन्दी कहानी का विषय बना है। संजीव की कई कहानियों—ब्लैंक होल कांफ्रेंशन नस्ल, काउंट डाउन आदि में बहुत सूक्ष्मता से विश्लेषित किया गया है। विभिन्न प्रचार-माध्यमों, विज्ञापन की दुनिया, ब्राण्ड संस्कृति के जादू ने मनुष्य को आज एक उपभोक्तावाद की ऐसी अन्धी सुरंग में ढकेल दिया है जिसमें इतना-इतना तेज प्रकाश-वृत्त है कि हमें आगे का कुछ सूझता ही नहीं है। बड़े से बड़ा कलाकार कुशल और प्रख्यात खिलाड़ी, कवि, चित्रकार सभी विज्ञापन कर रहे हैं। वे स्वयं एक विज्ञापन कमॉडिटी बनकर रह गए हैं। वाह ताज के उस्ताद अमजद अली खाँ से लेकर मकबूल फिदा हुसैन, कवि अशोक चक्रधर आदि विज्ञापन में हैं या कहें विज्ञापन के लिए बिक रहे हैं। बड़े-बड़े नामी गिरामी लेखक टी.वी. के लिए तरह-तरह के कार्य कर रहे हैं। प्रसिद्ध फिल्मी सितारों और क्रिकेट जैसे लोकप्रिय खेल के दिग्गजों का तो विज्ञापन एक साइड-बिजनेस ही हो गया है। एम.बी.ए. तथा एम.सी.ए. कल्चर में डूबे लड़के रात-दिन हमें हमारी आवश्यकताओं का अहसास अपने ही गणित से कराकर हमारी प्राथमिकताएँ निर्धारित कर रहे हैं। पैसे की इस अन्धी दौड़ में फँसी हमारी नई पीढ़ी को कहानी की हाल की दुनिया में बहुत गहराई से विश्लेषित किया गया है। संजीव की 'नस्ल' कहानी का टॉप एग्जीक्यूटिव बेटा बाप के लिए एक 'कॉटेज' खरीदना चाहता है। वह हाउसिंग एजेण्ट से फोन

कर कॉटेज का आर्डर दे रहा है। कहानी बड़ी तकलीफ से इस दर्द को उभारती है कि क्या ये भौतिक सुख-सुविधाएँ पैसे के बल पर सब कुछ को खरीदने की स्पृहा माँ-बाप को वह सुख-सन्तोष दे सकती हैं जो उन्हें अपने बेटे से चाहिए। आर्डर पर काल हाजिर हो जाने की स्थिति को कहानी व्यंग्य से शापित कर इस प्रकार अभिव्यक्त करती है, हाँ-हाँ...फोयर रूरस रिटायर्ड पेरेंट्स के लिए, प्लान और पांड तो हों ही, नहीं...। ऊँ...तो बाढ़ बाढ़ का सिरदर्द क्यों लेना? पहाड़?...फोन पर उसने हाथ रख कर पूछा पापा, पहाड़ भी चाहिए? जहाँ धरती, हवा, जल, सूर्य, मौसम, दूरियाँ काल सब उसके गुलाम थे। कहने भर से दुनिया की सारी चीजें खुद-ब-खुद चलकर उसके पास पहुँच जाती हैं, सिर्फ पैसा चाहिए। है नहीं, तो जिन्दगी का पूरा सकून नहीं है। कहानी आज वह दृष्टि, विजन अपने कथ्य के भीतर से दे रही है कि इंसान इन सारी अन्ध-गुहाओं के भीतर से निकलने की सोच और जुगत खोज सके।

इन एम.बी.ए. और एम.सी.ए. विशेषज्ञों की टीम ने छोटे पर्दे पर सौन्दर्य प्रतियोगिताएँ दिखा-दिखा कर जो अपनी बहुराष्ट्रीय कम्पनियों के उत्पादों की लोकप्रियता बनाई है, उसमें हमारी जीवन-शैली पूरी तरह बदल गयी है। लिपिस्टिक, नेल पॉलिश, साबुन, टेल्कम पाउडर, दुर्गंधित शरीरों (?) को सुवासित करने वाले तरह-तरह के तेल-फुलेल, शेविंग क्रीम, जींस, कमीज, स्वेटर, सूट हम वह पहन रहे हैं जो हमें विभिन्न मॉडल, पहना रहे हैं। ये सब केवल अभिजन (कुलीनों) को ही प्रभावित कर रहे हैं, ऐसा नहीं है। समाज का निम्नतम वर्ग वह वर्ग भी रोटी-कपड़े के लिए घरों में झाड़ू-पोछा जैसे कामों में जानमारी कर रहा है, प्रभावित हो रहा है। शैवाल की भारतीय लोक संगीत-1997, संजय खाती की पिण्टी का साबुन, जयनन्दन की चियर-अॅप कोला-ब्लूम 96 जैसी सशक्त कहानियाँ इन स्थितियों का खुलासा कर अपसंस्कृति के इस आक्रमण को रोकने की सार्थक पेशकश करती हैं। टी.वी. के किसी कार्यक्रम में एक सात-आठ वर्ष की बालिका से प्रश्न पूछा जाता है कि वह मेधा पाटेकर बनना चाहेगी या ऐश्वर्या राय, तपाक से बालिका का उत्तर था ऐश्वर्या राय। सौन्दर्य प्रतियोगिताओं और ब्राण्ड संस्कृति के धड़ाधड़ विज्ञापनों का ही यह परिणाम हमारी संस्कृति अस्मिता को लील रहा है। कहने को हम नारी स्वातन्त्र्य के युग में जी रहे हैं किन्तु प्रकारान्तर से हम पुनः स्त्री को केवल उसके शरीर तक सीमित रख, पुनः उसके उपभोग्य रूप को प्रमुखता प्रदान कर, उसे एक उत्पाद (कमॉडिटी) ही बना रहे हैं। शैवाल भारतीय लोक संगीत 1997 में इन सब स्थितियों को बारीकियों में जाँचते-परखते हैं। घर में काम करने वाली सकूला टी.वी. पर दुनिया की सबसे खूबसूरत औरत देखने को विकल है। सारे विश्व को एक संस्कृति कर देने को टी.वी. की मायावी दुनिया में पूरा परिवार घिर कर बैठा है। कहानी की दादी यह सब देख कर भौचक है

दादी अर्थात अब से पहले की तीसरी पीढ़ी। तीन पीढ़ियों में यह अन्तराल। दादी गाँव जाने पर साब जी के बेटे से पूछती है कि वह क्या करता है। उत्तर में वह बताता है कि गाँव में स्नो पाउडर की दुकान है जो खूब चलती है दादी उत्सुकता में पूछती है कौन स्नो रखते हो अफगान? (यह नाम भी दादी ने अपनी दूसरी पीढ़ी से सुना होगा) तो लड़का हँस पड़ता है अफगान का जमाना कहाँ रहा, विदेशी माल ढूँढ़ते हैं सब रेवलॉ से नीचे नहीं जाते हैं। तरह-तरह के प्रसाधन ब्राण्डों के विभिन्न उत्पादों से आज बाजार पटे पड़े हैं। बड़े-बड़े ज्वैलर्स (बम्बई के झवेरीमल) आभूषणों के अतिरिक्त इत्र (परफ्यूम) भी बना रहे हैं लता मंगेश्कर उसे प्रस्तुत कर रही है। इन सबको प्राप्त करने की होड़ में जिसमें जैसी कवूत है वैसे दौड़ दौड़ रहा है। कहानी की दादी अपनी छोटी पोती को उसके आग्रह पर ब्यूटी पॉर्लर लिवा चलती है वहाँ उन्हें साब जी का बेटा मिलता है जो परमेश्वर किसिर की लड़की रिंकू को गाँव में ब्यूटी पॉर्लर खुलवाना चाहता है (बड़ा प्रतीकात्मक है यह कि मिश्र जी की बेटी ब्यूटी पॉर्लर 'नायन' का काम करें) कहानी में ब्यूटी पॉर्लर में प्रतीक्षारत बैठी पत्रिका पढ़ती एक और माँ बेटी का संवाद दिया गया है जो बहुत मर्मस्पर्शी ढंग से समस्या को छूता है। बेटी इस उपलब्धि की सूचना पर गद्गद है कि इस देश की लड़की मिस यूनिवर्स चुनी गई है। माँ के कहने पर कि बाहर वाले सब बिगाड़ रहे हैं इस देश की लड़कियों को तो नयी दृष्टि सम्पन्न लड़की हुमक कर बताती है इसमें बुरा क्या है। बम्बई की एक गरीब लड़की मिस बाम्बे चुनी गई तो मालामाल हो गई। माँ समझती है कि पुरानी दृष्टि मनुष्य को भीतरी सुन्दरता के लिए प्रेरित करती थी किन्तु अब यह नयी दृष्टि बाह्य सुन्दरता के लिए प्रेरित करती है सुन्दरता के प्रति रुझान के इस डायवर्शन में जीवन की प्राथमिकताएँ तो बदली ही है, नारी को परतन्त्र पुरुष की दासी बना डालने की गहरी साजिश भी है प्राथमिकताओं के परिवर्तन से जीवन में शिक्षा, विकास, आत्मनिर्भरता, मानवीयता, समुदाय बोध सब दूसरे तीसरे नम्बर की चीजें हो जाएँगी। सुन्दरता की इच्छा करना नशा है, इसके लिए तुम्हें हर वक्त मेक-अप का सहारा लेना होगा। क्योंकि सुन्दरता तुम्हारे लिए पहले नम्बर की जरूरत है, तुम उस जरूरत का व्यापार करने वालों के अधीन बनी रहोगी। कहानी और दादी के औत्सुक्य का चरम (क्लाइमैक्स) वहाँ है जहाँ दादी को अपने घर पर काम करने वाली सकूला नौकरानी जिसके उनके खेतों से दो सौ रु. का अनाज चुराकर बेचा है और दादी ने उसके इस कसूर को इसलिए नजरअन्दाज कर अपने खाते में डाल दिया था कि महँगे स्कूल में अपने लड़कों को पढ़ाने के कारण वह तंगदस्त होगी। ब्यूटी पॉर्लर से डेढ़ सौ रु. का बिल देते निकलती दिखाई देती है (फेसियल 55 रु. , थ्रेडिंग 5 रु., ब्लीचिंग 20 रु., हेयर कटिंग 25 रु., वैक्सिंग 45 रु., कुल डेढ़ सौ) दादी की पीड़ा का बिन्दु यह है कि बेटे का भविष्य बनाने, उसकी तकलीफ

घटाने से अधिक चिन्ता माँ को अपनी दैहिक सुन्दरता बनाए रखने की है। इस प्रकार ऐसी अनेक कहानियाँ बहुत सार्थक ढंग से अपने दारुण और विकराल समय में सार्थक ढंग से हस्तक्षेप करती हैं।

कहानी में विमर्श कितना बहुआयामी और उसके मन्तव्य कितने गहरे हो गए हैं, इसका परिचय देने के लिए यहाँ दो कहानियों को सन्दर्भित करना नितान्त आवश्यक लगता है, उदय प्रकाश की 'वारेन हेस्टिंग्स का साँड' और कमलेश्वर की 'तुम्हारा शरीर मुझे पाप के लिए पुकारता है'। दोनों कहानियाँ इस तथ्य की साक्ष्य बनती हैं कि कहानी के ललित रूप और कोमल मिजाज को किस प्रकार इतने गहरे और सूक्ष्म विमर्श में बदला जा सकता है। अपने समय के राष्ट्रीय और अन्तर्राष्ट्रीय स्तर पर उठने वाले गहन-गम्भीर सवालों को पूरे सरोकारों, गहरे कन्सर्न्स के साथ शिद्दत से इन दोनों कहानियों में उभारा गया है। इन कहानियों के माध्यम से हिन्दी कहानी का शिल्प भी अपने पूरे रूपान्तरण की प्रक्रिया में दिखाई देता है। उदय प्रकाश की कहानी 'वारेन हेस्टिंग्स का साँड' का कैनवैस अत्यन्त विस्तृत और महाआख्यानी चरित्र का है किन्तु कहानीकार ने मिथ इतिहास, जादुई यथार्थ, फंतासी आदि की विविधि युक्तियों से इसे कहानी की एकायामी प्रवृत्ति में सुरक्षित रखा है। कहानी में जिस कौशल से अतीत कथा का वर्तमान सन्दर्भों में प्रक्षेपण हुआ है, वह बहुत बारीक कीमियागरी का काम है। कहानी किस रूप में अतीत को वर्तमान बनाती है, इसे 1757 ई. के आस-पास लॉर्ड क्लाइव द्वारा दी गई, इस टिप्पणी की परिकल्पना में देखा जा सकता है, 'मैं सिर्फ यह कहूँगा कि अराजकता का ऐसा दृश्य, ऐसा भ्रम, ऐसी घूसखोरी और बेईमानी ऐसा भ्रष्टाचार और ऐसी लूट-खसोट जैसी हमारे राज में आज दिखाई दे रही है, वैसी किसी और देश में न कभी सुनी गई, न कभी देखी गई। अचानक धनाढ्यों की बेइन्तहा दौलत परस्ती ने विलासिता और भोग के भीषण रूप को चारों तरफ पैदा कर दिया है। इस बुराई से हर डिपार्टमेण्ट का हर सदस्य प्रभावित है। हर छोटा मुलाजिम ज्यादा से ज्यादा धन हड़प कर बड़े मुलाजिम या अधिकारी के बराबर हो जाना चाहता है, क्योंकि वह जानता है कि सम्पत्ति और ताकत ही उसे बड़ा बना रही है...कोई ताज्जुब नहीं कि दौलत की इस हवस को पूरा करने वाले साधन इन लोगों के वे 'अधिकार' हैं जो इन्हें उत्तरदायित्वपूर्ण ढंग से प्रशासन चलाने के लिए दिए गए हैं। विडम्बना है कि ये साधन सिर्फ रिश्वतखोरी जैसे भ्रष्ट आचरण के लिए ही नहीं लूट-खसोट और ठगी-जालसाजी के लिए भी इस्तेमाल हो रहे हैं। इसकी मिसालें ऊपर के पदों पर बैठे लोगों ने कायम की हैं तो भला नीचे के लोग उसका अनुसरण करने में नाकामयाब क्यों रहें।' 'यह रोग सर्वव्यापी है, यह नागरिक प्रशासन, पुलिस और फौज ही नहीं, लेखकों, कलमनवीसों और व्यापारियों तक को अपनी लपेट में ले चुका है।' कहानी अपने इसी बिन्दु पर खड़े होकर इतिहास के माध्यम से वर्तमान

को रेखांकित करती है। औपनिवेशिक दृष्टि से किस प्रकार इस देश के सांस्कृतिक पतन की साजिश रची गई, किस प्रकार एक पूरे राष्ट्र को मूल्यहीन संस्कृति में ढाल दिया गया, किस प्रकार अंग्रेजों ने एक ऐसी अभिजन कौम को अस्तित्व प्रदान किया जो तन-मन से पूरी तरह उस वर्ग की प्रतिनिधि बन सके जिन्होंने इस देश को विदेशी आक्रान्ता और शासक की दृष्टि से लूटा-खसोटा था, वे हमारी ही गुलाम छायाएँ हैं। इंडिया में हमारा सारा प्रशासन वही चलाएँगे। हम जब इंडिया छोड़कर यूरोप लौट आएँगे तब भी वहाँ हमारी यही गुलाम छायाएँ राज करेंगी वहाँ इंडिया में हमारा ही राज होगा।' राजनीतिक काण्डों और घोटालों के देश में राष्ट्रीय अस्मिता गिरवी रखी वस्तु हो गई है। किस प्रकार इंग्लैण्ड की औद्योगिक क्रान्ति ने मशीन को व्यक्ति के जीवन के केन्द्र में रखकर उसमें स्थापित आदर्शों और मूल्यों को विखंडित किया और किस प्रकार वही जीवन पद्धति भारत में प्रविष्ट और प्रचारित हुई, उसका बहुत मार्मिक और सूक्ष्म अंकन इस कहानी में हुआ है। विज्ञान, वाणिज्य, उत्पादन, व्यापार, युद्ध निर्यात-आयात, श्रम-वेतन, शेयर बाजार, कर्ज, मुनाफा-घाटा आदि के अर्थ-व्यवस्था के कितने ही पेचीदा सवाल अन्य अनेक सामयिक प्रश्न इस कहानी में जिस बारीकी से अनुस्यूत हैं, उसे इस सुदीर्घ कहानी के वास्तविक अर्थों में लम्बी कहानी के 'पाठ' से ही जाना जा सकता है। कहानी में विभिन्न ग्रन्थों-इतिहासकारों आदि के सन्दर्भ जिस रूप में बारम्बार आते हैं, वे भी कहानी शिल्प में सर्वथा नया प्रयोग हैं।

कमलेश्वर की कहानी 'तुम्हारा शरीर मुझे पाप के लिए पुकारता है' का परिदृश्य भी बड़ा व्यापक कैनवैस लिए हुए है। उच्च नौकरशाही और सत्ता के गलियारों में पद-हड़पने, प्रोन्नति के लिए की जाने वाली तरह-तरह की गठजोड़ और जुगाड़बाजी, सेक्रेटरी स्तर पर आरक्षण, एक्सटेंशन और पद-निवृत्ति के पश्चात् चार-पाँच हजार ऐशोआराम के पद हैं जो प्रधानमन्त्री और उनके प्रमुख सचिव की कृपा कोर से प्राप्त किए जा सकते हैं—इन सबके पीछे की गहरी राजनीति की प्रथम बार कहानी में बखिया उधेड़ी गई है। इनके अतिरिक्त साउथ, ईस्ट एशिया में भारत की स्थिति, परमाणु बम विस्फोटों की अन्तर्राष्ट्रीय राजनीति में दूरगामी परिणाम, एशिया-ईरान पाइप लाइन, घोटालों में डूबे देश की स्थिति, इंग्लैण्ड की महारानी के दौरे में पंजाब में स्वर्ण मन्दिर न जाने देने तथा ब्रिटिश प्रधानमन्त्री को कोहिमा न जाने देने जैसे अहम फैसलों में कश्मीरी आतंकवादी मकसूद की निर्णायक भूमिका और आतंकवादी मकसूद के दृष्टिकोण की नए रूप में तलाश और व्यवस्था, अंडमान निकोबार को 'फ्री ट्रेड जोन' बनाने की पेशकश जैसे हमारी राजनीति के कितने ही गम्भीर सवाल कमलेश्वर ने ब्यूरोक्रेट्स की एक 'ईवनिंग पार्टी' के माध्यम से उठाए हैं। शीर्षक को देखकर भले ही यह लगे कि 'तुम्हारा शरीर मुझे पाप के लिए पुकारता है' एक प्रेम सम्बन्धों की ही कहानी हो सकती

है किन्तु कहानी कहीं से भी प्रेम सम्बन्धों की कहानी नहीं है। वस्तुतः यह अपने जटिल समय में सार्थक हस्तक्षेप की एक जटिल संरचना की कहानी है जिसमें किस्सागोई का शिल्प कथा के बड़े ढाँचे को भी कुशलता से थामे रहता है। कहानी का भयावह सच हमारे लिए ब्यूरोक्रेसी के बिलकुल अजाने पक्ष और आतंकवाद के एक बिलकुल नए सच का उद्घाटन करता है। वस्तुतः हमारी कहानी की यह परिवर्तित चेतना उसे एक बहुत ही समृद्ध कला-रूप (फार्म आफ आर्ट) के बतौर स्थापित करती है।

हाल के वर्षों की कहानी को पढ़कर यह विश्वास और संपुष्टि पाता है कि आज हिन्दी कहानी का अनुभव-जगत अत्यन्त विराट है, उसमें कथ्य की दृष्टि से इतनी विविधवर्णी कहानियाँ हैं कि यह देखकर सुखद आश्चर्य होता है कि आधुनिक जीवन का कोई ऐसा क्षेत्र और पक्ष नहीं है जिस पर कहानी न लिखी गई हो। इसका बहुत बड़ा कारण यह है कि अब जीवन के विभिन्न क्षेत्रों में बैठे हुए लोग कहानी लिख रहे हैं और अपने अनुभवों को कहानी में जीवन्त बना रहे हैं। कोयला-खदान, मिल, तरह-तरह के कारखाने, उनमें व्याप्त भ्रष्टाचार, मजदूर-मिल-मालिक, ट्रेड यूनियनों की राजनीति, स्कूल, कॉलेज, विश्वविद्यालय, व्यवसाय के विभिन्न क्षेत्र कार्पोरेट हाउसिस, चिकित्सा संस्थान, बैंक, बीमा कम्पनी, सचिवालय, आदि जैसे दफ्तर अनेक सार्वजनिक और निजी क्षेत्र के उपक्रम कहानी के अनुभव-जगत में आए हैं। राजनीति के घिनौने कृत्य, राजनीति के भयावह अपराधीकरण, और प्रशासनिक व्यवस्था के हेर-फेर में घर कर गया भ्रष्टाचार आदि के नए-नए अनुभवों पर एक से एक सशक्त कहानियाँ मौजूद हैं। कहानी के ऐसे समृद्ध परिवेश के रहते हुए, उन लोगों पर अवश्य ही तरस खाया जा सकता है जो कहानी के श्रेष्ठ और समग्र को पढ़े बिना ही इस प्रकार की फतवेबाजी करते हैं कि उन्हें नई कहानी के बाद भी दस कहानियाँ भी पाये की नहीं मिल पाती हैं। यदि हम केवल इस दृष्टि से ही कहानियों को पढ़ डालें कि देखें इसमें गाँव की तस्वीर किस रूप में बदली है, तो देश के विभिन्न अंचलों का गाँव इन कहानियों के माध्यम से पूरी सच्चाई में हमारे सामने उजागर हो सकता है।

सामाजिक सम्पृक्ति और राजनीतिक संलग्नता के साथ ही कहानी का एक दूसरा क्षेत्र मानवीय सम्बन्धों की विवृत्ति का है। परिवर्तित सामाजिक परिदृश्य औद्योगीकरण के दुष्प्रभाव, टी.वी. की अपसंस्कृति से प्रेम और यौन-सम्बन्धों के बदलते समीकरणों ने हमारे सामाजिक रिश्तों-नातों को एक नयी जमीन पर खड़ा किया है। इन सम्बन्धों की सूक्ष्म जाँच-पड़ताल बहुत गम्भीरता से पिछले दौर की कहानियों में हुई है। गोविन्द मिश्र की 'कैंपस', 'वरुणांजलि', देवेन्द्र की 'क्षमा करो हे वत्स', शैलेश मटियानी की 'अर्धांगिनी', राजी सेठ की 'यह कहानी नहीं', चित्रा मुद्गल की 'दरम्यान', मैत्रेयी पुष्पा की 'फासला', जया जादवानी की 'अभी-अभी

जो चलकर गया है', लवलीन की 'चक्रवात', क्षमा शर्मा की 'कमीज पहन रहा है', जैक द 'रिपर', सूर्यबाला की 'दादी और रिमोट', चन्द्रकान्ता की 'नेपथ्य कथा' अनेक कहानियाँ एक लम्बी सूची से उदाहरणार्थ केवल कुछ नाम हैं। प्रेम जैसे विषयों का अकाल समकालीन कहानी में माना गया है किन्तु इस विषय पर भी बड़ी सूक्ष्म संवेदना की कहानियाँ आई हैं—प्रियंवद की 'रेत', धीरेन्द्र अस्थाना की 'मानसी', रवीन्द्र कालिया की 'मुहब्बत', सत्येन कुमार की 'खुशबू' आदि।

सम्बन्धों के सत्य पर आज कहानी का कदाचित सबसे बड़ा सरोकार वृद्धावस्था की समस्या से रहा है। यही कारण है कि इस पिछले दौर में कहानी का यह एक ऐसा लोकप्रिय विषय रहा है कि इस पर प्रभूत मात्रा में कहानियाँ मिलती हैं। एक से बढ़कर एक, कुछ उदाहरण केशव की 'अशेष', चन्द्रकान्ता की 'नेपथ्य कथा', प्रभा खेतान की 'आम का मौसम' आदि। आकस्मिक नहीं है कि प्रभाकर श्रोत्रिय ने इस समस्या पर 'वागर्थ' का विशेषांक ही निकाल दिया। दिसम्बर, '99।

हाल के वर्षों में 'दलित लेखन' का स्वर भी हिन्दी में उठा है। हिन्दी में 'दलित लेखन' मराठी के समान एक अलग आन्दोलन का रूप नहीं ले सका किन्तु फिर भी दलितों की समस्या को लेकर कुछ सशक्त कहानियाँ हिन्दी में आयीं। ओमप्रकाश बाल्मीकि का नाम इस क्षेत्र में विशेषतः उभरकर आया। किन्तु, हिन्दी कहानी के सन्दर्भ में दलित लेखन को पृथक रखकर आकलित न करें, कहानी की मुख्य धारा में ही उनकी सार्थक उपस्थिति स्वीकारते हुए उनका मूल्यांकन अपेक्षित है। आरक्षण के मुद्दे पर भी कुछ बेहतरीन कहानियाँ हिन्दी में आई हैं। दलित लेखन के साथ ही महिला कहानी लेखन का प्रसंग इसलिए जुड़ जाता है क्योंकि कुछ लोगों ने उन्हें भारतीय समाज के 'दूसरे दलित वर्ग' के रूप में परिभाषित किया है। महिला कहानी लेखन पर पृथक से ही चर्चा अपेक्षित है। इस लेख की संक्षिप्त परिसीमा में यही कहना अलग होगा कि महिला लेखन का अत्यन्त तेज रूप पिछले दौर में सामने आया है, लेख के प्रारम्भ में ही कुछ सशक्त कलमों का रेखांकन हुआ है।

पिछले वर्षों में कहानी एक और गम्भीर समस्या से आक्रान्त रही है, वह है साम्प्रदायिकता की समस्या। यद्यपि इस समस्या से हिन्दी कहानी किसी न किसी रूप में आजादी के फौरन बाद से ही रू-ब-रू होती रही है किन्तु बाबरी मस्जिद प्रकरण के पश्चात् तो इस समस्या पर कहानी ने अपनी सोच को बड़ी प्रखरता से अभिव्यक्ति दी है। इससे पूर्व इन्दिरा गाँधी हत्याकाण्ड के पश्चात् पूरे देश में हुए सिख विरोधी दंगों में जो हत्याएँ हुईं, उन पर भी कहानी ने बड़ी स्वस्थ सोच प्रस्तुत की थी। इन सभी कहानियों में साम्प्रदायिकता को एक वहशी जुनून ही ठहराया गया और धर्म से ऊपर उठकर मानवीयता को सर्वोपरि रखा गया है। यह

हिन्दी-कहानी की एक बड़ी उपलब्धि है।

जहाँ एक ओर कहानी का इतना समृद्ध संसार है, वहाँ कुछ प्रतिष्ठित पुराने नामों द्वारा कहानी के नाम पर जो कुछ परोसा गया है, उस पर भी विचार करना आवश्यक है। यूँ अच्छी बात तो यह है कि कहानी के 'श्रेष्ठ' को ही मूल्यांकन का आधार बनाया जाए किन्तु कुछ ऐसे व्यर्थ (कूड़ा) लेखन (ट्रैश) पर भी विचार करना इसलिए आवश्यक है कि यह कहानी में 'मायने' रखने वाले नामों द्वारा लिखा गया, साहित्य (?) है। इधर के वर्षों में कृष्ण बलदेव वैद (लीला तथा अन्य कहानियाँ संग्रह) तथा राजेन्द्र यादव की 'हासिल' तथा 'मरा हुआ चूहा' आई हैं। विशेषतः बात राजेन्द्र यादव की कहानियों पर की जानी चाहिए क्योंकि वे कहानी के एक दिशा निर्धारक (?) स्तम्भ हैं। वैसे उन्होंने स्वीकारा है कि वे संकोचवश 14-15 वर्ष 'हासिल' को छपवाने से रोकते रहे और इसी संकोच में 1966 में 'मरा हुआ चूहा' को अबसे पूर्व प्रकाशित नहीं करा पाए। 'हासिल' पर तो चर्चा भी खूब हुई (या कराई गई) कहानियों को पढ़कर सहज प्रतिक्रिया यह होती है कि क्या यह सहज 'बुढ़भस' है या कोई ऐसी 'साहसिकता' जो खुशवन्त सिंह के 'रातें' उपन्यास या शोभा डे की कृतियों में है, या उन कृतियों से होड़ लेने की चेष्टा। 'जनचेतना' के प्रगतिशील कथा मासिक 'हंस' के 'मालिक' हिन्दी-कहानी की कौन सी दिशा तय करने का प्रयत्न करते हैं। हिन्दी-कहानी के विकास की सुखकर स्थिति में ये कहानियाँ निश्चय ही एक जुगुप्सा जगाती हैं।

कहानी की अन्तर्वस्तु के साथ-साथ उसका शैल्पिक संभार भी तेजी से बदला है। ऊपर कई कहानियों के सन्दर्भ में नयी कथा-युक्तियों की चर्चा की गई है। कहानी कहने की प्रविधि में आए अनेक बदलावों पर पृथक से विचार करने की आवश्यकता है। कमलेश्वर, उदयप्रकाश, रवीन्द्र वर्मा, असगर वजाहत, संजय, अब्दुल बिस्मिल्लाह, राजी सेठ, संजीव, आदि ने कहानी-शिल्प में स्मरणीय प्रयोग किए हैं। शिल्प-सन्दर्भ में जो सर्वाधिक आकृष्ट करने वाली बात है, वह हिन्दी कहानी का गद्य है। हिन्दी गद्य का श्रेष्ठतम रूप अपनी ताजी तराश, अर्थ-गांभीर्य-क्षमता, विभिन्न छवियों से युक्त अभिव्यक्ति का ताजापन, जीवन के विविध क्षेत्रों से गृहीत शब्दावली का लालित्य, भाषा का कल-कल, छल-छल करता प्रवाह, आदि सहज ही हमें बाँधता है। हम भारतीय अंग्रेजी गद्य की समृद्धि का बखान करते अघाते नहीं हैं, किन्तु यदि ध्यानपूर्वक देखें तो पिछले तीस बरस में कहानी के गद्य ने जो समृद्धि आयत्त की है, वह आश्चर्यकारी है। कहानी के इस पक्ष का भली प्रकार अध्ययन अभी नहीं हुआ है। अपनी अन्तर्वस्तु और शिल्प-संरचना दोनों ही दृष्टियों से हिन्दी-कहानी आज गौरवपूर्ण शिखरों पर आरूढ़ है।

सन्दर्भ :

1. जयनन्दन, 'वर्तमान साहित्य', कहानी विशेषांक, मार्च-अप्रैल, 1998 तथा 'विश्व बाजार का ऊँट', कथा-संग्रह, 1997
2. संजीव, 'ब्लैक होल'—संग्रह, 1997
3. शैवाल, 'वागर्थ', मई, 1998
4. सूर्यबाला, 'वागर्थ', दिसम्बर, 1996
5. अमरीक सिंह दीप, 'कथा-क्रम', अक्टूबर-दिसम्बर, 1999
6. लवलीन, इंडिया टुडे, 21 अक्टूबर, 1998
7. उदय प्रकाश, इंडिया टुडे, साहित्य वार्षिकी, 1995
8. संजय खाती, 'पिंटी का साबुन' संग्रह, 1996
9. उदय प्रकाश, इंडिया टुडे, साहित्य वार्षिकी, 1996
10. कमलेश्वर, वर्तमान साहित्य : कथा विशेषांक-1, 1998
11. रवीन्द्र कालिया, 'हंस', अगस्त, 1996
12. सत्येन कुमार, 'सबरंग' (जनसत्ता बम्बई का वार्षिक आयोजन), 2 जनवरी, 2000
13. 'मुखौटा'—इंडिया टुडे, साहित्य वार्षिकी, 1996
14. राजेन्द्र यादव, 'हंस', अर्द्धशती विशेषांक खण्ड-1, अगस्त-सितम्बर, 1997
15. राजेन्द्र यादव, 'तद्भव'-2, सितम्बर, 1999

हिन्दी दलित-कहानी : पहचान का संकट

प्रो. राजमणि शर्मा

1

'दलित' शब्द संस्कृत, हिन्दी, हिन्दी-अंग्रेजी शब्दकोशों में मिलता है। जहाँ इसका अर्थ 'टूटा हुआ', 'पिसा हुआ', 'कटा हुआ' दिया गया। अंग्रेजी में इसका समानार्थी है–'डिप्रेस्ड'। मराठी में इसका अर्थ है–विनष्ट किया हुआ। कतिपय हिन्दी शब्दकोशों में मराठी के अनुकरण पर 'दबाए हुए', 'पद दलित', 'सताए हुए लोग' अर्थ भी प्रस्तुत हैं। वस्तुतः प्रारम्भिक अर्थ जहाँ वैयक्तिक संज्ञा है, वहीं आगे चलकर यह वर्गात्मक संज्ञा बन गई।

अवन्तिका प्रसाद भरभट ने दलित उसे माना–''जिसका दलन हुआ हो अथवा जिसे पनपने या बढ़ने न दिया गया हो, ध्वस्त या नष्ट किया गया हो।'' एनीवेसेंट ने सर्वप्रथम–शोषितों, पीड़ितों के लिए 'डिप्रेस्ड' शब्द का प्रयोग किया। उन्होंने इसका आधार धार्मिक व्यवहार न मानकर सामाजिक व्यवहार माना। विवेकानन्द एवं रानाडे ने भी इसी सन्दर्भ में इस शब्द का प्रयोग किया। प्राचीनकाल में दलितों के लिए शूद्र, अतिशूद्र, चाण्डाल, अछूत, अंत्यज, अस्पृश्य जैसी संज्ञाएँ मिलती हैं। इन्हें ही विवेकानन्द ने दलित वर्ग कहा। ऐतिहासिक सत्य यह है कि प्राचीन काल में शूद्रों के पर्याप्त सामाजिक अधिकार थे। किन्तु यह भी सत्य है कि मद्रास में इन्हें 'पंचम' कहा जाता रहा है। भवदेव पाण्डेय के अनुसार–''दलित शब्द का सर्वप्रथम प्रयोग उन्नीसवीं सदी में आर्य समाज के 'दलितोद्धार' कार्यक्रम में किया गया था।'' 1919 में सरकारी भाषा में 'दलित वर्ग' सर्वग्राही बना। इसमें अनुसूचित जातियाँ, अनुसूचित जनजातियाँ तथा अन्य पिछड़े वर्ग के लोग शामिल हैं। अखिल भारतीय दलित साहित्य अकादमी के अध्यक्ष ने भी इसमें उपेक्षित, पीड़ित, नारी, बच्चों को शामिल किया। एस.पी. पुणतालेकर और नामदेव ढसाल–अछूत, आदिवासी, पिछड़ी जातियों, बौद्ध, कष्ट उठाने वाली जनता, मजदूर, भूमिहीन, गरीब किसान, खानाबदोश तथा जिसे गाँधी जी ने 'हरिजन' कहा को, दलित मानते हैं।

चन्द्रकुमार वरठे 'जन्मना' जो दलित है, उसे ही दलित मानते हैं। अर्थात् मनुष्य के रूप में जिनके मूल्यों को नकारा गया है। सूर्यनारायण रणशुभे–पीड़ित, शोषित, वंचित, उपेक्षित मनुष्य को दलित मानते हैं। (दलित रंगमंच–भूमिका)। दलित पैंथर्स के घोषणा-पत्र में–अनुसूचित जाति, बौद्ध, कामगार, भूमिहीन, मजदूर, गरीब किसान, खानाबदोश जाति, आदिवासी और नारी समाज को 'दलित' कहा गया। मराठी साहित्यकार बाबू गव बागुल के मतानुसार तो "कोई भी आदमी दलित नहीं होता, कोई भी साहित्य दलित साहित्य नहीं रहता, फिर भी मैं अपने को दलित लेखक ही कह लेना पसन्द करूँगा।...मेरा लेखन मनुष्य का चित्रण करता है किसी जाति विशेष का नहीं।" डॉ. एन. सिंह के अनुसार "दलित का शाब्दिक अर्थ है जिसका दलन या उत्पीड़न किया गया है। चाहे शस्त्र के द्वारा या शास्त्र के द्वारा।... इसमें स्त्री और पिछड़े वर्ग के साथ सवर्ण जातियों के वह लोग भी आते हैं जिनका किसी भी दशा में मानसिक या आर्थिक शोषण हुआ है।" (शिखर की ओर) इनकी अपनी दृष्टि में भूमिहीन, अछूत, दास, गुलाम और निराश्रित भी दलित ही हैं। आज दलित शब्द प्रेरणा और विद्रोह का पर्यायवाची भी है। दलित बेजुबानों की आवाज है। दलित शब्द आक्रोश, चीख, वेदना, पीड़ा, चुभन, घुटन, छटपटाहट का प्रतीक है। यह अपने में एक इतिहास है, एक चीत्कार है। (दलित साहित्य : चिन्तन के विविध आयाम, सं. डॉ. एन. सिंह)। रतन कुमार साँभरिया दलित शब्द का शाब्दिक अर्थ 'दबा हुआ', आत्मसम्मान और आत्मविश्वास हीन, मनोबल की कमी, अपमान, शोषण, उत्पीड़न और प्रताड़ना को जिसने अपनी नियति मान लिया हो वही दलित है। (लोकशासन समाचार-पत्र, 2 जून 1993, जयपुर)।

हिन्दी के दलित रचनाकारों में अग्रगण्य ओमप्रकाश बाल्मीकि की दृष्टि में–"भाषावाद, अलगाववाद, जातिवाद, क्षेत्रवाद को 'दलित' शब्द नकारता है। उन्हें सामाजिक पहचान देता है जिसकी पहचान इतिहास के पृष्ठों से मिटा दी गई जिनकी संस्कृति, ऐतिहासिक धरोहर काल चक्र में खो गई। इस देश का मेहनतकश जो खेत-खलिहान से लेकर कारखानों तक हर क्षेत्र में अपने पसीने से एक नए इतिहास का निर्माण कर रहा है। उस इतिहास का जिसमें भारत के नव-निर्माण की छवि, नए का आह्वान कर रही है।"..."मानवीय अधिकारों से वंचित, सामाजिक तौर से जिसे नकारा गया हो, वही दलित है।" यहाँ आकर बाल्मीकि की विचारधारा संकुचित हो उठती है और वे जन्मना ही दलित मानते हैं। जयप्रकाश कर्दम भी जन्मना ही दलित मानने के पक्षधर हैं। जयन्त परमार–शूद्र, महाशूद्र, अतिशूद्र, अस्पृश्य, अंत्यज, अछूत, बहिष्कृत, हरिजन तथा दक्षिण भारत के 'पंचम' को दलित मानते हैं। कँवल भारती की दृष्टि में दलित वही है "जो वर्ण व्यवस्था के बाहर है।" शूद्रों, पिछड़ों को वे इनमें शामिल नहीं करते। (युद्धरत आदमी, पृ. 89)। दलित हिन्दी-साहित्य के एक और सशक्त हस्ताक्षर मोहनदास नेमिशराय अम्बेडकर

की चिन्तनधारा के अनुरूप ''अछूत को ही दलित मानते हैं। और ये अछूत छितरे हुए लोग हैं जो गोमांस खाते हैं।'' हिन्दी के प्रख्यात दलित रचनाकार माताप्रसाद दलित में नारी को भी शामिल करते हैं। श्यौराज सिंह बेचैन, तेज सिंह, तुलसी राम, रजनी तिलक भी इसी मत के समर्थक हैं।

मार्क्सवादी चिन्तनधारा के समीक्षक और रचनाकार रामविलास शर्मा इसे सर्वहारा कहना चाहते हैं। राजेन्द्र यादव इन्हें वंचित कहते हैं। मैनेजर पाण्डेय औरतों को दलित नहीं मानते। राजेन्द्र लहरिया उसे ही दलित मानते हैं जो समाज द्वारा दलन और उत्पीड़न का शिकार हुआ हो। प्रेमकुमार मणि शूद्र को भी इसमें शामिल करते हैं। वे सर्वहारा आम आदमी को दलित मानते हैं।

हिन्दी क्षेत्र में जन्मे समाजवादी चिन्तक डॉ. राममनोहर लोहिया पहले राजनीतिक हैं जिन्होंने दलित श्रेणी में हरिजन, शूद्र, आदिवासी, जुलाहा, धुनिया और औरत आदि को स्वीकार किया। श्रमिक दलितों का उस समय विकास नहीं हो पाया था। और किसान जो सदियों से पीड़ित रहा वह भी दलित वर्ग का ही प्रतिनिधित्व करता है, बशर्ते मजदूर किसान हो। लोहिया की अवधारणा को नामवर सिंह भी स्वीकार करते हैं पर वे इस श्रेणी में नारी को भी रखते हैं। शिवकुमार मिश्र जहाँ दलित को जन्मना मानने के पक्षधर हैं वहीं खगेन्द्र ठाकुर इसके विरोधी हैं। ज्योतिष जोशी भी ठाकुर के मतों के समर्थक हैं।

'दलित' कौन माना जाए? इस सन्दर्भ में उपर्युक्त विवेचन इस बात का साक्षी है कि इस सन्दर्भ में पर्याप्त मतभेद है। अम्बेडकरवादी खेमा जहाँ अम्बेडकर के 22 सूत्री सिद्धान्तों के आधार पर केवल अस्पृश्य को ही दलित मानता है, वहीं मार्क्सवादी खेमा, दलित की सीमा का विस्तार करता है।

वस्तुतः 'दलित' की व्याख्या, दलित साहित्य के प्रारम्भ का श्रेय मराठी रचनाकारों एवं समीक्षकों को जाता है। मराठी दलित आन्दोलन के अगुवा ज्योति बा फुले ब्राह्मणों को ही दलित का सर्जक मानते हैं। और इन ब्राह्मणों को वे भारत का निवासी नहीं मानते। वे आर्यों को भी बाहरी मानते हैं। और उन्हें अत्यन्त स्वाभिमानी, परले दर्जे का काइयाँ, अहंकारी और असहिष्णु भी मानते हैं। (स्लेवरी, 1873 कलेक्टिव वर्क्स आफ महात्मा ज्योति बा फुले, पृ. 29-30) (कथाक्रम दलित विशेषांक, नवम्बर, 2000, पृ. 19-20 से उद्धृत)। प्रसिद्ध इतिहासकार एवं कथाकार भगवान सिंह ने फुले को सही पहचाना है। उन्हीं के शब्दों में ''ज्योति बा फुले की शिक्षा मिशनरी स्कूल में हुई थी और अपने अभियान की प्रेरणा भी उन्हें वहीं से मिली थी। उनकी इतिहास दृष्टि मिशनरियों और ब्रितानी शासकों की अपनी जरूरत से विकसित की गई इतिहास दृष्टि से अभिन्न थी। इसमें सारा क्रोध ब्राह्मण पर है। सवर्णों में दो को इसमें शामिल नहीं किया गया है। ब्राह्मण ईसाई धर्म प्रचारकों के रास्ते में सबसे बड़ा बाधक था और वर्णवाद का पोषक। ज्योति बा

अपने अनुभव को मिशनरियों की भाषा में ढाल रहे थे।" (वही, पृ.20)। मराठी क्षेत्र में इस आन्दोलन को सही राह देने वाले विचारक हैं–डॉ. भीमराव अम्बेडकर। अम्बेडकर की दृष्टि में अस्पृश्य ही दलित है। उन्होंने इन्हें 'बहिष्कृत' और 'बाह्य' जातियों की संज्ञा से भी अभिहित किया। उनके अनुसार, भारतीय ग्राम्य व्यवस्था में गाँव के बाहर दक्षिण तरफ रहने वाले लोग 'दलित' हैं। इन्हें उन्होंने छितरे हुए की भी संज्ञा दी। और उनकी दृष्टि में ये छितरे हुए लोग ही बौद्ध रहे हैं। अपनी इस मान्यता से वे यह सिद्ध करना चाहते हैं कि बौद्ध ही दलित बनाए गए। उनके अनुसार 400 ईस्वी के बाद अछूत अस्तित्व में आए। (अछूत कौन कैसे?)। उनकी दृष्टि में नस्ल तथा पेशे की भिन्नता अछूतपन का आधार नहीं है। अम्बेडकर ने अछूत और अपवित्र को अलग-अलग माना। अपवित्र प्रायश्चित्त के पश्चात पवित्र हो सकता है पर अछूतपना वंश-परम्परा से जुड़ जाता है। अछूत, अछूत के रूप में जन्मता भी है, मरता भी है। वे यह भी कहते हैं कि "आज के अछूत किसी समय के छिन्न-भिन्न परास्त आदमी भर हैं, इसलिए गाँव के बाहर बसाए गए।" गाँव के लोग इन्हें अपनी रक्षा, पहरेदारी के लिए गाँव के बाहर बसाते थे। ये बौद्ध/अछूत गोमांस खाते थे। इन्होंने ब्राह्मण धर्म स्वीकार नहीं किया। इसलिए ये अस्पृश्य बनाए गए। अम्बेडकर ने आदिम जातियों, जनजातियों और जरायम पेशा से जुड़ी जातियों को अस्पृश्य नहीं माना। पर कतिपय प्रगतिशील विचारधारा से जुड़े अम्बेडकरवादियों ने इन्हें भी अस्पृश्य/दलित माना। इतना ही नहीं पर्वतीय जातियों को भी उसमें शामिल कर लिया गया।

मैंने महाराष्ट्र के गाँवों को तो नहीं देखा, पर उत्तर प्रदेश के अनेक गाँवों को देखा है, जिनमें अछूत/दलित प्रायः गाँव के पूरब या किसी अन्य दिशा में रहते हैं। फिलहाल इनके आवास के लिए कोई दिशा निर्धारित नहीं है। दूसरी बात! ये गोमांस ही खाते हों, ऐसा नहीं, यह सच से कोसों दूर है। परतंत्र भारत में अधिकांश उच्चवर्ण या निम्नवर्ण की आर्थिक स्थिति में बहुत विशेष अन्तर नहीं था। इसी तरह उनकी यह अवधारणा भी पूर्णतया भ्रामक है कि ये बौद्ध ही थे। वस्तुतः अछूतों में हर वर्ण के लोग समय-समय पर शामिल हुए। इसका मूल कारण है–भारत पर निरन्तर होने वाले विदेशी आक्रमण। आक्रमणकारी यहाँ के लोगों को अपना धर्म स्वीकार करने के लिए विवश करते रहे, जो नहीं स्वीकार किए उन्हें दास बनाया गया और उनसे निम्न-से-निम्न काम लिए गए। वस्तुतः यह स्वाभिमानी थे। इन्हें अपनी संस्कृति के प्रति प्यार था। धर्म के प्रति आस्था थी। उनके स्वाभिमान को कुचला गया, उनका दलन हुआ। अम्बेडकर या फुले जिस भंगी व्यवस्था को ब्राह्मण द्वारा जनित वर्ण व्यवस्था की देन मानते हैं, वह भारत के गाँवों में पहले नहीं थी। ग्राम व्यवस्था में न तो पहले इसकी आवश्यकता थी और न आज है। इसके लिए जंगल, खेत, बाग का उपयोग होता था। और जानवर विशेष इसकी सफाई किया

करते थे। लोक जीवन में मल-निष्पादन हेतु व्यवहृत शब्द 'शौच', 'मैदान', 'झाड़ा', 'जंगल' या 'बाहर' इस बात के प्रमाण हैं। 'टट्टी', 'पखाना' शब्द तो इस्लामी प्रथा की देन है। वस्तुतः इस्लामी परदा प्रथा में प्राचीन भारतीय व्यवस्था चल नहीं सकती थी, सफाई का भार जिस जानवर पर था उसका उस रूप में उपयोग भी इस्लामी आवासीय व्यवस्था में नहीं किया जा सकता। भगवान सिंह के अनुसार—"यह व्यवस्था यूनानियों के साथ आई, जिनके यहाँ दास प्रथा बहुत कठोर रूप से विद्यमान थी। 'भंगी' के लिए 'हेल्ला' शब्द का भी प्रयोग होता रहा है जो 'हेलेनिक' से निकला है। इसे यूनानियों से ईरानियों ने ग्रहण किया और ईरानी संस्कृति के साथ यह मध्यकाल में भारत में एक पेशे के रूप में आई। धर्म परिवर्तन के लिए तैयार न होने वाले युद्धबन्दियों को भूख आदि की यातना देकर, और नशे आदि की लत डालकर, इसके लिए बाध्य किया गया।" (वही, पृ. 28)। भगवान सिंह यह प्रश्न भी उठाते हैं कि हिन्दू समाज में अपमानित अवस्था में जीवनयापन करने वाले डोम, चमार, भंगी, धोबी आदि जातियों के लोगों ने इस्लाम के धर्म परिवर्तन के खुले निमन्त्रण को क्यों नहीं स्वीकार किया? जबकि इनकी तुलना में जुलाहे, रंगरेज, जिनकी स्थिति अपमानजनक नहीं थी, वे शत-प्रतिशत मुसलमान क्यों हो गए? ठीक इसी तरह से महावत (हाथी पालन के व्यवसाय से जुड़े) शत-प्रतिशत मुसलमान हो गए? इससे भी विचित्र कि क्षत्रिय और ब्राह्मण परिवारों ने इस्लाम और कुछ मामलों में ईसाई धर्म क्यों अपनाया? यदि यह सच है कि बन्दी बनाए गए राजपूतों, ब्राह्मणों को भी धर्म परिवर्तन से इनकार करने पर भंगी बनने को बाध्य किया गया और इनमें से अनेक के गोत्र नाम राजपूतों, ब्राह्मणों के हैं, तो इतने गर्हित काम और धर्मान्तरण के बीच उन्होंने पहले को क्यों चुना?" (वही, पृ. 28)

इन प्रश्नों का उत्तर देते हुए भगवान सिंह कहते हैं, "वस्तुतः धर्म की जड़ें जातीय अवचेतन में संस्कृति के विभिन्न रूपों और आयोजनों, सामाजिक ताने-बाने के माध्यम से उतरी होती हैं। इसी कारण लोग धर्म परिवर्तन करने की तुलना में यातनापूर्ण मृत्यु तक के लिए तैयार हो जाते हैं।" सच तो यह है कि इस्लाम में कुछ जातियों को उससे भी गर्हित दृष्टि से देखा जाता है, जितना हिन्दू धर्म में। और "इस्लाम के पहले अपना धर्म न बदलनेवालों के साथ बौद्ध और जैन धर्मावलंबियों ने भी वही व्यवहार किया जो इस्लाम ने किया था। इसलिए समस्त कठोर विधानों का जनक होते हुए भी ब्राह्मण या ब्राह्मणवाद, अस्पृश्यता के उद्‌भव के लिए उत्तरदायी नहीं है।" "चमार को अस्पृश्य बनाने के लिए बौद्ध अहिंसा को और भंगी प्रथा के लिए यूनानी और इस्लामी संस्कृतियों को उत्तरदायी माना जा सकता है। पासी और कलवार को हेय बनाने में भी बौद्ध और जैन के मत ही उत्तरदायी हैं।" (भगवान सिंह, वही, पृ. 28)। भगवान सिंह की स्पष्ट अवधारणा है कि "शूद्रों या दासों की उत्पत्ति के लिए वैश्य तो उत्तरदायी हो सकते हैं, ब्राह्मण

नहीं।" प्रारम्भिक व्यवस्था में "तो ब्राह्मण अभी पैदा हुआ ही नहीं था।"..."वर्णवाद और दलित वर्ग के उद्भव के लिए ब्राह्मण उत्तरदायी नहीं है।" (वही, पृ. 28) "वस्तुतः वर्ण ने आर्यों के भारत पहुँचने से पहले ही जाति का रूप ले लिया था।" (वही, पृ. 27)। अस्तु आर्य भी वर्ण को जाति रूप में परिवर्तित करने के लिए उत्तरदायी नहीं। यहाँ तक कि प्राचीनतम ग्रन्थ ऋग्वेद भी श्रम-विभाजन और वर्ण-विभाजन से बहुत बाद की कृति है। पुराण भी इस बात के साक्षी हैं कि पहले समाज में भेदभाव नहीं था। सभी लोग समान थे। वस्तुतः फुले, अम्बेडकर से लेकर कांशीराम, मायावती तक ने तथ्यों, ऐतिहासिक साक्ष्यों को नजरअन्दाज कर जान-बूझकर ब्राह्मण के विरुद्ध घृणा का प्रचार किया। उत्पादन एवं व्यवस्था की अगुवाई कर रहे थे—वैश्य। वे ही वर्ण को जाति में बदलने का काम किए। आर्थिक विषमता के भी कमोबेश जनक यही हैं। हाँ! यह अलग बात है कि आगे चलकर ब्राह्मण ने उस व्यवस्था पर मुहर लगाने का काम किया। इस सीमा तक वह जिम्मेदार है। इसका कारण भी है—अपनी जीविका तथा भरण के लिए उसका दूसरों पर आश्रित होना। ब्राह्मण ने यह विधान तो किया कि स्व-उत्पादन बेचा जा सकता है, पर प्रकृति प्रदत्त—फल, दूध, सोम, शहद, मांस, ज्ञान, मन्त्र, आदि कोई बेचता है तो वह निन्दनीय होगा। इसी कारण वैश्य की सामाजिक हैसियत में ह्रास आया, वह शूद्र के निकट जा पहुँचा। ब्राह्मण तो सामाजिक समानता के हमेशा पक्षधर रहे हैं। "उपनिषदों के जिस ब्राह्मणवाद विरोध को आधार बनाकर सामाजिक न्याय के आन्दोलन खड़े होते रहे, उसके प्रवर्त्तक याज्ञवल्क्य हैं। कबीर के गुरु रामानन्द, ब्राह्मण विरोधी हैं। राममोहन राय, विद्यासागर, द्वारकानाथ, टैगोर, दयानन्द आदि ही नहीं, उस संविधान सभा के सदस्य जिसमें अधिकांश ब्राह्मण थे, जिसमें अस्पृश्यता को अपराध बनाया, दलितों के लिए आरक्षण आदि के विधान किए थे, इसके प्रमाण हैं।" (वही, पृ. 27) ब्राह्मण न तो क्षत्रियों की तरह क्रूर हो सका न वैश्यों की तरह कृपण तथा शोषक बन सका। उसे तो शूद्रों के यहाँ भी शादी-ब्याह, पर्व, त्योहार, पूजा-पाठ में जाना ही पड़ता था। भगवान सिंह यह भी कहते हैं कि "ब्राह्मण एक ऐसी जाति है जो शूद्र के सबसे निकट रही है।" उसका कारण है विद्या के अतिरिक्त ब्राह्मण की जीविका का स्रोत पुरोहिती और जजमानी थी। वह नाई या बारी की तरह न्योता भी बाँटता रहा है। सन्देश भी ले जाता रहा है।

इस तरह यह सिद्ध हो जाता है कि अम्बेडकर और फुले ने सामाजिक इतिहास तथा इतिहास की अनदेखी की और जबर्दस्ती ब्राह्मणों के प्रति एक वर्ग में आक्रोश जगाया। स्वयं अम्बेडकर ईसाई मिशनरी और विलायत की शिक्षा से ईसाई के पक्षपाती थे। फलस्वरूप फुले की भाँति उन्होंने भी ईसाई धर्म के प्रचार में सर्वाधिक बाधक ब्राह्मण एवं ब्राह्मणवाद पर आक्रमण किया। इतना ही नहीं, उन्होंने यह भी देखने की जरूरत नहीं समझी कि उत्तर भारत के अस्पृश्य भी हिन्दू धर्म संस्कृति

के प्रति समर्पित हैं। उनके यहाँ भी वे रीतिरिवाज धर्म अपनाए जाते हैं जो सवर्णों के यहाँ। एक बात और! आज दलित उत्पीड़न में क्षत्रिय (ठाकुर) यादव, कुर्मी, वैश्य का नाम तो आता है पर ब्राह्मणों का नहीं।

इस प्रकार अम्बेडकर एवं अम्बेडकरवाद की आधारभित्ति ही भहरा जाती है। और अस्पृश्य ही दलित नहीं रह जाते अपितु अन्य जातियाँ भी इनमें आ जाती हैं। आज यह जाति नहीं वर्ग बोधक संज्ञा है। जिसका आधार अस्पृश्यता ही नहीं, पिछड़ापन, आर्थिक विषमता भी है। नारी भी इसमें शामिल हैं।

वस्तुतः ऋग्वेद के दशम मंडल, (पुरुष सूक्त, 190 ऋषि नारायण) की निम्नलिखित सूक्ति की भाषा ऋग्वेद के बहुत बाद की है। यह अंश ऋग्वेद में चस्पां किया हुआ प्रतीत होता है :

> "ब्राह्मणोऽस्य मुखमासीद बाहू राजन्यः कृतः
> उरूतदस्य यद्वैश्यः पदोभ्याम शूद्रो अजायत।"
>
> (भवदेव पाण्डेय, कथाक्रम, नवम्बर, 2000, पृ.9)

अतः इस सूक्त के आधार पर यह मान्यता है कि शूद्र पैर से उत्पन्न हुआ तथा यह ब्राह्मण की उद्घोषणा है, पूर्णतया भ्रामक और गलत है। अम्बेडकर में अनेक अन्तर्विरोध हैं। ठीक यही अन्तर्विरोध अम्बेडकरवादी हिन्दी दलित लेखकों में भी उभरकर सामने आए हैं। अम्बेडकर सवर्ण और असवर्ण को प्रारम्भ में एक नस्ल का मानते रहे, बाद में इसे बदल दिया। अन्ततः वे विवश होकर दो नस्ल मानते हैं—आर्य और नाग। जबकि हड़प्पा और मोहनजोदड़ों की खुदाई में मिले साक्ष्य अलग कहानी कहते हैं। जिस वर्ण व्यवस्था को दलित सर्जन में प्रधान कारक के रूप में अम्बेडकर स्वीकार करते हैं इससे भी अधिक वर्ण व्यवस्था का क्रूर प्रचलन विश्व के लगभग सभी देशों में रहा है। वहाँ उनकी समाप्ति का कारण सामन्तीपन की समाप्ति है। पर यहाँ सामन्तीपन समाप्त न कर ब्राह्मणवाद पर चोट की गई। पूँजीवादी व्यवस्था पर चोट कर सबको आर्थिक दृष्टि से स्वावलम्बी, समान बनाने के स्थान पर निरर्थक रूप में ब्राह्मण के प्रति आक्रोश व्यक्त किया गया। उस ब्राह्मण पर जिसका अधिकांश तबका शूद्रों, अस्पृश्यों की जिन्दगी से अधिक अच्छी जिन्दगी नहीं जी रहा था। परिणाम यह निकला कि उन दलितों की स्थिति यथावत बनी रही। आज भी उनमें आर्थिक सुदृढ़ता का अभाव, अशिक्षा का बोलबाला है, बालश्रम की प्रथा है।

अम्बेडकर तथा अम्बेडकरवादियों की यह घोषणा है कि "दलित साहित्य हिन्दू धर्म के आधार स्तम्भ—ईश्वर, आत्मा और भाग्य के नकार का साहित्य है।" दोस्तो यदि साहित्य को अस्पृश्य/दलित तथा उनके लोक से जोड़ना है तो उनके लोक/उनकी मान्यताओं, आस्थाओं की अनदेखी नहीं की जा सकती। यदि इसके

विपरीत धारा चलाई जाती है तब वह उनका साहित्य नहीं होगा, भले ही कुछेक अनास्थावादियों या दूसरे धर्मों को मानने वाले दलितों का साहित्य बने। पर दूसरे धर्म वाले भी तो ईश्वर, आत्मा, पुनर्जन्म तथा भाग्य को मानते हैं। चाहे आप अल्लाह का स्मरण करें अथवा ईसा का। दोनों जगह आत्मा है। भाग्य भी है। और ईश्वर भी साथ ही पुनर्जन्म की अवधारणा भी। भले ही नाम अलग हों। इतना ही नहीं बौद्धों और जैनों के यहाँ भी ईश्वर, आत्मा और भाग्य किसी-न-किसी रूप में विद्यमान है। एक बात और स्वयं अम्बेडकर, जिनकी प्रतिज्ञा हिन्दू के रूप में न मरने की थी, ने पहले सिख धर्म अपनाना चाहा, पर बाद में बौद्ध धर्म अपनाया। धर्म के प्रति आस्थावान अम्बेडकर कैसे किसी धर्म को छोटा तथा बड़ा कह सकते हैं। हिन्दू तो धर्म है भी नहीं, वह तो जीवन पद्धति है। पता नहीं कितने आज के हिन्दी दलित लेखक बौद्ध धर्म के अनुयायी बने। पर हिन्दी बेल्ट के अछूत तो बौद्ध बनने से रहे। वे तो हिन्दू धर्म संस्कृति, जीवन पद्धति जो कहना चाहें के अनुयायी रहे हैं और हैं।

2

'दलित' शब्द के सन्दर्भ में तथा उसके स्वरूप के सन्दर्भ में जन्मा विवाद दलित साहित्य के स्वरूप, मान्यता के सन्दर्भ में भी विवाद पैदा कर गया। कट्टरवादी 'दलित' रचनाकार–ओमप्रकाश बाल्मीकि की मान्यता है कि दलित द्वारा दलित के जीवन पर लिखा गया साहित्य ही दलित है। उनकी यह मान्यता है कि दलित साहित्य किसी 'आनन्द' या 'मोक्ष' की प्राप्ति के लिए नहीं, आदमी को आदमी की तरह जिन्दा रखने के लिए, उसकी अपनी निजता को स्थापित करने के लिए अस्तित्व में आया है। फिलहाल बाल्मीकि के आदर्श अम्बेडकर के बौद्ध धर्म में भी निर्वाण और आनन्द की अवधारणा है। दूसरी बात बाल्मीकि का जो लक्ष्य है, वही लक्ष्य हिन्दी-साहित्य तथा उसकी परम्परा का रहा है। जयप्रकाश कर्दम के अनुसार "दलित लेखन दलितों द्वारा अपने दुख-दर्द, उपेक्षा, उत्पीड़न तथा उसके विरुद्ध संघर्ष और जिजीविषा की शाब्दिक अभिव्यक्ति है।...दलित लेखकों द्वारा लिखित दलित चेतनोन्मुख साहित्य ही दलित साहित्य है।" रमणिका गुप्ता, श्यौराज सिंह बेचैन, तेज सिंह जहाँ बाल्मीकि एवं कर्दम के समर्थक हैं, वहीं रजनी तिलक, राजकुमार सैनी दलित-चेतना को लेकर गैर-दलित द्वारा लिखे गए साहित्य को भी दलित साहित्य मानने के पक्षधर हैं। बशर्ते उसमें अनुभूत संवेदनात्मक यथार्थ हो। प्रगतिशील तथा मार्क्सवादी खेमे के चिन्तक भी यही मानते हैं। नारायण सुर्वे, बाबू राव बागुल भी इसी मत के हैं। स्वयं बुद्ध भी जन्मना दलित नहीं थे। और वाल्मीकि के मुख से जब कविता स्वयं प्रस्फुटित हो उठती है, तब तो स्वयं वाल्मीकि भी भोक्ता नहीं थे। वह उनका भोगा यथार्थ नहीं था, अनुभूत यथार्थ ही था।

वस्तुतः 'दलित आन्दोलन' महाराष्ट्र की देन है वहीं दलित चेतना का स्वरूप भी अपना आकार पाया। इसलिए मराठी सोच का भी सर्वेक्षण आवश्यक है। सच तो यह है कि दलित-चेतना के दृष्टिकोण का जन्म मराठी समीक्षा में मराठी मार्क्सवादी समीक्षा धारा के पराभव की परिणति माना जाता है। वस्तुतः दलित समीक्षा-दृष्टि थी तो मार्क्सवादी-समीक्षा दृष्टि की ही परिणति, विकास की निरन्तरता भी इस बात का सबूत है, परन्तु यह मार्क्सवाद के प्रति मोहभंग की परिणति है। इसमें प्रतिरोध का यह भाव है जो ''मार्क्सवादियों के लिए लताड़ है।'' दया पवार ने स्पष्ट कहा है कि—मार्क्सवादी और समाजवादी अपना शत्रु देख सकते हैं। दलितों का शत्रु अदृश्य है। वह पुस्तक में, भाषा में, विचार में और लोगों के दिमाग में विद्यमान है (उत्तर प्रदेश, मई, 1997)। फलस्वरूप दलित साहित्य की संकल्पना का समूचा श्रेय मराठी दलित समीक्षा को जाता है जिसका जन्म बलूतं (ग्रन्थाली प्रकाशन, कुर्ला, मुम्बई, 24 दिसम्बर, 1978) और उसके हिन्दी अनुवाद 'अछूत' से हुआ। इसमें दया पवार और उसके समाज की कँटीली यात्रा का वर्णन है। और है—मानव की मूलभूत अनुभूति की तलाश।

दलितों के आत्मपरक कथन को आत्मकथात्मक या आत्मकथा कहा गया है। कुछ आलोचक उसे 'स्व-कथन' कहकर उसकी विशेषता की ओर संकेत करते हैं। इनमें प्रमुख हैं—स.ना. सूर्यवंशी का 'आगा जे कल्पिले नाही,' प्रा. शंकर राव खरात का 'तराल अन्तराल', नामदेव ढसाल का 'कथा मइया जन्माची।' किन्तु इन रचनाओं को स्वकथन कहने वाले समीक्षक इनकी पूरी पड़ताल नहीं कर पाते। वास्तव में समाज का चित्रण या समूह भावना, 'स्व' के प्रति सजगता, सत्यता और निश्छल निवेदन, इन रचनाओं की विशेषता है। और इन रचनाओं का, उपेक्षितों में परिवर्तन लाने के लिए उपयोग, साहित्य को एक शस्त्र मानकर किया गया। इन सब रचनाओं का लक्ष्य है—व्यक्तित्व का विकास। इनमें दलितों द्वारा अनुभूत पीड़ित होने की भावना की अभिव्यक्ति प्रसंगानुकूल चरित्र के साथ साकार होती है और दलित-साहित्य का स्वरूप भी स्पष्ट हो उठता है। इस स्पष्टता के बावजूद भी दलित-साहित्य की निश्चित परिभाषा सामने नहीं आ पायी। इसके जनक, मराठी में भी, एकमत नहीं हैं।

वसन्त पाटणकर ने स्पष्ट कहा है कि—''सवर्णों द्वारा दलितों के बारे में चाहे जितनी आस्था हो, उसमें जीवन्तता हो, किन्तु उनके द्वारा निर्मित साहित्य भी दलित साहित्य नहीं कहा जा सकता।'' अतः जन्मना ''दलित व्यक्ति द्वारा निर्मित, दलितों के जीवन पर दलित संवेदनशील अनुभूति का चित्रण करने वाला साहित्य ही दलित साहित्य है। इस प्रकार के लेखों में समूह भावना का एहसास व्यक्त होगा तथा प्रकट-अप्रकट रूप से प्रत्यक्ष-परोक्ष रूप से विद्रोह तथा रूढ़िगत समाज रचना के प्रति नकारात्मक भावना व्यक्त होगी।'' (दस्तावेज, अप्रैल-जून, 93)

दया पवार की अवधारणा है कि 1967 तक महाराष्ट्र में लिखे गए दलित-साहित्य में विद्रोह की चिनगारी तो थी किन्तु यह चिनगारी आन्दोलन का रूप नहीं ले सकी। इसका कारण यह था कि प्रारम्भिक लेखक हीन भावना से ग्रस्त थे। सच्चाई से जी चुराते थे। वे सफेद मानसिकता के पोषक थे।

दया पवार के अनुसार ही अगले दशक में जब प्रो. एम.एन. वानखेडे एवं प्रो. जनार्दन वाघमरे ने अश्वेत लेखकों के उत्तेजक एवं विस्फोटक अनुभवों से परिचय कराया तब अपने अतीत के प्रति शर्मिन्दा तथा हीन ग्रन्थि से ग्रस्त लेखकों में अभिव्यक्ति की नई अभिलाषा स्वरूप पाई। जिसमें था—नकार एवं विद्रोह का भाव। और था—"एकजुट होकर आन्दोलन का प्रयास।" मु.सु. पाटिल एवं प्रभाकर माण्डे, (दलित साहित्ययाचे निराला परा) ने भी इस प्रवृत्ति को बढ़ावा देते हुए दलित संवेदना को रेखांकित किया। माण्डे के अनुसार इस साहित्य में व्यक्तित्व एवं समूह संवेदना का द्वन्द्व दिखाई देता है। पर यह स्थिति तो हर रचना में कमोबेश दिखाई देती है। किसी रचना को बढ़ावा देती है—उसकी समीक्षा। और समीक्षा का आधार होता है—आलोच्य साहित्य का सौन्दर्यशास्त्र एवं मूल्य। रा.ग. जाधव ने स्वीकार किया है कि समीक्षा का दलित साहित्य के लिए स्वतन्त्र मूल्य निर्धारित तो नहीं हुआ किन्तु दलित संवेदनशीलता इस रचनाशीलता के केन्द्र का दायित्व निभा सकती है और इससे दलित साहित्य में भिन्न और स्वतन्त्र सौन्दर्य शास्त्र की संरचना का प्रयास जरूर हुआ। यह भी महत्त्वपूर्ण तथ्य है कि नामदेव ढसाल जैसे एकाध कवि के अपवाद को छोड़कर इस दलित साहित्य में प्रचलित साहित्य की अपेक्षा कोई मूलभूत भेद दिखाई नहीं देता।

शरण कुमार लिम्बाले कृत 'अक्करमाशी' उपन्यास दलित पीड़ा से सम्पृक्त कम है/राजनीति प्रेरित अधिक। वस्तुतः यह संकर संस्कृति का जन्मदाता है। इधर कुमुद पावणे कृत 'आत्मस्फोट', शान्तावाई काम्बले कृत 'मज्या जन्माची चितर कथा' एवं बेबी काम्बले कृत 'आमाचजनम' स्त्रियों की पीड़ा को अति संवेदनशील अभिव्यक्ति प्रदान करती हैं।

उपर्युक्त विवेचन से स्पष्ट है कि मराठी दलित साहित्य नकार और विद्रोह का साहित्य है। इसमें दलितों के प्रति सम्पृक्ति का भाव है। और है—एक बड़े आन्दोलन की तैयारी।

सच तो यह है कि गरीबी रेखा के नीचे जीने वाला हर व्यक्ति दलित है, चाहे वह किसी भी वर्ग में जन्मा हो, चाहे वह स्त्री हो या पुरुष। दलित की जाति, जन्मना नहीं होती। इस प्रकार आर्थिक, सामाजिक दृष्टि से पीड़ित, शोषित, पिछड़े सभी दलित श्रेणी में आएँगे और इनका गान ही दलित साहित्य कहलाएगा।

वस्तुतः दलित की जो स्थिति या अवधारणा मराठी-क्षेत्र-साहित्य में रही है वैसी हिन्दी क्षेत्र और साहित्य में कभी नहीं रही। और हिन्दी क्षेत्र का साहित्य

अम्बेडकर के विचारों से अंकुरित पुष्पित-पल्लवित भी नहीं हुआ। इसलिए हिन्दी दलित साहित्य विशेषकर कथा-साहित्य का विवेचन-विश्लेषण मराठी दलित साहित्य के प्रेरणा स्रोत एवं मानदण्डों के आधार पर करना एक बेईमानी है—यहाँ तो वेदों से लेकर आज तक दलित संघर्ष की चेतना सतत प्रवहमान है और वही हिन्दी-साहित्य की मूल संवेदना है। हिन्दी दलित लेखक और दलित चेतना के संवाहक के. सच्चिदानन्द का मत उल्लेख्य है—"जिस साहित्य में मनुष्य समाज की पीड़ा, दर्द और इनकी कुछ न कुछ कर पाने की बेबसी का चित्रण मिलता है वह सब दलित साहित्य है। चाहे गैर-दलितों द्वारा दलितों के जीवन को लेकर लिखा गया ही क्यों न हो।"

मेरी अपनी दृष्टि में भी दलित रूप में जन्मे व्यक्ति द्वारा लिखा गया साहित्य ही दलित साहित्य कहलाना एक अतिवादी सोच है। साहित्य रचना एक विशेष प्रक्रिया और प्रतिभा की अपेक्षा करती है। अतः सभी व्यक्ति दलित साहित्य सृजन में सफल नहीं हो सकते। फिर वही साहित्य दलित साहित्य कहलाएगा जो दलित संवेदना, सौन्दर्य-बोध से जुड़ा हो, वही दलित रचनाकार कहलाएगा जो उसकी अभिव्यक्ति का दावा लेकर चला हो, भले ही वह किसी भी जाति या वर्ग में जन्मा हो।

3

आधुनिक हिन्दी-साहित्य में दलित संघर्ष की शुरुआत बीसवीं सदी के दूसरे दशक से तब होती है जब महावीर प्रसाद द्विवेदी ने सन् 1914 ई. में अपनी पत्रिका सरस्वती के सितम्बर मास में आधुनिक हिन्दी-साहित्य के पहले दलित कवि हीरा डोम की कविता 'अछूत की शिकायत' छापी। यह कविता भोजपुरी में थी। किन्तु हिन्दी-साहित्य का आदि और मध्य काल इस बात का गवाह है कि यह चेतना हिन्दी के लिए नई नहीं है। संत/कवि कबीरदास, दादूदास, रैदास, साधना की वाणी गूँज चुकी थी। इन्हें हिन्दू समाज में पर्याप्त सम्मान मिला। हिन्दी-साहित्येतिहास में भी इन्हें गर्व के साथ स्मरण किया गया। और कमोबेश तुलसीदास भी इस चेतना से सम्पृक्त दिखाई देते हैं। निषाद से गले मिलना, नारी उद्धार, तथा समाज से उपेक्षितों, तिरस्कृतों की सेना द्वारा राम की विजय इनमें स्वाभिमान आत्मसम्मान का भाव तो जाग्रत करता ही है, साथ ही इन्हें मानव समानता का सन्देश भी दे जाता है। आधुनिक एवं समकालीन हिन्दी कहानियों में दलित चेतना अपना स्वरूप पाती रही। अम्बेडकर के महाद आन्दोलन के तुरन्त बाद 'ठाकुर का कुआँ' (1932) जैसी कहानी लिखकर प्रेमचन्द ने उस आन्दोलन में रचनात्मक सहभागिता की थी। प्रेमचन्द ने ब्राह्मणवाद पर प्रहार का कोई अवसर नहीं छोड़ा। जोखू बीमार भी है, प्यासा भी, उसके कुएँ में लाश सड़ रही है, पानी पीने लायक नहीं उसकी पत्नी

गंगी ठाकुर के कुएँ से पानी लाना चाहती है, पर ठाकुर उसे सफल नहीं होने देता। प्रेमचन्द की ही 'घास वाली' (1926) दलित स्त्री के आत्मसम्मान, स्वाभिमान की कहानी है। चैन सिंह मुलिया के रूप-सौन्दर्य, शरीर का उपभोग करना चाहते हैं, पर मुलिया के प्रहार से असफल होते हैं। 'सद्‌गति' (1931) दुखी चमार के शोषण की कहानी है। 'मन्दिर' भी इसी चेतना की कहानी है। 'दूध का दाम' भंगिन की संवेदना की कहानी है, 'पूस की रात' तथा 'कफन' में दलित संवेदना और मारक बनी। ओमप्रकाश बाल्मीकि कफन को दलित विरोधी कहानी मानते हैं। उनकी दृष्टि में यह कहानी प्रेमचन्द की प्रगतिशीलता से उनके मोहभंग की कहानी है। प्र. सं.उनके अनुसार यहाँ तक पहुँचकर प्रेमचन्द गाँधीवादी आदर्शों, सामन्ती मूल्यों, वर्ण व्यवस्था के पक्षधर बन जाते हैं। बाल्मीकि के स्वर में स्वर मिलाते हैं तुलसीराम। उनकी दृष्टि में प्रेमचन्द ने घीसू माधव का "लुम्पोनाइजेशन (लफंगी करण) तथा अमानवीकरण किया है, वह उनकी महान प्रतिभा पर धब्बा है।" वस्तुतः बाल्मीकि और तुलसीराम दलित वर्ग के इस यथार्थ को नकार कर ऐसा बोध कराते हैं कि सचमुच का दलित जीवन उन्होंने नहीं जिया। प्रेमचन्द का यह यथार्थ दलित जीवन आँखों-देखा यथार्थ है, उसे उन्होंने भी देखा हम आज भी देखते हैं, उससे साक्षात् करते हैं।

1927 में 'चाँद' पत्रिका ने अछूतांक निकाला। इसमें भी प्रेमचन्द की प्रसिद्ध दलित कहानी 'मन्दिर' भी छपी। कविताएँ भी छपीं। प्रेमचन्द की 'मन्त्र', 'गुल्ली डंडा,' 'लांछन', 'सौभाग्य के कोड़े', 'शूद्र', 'झूठ', 'विध्वंस', 'मुक्तिमार्ग', 'आगा-पीछा' प्रेमचन्द की दलित चेतना सम्पृक्त अन्य कहानियाँ हैं। वस्तुतः प्रेमचन्द से ही दलित संघर्ष की शुरुआत होती। यद्यपि भवदेव पाण्डेय, बेचन शर्मा उग्र, से इसका प्रारम्भ मानते हैं। 'समाज के चरण' उग्र की महत्त्वपूर्ण कहानी है। निराला की 'चतुरी चमार', 'बिल्लेसुर बकरिहा', 'कुल्लीभाट' कहानियाँ, दलित यथार्थ के रेशे-रेशे को अलगाकर अत्यन्त गहरी संवेदना का सृजन करती हैं। इस संवेदना को वाणी देने वाले अन्य रचनाकार हैं—राहुल (पुजारी, प्रभा, सुमेर), यशपाल (परदा), मार्कण्डेय (हल योग), अमरकान्त (जिन्दगी और जोंक), अश्क (पिंजरा), शिवप्रसाद सिंह (पापजीवी)। नई कहानी और साठोत्तरी कहानियों के विभिन्न आन्दोलनों के उपरान्त नवें दशक के आस-पास हिन्दी कहानी एक नई राह पर चल निकलती है। और यही कहानी समकालीन कहानी कहलाती है। इसमें 'दलित' की आवाज भी है, उनका आन्दोलन भी, संघर्ष की अविराम भावना। उनमें विद्रोह तथा नकार का वह भाव भरा था जो मराठी दलित साहित्य का मूल स्वर है।

4

'समकालीन' शब्द काल-बोधक नहीं है। यह उस चेतना का संवाहक है, जिसे आज

हम जी रहे हैं। यह उस बोध का भी परिचायक है, जिससे आज हम सब सम्पृक्त हैं। वस्तुतः आठवें दशक में भारतीय परिदृश्य में अचानक एक बदलाव तब आता है, जब देश में वर्षों की केन्द्रीय सत्ता अपदस्थ हो जाती है। परिवर्तन, वह परिवर्तन जिसमें जनसाधारण की अहम भूमिका थी, इस नई सत्ता से भी कुछ पाने में असफल रहता है। स्वतन्त्रता के पश्चात् मन अपनी स्वतन्त्रता के लिए छटपटाता इस सत्ता के दौर में भी अपनी उसी पराधीनता की नियति को प्राप्त होता है। उसका संत्रास, उसकी कुंठा, उसका शोषण यथावत जारी है। और उसका विद्रोह, पहले भी दबाया, कुचला जाता रहा आज भी उसका वही हश्र। उसे सुनने वाला, उसे जानने वाला कोई नहीं, कभी नहीं रहा। आज भी नहीं।

यह अनुगूँज सातवें दशक की अपेक्षा आठवें-नवें दशक के साहित्य में अधिक तेज सुनाई देती है, बल्कि यह कहें कि सर्वव्यापी बन जाती है। हिन्दी कथा-साहित्य भी इससे अछूता नहीं रहता। मराठी साहित्य में सातवें दशक के प्रारम्भ में इसने सेंध मारी थी और इस सेंध का कारण था—सामाजिक-राजनीतिक परिवर्तन के सन्दर्भ में मानसिक-सामाजिक बदलाव के नए आयाम।

हिन्दी-साहित्य, विशेषकर, समकालीन कथा साहित्य में ये कारक (अम्बेडकरी विचार) उतने सक्रिय नहीं हैं। जो सक्रिय हैं, या जो अपनी सार्थक पहचान बनाते हैं वे हैं—मानवीय संवेदनशीलता, जो दलित में जाकर अपना विश्राम खोजती है, उस सौन्दर्य बोध के प्रस्तुति की ललक में जो दलित, पीड़ित और शोषित मानवता में अपना सहज रूप सँजोए हुए है और संघर्ष की वह अपराजेय कामना, साहस, अविराम युद्ध का उद्‌घोष जो अपने अस्तित्व की रक्षा के लिए आवश्यक है। इनसे भी अधिक महत्त्वपूर्ण कारक यदि कोई है तो वह है—नकार और विद्रोह का वह भाव जिसमें अप्रासंगिक हो चुकी, मरी हुई, जबरन लादी गई परम्परा को नकार कर, पूर्णतया अस्वीकार कर नई परम्परा की स्थापना की ललक। और इस ललक का औजार है—विद्रोह का भाव, जिसकी धार रोज तेज की जाती है। और इस विद्रोह में पराजय की परवाह नहीं, नकार और विद्रोह के लिए आवश्यकता है—संगठन की व्यवस्था से उपेक्षित, उससे असुरक्षित अनुभव करने वालों ने अपनी रक्षा, अपनी अस्तित्व की लड़ाई का बीड़ा स्वयं उठाया है। फलस्वरूप दलित, चाहे वह जन्मना हो या परिस्थितियों के घात-प्रतिघात से निर्मित, आज एक साथ संगठित होकर हमले के लिए उद्यत हैं, अपनी पहचान बनाने के लिए प्रयासरत हैं। उसके संगठन, समुदाय, समाज, वर्ग यदि पीछे भी हटते हैं तो वह संसार को प्रकाशित करने के लिए छोटे दीपक की भाँति अन्धकार से अकेला लड़ने को उद्यत है। इस आस में, कि आज नहीं कल तो एकाधिक दीपक खड़े हो ही जाएँगे। इसी आस की कथा है—समकालीन कथा-साहित्य। और समकालीन कथा-साहित्य की यही चेतना है—दलित चेतना। जो एक निश्चित, सीमित, परिधि से बाहर निकल उन सबको

समूहबद्ध करने, उनकी आवाज को शंखनाद में बदलने, उनके संघर्ष और विद्रोह की अमिट गाथा को लिखने के लिए प्रयासरत है। भले ही वह जन्मना दलित हो या किसी भी वर्ग का हो, पर हो शोषित, आर्थिक दृष्टि से विपन्न पीड़ित। चाहे वह नारी हो, चाहे पुरुष।

सातवें दशक के प्रमुख हस्ताक्षर काशीनाथ सिंह, दूधनाथ सिंह, ज्ञानरंजन, शैलेश मटियानी, मन्नू भंडारी, उषा प्रियंवदा आदि की कहानियों में दलित वर्ग उपर्युक्त अवधारणा के साथ उपस्थित है।

आठवें-नवें दशक में सर्वहारा दलित वर्ग जाग चुका है। अब वह अपने ऊपर जबरन थोपी गई दीनता-हीनता से ऊब चुका है और मरने-मारने पर उतारू होने के अतिरिक्त उसके पास कोई विकल्प नहीं बचा है। फलस्वरूप इस काल की कहानियाँ सामन्तों, शोषकों, पूँजीपतियों के विरुद्ध संघर्षशील अथवा संघर्ष के लिए तैयार आदमी को चित्रित करती हैं। 'गुस्से में आदमी' (जवाहर सिंह), 'सुरंग में पहली सुबह,' 'ऐसे मौसम में वापसी' (बसन्त कुमार), 'भीतर का भय' (श्रीहर्ष), 'बन्तो', 'अँधेरे की मौत', 'एक निर्णय', 'सन्नाटे से आगे', 'परतें', 'मुक्ति', 'संघर्ष है', (नमिता सिंह), 'विस्फोट' (विजेन्द्र अनिल), 'करिश्मा' (नीरज सिंह), 'एक बनिहार का आत्म निवेदन', 'दूसरा कदम', 'एक होते हुए,' (सुरेश कांटक), 'काले पेड़', 'रिक्शा वाला', 'समूह गान', 'अन्तिम प्रजापति' (राकेश वत्स), 'देवी सिंह कौन', 'शंख ध्वनि', 'राष्ट्रीय राजमार्ग' (रमेश उपाध्याय), 'जंगली जुगराफिया' (रमेश बतरा), 'भइया एक्सप्रेस' (अरुण प्रकाश) तथा 'उठो लक्ष्मी नारायण' (सुरेन्द्र मेनन) 'संवेदना और प्रतिकार' (पुन्नी सिंह), 'अस्वीकृत' (गिरिराज शरण अग्रवाल), 'जुगाड़' (प्रेम कुमार मणि), 'बहू जुठाई' (रमणिका गुप्ता), 'नम्बर' (राजकुमार सिंह), 'त्रिशूल' (शिवमूर्ति), 'तालीम' (अवधेश प्रीत), 'मनु' (हृदयेश), इसी भाव-बोध की कहानियाँ हैं जिसमें दलित वर्ग का हर कुनबा एक संकल्प विशेष से भरा, खड़ा दिखाई देता है, जिसमें सब कुछ बदल डालने, सब कुछ अपने अनुकूल करने की जिजीविषा है, वह जिजीविषा जिसमें अपने लक्ष्य तक पहुँचने के लिए साधारण जन की संघर्ष हेतु लम्बी लड़ाई हेतु एकजुटता है और कहानीकार भी समूचे भारत के दलित, पीड़ित, शोषित वर्ग के मन के रेशे-रेशे को अलगाने में सफल हुए हैं, चाहे वे नारी हों या पुरुष। चाहे वे सामाजिक व्यवस्था के शिकार हों या आर्थिक विडम्बना की परिणति, चाहे वे व्यवस्था से पीड़ित हों अथवा सरकारी रीति-नीति के शिकंजे में पिस रहे हों, सब तो यहाँ उपस्थित हैं, सभी को यहाँ वाणी मिली, सभी एक हैं, अलग-थलग किए जाने के प्रयास के बावजूद।

इस चेतना को और मारक बनाते हैं—सतीश जमाली। इनकी कहानियों में तंगहाल मजदूरों की स्थिति और उसकी परिणति का अत्यन्त संवेदनात्मक अंकन है। 'अर्थ तन्त्र', 'सत्ताधारी', 'युद्ध', 'सुबहशाम', 'ठाकुर संवाद', 'प्रथम पुरुष,' ऐसी

ही कथा-गाथा की कहानियाँ हैं। 'आदिम', 'आदम खोर', 'शहर तक', 'आदमी' आदि कहानियों के माध्यम से आशीष सिन्हा आदिवासी मजदूरों के जीवन-जगत का सूक्ष्म विवेचन करते हैं। सच्चिदानंद धूमकेतु के अधिकांश कथानायक निम्नवर्ग के हैं। 'खून-खोर', 'आखिरी मौत', 'सवाल तीसरी लड़की का', 'एक थी शकुन दी', तथा 'छिपे हुए हाथ', 'आखिरी कैफियत के बाद' ऐसी कहानियाँ हैं जिसमें निम्नवर्गीय सौन्दर्यबोध और संवेदना का मन को गहरे तक छू जाने वाला चित्रण है। अस्तित्व रक्षा हेतु संघर्ष भी इनमें उपस्थित है। 'दुश्मन', 'कवि मुनेसर मास्टर', 'लहू पुकारे आदमी', 'पूरा सन्नाटा', 'हरिजन सेवक', 'बाढ़', तथा 'बहाली की चिट्ठी,' मधुकर सिंह की वे कहानियाँ हैं, जिनमें किसान मजदूर की पीड़ा, बेवशी का यथार्थ अंकन है। उसके परिणाम भी प्रस्तुत हैं।

हिन्दी-कथा-लेखिकाओं ने नारी स्थिति को केन्द्र में रखकर नारी के हर विधि, हर रूप, हर पक्ष का एक ऐसा खुलासा किया कि सम्भवतः उसे मर्द नहीं कर सकते थे। ऐसे खुलासे को आज के समीक्षक और विचारक भले ही यथार्थ चित्रण कहकर उसकी वकालत करें, उसकी श्रेष्ठता सिद्ध करें, पर यह साहित्य नहीं कहा जा सकता और इनमें दलित नारी का न तो संघर्ष का ही रूप उभरता है, न ही विद्रोह और नकार का भाव।

युगीन-चेतना के परिप्रेक्ष्य में हमें आवश्यकता है जुझारू नारी चरित्रों की और ये चरित्र अधिकांशतः मर्द लेखकों द्वारा उभरकर सामने आए। 'अकाल दण्ड' (शिवमूर्ति), 'तिरबेनी का तड़बला', (संजीव), 'गिद्धा कौल' (ललित शाह), 'इस इलाके की सबसे कीमती औरत' (पुन्नी सिंह), 'मोखा' (इस्मत-चुगताई), 'बन्तो' (नमिता सिंह), 'बैल बधिया, (सृंजय), 'तिरिया चरित्तर' (शिवमूर्ति), 'गड़ासा' (विभांशु दिव्याल), 'प्याज' (संजीव) आदि विवेच्य काल की कुछेक ऐसी कहानियाँ हैं, जिनमें नारी जीवन का यथार्थ भी है और है—व्यवस्था का विरोध, लोक की पीड़ा, शोषण की अनन्त कथा, पर नग्नता नहीं। और इसमें नारी की संघर्ष-कामी वह वर्ग चेतना भी है जो यह उद्घोष करती है कि भविष्य उनका है। इन सभी कहानियों में पुरुष की मानसिकता पर, उसकी व्यवस्था के खोखलेपन पर, उसके पुरुषार्थ पर करारी चोट है। पर ये रचनाकार इने-गिने हैं। साथ ही कुछेक के अतिरिक्त ये भी विवाद से प्रभावित होकर सस्ते नुस्खे अपनाकर सिनेमाई अन्दाज में कहानी का ऐसा रुख बदल देते हैं, जो अस्वाभाविक भी प्रतीत होता है और कहानी को भ्रष्टाचार तथा साहित्यिक बेईमानी की मिसाल बना देता है। शिवमूर्ति की 'तिरिया चरित्तर' ऐसी ही कहानी है। नारी चरित्र में बेजोड़ बिमली, संघर्ष के लिए तैयार बिमली को पराजित, भगोड़ा दिखाकर रचनाकार क्या कहना चाहता है, क्या बताना चाहता है? यह छिपा नहीं रहा।

इसी काल में कुछेक ऐसी कहानियाँ ('कामरेड का कोट', 'खबर' आदि) भी

आइ, जिन्होंने कहानी की दशा-दिशा बदलने वाले मजदूरों, दलितों के मसीहा कहलाने वाले जनवादी, साम्यवादी आन्दोलनों के अगुआओं की पोल खोली है। इनके छद्म रूप का चित्रण एकबारगी इस खेमे में हड़कम्प मचा गया।

समकालीन हिन्दी कहानी इसी सन्दर्भ में दलित चेतना की संवाहक है। वह पीड़ित, शोषित, दलित वर्ग की कथा तो है, पर केवल दलित द्वारा कही गई कथा नहीं। इस वर्ग, विशेषकर स्वतन्त्रता के बाद पनपे इस वर्ग की कथा-व्यथा के हर कोने को झाँक आए हैं–समकालीन हिन्दी कहानीकार। कुछ उनसे छूटा नहीं, अगर कुछ छूटा है या बहुत कम है तो वह है दलित मुस्लिम समाज। उसकी विवशताओं, पीड़ा, दुःख और क्षोभ पर कम रचनाकारों की दृष्टि गई। यह अभाव समकालीन कथा-साहित्य की जातीय चेतना निर्मिति में सबसे बड़ा बाधक बना।

5

दलित कथाकारों में अग्रगण्य ओमप्रकाश बाल्मीकि की 'सलाम' एक महत्त्वपूर्ण कहानी है। (हंस, अगस्त, 1993)। इस कहानी में शादी के पश्चात् ससुराल के गाँव में सवर्ण रांघड़ों के घरों में सलाम करने जाने से हरीश इनकार करता है। हरीश एक पढ़ा-लिखा युवक है जो अपमानजनक परम्परा का खुलकर विरोध करता है और संघर्ष के लिए आतुर हो उठता है। हरीश आत्मविश्वास का पुतला दिखाई पड़ता है। इनकी दूसरी कहानी है–'पच्चीस चौका डेढ़ सौ'। वस्तुतः अशिक्षा का मारा सुदीप का पिता चौधरी की चालों को समझ नहीं पाता किन्तु जब उसका शिक्षित पुत्र उसे समझाता है तब उसे पचास रुपए का नुकसान समझ में आता है और वह चौधरी को कोसता है, शोषण आधृत है यह कहानी। 'अंधड़ अम्मा' भी शिक्षा के महत्त्व को दर्शाने वाली कहानी है। इस कहानी की एक और विशेषता है–बाल्मीकि यह अनुभूत करते हैं कि शिक्षित दलित अपने घर, अपने लोगों से विमुख हो रहे हैं। यह यथार्थ भी है। और ऐसे शिक्षित दलितों पर वे करारा प्रहार करते हैं। 'घुसपैठिए' (हंस, मई, 2000) इनकी एक महत्त्वपूर्ण कहानी है। इसमें मेडिकल कॉलेज के दलित छात्रों को दूसरे छात्र ही नहीं प्राध्यापक, डीन, प्रिंसिपल, मैनेजमेंट भी घुसपैठिए मानता है। कोटे में आए छात्र इस अन्याय के विरुद्ध जब आवाज उठाते हैं, तो उनसे मारपीट की जाती है। विरोध दर्शाने पर तथा पुलिस में रिपोर्ट लिखाने जाने के कारण दलित छात्र सुभाष सोनकर को फेल कर दिया जाता है। फलस्वरूप निराश सोनकर आत्महत्या कर लेता है। इस कहानी में पर्याप्त अन्तर्विरोध है। एक स्थल पर सोनकर का कथन है–"इंस्पेक्टर ने रिपोर्ट लिखने से साफ मना कर दिया था–यह तुम लोगों का अन्दरूनी मामला है। पुलिस को क्यों घसीटते हो।" दूसरे स्थल पर "पुलिस में नामजद रिपोर्ट लिखाने का दुस्साहस किया था।" अमरदीप सीधे कहता है कि "एक दिन मैंने आत्महत्या कर लेने का

निश्चय कर लिया था।" स्पष्टतः चारों तरफ से निराश सोनकर आत्महत्या ही करता है और राकेश के ये शब्द--"सोनकर यह क्यों किया तुमने" भी आत्महत्या ही सिद्ध करता है। किन्तु कहानीकार की दृष्टि में "कई महारथियों ने निहत्थे सोनकर की हत्या कर दी थी, जिसे आत्महत्या कहकर प्रचारित किया गया था।" अधिक-से-अधिक आत्महत्या के लिए विवश करने का आरोप तो आ सकता है किन्तु हत्या कहकर वे क्या सन्देश देना चाहते हैं वे ही जानें। और रही बात कौरव तथा अक्षौहिणी सेनाओं की तो इसमें दलित उच्चाधिकारी भी शामिल हैं। एक बात और! दलित एक्ट बनने के पश्चात उत्तर प्रदेश में इसका दलित वर्ग ने खुलकर दुरुपयोग भी किया है। हाँ! इस कहानी में सुविधाभोगी उच्च पदस्थ दलित अधिकारियों की मानसिकता का भी खुलासा होता है—"वे कोई जोखिम उठाना नहीं चाहते थे।" किन्तु मेरे सामने यथार्थ कुछ और है। पुलिस अधिकारी रिपोर्ट न लिखने में जातिगत भेदभाव नहीं करते, वस्तुतः वे अपने थाने को, अपने को श्रम, उलझन से बचाते हैं। इसका भुक्तभोगी मैं ही हूँ। सब मिलाकर यह कहानी संवेदना-विकास के स्थान पर घृणा के प्रसार का काम करती है। किन्तु दलित कार्यकर्त्ता और अधिकारी उसका दाह-संस्कार मेडिकल कॉलेज के मुख्यद्वार पर करने का निर्णय ले अपने विद्रोह को आवाज देते हैं। 'घुसपैठिए' अपनी-अपनी नजर से देखने वाली कहानी है। सच तो यह है कि विषय की गम्भीरता, गहनता, फेल होने का कारण हो सकती है न कि कोई साजिश। फिर भी दलित चिन्तकों ने इसे साजिश माना। यह आत्महत्या निश्चित रूप से पलायनवादी प्रवृत्ति है और दलित संघर्ष का आधार पलायनवादिता नहीं है।

शिक्षा पर आधृत इनकी उपर्युक्त चारों कहानियों में 'सलाम' एक श्रेष्ठ कहानी है जिसमें दलित चेतना का प्रमुख स्वर—नकार और विद्रोह उभरा है।

इनकी 'भय' कहानी दलित युवक दिनेश और किशोर के हीनता-बोध की कहानी है। अनुसूचित जाति के इन किशोरों को भय है कि कहीं उनका ब्राह्मण दोस्त रामप्रकाश तिवारी उनकी जाति न जान ले। 'विरम की बहू' सवर्णों के सफेद पोश मानसिकता की नकाब को उतारती है। वह चौधरी परिवार की बहू है पर बाँझ है। उसका पति उसे सन्तान दे पाने में असफल है। फलस्वरूप वह रमेसर डोम से यौन-सम्बन्ध स्थापित करती है। सफल होने पर वह रमेसर को भूल जाती है। ओमप्रकाश बाल्मीकि ने यहाँ सवर्ण मानसिकता पर गहरी चोट की है।

'कूड़ाघर' (हंस, नवम्बर, 2000) आरक्षण के समर्थन में आन्दोलन की कहानी है। नायक अजब सिंह अपने नेताओं के हाथों का खिलौना है। वह उनके स्वार्थों को नंगा देखता है और अनुभव करता है, सभी अपने-अपने स्वार्थ सिद्धि में लगे हैं। अन्तिम अंशों में कहानीकार मकान-मालिक के मकान खाली करने के आदेश द्वारा सवर्ण मानसिकता पर चोट करता है। वस्तुतः बाल्मीकि की यह कहानी

जानी-बूझी नीति के तहत अनावश्यक रूप से विस्तृत की गई कहानी है। और मकान-मालिक का अंश चस्पां किया हुआ प्रतीत होता है।

दलित कथा लेखन में दूसरे प्रमुख हस्ताक्षर हैं–प्रह्लाद चन्द्र दास। 'लटकी हुई शर्त' एक ऐसी प्रमुख कहानी है जिसमें दलितों में सवर्ण मानसिकता या उनके समानान्तर खड़े होने की मानसिक प्रवृत्ति नजर आती है। रमणिका गुप्ता इसे पहली दलित कहानी मानती हैं ('युद्धरत आम आदमी,' त्रैमासिक पत्रिका, 1985 तथा दलित विशेषांक 1996)। इसमें दलित के आत्मगौरव और आत्मसम्मान की ललकार है। कल तक नंगाराम कहा जाने वाला गंगाराम आज प्रतिष्ठित बन गया है। बाबुओं के यहाँ जूठी पत्तल उठाने वाला आज नकार रहा है क्योंकि उसके तीनों बेटे शिक्षा के कारण नौकरीरत हैं। वह आज आर्थिक दृष्टि से सम्पन्न और सुदृढ़ है। वह राम किशुन बाबू को बेटी के ब्याह में कर्ज भी देता है तथा भोजन के लिए इस शर्त पर तैयार होता है कि वह न तो अपनी पत्तल उठाएगा, न दूसरों की। बाबू के स्वीकार न करने पर वह अपनी बिरादरी के लोगों को उनके यहाँ जाने से रोक देता है और राम किशुन के समानान्तर व्यवस्था कर अपने यहाँ भोज आयोजित करता है। वस्तुतः अर्थ की सुदृढ़ता, सम्पन्नता दलित संघर्ष को नया आयाम देती है। यही इस कहानी का प्रतिपाद्य है। और अपने इस प्रतिपाद्य को व्यंजित करने में यह कहानी सफल है। इनकी दूसरी कहानी है–'बैंगनवारी'। इसमें दलितों की सत्ता में भागीदारी के लिए संघर्ष है। भीखू दा गाँव के मुखिया के विरुद्ध चुनाव लड़ते हैं। वे षड्यन्त्रों से हरा दिए जाते हैं किन्तु भीखू दा अपने लक्ष्य में सफल है। दलित एकजुट हो गए हैं–"सम्पूर्ण बैंगनवारी जैसे गूँज गई एक छोर से दूसरे छोर।" (पुटूश के फूल, पृ. 16)। 'कुचले हुए लोग' मजदूरों को धोखा देकर उनकी नौकरी हड़प लेने की कहानी है। 'आदिवासी होडो के शोषक' दिकुओं के खिलाफ संगठित होकर संघर्ष के लिए आतुरता की कहानी है। यह भी एक सशक्त रचना है–"इस आग को कायम रखना है जब तक दिकुओं के अन्याय और अनाचार जलकर भस्म नहीं हो जाते।" (वही, पृ. 98)। महिला शोषण और उन पर होने वाले अत्याचारों की कहानियाँ हैं–'नचनी काकी,' 'केलिया', 'कजली', 'बन्धुआ मायँ की गाय'। 'रुका हुआ आक्रोश' एक ऐसी कहानी है जिसमें स्कूली छात्र सेतु स्वयं को चमार कहने वाली लड़की को बेल्ट से मारकर अपना रोष और तिरस्कार व्यक्त करती है। उसने जान लिया है चमार जाति नहीं गाली है। शायद प्रह्लाद चन्द्र दास यह भूल गए कि कांशीराम और मायावती ने नारा दिया था कि उन्हें हरिजन न कहा जाए, 'चमार' कहा जाए। 'रुका हुआ प्रमोशन' (हंस, जून, 1999) एक ऐसी कहानी है जिसमें दलित युवक 'कुमार' कहीं से भी दलित नहीं लगता। क्लब संस्कृति में जीने वाला कुमार आरक्षण के कोटे के आधार पर प्रमोशन पाता है, अनेक वरिष्ठों को डाँककर। किन्तु इस प्रमोशन से सवर्णों में उत्पन्न प्रतिक्रिया

का अच्छा रेखांकन है।

संघर्ष का जीवन्त नारा दिया विपिन बिहारी ने। वस्तुतः विपिन बिहारी सामाजिक अन्तर्विरोधों के स्वयं भोक्ता हैं। इसलिए इनमें यथार्थ से गहरे सम्पृक्ति का भाव है। और इनके पात्र लड़ाकू तथा संघर्षशील हैं। 'पगडंडी' में जगदेव शर्मा अपने घर में हरखू मोची के पोते को टी.वी. देखते पाकर मारकर भगा देते हैं। और इसके प्रतिरोध में पूरा कुनबा एकजुट होकर शर्मा को माफी माँगने के लिए विवश करता है। इसके विपरीत इनकी 'अफसर' कहानी उस आई.ए.एस. नायक के माँ की गाथा है जो उसी गाँव में रहती है, जहाँ उसका अपमान हुआ था। वह बेटे के साथ शहर नहीं जाती। 'पहचान' इनकी एक और बहुचर्चित कहानी है। यह दलित औरतों के दैहिक शोषण की गाथा है। 'लाजो' का उपभोग जमींदार, उसके बेटे दोनों करते हैं। गर्भवती होने पर उससे किनारा कस लेते हैं। किन्तु माँ नन्दकेसरी नवजात शिशु को ले जाकर जमींदार के पैरों पर डाल आती है, इसलिए कि उन्हें भी लाज आए। 'हताहत', 'अरे ये तो जाखो है', 'डाकिनी' इनकी अन्य प्रसिद्ध कहानियाँ हैं, जिसमें दलित महिला अपनी अस्मिता, अस्तित्व की रक्षा के लिए संघर्षरत हैं। 'अपनी सीमाएँ' में 'यादवों' का अहं चित्रित है।

मोहनदास नेमिशराय दलित कथा लेखन के आधार स्तम्भ हैं। हंस के सम्पादक द्वारा लौटाई गई कहानी 'अपना गाँव' (युद्धरत आम आदमी, 1995 में प्रकाशित) में कबूतरी को नंगा कर गाँव में जमींदार के मझले बेटे घुमाते हैं। कबूतरी जैसी दलित महिलाओं के दैहिक शोषण की प्रतिक्रिया में अस्सी वर्षीय ससुर हरिया पथराता नहीं अपितु संघर्ष करता है और थानेदार द्वारा जमींदार का साथ देने पर अलग गाँव बसाने का निर्णय करता है। 'आवाजें' इनकी एक श्रेष्ठ कहानी है जिसमें अपने आस-पास की गन्दगी को साफ करने के लिए एक बच्चे के संकल्प पर दलित कुनबा आतुर है। यह आतुरता ही उनकी भावना, उच्च वर्ग के निकट पहुँचने, विकास के पथ पर आगे बढ़ने की गाथा है। 'हारे हुए लोग' तथा 'रीत' इनकी अन्य कहानियाँ हैं, जिनमें दलित संवेदना अपना आकार पाती है।

'हारे हुए लोग' उन सफेदपोश प्रगतिशील लोगों की कहानी है जो दलितपन का आधार जाति न मानकर आर्थिक और ओहदा मानते हैं। इस कहानी में 'मकान' की समस्या है। कोई उसे मकान नहीं देता। 'रीत' सुहागरात ठाकुर की हवेली में बिताने की दास्तान है।

इनकी एक और कहानी 'एक अखबार की मौत' पंडित सम्पादक के कारण समाचार-पत्र की नीतियों में परिवर्तन की कहानी है। 'प्रजातन्त्र' नामक अखबार की मौत हो जाती है क्योंकि वह केवल हिन्दू संस्कृति का पोषक है। यह प्रतीकात्मक कहानी है और अभिव्यक्ति की स्वतन्त्रता पर हो रहे हनन को दर्शाती है।

दयानन्द बटोही की 'सुरंग' शिक्षा जगत की बदरंग छवि को उजागर करती

है। यह भी आरक्षण आधृत कहानी है। इसमें शोध-निर्देशकों की दलित विरोधी मानसिकता का खुलासा है। अधिकार चेतना से लैस छात्र यहाँ एकलव्य नहीं बनना चाहते बल्कि अपना हक लेना चाहते हैं। 'सुबह से पहले' में दलित स्त्री की आर्थिक, शारीरिक, मानसिक शोषण की गाथा है।

जियालाल आर्य की कहानियों में शोषित पात्र पीड़ित समाज की अन्तर्गाथा है। 'नाम की चोरी', 'चतुरी माँ' और 'हम आपके साथ हैं' इनकी प्रसिद्ध कहानियाँ हैं। 'नाम की चोरी' में दुखना बाबू साहब के अत्याचार से त्रस्त हो उठता है और उनकी तथा उनके बेटों की हत्या कर देता है। 'चतुरी माँ' सवर्ण समाज की स्वार्थ परकता पर करारा व्यंग्य है। यहाँ बाबू साहब अपने बच्चे की जिन्दगी के लिए 'चतुरी माँ' के सामने गिड़गिड़ाते हैं। और वह पुनः अपना दूध पिलाकर बच्चे को बचा लेती है। 'हम आपके साथ हैं' में भी दुराचारी मुखिया के बेटे भुखली के यौन शोषण के प्रतिकार से आक्रोशित पति सोबरन द्वारा हत्या की जाती है।

जयप्रकाश कर्दम एक मँजे हुए कथाकार हैं। 'चमार' स्वतन्त्र भारत में दलितों की दयनीय स्थिति का रेखांकन करती है। सुक्खा अपने बेटे को उच्च शिक्षा के लिए शहर भेजना चाहता है, पर ठाकुर, ब्राह्मण इसके विरोधी हैं। सुक्खा शिक्षा का महत्त्व समझ चुका है, इसलिए वह अपने निर्णय से डिगता नहीं।

रतनकुमार साँभरिया की 'शर्त' जातिगत भेदभाव को उजागर करने वाली कहानी है। पनिया की बेटी के साथ ठाकुर जसवीर का बेटा बलात्कार करता है। पनिया ठाकुर साहब के सामने शर्त रखता है—"आपकी लड़की हमारे समाज के किसी लड़के के साथ एक रात बिताएगी।" ठाकुर साहब इस शर्त को स्वीकार न कर अपनी बन्दूक चला देते हैं, पर गोली पनिया को न लगकर बेटे को लगती है। बेटे के साथ वे भी धरती पर गिर पड़ते हैं।

प्रेम कापड़िया की कहानी 'हरिजन' देवदासी प्रथा के भ्रष्टाचार को उजागर करती है। प्रेम पुलिस अधिकारी बनकर अपनी माँ को खोज निकालता है।

भागीरथी मेधवाल (सूरज की चिता), सूरजपाल चौहान (छूत कर दिया, साजिश), शत्रुघ्न सिंह 'अनाम' (राम नाम सत है), गौरी शंकर नागदंश (जंगल में आग), कुसुम वियोगी (और वह पढ़ गई), श्रवण कुमार (धब्बा), कर्मेन्दु शिशिर (डाँगर), सी.वी. भारती (भूख), वी.एल. नय्यर (चतुरी चमार की चाट), कावेरी (सुमंगली), सुशीला टाँकभौरे (सिलिया), रजत रानी मीनू (सुनीता), अंजलि काजल (इतिहास), मधु संधु (आवर्तन), श्यौराज सिंह बेचैन (अस्थियों के अक्षर, शोध प्रबन्ध, रावण), मोती राम (खुरपी), सन्तराम आर्य (उधार की जिन्दगी) इस परम्परा के अन्य प्रमुख हस्ताक्षर हैं।

वस्तुतः विवेच्य कहानियों में मुख्य रूप से यौन शोषण शिक्षा तथा 'आरक्षण' को स्थान दिया गया। इन कहानियों में दलित आक्रोश तो उभरता है, संगठन की

आकांक्षा भी बल पाती है पर दलितों का सौन्दर्य-बोध इनमें से गायब है। इसलिए ये कहानियाँ दलित संवेदना की कहानियाँ न बनकर घृणा के प्रचार-प्रसार की कहानियाँ बन जाती हैं। ये कहानियाँ और इनके पात्र इतिहास भी नहीं बन पाते। वर्ग चरित्र भी नहीं बन पाते इनके पात्र। इन कहानियों द्वारा जातिवाद को उभारने का भी प्रयास है। और यह प्रयास अम्बेडकर के सिद्धान्त के विरुद्ध है। कथाकार अपने पात्रों को जिन परम्पराओं से अलग करना चाहते हैं, उन्हीं परम्पराओं से ये और गहरे जुड़ते दिखाई देते हैं।

इन कहानियों में दलित नारी कम ही संघर्ष की ओर कदम बढ़ाती दिखाई देती है।

भगवान सिंह की मान्यता है कि "अभी दलित लेखकों ने केवल सवर्णों के सन्दर्भ में अपने अनुभवों को केन्द्र में रखकर लेखन किया है जिसकी कुछ सीमाएँ भी हैं। जिस दिन वे उस दलित मानस के सामाजीकरण और उसके प्रति प्रतिरोध के अभाव को केन्द्र बनाकर दलितों की कुन्द बना दी गई और कुन्द हो चुकी संवेदना को केन्द्र में रखकर उनके अपने परिवेश चित्रित करेंगे और दलित महिलाओं के अपने पतियों व परिजनों द्वारा शोषण को चित्रित करने का साहस जुटाएँगे, उस दिन संवेदन-शून्यता से उत्पन्न क्रूरता के नए रूप सामने आएँगे।"

यह सच है कि मराठी दलित चेतना, विशेषकर अम्बेडकर के आदर्शों से हिन्दी दलित चेतना अपनी राह के सूत्र पकड़ती है पर हिन्दी की दलित चेतना इन सारे आदर्शों को, सारे स्तम्भों को ढहा देती है। मराठी में जितने दलित लेखक हैं उन्हें पढ़ते हुए या महसूस करते हुए प्रतिक्रिया या घृणा के तत्त्व नहीं दिखाई देते। हाँ, एक करारी, गहरी संवेदना जाग्रत होती है पर जब हिन्दी में दलित साहित्य पढ़ा जाता है तो यह साफ दिखाई देता है कि उसमें घृणा और प्रतिक्रिया की इतनी बहुतायत है कि उससे किसी स्वस्थ दृष्टि का विस्तार नहीं होता। मराठी आत्मकथा की नकल पर लिखित ओमप्रकाश बाल्मीकि ('जूठन'), नेमिशराय ('अपने-अपने पिंजरे'), कौशल्या वैसन्त्री ('दोहरा अभिशाप') की आत्मकथाएँ और कहानियाँ सुनियोजित सी दिखाई देती हैं और एक खास किस्म के उपहास तक ले जाती हैं। उसमें यातना की बारीकी और संघर्ष की निरन्तरता खोजना मुश्किल काम है, पर घृणा या हिकारत को रचना के मूल में देखा जा सकता है। एक बात और! इस सृजनात्मक आन्दोलन की एक मुश्किल यह भी है कि इसका दायरा महानगरों और कुछ विशेष नगरों तक ही सीमित है। सच तो यह है इनसे अच्छी कहानियाँ हैं गैर-दलित लेखकों की।

अन्तिम बात जो मुझे कहनी है, वह यह है कि हिन्दी-कहानी, विशेषकर 1975 के पश्चात् की कहानी दलित-वर्ग के साथ व्यापक धरातल पर जुड़ने के लिए उद्यत दिखाई देती है। प्रेमचन्द युग के बाद पहली बार यह ललक दिखाई

देती है। समाज का पीड़ित, शोषित, अस्पृश्य दलित हर वर्ग इस साहित्य में स्थान पा रहा है। इनमें किसान भी हैं, मजदूर भी आदिवासी भी हैं और शहरी लोग भी। नारी भी है, पुरुष भी। और इन सबकी उपस्थिति साहित्य के व्यापक सरोकार से सम्पृक्त है। फलस्वरूप सदियों से शोषित, अस्पृश्य दलित वर्ग में अपनी स्थिति के प्रति आक्रोश है, उससे मुक्ति की छटपटाहट है, अवरोधक तत्त्वों के विरुद्ध या इसी स्थिति में जीने के लिए उन्हें विवश करने वालों के प्रति सशक्त विद्रोह का भाव है और इस विद्रोह को साकार रूप देने हेतु उनमें पनपी है—एकता। वह एकता जो किसी आन्दोलन की सही शक्ति होती है, सही माध्यम होती है। और उनमें तैयारी है एक लम्बी, दूरगामी लड़ाई की। तब तक, जब तक कि उनकी स्थिति बदले नहीं। और यह एक यज्ञ है। इस यज्ञ में हिन्दी कथाकारों की समिधा यही है कि वे इन्हीं के बीच से इन्हें एक ऐसा चरित्र दें जो इतिहास का हिस्सा बने, एक नए सौन्दर्य बोध की सृष्टि करे। अस्पृश्य, दलित चेतना का सौन्दर्य बोध उन नंग-धड़ंग, भूख से बिलबिलाते, सबके शोषण के शिकार बनते, आसमान की छत के नीचे अपनी दिन-रात, सर्दी-गर्मी बिताते, जानवरों सी जिन्दगी जीने के लिए विवश बेरोजगारी की मार सहते, छल-प्रपंचों के शिकार बनते, अपनी धरती खोते, अधिकार से वंचित होते, मूक भोले-भाले पर देश से प्यार करने वाले उन जन-मन के बीच से ही निर्मित हो पाएगा। मुक्तिबोध भी इसका संकेत कर चुके हैं। कोई दो राय नहीं कि इस दिशा में प्रयास हुआ है, पर वह प्रयास अधूरा और एकांगी है। फलस्वरूप हिन्दी-कहानी में न तो दलित-संवेदना पूरी तरह निर्मित हो पाई और न ही दलित-चेतना अपने पड़ाव पर पहुँच पाई।

अन्तिम दो दशकों का हिन्दी-ललित-निबन्ध

डॉ. बाबूराम

बीसवीं शताब्दी के अन्तिम दो दशकों में हिन्दी-साहित्य की विविध विधाओं में साहित्य-लेखन का कार्य द्रुत गति से हुआ। हिन्दी-निबन्ध-साहित्य इसका अपवाद नहीं है। हिन्दी-निबन्ध के सामान्य विषयों पर विद्वानों तथा शोधकारों ने अनेक निबन्धों की रचना की। साहित्यिक निबन्धों के क्षेत्र में निबन्ध-लेखन का कार्य प्रचुर मात्रा में हुआ। विशेषकर ललित, व्यंग्यात्मक और सांस्कृतिक निबन्धों की अत्यधिक रचना हुई। इस प्रकार के निबन्ध पत्र-पत्रिकाओं में लिखे गए और असंख्य निबन्ध-संग्रहों का प्रकाशन फुटकर रूप में रचनावलियों तथा ग्रन्थावलियों के रूप में हुआ।

आधुनिक युग में 20वीं शती के अन्तिम दो दशक अनेक दृष्टियों से महत्त्वपूर्ण हैं। विज्ञान और तकनीकी का द्रुत गति से विकास हुआ, सामाजिक और राजनीतिक उथल-पुथल भी हुई, परन्तु सांस्कृतिक निबन्धों की गंग धारा विशालकाय रूप धारण करके अबाध गति से प्रवाहित हुई। निबन्धकार सांस्कृतिक प्रभाव से बच नहीं सके। यह तो सर्वमान्य तथ्य है कि निबन्ध किसी भी प्रकार का हो न्यूनाधिक लालित्य एवं सांस्कृतिक संस्पर्श उसमें अवश्य रहता है। निबन्ध में विचार, भाव, अनुभूति और निबन्धकार के व्यक्तित्व की छाप अप्रत्यक्ष रूप में अवचेतन भाव से अवश्य रहती है, जिसका पता निबन्धकार को भी नहीं रहता।

अन्तिम दो दशकों में हिन्दी-ललित-निबन्ध-साहित्य की जो रचना हुई, उसका उल्लेख इस प्रकार है। यह पहले ही स्पष्ट कर देना अवश्य प्रतीत होता है कि इस सन्दर्भ में ललित-निबन्धों का ही विवेचन प्रधान है। प्रसंगवशात अन्य निबन्धकारों का नामोल्लेख करना भी समीचीन प्रतीत होता। विवेचन से पूर्व ललित-निबन्ध पर संक्षिप्त बात करना अनिवार्य हो जाता है।

ललित-निबन्ध अंग्रेजी के 'पर्सनल एस्से' के रूप में प्रयुक्त होता है। इसके अन्य नाम आत्मपरक निबन्ध, व्यक्तिवादी निबन्ध, व्यक्तिव्यंजक निबन्ध एवं निजात्मक निबन्ध हैं। ललित-निबन्धों में कमनीय तथा लालित्य तत्त्व की प्रधानता

रहती है। भाषा और शैली का लालित्य भी पद-पद पर झलकता है। इन निबन्धों में जहाँ एक ओर संस्कृत के शास्त्रीय वैभव का उज्ज्वल आलोक दिखाई पड़ता है, वहाँ दूसरी ओर लोक-जीवन एवं लोक-संस्कृति की चाँदनी भी छिटकती हुई दृष्टिगोचर होती है। ललित निबन्धकार आप बीती सुनाता हुआ पाठकों के साथ रागात्मक सम्बन्ध स्थापित कर लेता है। ललित-निबन्ध रोचक एवं मनोरंजक होते हैं। इनमें आत्म प्रकाशन के लिए व्यापक स्थान होता है। वस्तुतः इन निबन्धों में कहीं संस्मरण का मजा आता है, तो कहीं रेखाचित्र का-सा आनन्द व आत्मपरक कथा का रस होता है। प्रभावोत्पादक विचार परम्परा, हृदय का माधुर्य, भाषा का लावण्य और शैली की रोचकता ललित-निबन्ध के प्रमुख लक्षण हैं। इसीलिए आचार्य हजारीप्रसाद द्विवेदी निबन्धकार की रचना-प्रक्रिया पर लिखते हैं—व्यक्तिगत निबन्ध का लेखक किसी एक विषय को छेड़ता है, किन्तु जिस प्रकार वीणा के एक तार छेड़ने से बाकी सभी तार स्वयं झंकृत हो उठते हैं, उसी प्रकार उस विषय को छूते ही लेखक की चित्तभूमि पर बँधे हुए सैकड़ों विचार बज उठते हैं (श्रेष्ठ ललित निबन्ध, ललित निबन्ध : विधा की बात से)। अन्तिम दो दशकों के प्रमुख एवं चर्चित ललित निबन्धकारों एवं उनके ललित-निबन्धों का संक्षिप्त विवेचन इस प्रकार है :

सच्चिदानन्द हीरानन्द वात्स्यायन 'अज्ञेय' (1911-1986)

'कहाँ है द्वारका' (1982), 'छाया का जंगल' (1985) अज्ञेय के ललित-निबन्ध संकलन हैं। इन निबन्धों में लालित्य प्रधान शैली होने से कथा की रोचकता, बिम्बात्मकता और सौन्दर्य की अभिव्यक्ति परिलक्षित होती है। संग्रह के निबन्ध संस्कृति, धर्म, दर्शन और पौराणिक मिथकों के मिश्रण से प्रभावपूर्ण बन पड़े हैं। ये निबन्ध आज के समाज के मर्म को प्रस्तुत करते हैं और वर्तमान परिस्थितियों में व्यक्ति की स्थिति और सामाजिक संगति को उजागर करते हैं। 'कहाँ है द्वारका' संकलन में जीवन के उन अलक्षित प्रसंगों को स्पष्ट किया है, जिसमें सब कुछ खोजने के बाद भी खोज अधूरी रह जाती है। द्वारका कहाँ है, वह सभी जगह है और कहीं भी नहीं है। वस्तुतः जो अनुपम है, वह बाहर भी है और भीतर भी है। इसी प्रकार 'छाया का जंगल' में छाया के भीतर जो सच्चाई है, वह छाया के बाहर होते हुए भी दिखाई नहीं पड़ती। इन ललित-निबन्धों में 'अज्ञेय जी' की रचनात्मक दृष्टि समकालीन सन्दर्भ में चरितार्थ होती है।

रामदरश मिश्र (1924)

डॉ. रामदरश मिश्र का 'कितने बजे हैं' ललित-निबन्ध-संग्रह (1982) 'और सहचर है समय' (1991) प्रकाशित हैं। 'कितने बजे हैं' में लेखक के ललित-निबन्ध हैं

और निबन्ध विधा के बारे में स्वयं लेखक यह स्वीकार करता है कि 'निबन्ध' की विधा मेरे लिए अमुख्य भले ही रही है किन्तु कम महत्त्वपूर्ण की नहीं रही, उन्होंने यह भी स्वीकार किया है कि ''जीवन के प्रति आस्था खण्डित करने वाले साहित्य में मेरी आस्था जम नहीं पाती और अपने लेखन में जीवन आस्था को जिलाए रखने की कोशिश करता हूँ। मिश्र जी के निबन्धों में उनका बुद्धिमान मन और भावुक मन दोनों एकरूप हो उठते हैं। इसलिए इनमें जहाँ एक ओर गाँव की माटी की सोंधी-सोंधी गन्ध है, वहीं उनका बुद्धिमान आलोचक भी सजग है लेकिन अच्छा यही है कि आलोचक कलाकार पर पूरी तरह हावी नहीं हो गया है। इन निबन्धों का क्षेत्र बहुत व्यापक नहीं है पर सघन अवश्य है, इसलिए इनकी अनुभूति के माध्यम से वे संवेदना का विस्तार करते हैं। इसीलिए इनकी भाषा में अन्तरंगता की उजास है।''

विद्यानिवास मिश्र (1926)

ललित निबन्धकारों में विद्यानिवास मिश्र का अप्रतिम स्थान है। 21वीं शताब्दी के अन्तिम दो दशकों में मिश्र जी ने ललित-निबन्धों के क्षेत्र में अभूतपूर्व वृद्धि की है। इनके निबन्धों का परिचय इस प्रकार है–'कौन तू फुलवा बीननिहारी' (1980), 'अस्मिता के लिए' (1981), 'तमाल के झरोखे से' (1981), 'संचारिणी' (1982), 'साहित्य का प्रयोजन' (1983), 'अंगद की नियति' (1984), 'अग्निरथ' (1985), 'लागौ रंग हरी श्याम रसायन' (1985), 'गाँव का मन' (1985), 'शेफाली झर रही है' (1987), 'भारतीयता की पहचान' (1989), 'सोहम्' (1991), 'नदी नारी और संस्कृति' (1993), 'पीपल के बहाने' (1994), 'फागुन दुई रे दिना' (1994), 'लोक और लोक का स्वर' (2000)। 'कौन तू फुलवा बीननिहारी,' संकलन में 16 ललित-निबन्ध संकलित हैं। विविध सन्दर्भों और विषयों से संयुक्त भारतीय संस्कृति की ललित भाव सम्पदा इन निबन्धों का वर्ण्य-विषय है। लोक-संस्कृति, ग्रामीण-संस्कृति और लोकगीतों के माध्यम से निबन्धों को मिश्र जी ने सम्पन्न किया है। 'अस्मिता के लिए' संग्रह के निबन्ध भाषा, संस्कृति तथा शिक्षा से सम्बन्धित हैं। इन निबन्धों में लेखक ने समसामयिक साहित्य में अभिव्यक्त जीवन मूल्यों को सार्थक ठहराया है। 'तमाल के झरोखे से' के सभी निबन्ध लालित्य से ओत-प्रोत होकर सांस्कृतिक चिन्तन की अभिव्यक्ति हैं। इनमें मिश्र जी केवल भारत ही नहीं विश्व की संवेदना से परिचित कराते चलते हैं। विविध विषयों पर आधारित ये निबन्ध सभी दृष्टि से सफल हैं। 'संचारिणी' संग्रह में संचारिणी नाम का कोई निबन्ध नहीं है। कालिदास की पंक्ति संचारिणी 'दीपशिखेव रात्रौ' की स्मृति पर यह नाम रखा गया है। इन निबन्धों में परिवेश के प्रति उत्सुकता अभिव्यक्त हुई है। 'साहित्य का प्रयोजन'

संग्रह का मूल भाव कि साहित्य का यह भी एक प्रयोजन है कि मूल्यों की प्रासंगिकता की जाँच केवल अपने युग की दृष्टि से ही न करें, आगे की सम्भावना को भी दृष्टि में रखकर जाँच करें। 'अंगद की नियति' संकलन में निबन्धकार ने नियति की तुलना अंगद की स्थिति से की है। निबन्धों का वर्ण्य-विषय मानवीय चिन्ता की अभिव्यक्ति है। मिश्र जी देश की स्थिति से चिन्तित प्रतीत होते हैं। 'अग्निरथ' संग्रह में 21 निबन्ध संकलित हैं। इन निबन्धों में मनुष्य और प्रकृति का सम्बन्ध प्रकट हुआ है। लेखक राजसी ठाठबाट को लोक संस्कृति के सामने कुछ भी नहीं मानते। इन निबन्धों में देश की विसंगतियों पर गहन चर्चा हुई है। 'लागौ रंग हरी श्याम रसायन' संकलन के निबन्धों में लेखक की आत्मीयता के दर्शन होते हैं। मिश्र जी के ये व्याख्यान उनकी निबन्ध-कला के उदाहरण हैं और व्यक्ति व्यंजक निबन्ध जैसे लगते हैं। 'गाँव का मन' आंचलिक परिवेश के 15 ललित-निबन्धों का संकलन है। प्रत्येक निबन्ध भोजपुरी अंचल की सुगन्ध से महकता है। 'मेरा गाँव घर' निबन्ध में गाँव के माध्यम से व्यक्ति की अपनी पहचान कराई गई है। मन की गहराइयों में बसे अपने मूल स्थान की स्मृतियाँ निबन्धकार को व्यथित कर जाती हैं। 'शेफाली झर रही है' संकलन में भारतीय संस्कृति का चित्रण हुआ है। संग्रह के निबन्ध 'शेफाली झर रही है' में हिन्दी की दयनीय स्थिति पर दुःख प्रकट किया गया है। ये निबन्ध लालित्य से परिपूर्ण हैं। 'भारतीयता की पहचान' में भारतीय और अभारतीय पाश्चात्य संस्कृति के भेद, विविध चित्र, समन्वय तथा समस्या आदि विविध विषय वर्णित हैं। 'नदी नारी और संस्कृति' (1993) विद्यानिवास मिश्र के 24 निबन्धों का संकलन है। इन लालित्य से परिपूर्ण सांस्कृतिक निबन्धों में लेखक ने नदी, नारी को संस्कृति का अंग माना है। संग्रह के निबन्धों के विषय में लेखक के विचार हैं—कोई यज्ञ या अनुष्ठान तब तक पूरा नहीं होता जब तक पुरुष के साथ उसकी सह-धर्मिणी न हो। इसी तरह नदी के बिना भारत का जीवन अकल्पनीय है। नदी उद्भव है, नदी ही परिणति है। नदी में स्नान हमारी सांस्कृतिक जीवनचर्या का महत्त्वपूर्ण अंग है। हम किसी नदी में स्नान करें तो उसमें भावना गंगा की करते हैं। इन निबन्धों में धर्म, समाज, संस्कृति तथा भारतीय राजनीति में गिरावट में विश्लेषण दृष्टिगोचर होता है। 'फागुन दुई रे दिना' संकलन 31 निबन्धों पर आधारित है। इन निबन्धों में भारतीय संस्कृति चित्रित हुई है। मिश्र जी ने वर्तमान सामाजिक जीवन को भारतीय संस्कृति के रूप में देखा है। भोजपुरी ग्राम जीवन के चित्र भी इन निबन्धों में दृष्टिगोचर होते हैं। रामकथा को भारतीय जीवन का आधार बताया गया है। संस्कृति हमारी अस्मिता की रक्षा करती है। वस्तुतः उसे बनाए रखने की प्रेरणा ये निबन्ध देते हैं। 'पीपल के बहाने' 24 निबन्धों का संकलन है। इन निबन्धों में लेखक ने छोटी-छोटी चीज़ों के बहाने

गम्भीर सांस्कृतिक प्रश्नों में चर्चा की है। संग्रह के निबन्ध समाज को सचेत करते हैं कि सामान्य परिस्थितियों, घटनाओं और सामान्य वस्तुओं में भी मनुष्य कहीं कुछ और देखता है, उसे अपने सामान्य में अन्तर्निहित विशेष को पहचानने की आवश्यकता है। एक प्रकार से मनुष्यता के अर्थ को उन्मीलन करना ही निबन्धों का मुख्य उद्देश्य है। 'लोक और लोक का स्वर' में 9 निबन्ध संगृहीत हैं। इन निबन्धों में लेखक ने लोक की भारतीय जीवन सम्मत परिभाषा देकर उसकी अभिव्याप्ति देने का प्रयत्न किया है। लोक संस्कृति के प्रति हमारी जो धारणा होनी चाहिए वह नहीं रही है। इस पर लेखक ने बल दिया है।

विवेकीराय (1927)

विवेकीराय एक ऐसे ललित निबन्धकार हैं, जो अपने ललित-निबन्धों के सृजन से सहृदय पाठकों को अपनी ओर आकर्षित करने में सिद्धहस्त हैं। शताब्दी के अन्तिम दशकों में इन्होंने 10 निबन्ध-संग्रह हिन्दी-साहित्य जगत् को दिये हैं। सन् 1980 में भारतीय ज्ञानपीठ, दिल्ली से प्रकाशित 'गंवई-गन्ध गुलाब' 22 निबन्धों पर आधारित संकलन है। इन निबन्धों में गाँव की सांस्कृतिक माटी की ताजी गन्ध, लोकगीतों की पवित्रता और लोक जीवन का आस्थावादी राग-रंग वर्णित है। 'मनबोध मास्टर की डायरी' (1984) में 23 निबन्ध संकलित हैं। ये निबन्ध अध्यापकीय-जीवन का दस्तावेज कहे जा सकते हैं। इनमें विद्यालयीय जीवन के परिप्रेक्ष्य में पूरे समाज का सूक्ष्म सर्वेक्षण प्रस्तुत है। 'नया गाँवनामा' (1984) 21 निबन्धों का संकलन है। आज गाँवों में परिवेशगत ही नहीं, मानव मूल्यों को लेकर बहुत बदलाव आया है। कभी स्वर्ग कहे जाने वाले गाँव आज नरक के पर्याय बन चुके हैं। प्रस्तुत संकलन के निबन्ध न केवल पाठकों को अनुरंजित करते हैं बल्कि उनके भीतर गाँव के सन्दर्भ में नई सोच को जाग्रत कर देते हैं। 'आम रास्ता नहीं है' (1988) विवेकीराय का सबसे बड़ा संकलन 45 निबन्धों पर आधारित है। इन निबन्धों में लेखक ने बदलते हुए गाँव की सांस्कृतिक पृष्ठभूमि को बड़ी आत्मीयता के साथ रेखांकित किया है। 'गुरु-गृह-पठन गई-रघुराई' (1990) संकलन का सृजन युवाओं को ध्यान में रखकर किया गया है। जब-जब गुरु के पथ-प्रदर्शन की आवश्यकता पड़ती है और जब-जब असहाय अनाथ होकर आकाश की ओर निहारते हैं, प्रभु के वरदान स्वरूप पुस्तकें हमारे सामने प्रस्तुत हो जाती हैं और सहायता करती हैं। 'आस्था और चिन्तन' (1991) श्री राय जी के 25 निबन्धों का संग्रह है। इन निबन्धों में लेखक ने ग्रामीण आस्था को सँजोया है। 'गणदेवता से गुडअर्थ तक' (1995) संग्रह में राय जी ने लेखकों का अपना दृष्टिकोण प्रस्तुत किया है। 'जगत तपोवन सो कियो' (1995) 28 निबन्धों का संकलन है। 'जगत तपोवन सो कियो' शीर्षक निबन्ध में आधुनिकता पर लेखक ने व्यंग्य किया है। इन निबन्धों में गिरते जीवन

मूल्यों के प्रति खीज और राजनीति में बढ़ते अपराधीकरण के प्रति चिन्ता प्रकट की गई है।

शिवप्रसाद सिंह (1928-1998)

वर्तमान युग के प्रतिष्ठित ललित निबन्धकारों में शिवप्रसाद सिंह का महत्त्वपूर्ण स्थान है। इन्होंने तीन निबन्ध संग्रह हिन्दी जगत् को दिये। 'मानसी गंगा' वाणी प्रकाशन से सन् 1986 में प्रकाशित 33 निबन्धों का संकलन है। इसं संग्रह के निबन्धों में मानव मुक्ति के लिए लोकतांत्रिक विश्वासों के प्रति पक्षधरता के साथ ऐन्द्रिकता का गहरा स्पर्श दिखाई पड़ता है। 'बूढ़ा बसंत और मैं' निबन्ध आकार की दृष्टि से सबसे बड़ा तथा 'राह-ए-गुजर याद आया' सबसे लघु। प्रत्येक निबन्ध में लेखक की किसी-न-किसी पक्षधरता की प्रस्तुति है। 'रस-मादन', 'चन्द्रमामनसो जातु', 'चन्द्रमादन', 'देवी मेरी प्राणवल्लभा', 'बीड़ा उठाइए' आदि निबन्ध आचार्य द्विवेदी के निबन्धों की भाव भूमि में संचरण का सुख प्रदान करते हैं। 'पशु-प्रेम मानुष द्वारे' निबन्ध में उर्वशी और पुरुरवा की प्रेम कथा के माध्यम से निबन्धकार का मानना है कि इन दोनों के प्रेम में सामाजिक परम्परा का प्रथम विरोध था। दो प्रकार की संस्कृतियों के इस मिलन में न जाने कितनी रूढ़ियाँ दीवार की तरह अड़ी होंगी। संग्रह के सभी निबन्धों में निबन्धकार आधुनिकता के पक्षधर होते हुए भी परम्परा विद्रोही नहीं हैं। 'किस-किसको नमन करूँ' (1987) इनके 32 निबन्धों का संग्रह है। 'मानसी गंगा' में जिन मूल्यों की खोज की गई है 'किस-किसको नमन करूँ' में उनको चरितार्थ करने वाले महानुभावों को नमन किया है। निबन्धकार का कथन है कि निःस्वार्थ प्रेम, अदम्य साहस, अपने अहं को निचोड़कर विराट में विलीन कर देने का प्रयत्न विरोधी परिस्थितियों में अपनी व्यक्तिगत स्वतन्त्रता की रक्षा करने वाले लोग, अपने राष्ट्र गौरव की रक्षा करने में अपना बलिदान देने वाले व्यक्ति वे ही हैं, जो निजी स्थूल पिंजड़े को तोड़कर सर्वव्यापी चेतना में विलीन होने के लिए जूझे या जूझ रहे हैं। सबको मेरा नमन है (भूमिका से) 'क्या कहूँ कुछ कहा न जाए' (1990) में राधाकृष्ण प्रकाशन, दिल्ली से प्रकाशित इनके 30 निबन्धों का संग्रह है। ये निबन्ध धर्म, संस्कृति, साहित्य, इतिहास और राजनीति पर आधारित हैं। इन निबन्धों में लेखक की बेबाक राय अभिव्यक्त हुई है, जो उनकी भावनात्मक कहन का मुँह बोला साक्ष्य हैं। ये निबन्ध लेखकीय सरोकार को उद्‌घाटित करते हैं। ये निबन्ध धारा के विरुद्ध खड़े दिखाई पड़ते हैं और कितने ही मुद्दों पर नई तरह सोचने को मजबूर करते हैं। 'अधूरे सपने का आत्मकथ्य' निबन्ध लेखक रचना भूमि को उजागर करने का सबलतम उदाहरण है। 'काले पानी से उगता सूर्य बिम्ब' निबन्ध में दक्षिण अफ्रीका के रंग भेद पर कटु व्यंग्य है और नेल्सन मंडेला को अन्तर्राष्ट्रीय हीरो के रूप में स्थापित किया है। 'शरद

इन्दिरा', इनका इस संग्रह का सबसे चर्चित निबन्ध है, जो इन्दिरा की मौत पर लिखा गया है। इन्दिरा जी को निबन्धकार ने एक नेता के रूप में कभी स्वीकार नहीं किया, परन्तु एक महिला के साहस और धैर्य के कारण उनकी प्रशंसा की है।

वस्तुतः इनके निबन्धों का मूल स्वर भ्रष्टाचार, बाह्यआडम्बरों पर व्यंग्य तथा मानव जीवन के श्रेष्ठ आचार-विचारों, मूल्यों को उजागर करना है। सामयिक समस्या, आधुनिकता और परम्परा का समन्वय, आत्म त्याग, देश प्रेम, प्रकृति प्रेम, भारतीय संस्कृति के प्रति श्रद्धा इनके निबन्धों की मुख्य विशेषताएँ रही हैं। इनके निबन्धों की भाषा में जनपदीय संस्पर्श मिलता है। भाषा में सजीवता और कलात्मकता दृष्टिगोचर होती है। इनके निबन्धों की शैली रोचक है, जो भावात्मकता को ग्रहण किए हुए है। ये उद्धरण शैली में बात करने में सिद्धहस्त हैं।

जयभगवान गोयल (1931)

डॉ. जयभगवान गोयल ने साहित्य, संस्कृति, समाज आदि विषयों पर अनेक निबन्ध लिखे हैं। सन् 1999 में, आत्माराम एण्ड संस, दिल्ली से प्रकाशित 'अम्बवा की डार पे कूके कोयलया' इनके ललित निबन्धों का संकलन है। इन निबन्धों में मानवतावादी सांस्कृतिक दृष्टि के साथ-साथ युग-बोध और लालित्य तत्त्व की अभिव्यक्ति हुई है। निबन्धकार का मानना है कि यहाँ संवेगों में जितनी विविधता है, उतनी ही इन रचनाओं की भाषा, अभिव्यक्ति शैली और शिल्प में है।

कुबेरनाथ राय (1935-1996)

कुबेरनाथ राय हिन्दी के श्रेष्ठ ललित निबन्धकार हैं। उन्होंने हिन्दी जगत् को 20वीं शताब्दी के अन्तिम दो दशकों में ग्यारह निबन्ध-संग्रह दिये जो इस प्रकार हैं–'मन पवन की नौका' (1982), 'दृष्टि-अभिसार' (1985), 'त्रेता का बृहत्साम' (1986), 'कामधेनु' (1990), 'मराल' (1993), 'उत्तर कुरु' (1993), 'चिन्मय भारत' (1996), 'अन्धकार में अग्नि शिखा' (1998), उनकी मृत्यु के बाद प्रकाशित संग्रह है। 'मन पवन की नौका' संग्रह में आर्येतर भारत की छवि और बिम्बों पर प्रकाश डाला गया है। दृष्टि-अभिसार में भारतीय संस्कृति, आधुनिक जिजीविषा को उद्घाटित करने वाले ललित-निबन्ध संकलित हैं। 'त्रेता का बृहत्साम' के निबन्ध श्री राय जी द्वारा बड़े मनोयोग और तल्लीनता से लिखे गए हैं। 'कामधेनु' में संकलित निबन्धों की ललित भंगिमा देखते ही बनती है। संकलन के निबन्धों को पढ़ने से पता चलता है कि उनके ललित-निबन्धों में उनके पांडित्य की गम्भीरता छायी रहती है। 'मराल' राय जी के 20 निबन्धों का संकलन है। ये निबन्ध लेखक के गम्भीर, गहन अध्ययन और मनन के परिचायक हैं। इनमें समसामयिकता पर

अच्छा प्रकाश डाला गया है। प्रतीक भाषा में मराल (हंस) इसी सत्य का प्रतीक है। किसानों के प्रति उनके प्रेम की अभिव्यक्ति भी सहज रूप में हुई है। असली संस्कृति किसान संस्कृति को बताया गया है। किसान को धरती पर शेषनाग माना गया है। 'उत्तर कुरु' आर्य-अनार्य संस्कृति के समन्वय की ललित रचना है। प्रस्तुत संकलन इतिहास, लोक संस्कृति और मौलिक मूल्य दृष्टि की त्रिवेणी है। इसके कुछ सूत्रों को आधार बनाकर भविष्य के इतिहास वेत्ता को शोध की नूतन दशाएँ मिल सकती हैं। 'चिन्मय भारत' भारतीय जीवन वैदिक ज्ञान की अविभाज्य समरसता का प्रतीक है। इन निबन्धों में भारतीय संस्कृति के मिथकों और पौराणिक सन्दर्भों की व्याख्या करने में सदैव एक नई दृष्टि मिलती है। भारतीय विद्या को अन्ततः वेद-विज्ञान ही कहा जाएगा। 21वीं शती के दो-तीन दशकों के बाद मनुष्य को बाध्य होकर राजनीति और अर्थनीति को केन्द्रित करना ही होगा। वस्तुतः कुबेरनाथ राय भारतीय संस्कृति के उदात्त स्वरों को आधुनिक जीवन-सन्दर्भ में व्याख्यायित करने वाले रसधर्मा ललित निबन्धकार हैं। इन्होंने परम्परागत भारतीय जीवन और संस्कृति को आधुनिक दृष्टि से देखने-समझने की गम्भीर चेष्टा की है। वास्तव में लोक जीवन की सरसता, व्यापक साहित्यानुशीलन से लब्ध विवेक, सांस्कृतिक दृष्टि की सजगता, दार्शनिक चिन्तन आदि तत्त्वों ने इनके ललित निबन्धों को समृद्धि प्रदान की है।

रमाकान्त दीक्षित (1935)

दीक्षित जी के अब तक चार निबन्ध-संग्रह प्रकाशित हो चुके हैं—'भावना के प्रहिये' (1986), 'दर्पण में उभरते बिम्ब' (1991), 'जीवन का रथ' (1993), 'साहित्य और सच्चिदानन्द' (1998)। इन संकलनों में उनके ललित और सांस्कृतिक निबन्ध संकलित हैं। इन्होंने अपने निबन्धों में गिरते सांस्कृतिक मूल्यों का चित्रण ही नहीं, जनसंख्या वृद्धि, बेरोजगारी, दहेज-समस्या, राष्ट्रभाषा-समस्या, युद्ध और हिंसा आदि समस्याओं का समाधान भी प्रस्तुत किया है। भारतीय संस्कृति के प्रति प्रेम इनके निबन्धों की प्रमुख विशेषता है। वे साहित्य को सच्चिदानन्द का पर्याय मानते हुए कहते हैं कि "जिस साहित्य में सत्, चित और आनन्द नहीं, वह साहित्य नहीं, कोरा वाग्जाल है।" (साहित्य और सच्चिदानन्द)

विश्वनाथ प्रसाद (1939)

20वीं शताब्दी के अन्तिम दो दशकों के ललित निबन्धकारों में विश्वनाथ प्रसाद का महत्त्वपूर्ण स्थान है। इनका प्रथम निबन्ध संग्रह 'आम आदमी की लालटेन' (1990) 15 निबन्धों का संकलन है। इन निबन्धों में लेखक ने अपने व्यक्तिगत

अनुभवों को प्रकट किया है और समकालीन समस्याओं को उभारा है। 'रोशनी का अँधेरापन' संकलन का पठनीय निबन्ध है। 'आम आदमी की लालटेन' निबन्ध में लेखक आम आदमी की लालटेन के सहारे अँधेरे को खत्म करना चाहता है। प्रकाश को कोई बाँध नहीं सका है। प्रकाश सामान्य लोक में संचरण करता है। आम आदमी की लालटेन जब-जब जली है, तो बहुतों को जगाकर रही है। इनका दूसरा संकलन 'चौरे का दीया' (2000) 40 निबन्धों पर आधारित है। लेखक की समसामयिक टिप्पणियों में भी लालित्य है। इन्होंने अपने समय, साहित्य और संस्कृति के ज्वलंत प्रश्नों को गहराई में जाकर परखने का प्रयास किया है। इनमें संस्कृति को प्रदूषित करते स्वार्थी राजनीति का प्रतिकार है, तो पूँजीवादी येनकेन प्रकारेण लाभ उठाने वाली अपसंस्कृति की पड़ताल भी लेखक ने की है। भारतीयता की तलाश लेखक ने धर्म विशेष में न करके, देश की कला, ज्ञान विज्ञान, संस्कृति से उपजी जातीयता में की है। निबन्धकार का परलोक में कोई विश्वास नहीं दीखता। हम जिस यथार्थ में जी रहे हैं, वही महत्त्वपूर्ण है।

मृदुला सिन्हा (1942)

20वीं शताब्दी के अन्तिम दो दशकों में महिला निबन्धकारों में मृदुला सिन्हा का विशिष्ट स्थान है। 'आईने के सामने' सन् 1995 में, सत्साहित्य प्रकाशन, दिल्ली से प्रकाशित 38 निबन्धों पर आधारित है। प्रस्तुत संग्रह को यदि नारी समर्पित ललित-निबन्धों का संग्रह कहें, तो कोई अतिशयोक्ति नहीं होगी। इन निबन्धों में नारी समाज की विविध गतिविधियों, समस्याओं तथा उनके चिन्तन-मनन का यथार्थ चित्रण है। नारी का वस्तुकरण करना आज से उजागर किया गया है। ज्यों-ज्यों मानव-समाज विकसित होता गया त्यों-त्यों उनका नारी के प्रति नजरिया संकुचित होता गया, जिसकी परिणति यह हुई कि नारी आज स्वतन्त्र होकर भी परतन्त्र है। लेखिका की धारणा है कि आज नारी घर की चारदीवारी पार करके विश्व पटल तक पहुँची, वहाँ पुरुष के अहं की भावना सदैव उसकी प्रगति में बाधा बनी। संग्रह के निबन्धों में नारियों की मनोवैज्ञानिकता को बड़ी सूक्ष्मता और कुशलता से प्रस्तुत किया गया है। लेखिका के विचार हैं—अपने अन्दर झाँकना अपने से बातचीत करना बड़ा ही कठिन है, क्योंकि अपनी कमजोरियों को स्वीकारना ही मनुष्य के शब्दकोश में कभी नहीं आया (आईने के सामने) निबन्धकार ने नारी मन की संवेदनाओं का बड़ी तन्मयता और गहराई से चित्रण किया है। पुरुष लेखक इन्हें शब्दों का अमली जामा नहीं पहना सकता, यह तो एक स्त्री के ही वश की बात हो सकती है। नारी मन की सूक्ष्म तथा अति सूक्ष्म भावनाओं को कल्पना और यथार्थ के मिश्रण से व्यक्त करने में सिन्हा जी की कर्मठता देखते ही बनती है। नारी निर्णय लेने की क्षमता को बड़ी गम्भीरता से अभिव्यक्त किया गया है।

भ्रूण हत्या पर लेखिका ने कटु व्यंग्य किया है। नारी का शिक्षित होना, राजनीति में भाग लेना, पाक कला, बुनने की कला, सास तथा माँ के रूप तथा कुण्ठित मानसिकता आदि ज्वलंत मुद्दों को निबन्धकार ने इन निबन्धों में उठाया तथा इन समस्याओं का समाधान भी प्रस्तुत किया है। दहेज-समस्या पर भी कड़वा व्यंग्य किया गया है। महिलाओं की ईर्ष्या भावना और कुण्ठित प्रवृत्ति को लेखिका ने बड़ी गम्भीरता से निबन्धों में स्पष्ट किया है। कुल मिलाकर ये निबन्ध परम्परागत और आधुनिक भारतीय और यूरोपीय निजी, घरेलू और सामाजिक सन्दर्भों में उलझे हुए विचारों के अथाह सागर में गहरे पैठकर निकाले हुए रत्नों से भरपूर हैं। इनके निबन्धों की सहज सरल शैली पाठक को प्रारम्भ से अन्त तक बाँधे रखती है।

रामअवध शास्त्री (1947)

20वीं शताब्दी के अन्तिम दो दशकों के ललित निबन्धकारों में डॉ. रामअवध शास्त्री एक अप्रतिम हस्ताक्षर हैं। इनके अब तक कई ललित निबन्ध-संग्रह छप चुके हैं। पत्र-पत्रिकाओं में सर्वाधिक ललित-निबन्ध स्थान ले चुके हैं। 'डायरी के उड़ते पृष्ठ' (1982) में प्रकाशित इनके ललित निबन्धों का संकलन है। इन निबन्धों में काव्य की माधुरी और लोकगीतों की रसवत्ता के दर्शन होते हैं। उपेक्षितों के प्रति सहानुभूति और सामाजिक न्याय निबन्धों के मुख्य बिन्दु बनकर उभरे हैं। रामअवध शास्त्री के निबन्ध लोक के अधिक निकट हैं। संग्रह के 'या देवी सर्वभूतेषु' निबन्ध में लेखक की धारणा स्पष्ट है—मैं इस भीड़ और उसकी मनोवृत्ति से परिचित हूँ और मैं जानता हूँ कि ये कौन हैं? ये खेती करते हैं, अन्न उगाते हैं, भेड़ चराते हैं, ठेला खींचते हैं, घोड़ा हाँकते हैं, श्रम करते हैं, श्रम बेचते हैं, रोटी कमाते हैं। ये न तो किसी को धोखा देते हैं और न इन्हें किसी से धोखा खाने का भय है और यदि कोई धोखा दे भी तो कोई शिकायत नहीं (डायरी के उड़ते पृष्ठ)। वस्तुतः निबन्धकार की यही पीड़ा है।

'बूझत स्याम कौन तू गोरी' (1991) 16 ललित निबन्धों का संकलन है। इनके निबन्ध पाठक को आनन्द विभोर कर देते हैं। माधुर्य और लालित्य के द्वारा निबन्धों की भावाभिव्यक्ति हुई है। संग्रह का शीर्षक निबन्ध 'बूझत स्याम कौन तू गोरी' राधा-कृष्ण के प्रेमी-प्रमिका रूप के साथ-साथ अन्य कवियों ने राधा-कृष्ण के रूप को किस प्रकार चित्रित किया है का स्थूल और सूक्ष्म विश्लेषण है। 'बूझत स्याम कौन तू गोरी', 'उदासीन बसंत', 'काहे को सोच करे रसखान', 'मधुवन महक उठा', 'राम सरिस कोऊ नाहिं', 'गुरु जी का चूल्हा', 'महुआवन' संग्रह के पठनीय निबन्ध हैं। मानव जीवन तेजी से बदल रहा है। निबन्धकार का कथन है—हमारे राष्ट्रीय जीवन में घटने वाली घटनाएँ, जुलूस, प्रदर्शन और उन पर फेंके जाने वाले कंकड़-पत्थर, लाठी-डण्डे इस बात का प्रमाण प्रस्तुत करते हैं कि अब मधुवन पर

किसी दुष्यन्त का नहीं, आम आदमी का अधिकार है। यह बात दूसरी है कि वे उसकी गन्ध को किस रूप में स्वीकारते हैं। (बूझत स्याम कौन तू गोरी)

'कांस फूल गये' (1999) में 16 निबन्ध संकलित हैं। संग्रह के शीर्षक निबन्ध 'कांस फूल गए' में निबन्धकार की चिन्ता है कि कांस असमय कैसे फूल गये। प्रकृति अपना क्रम आमतौर पर नहीं बदलती परन्तु पता नहीं कांस क्यों फूल आए। इनके फूलने के पीछे कोई-न-कोई खिलवाड़ है। यदि खिलवाड़ नहीं रुकेगा तो मानव जाति का अस्तित्व संकट में आ जाएगा। इन निबन्धों में अपनी विरासत, संस्कृति और लोकास्था के साफ-साफ दर्शन होते हैं।

वस्तुतः शास्त्री जी के निबन्धों में परम्परा और आधुनिकता का अद्‌भुत समन्वय मिलता है। उनकी भावुकता और कलात्मकता में अनोखा मिश्रण है। भारतीयता की उपेक्षा निबन्धकार को पीड़ित करती है। लोकजीवन और लोकसंस्कृति में उनकी गहरी आस्था है। शास्त्री जी के निबन्धों में निश्छल अभिव्यक्ति और लालित्य बोध का अद्‌भुत संगम है। इनके निबन्धों में भारतीयता झलकती है और शब्द-शब्द में निबन्धकार की आत्मा बोलती है। इनकी भाषा लोक भाषा के माधुर्य से परिपूर्ण है। इनकी शैली बड़ी अनूठी है।

उपाध्याय गुप्तिसागर मुनि (1957)

हिन्दी-ललित निबन्धकारों की आधुनिक परम्परा में बीसवीं शताब्दी के अन्तिम दो दशकों में उपाध्याय गुप्तिसागर मुनि का महत्त्वपूर्ण नाम है। इन्होंने अब तक चार ललित-निबन्ध-संग्रह लिखे हैं। 'व्यसनों के पार' (1994) में आठ निबन्ध संकलित हैं। संग्रह का प्रथम निबन्ध 'व्यसन के मायने' निबन्ध में व्यसन शब्द के अशुभ, आसक्ति, अनिष्टफल, विपत्ति, कर्मफल, स्त्री और सम्यक आचरण से गिरना आदि पर्याय बताए गए हैं। व्यसन को एक ऐसी अमरबेल बताया है, जो जिन्दगी का रस सोख लेती है, जीवित व्यक्ति की मृत्यु है। 'द्यूत : धरा का धवल धोखा' निबन्ध द्यूत का बड़ा विशद चित्रण किया है। मनुष्य इसके जाल में मकड़ी के जाल की तरह निरन्तर फँसता चला जाता है। यह सभी प्रकार के दुःखों को उत्पन्न करता है और त्याज्य है। 'अंगूर की बेटी : अपरिमित आपदाओं की आमन्त्रक' निबन्ध में शराब के सेवन से घर उजड़ जाते हैं, बच्चों के संस्कार विकृत हो जाते हैं पर प्रकाश डाला गया है। इन निबन्धों में मांसाहार को भी बुराई बताया गया है। पर स्त्री को नरक का द्वार माना है। 'पर्युषण आत्मप्रकाश की दीपमालिका' (1996) 12 निबन्धों पर आधारित है। इसे उपाध्याय जी के मुखचन्द्र से झरे अमृत-बिन्दुओं का संकलन कहा जा सकता है। जो पापकर्मों को जलाता है, पापकर्मक्षय कर आत्मधर्म को उद्‌घाटित करता है, उसे पर्युषण कहते हैं। क्षमा को एक अजेय शक्ति बताया गया है। मृदुला, ऋजुता, शुचिता, सत्य, संयम, तप, त्याग, ब्रह्मचर्य, क्षमा

आदि पुण्यकर्मों को निबन्धों में उद्घाटित किया है। 'किसने मेरे ख्याल से दीपक जला दिया' (1997) में प्रकाशित इनका तीसरा ललित निबन्धों का संकलन है। 'हिमाचल की वादियों में जैन मुनि' (1998) सात ललित-निबन्धों का संग्रह है। इन निबन्धों में राष्ट्रीय विचारों की बहुलता है। निबन्धकार का सन्देश है भारतीय राजनीति जो धर्म द्वारा संचालित थी, आज निरंकुश हो रही है। उसमें भ्रष्टाचार घुसपैठिये की तरह घुसता जा रहा है।

वस्तुतः इनके निबन्धों में सत्य, अहिंसा, ब्रह्मचर्य, सम्यक आचार एवं सम्यक जीवन के चरम लक्ष्य मोक्ष आदि विषयों की बड़ी गम्भीरता से उद्भावना हुई है। मानव जीवन की एक-एक बुराई की काट शब्दों से एवं दृष्टान्तों से बनाकर ज्ञान की अविरल धारा में सामाजिकों को स्नान कराया है। समस्त सामाजिक विकृतियों पर दृष्टिपात करके इन्होंने समूचे विश्व को आत्मानुशासन में बाँधकर रख दिया है। एकसूत्रता, भावात्मकता, रोचकता, सजीवता, विषयों की विविधता, लोकमंगल की भावना, शैली वैविध्य आदि इनके ललित-निबन्धों की विशिष्टताएँ हैं। अतः विश्व में व्याप्त समस्याओं की गुत्थियों को सुलझाने का सराहनीय प्रयास मुनि जी के निबन्धों में दृष्टिगत होता है।

मनोहर लाल

हिमाचल के ललित निबन्धकार डॉ. मनोहर लाल का शताब्दी के अन्तिम दो दशकों के निबन्धकारों में उल्लेखनीय स्थान है। इनका 'माटी मेरे गाँव की' (1984) 16 ललित-निबन्धों का संकलन है। प्रस्तुत संकलन के निबन्ध 'वनश्री' और 'लोकश्री' दो खण्डों में विभक्त हैं। शीर्षकनामा निबन्ध 'माटी मेरे गाँव की' में जन्मभूमि के प्रति प्रेम और गाँव के बनते-बिगड़ते सम्बन्धों पर प्रकाश डाला गया है। 'खाली हाथ भरे हाथ' निबन्ध भी पठनीय है। इसमें लेखक ने वृद्धावस्था का यथार्थ चित्रण किया है। इस निबन्ध की 'अम्मा' भारत की अनेक बूढ़ी अम्माओं की आशा-निराशा, सामर्थ्य-असामर्थ्य के रूप में परमुखापेक्षी जिन्दगी की ज्वलंत उदाहरण हैं। संग्रह के सभी निबन्धों में व्यक्तिव्यंजकता के साथ-साथ व्यंग्य की मार्मिकता, कल्पना की कमनीयता, समसामयिक सोच, परम्परा और आधुनिक का निर्वाह दृष्टिगोचर होता है।

इनकी निबन्ध-शैली का एक उदाहरण प्रस्तुत है–ऋतुराज बसन्त, मोहक है, स्निग्ध है, मादक है, सरस है तथा ललित है, सौन्दर्य लिप्सु मैं, इस सौन्दर्य श्री को लूट लेना चाहता हूँ, इसे नेत्रों से देख रहा हूँ, कानों से सुन रहा हूँ और हाथों से मसल रहा हूँ। (माटी मेरे गाँव की) वस्तुतः इन निबन्धों में लेखक ने ललित शैली में प्रकृति और लोक-संस्कृति तथा गाँव की महिमा को उद्घाटित किया है।

उपर्युक्त विवेचित ललित निबन्धकारों के अतिरिक्त 20वीं शताब्दी के

अन्तिम दो दशकों में धर्मवीर भारती, निर्मल वर्मा, रमेशचन्द्र शाह, कृष्ण बिहारी मिश्र, विष्णुकान्त शास्त्री, विश्वनाथ अय्यर, गिरिराजशरण अग्रवाल, बाबू सिंह चौहान आदि ललित निबन्धकारों के अनेक संग्रह प्रकाशित हो चुके हैं। पत्र-पत्रिकाओं में लगातार ललित-निबन्ध छप रहे हैं। 20वीं शताब्दी के अन्तिम दो दशकों में ललित-निबन्ध विधा ने एक लम्बी यात्रा सम्पन्न की है। आज के जीवन में बिखराव को देखते हुए वैयक्तिक विविधताओं को समेटने की जो शक्ति ललित-निबन्धों में है, वह अन्य विधाओं में नहीं है। ललित-निबन्धों के भविष्य के विषय में शिवप्रसाद सिंह एवं विवेकीराय के विचार इस प्रकार हैं। शिवप्रसाद की मान्यता है—आज की जिन्दगी इस सीमा तक उलझी हुई है कि वह कहानी से अधिक ललित-निबन्धों में भी अभिव्यक्त हो सकती है। (गंवई गंध गुलाब की) इसी सन्दर्भ में विवेकीराय का कथन है—हिन्दी-साहित्य की केन्द्रीय विधा में कभी कविता रही, सन् 50 के बाद कहानी आ गई और अब ऐसा लगता है कि ललित-निबन्ध उस आसन को ग्रहण कर लेगा। (आस्था और चिन्तन)

वस्तुतः 20वीं शताब्दी के अन्तिम दो दशकों की ललित-निबन्ध-यात्रा का विहंगम अवलोकन करने के उपरान्त यह कहना अतिशयोक्तिपूर्ण नहीं होगा कि हिन्दी-ललित-निबन्ध का भविष्य सुरक्षित ही नहीं बल्कि भविष्य के प्रति हमें आशावान भी करता है।

हरियाणा के समकालीन नाट्यकाव्य

डॉ. लालचन्द गुप्त 'मंगल'

कविता में लिखा हुआ अभिनेय रूपक 'नाट्य-काव्य' कहलाता है। यद्यपि इस काव्य-रूप के नामकरण (गीति नाट्य, भाव नाट्य, पद्य नाटक, काव्य नाटक, नाट्य काव्य) को लेकर विद्वानों में भ्रान्तिजनक सीमा तक मतभेद रहे हैं, तथापि नाटकीय संवादात्मक शिल्प का प्रश्रय ग्रहण करने वाला काव्य आज 'नाट्य-काव्य' ही कहलाता है। वस्तुतः यहाँ काव्य के भीतर से ही नाटक सिरजा जाता है, फलस्वरूप नाटकीयता की अपेक्षा काव्यत्व की प्रधानता होती है। अतः कविता के नाट्य गुणों को लक्षित करने वाली रचना के लिए 'नाट्य काव्य' संज्ञा ही सर्वाधिक उपयुक्त है। अस्तु!

उल्लेखनीय है कि "कोई भी काव्य-रूप नितान्त नया न होकर आनुपातिक रूप में ही नया होता है और उसकी यह नवीनता वस्तुगत यथार्थ और व्यक्तिगत अनुभूति के नये अनुपात में घटित संघात के स्वरूप पर निर्भर करती है। जितने भी काव्य-रूप हैं अथवा हो सकते हैं, उन सभी का मूल स्रोत बहिर्जगत के प्रति सतत संवेदनशील मानव मन ही है। यही कारण है कि मानव-मन के सहज उच्छ्‌वासों से युक्त प्राचीनतम काव्य-संग्रह 'ऋग्वेद' में नाटकीय कविता के नमूने उपलब्ध हैं।" (डॉ. हरिश्चन्द्र वर्मा, नई कविता के नाट्य-काव्य, पृ. 98) यहाँ पुरुरवा-उर्वशी तथा यम-यमी के प्रसंग नाटकीय कविता के सुन्दर उदाहरण बन पड़े हैं। 'रघुवंश', 'कुमारसंभव' तथा 'नैषधचरित' आदि संस्कृत-महाकाव्यों में जहाँ गतिशील क्रिया-व्यापार संवादात्मक भावपूर्ण शैली के माध्यम से व्यक्त हुआ है, वहाँ उत्तम नाटकीय कविता के दर्शन होते हैं।

हिन्दी-साहित्य के भक्तिकाल और रीतिकाल में भी नाटक और कविता का यह रिश्ता निरन्तर विकसित होता चलता है। 'रामचरितमानस' में 'लक्ष्मण-परशुराम-संवाद' तथा 'अंगद-रावण-संवाद' के रूप में नाटकीय कविता के श्रेष्ठ नमूने उपलब्ध हैं। 'रामचन्द्रिका' में तो नाटकीय स्थलों की प्रचुरता है ही। तत्पश्चात् 'विज्ञानगीता' (केशव), 'हनुमान नाटक' (हृदयराम), 'शकुन्तला' (नेबाज),

'माधवानल कामकन्दला' (आलम), 'आनन्द रघुनन्दन' (विश्वनाथ सिंह), 'रघुनाथ रूपक' (मनसाराम), 'जानकी रामचरित नाटक' (हरिराम) तथा 'प्रबोध चन्द्रोदय नाटक' (ब्रजवासी दास) आदि कृतियाँ उपलब्ध हैं, जो नाटकीय शैली में लिखित काव्य-ग्रन्थ ही हैं।

इसी परम्परा में हरियाणा का योगादान भी उल्लेखनीय है। सन् 1846 में जींद-रियासत के महाकवि भाई साहिब सिंह 'मृगेन्द्र' ने 'चूरीगर नाटक' लिखकर हरियाणा में नाट्य-काव्य-लेखन की नींव डाली। एक सौ दस छन्दों के इस 'नाटक' में हरियाणी प्रभाव लेकर खड़ी बोली और गुरुमुखी लिपि में रचित मनियार-मनियारिनी की प्रेमकथा के बहाने आदर्श प्रेम की स्थापना की गई है। मध्यकालीन नाट्य-कविता के सभी गुणों से युक्त यह कृति इन पंक्तियों के लेखक द्वारा सम्पादित होकर शीघ्र ही प्रकाश में आ रही है। मेरा दृढ़ विश्वास है कि जब कभी भी आधुनिक नाट्य-काव्यों के प्रेरणा-स्रोतों का अध्ययन किया जाएगा, हरियाणा के साहिब सिंह 'मृगेन्द्र' और उनके 'चूरीगर नाटक' के अवदान को भी अश्वयमेव रेखांकित किया जाएगा। फिलहाल एक झलक आप भी देख लीजिए–

॥ श्री चन्द्रावती राणी ॥

आया सुणिआं नगर मैं पंजाबी मुनियार।
बंद लहौरी बेचता चूरीयां चुटकीदार ॥
सहर मैं फिरता है वह गली गली।
कीमत करै मोल महँगी कुछ चूरियाँ होंगी बहुत भली ॥
जा जलद महल मा ल्याव उसै तूं सुन बांदी राबेलकली ॥
कुछ जोड़े बेवेख खरीदैं उससें दिल मेरे मा उमग अली ॥64॥

॥ राबेलकली बांदी ॥

रांणी मेरी बुलावती चलि मुनियारा हाल।
पंजाबी ले चलि चूरीयां सुरख जड़ाऊ लाल ॥
सुनहरी बंद जमुरदे नीले।
कोई तोफा चीज लहौरी ले चलि चूड़े सबजे पीले ॥
चलि सिताब कर देर न लावै छोड़ बहाने हीले।
दांम मिलैं मुहमाँगे तुझको सुन मुनियार छबीले ॥65॥

आधुनिक ढंग के नाट्य-काव्यों का शुभारम्भ जयशंकर प्रसाद के 'करुणालय' (1912 ई.) से माना गया है। यद्यपि मैथिलीशरण गुप्त (अनघ), सियारामशरण गुप्त (उन्मुक्त), भगवतीचरण वर्मा (तारा), उदयशंकर भट्ट (विश्वामित्र), सुमित्रानन्दन

पन्त (शिल्पी), रामधारी सिंह 'दिनकर' (उर्वशी) और सिद्धनाथ कुमार (सृष्टि की एक साँझ) आदि ने इस परम्परा को विकसित करने में महत्त्वपूर्ण योग दिया है, तथापि इन्हें सफल नाट्य-काव्य नहीं माना गया। वस्तुतः आधुनिक युग की जटिल संवेदना, रेडियो/दूरदर्शन के अभिनय सम्बन्धी शिल्प तथा यीट्स और इलियट सरीखे पाश्चात्य नाट्य-कवियों से प्रभावित होकर लिखे गए नाट्य-काव्यों में धर्मवीर भारती-कृत 'अन्धायुग' (1954 ई.) एक युग-प्रवर्तक नाट्य-काव्य है। निस्सन्देह हिन्दी नाट्य-काव्यों के इतिहास में इसकी रचना एक महत्त्वपूर्ण घटना है। इसके बाद गिरिजाकुमार माथुर-कृत 'पृथ्वीकल्प' (1960), लक्ष्मीनारायण लाल-कृत 'सूखा सरोवर' (1960), नरेश मेहता-कृत 'संशय की एक रात' (1962), 'महाप्रस्थान' (1975), 'प्रवाद-पर्व' (1977), दुष्यन्त कुमार-कृत 'एक कंठ विषपायी' (1963), कुंवरनारायण-कृत 'आत्मजयी' (1965), अज्ञेय-कृत 'उत्तर प्रियदर्शी' (1967), डॉ. विनय-कृत 'एक पुरुष और' (1974), भारतभूषण अग्रवाल-कृत 'अग्निलोक' (1976) तथा नागार्जुन-कृत 'भस्मांकुर' आदि नाट्य-काव्य प्रकाश में आए, जिनकी मूल संवेदना में किसी-न-किसी स्तर पर एक साम्य द्रष्टव्य है।

सरस्वती की धरती हरियाणा ने, अन्यान्य विधाओं की भाँति, हिन्दी नाट्य-काव्य के क्षेत्र में भी अपना महत्त्वपूर्ण अंशदान किया है। मेरे निजी पुस्तकालय में हरियाणाधिवासियों द्वारा रचित चौदह नाट्य-काव्य उपलब्ध हैं, जिनकी कालक्रमानुसार सूची निम्नवत् है :

क्रम	नाट्य-काव्य	प्रकाशन-वर्ष	नाट्य-कवि
1.	प्रतीकों की ओट में	1965	ईशरसिंह (ताँघ)
2.	अश्वत्थामा	1977	लक्ष्मीनारायण भारद्वाज
3.	प्रतिश्रुति	1978	लक्ष्मीनारायण भारद्वाज
4.	बिम्ब और बिम्ब	1978	सुगनचन्द्र 'मुक्तेश'
5.	आह्वान	1979	सुगनचन्द्र 'मुक्तेश'
6.	अनुत्तरित	1981	लक्ष्मीनारायण भारद्वाज
7.	तिमिर भँवर से उगा चाँद	1984	जयनाथ 'नलिन'
8.	एक और कौन्तेय	1985	कुमार रवीन्द्र
9.	मानुष-अमानुष	1986	अमृतलाल मदान
10.	यमुना के उस पार	1988	मंगलराम आत्रेय
11.	अश्मन्	1992	लक्ष्मीनारायण भारद्वाज
12.	जय-पराजय	1998	अमृतलाल मदान
13.	गाथा आहत संकल्पों की	1998	कुमार रवीन्द्र
14.	अंगुलिमाल	1998	कुमार रवीन्द्र

आइए इनसे थोड़ा परिचित हो लें :

1. प्रतीकों की ओट में

प्रस्तुत कृति मूल पंजाबी नाट्य-काव्य 'प्रतीकां दे ओहले' का, स्वयं नाट्य कवि द्वारा किया गया, अनुवाद है। पाँच दृश्यों और अस्सी पृष्ठों में समाहित यह रचना 1965 ई. में दीप प्रकाशन, अम्बाला शहर से प्रकाशित हुई थी, जिसे कवि ने 'काव्य-नाटक' की संज्ञा प्रदान की है। 'अपनी ओर से' रचनाकार लिखता है कि "हमारे सांस्कृतिक, धार्मिक एवं सामाजिक मूल्यों की पृष्ठभूमि में अनेक पौराणिक गाथाएँ नींव का-सा महत्त्व रखती हैं। अतीत की ऐसी काल्पनिक कथाओं को एक सूत्र में इकट्ठा करके उनमें नवजीवन का संचार करना और उन प्रतीकात्मक ढाँचों में से आधुनिक परिस्थितियों के अनुरूप व्यक्तित्व ढूँढ़ने का प्रयत्न करना इस काव्य-नाटक का उद्देश्य है।" (पृ. 5)

अपने उद्देश्य की पूर्ति के लिए नाट्य-कवि ने तीन पौराणिक कथाओं का अवलम्ब लिया है—राजा दक्ष और शिव की कहानी, अमृत-आबंटन के अवसर पर सूर्य-चन्द्रमा तथा राहु-केतु की कहानी और चन्द्रमा की कामान्धता की कहानी। स्पष्ट है कि इन तीनों कथाओं का परस्पर कोई रिश्ता नहीं है और रचनाकार ने इन कथाओं का स्वेच्छया सुगुम्फन करके अपने जीवन-दर्शन को स्पष्ट करने का प्रयास किया है।

हमारे नाट्य-कवि की मान्यता है कि 'सुर' और 'असुर', ये ऐसी दो मूल, किन्तु परस्पर-विरोधी, प्रवृत्तियाँ मानव-समाज की संचालक शक्तियाँ हैं, जिनकी आपसी टकराहट में मानवता कुचली जा रही है। वसुन्धरा के प्रति दोनों की भावनाओं से यह स्पष्ट है कि एक पक्ष के लिए यदि वह जननी है, तो दूसरे के लिए सुन्दरी-कामिनी। पहला यदि उसके प्रति सहानुभूति रखकर उसके कष्टों को पी जाना चाहता है, तो दूसरा उसे विलास की वस्तु समझकर लील जाना चाहता है। इतना ही नहीं, दोनों के राजनीतिक दृष्टिकोण भी भिन्न हैं। 'असुर' शक्ति की सोच है :

जल जाने दो सम्पत्ति को/और क्षीण होने दो उस शक्ति को अपनी अन्तिम सीमा तक।/देते जाओ, निश्चिन्त होकर देते जाओ/मानव-आहुतियाँ/अपनी योजनाओं की पूर्ति हेतु।/बलि के पशु ही तो हैं ये/इसमें घबराने की क्या बात है? (पृ. 47)

तो 'सुर' शक्ति का आह्वान है :

जननी! आओ, चलो, चुनौती दें/धरा के शौर्य को!/पदार्पण करें कर्म-क्षेत्र में/जीवन-क्षेत्र में। (पृ. 80)

इनमें से किसकी विजय हो, इसका निर्णय तो चेतन समाज को ही करना है,

लेकिन नाट्य-कवि की मान्यता है कि 'सुर' शक्ति की विजय होने पर ही मानवता सुरक्षित रह सकती है। यही कारण है कि हमारा कवि, कुछ समय के लिए कर्मक्षेत्र छोड़कर चली गई 'सुर' शक्ति को जगाकर, प्रेरित करके, पुनः कर्मक्षेत्र में भेज देता है।

जगत् को जड़ एवं चेतन, इन दो तत्त्वों का मिश्रित रूप कहा गया है, जिनको लेकर पदार्थवादी एवं अध्यात्मवादी दर्शन अस्तित्व में आए हैं। यद्यपि ये दोनों दर्शन एक दूसरे के पूरक हैं, तथापि अतिवादियों की कृपा से इनमें टकराव बना रहता है। यहाँ राहु पदार्थवादी है तो चन्द्रमा अध्यात्मवादी—दोनों अपने-अपने स्तरों पर अडिग, जबकि शिव और वसुन्धरा सन्तुलित दृष्टिकोण के समर्थक हैं। तभी तो वसुन्धरा सोचती है कि यदि वह केवल राहु की होकर रहेगी तो उसकी भौतिकता का ग्रास बन जाएगी :

यौवन की यह तेरी क्षुधा/मेरी तृष्णा को और भी उत्तेजित कर देगी।/तेरी पूँजी के खुले मुख का/ग्रास बन जाएगा मेरा अस्तित्व। (पृ. 59)

और यदि वह केवल चन्द्रमा के वशीभूत रहेगी, तो उसके अध्यात्म में ही घुटती रहेगी :

ऋषि वेषधारी! तेरे आत्मिक मण्डल में भी
तड़पती रहूँगी मैं हमेशा।
व्याकुल रहूँगी देख-देखकर मानव-पीड़ा। (पृ. 59-60)
इसीलिए
मुझे शान्त नहीं कर सकता
यह भी मार्ग, वह भी मार्ग। (पृ. 60)

परिणामस्वरूप दोनों दृष्टियाँ अपने-अपने स्थान पर एकांगी हैं और दोनों के मंजुल समन्वय, समुचित सन्तुलन में ही मानव-कल्याण निहित है।

इतिहास गवाह है कि राजनीतिज्ञों ने अपनी कुर्सियाँ बचाए रखने के लिए हमेशा ही आध्यात्मिक शक्तियों का दुरुपयोग किया है। यहाँ भी राजनीतिक पात्रों के प्रतिनिधि सामन्त-राहु ने, राजनीतिक विद्रोह पर उतारू जनता की मनोवृत्ति को शान्त करने की योजना का कार्य-भार एक ऋषि के कन्धों पर डालकर अपनी कुर्सी बचाई है। रचनाकार का अभिमत है कि जब-जब अध्यात्म का दुरुपयोग किया गया है, तब-तब परिणाम विस्फोटक हुए हैं। "अतः यह आवश्यक है कि जनता का जीवन सन्तुलित रखा जाए। वह कर्मक्षेत्र में रहकर जीवन-संघर्ष भी करे और आत्मिक शान्ति के लिए आदर्श नियमों का पालन भी करे।" (पृ. 15)

श्री ईशरसिंह ने प्रकारान्तर से, दक्ष के माध्यम से, राजा की भूमिका को भी स्पष्ट किया है। नाट्यकाव्य का दक्ष, राजा की विवेकशक्ति की शिथिलता का प्रतीक बनकर सामने आया है। जो राजा 'मायावी प्रभाव का दास' है, जो 'राजमद में

मदहोश' है, जो 'मानव-कल्याण के मार्ग में काँटा' है, जो 'सामन्तवाद की क्रूरताओं का संग्रह' है और

जो कर सकता है नारी अपमान!/पुत्री अपमान!/उससे क्या हो सकती है/मानव आदर की आशा। (पृ. 32)

स्पष्ट है, प्रो. सिंह ने सुरासुर-शक्तियों, पदार्थ-अध्यात्म के असन्तुलन, अध्यात्म के दुरुपयोग और शासक की भूमिका को लेकर जो मुद्दे उठाए हैं, वे आज बेहद प्रासंगिक हैं और हम उनसे बहुत-कुछ सीख सकते हैं।

2. अश्वत्थामा

आपात्-स्थिति की अवधि में, जेल की सीखचों में बन्द रहकर, लिखा गया 'अश्वत्थामा' श्री लक्ष्मीनारायण भारद्वाज (मेहंदीपुर डाबोदा, तहसील झज्जर, जिला रोहतक) का प्रथम 'गीति-नाट्य' है। अपनी रचना की प्रेरणा-भूमि को स्पष्ट करते हुए स्वयं नाट्य कवि लिखता है कि "बीसवीं शती का आठवाँ दशक। आधा बीता, आधा बाकी। आधा जेल-सीखचों में, उसकी गिनती क्या? आपातूकाल में झुलसती देह-धरती। नूतन संवैधानिक चेतना? भारत के मानचित्र पर आसुरी प्रहस्तों का प्रसार। घटाटोप अन्धकार। दुर्दिनों की ऊहापोह में ऊब-चूब करता मन। नूतन प्रभात-प्रकाश की आशा में, काल-रात्रियों के निविड अन्धकार को तिल-तिल झेलता, सोचता रहा। यही कसक वेदना पीड़ा है, मेरे अश्वत्थामा की।" (पृ. 5)

महाभारत-युद्ध की समाप्ति पर अश्वत्थामा रंगमंच पर पदार्पण करता है और कृष्ण के ईश्वरत्व, महामानवत्व और जननायकत्व पर तीखे प्रहार करता हुआ राजधर्म के स्वरूप पर प्रकाश डालता है। युद्ध से पहले, युद्ध के समय और युद्ध के बाद कृष्ण द्वारा निभायी गई भूमिका को सामने रखकर अश्वत्थामा कहता है कि जो नियन्ता तन-मन से काला हो, जनता को शब्दों का आसव पिलाए, आचार-संहिता की मर्यादा लाँघ जाए, धर्म को अपनी इच्छानुसार मोड़े, अपनी इच्छानुसार इतिहास लिखवाए, सत्य से आँखें मूँदे रहे, बुद्धि को उठाकर ताक पर रख दे तथा शान्ति का पाठ करते हुए आग में घी डालता रहे, वह युगपुरुष नहीं हो सकता, और चाहे जो हो। जनता उसे अपने हृदयों में स्थान नहीं देती। वह तो रह जाता है :

> उल्लिखित भर,
> इतिहास-पृष्ठों पर। (पृ. 62)

स्पष्ट है कि भारद्वाज ने लक्षणा-व्यंजना का सहारा लेकर 'इन्दिरा इज़ इण्डिया और इण्डिया इज़ इन्दिरा' मानने वालों के लिए इस कृति की रचना करके प्रकारान्तर से जनतान्त्रिक मूल्यों की रक्षा की है।

3. प्रतिश्रुति

साहित्य-कला परिषद्, दिल्ली शासन द्वारा पुरस्कृत 44 पृष्ठों का 'प्रतिश्रुति' डॉ. लक्ष्मीनारायण भारद्वाज का द्वितीय 'गीति-नाट्य' है। महाभारत-युद्ध की समाप्ति पर, भूत-लीला की संकल्पना के माध्यम से, सुयोधन और द्रोणाचार्य, इन दो पात्रों को लेकर लेखक ने एक अंक के इस नाट्य-काव्य में 'गुरु-विश्वास' सम्बन्धी सत्य का सन्धान किया है। परदा खुलने से पूर्व नेपथ्य से आवाज आती है–''महाभारत एक ही तो हुआ है बन्द, कौरव और पाण्डवों का। भूलो मत, कौरव और पाण्डव तो केवल निमित्त ही रहे हैं। उनकी आत्मा का धरती पर वास है अमर। विष भरी यह नागफनी, धरती की रहेगी सम्पदा। मूल-बद्ध बैर रहेगा सदा ही। सुलगती रहेगी यह दावाग्नि। भस्मासुर-से खड़े होंगे दैत्य, भूल जाएँगे औचित्य-सीमा। **सत्य-बन्धन से भी निरत होंगे लोग, पद-गरिमा की देंगे दुहाई। आँख रहते रहेंगे अन्धे...सत्य हूँ, कल था और रहूँगा कल भी, मुखौटे भले ही बदल लो तुम। तुम्हारा महाभारत अकथ्य न रहेगा कभी।''** (पृ. 9)

परदा उठने पर ज्यों ही द्रोणाचार्य कौरव-वंश के सर्वनाश पर विजयाट्टहास करता है, त्यों ही सुयोधन प्रकट होकर उसकी प्रताड़ना प्रारम्भ कर देता है और अन्त तक उसके दोहरे चरित्र को उघाड़ता ही चला जाता है। उदाहरणार्थ–

उजागर हो गया है/तुम्हारा, अन्धा जीवन।/राक्षसी हिंसा और/तुम्हारे क्रूर कर्म। (पृ. 11)

पद गरिमा के/विषैले नाग ने/डस लिया है तुम्हें। (पृ. 13)

× × ×

तुम्हारी कथनी औ/करनी का भेद,/स्पष्ट हो गया है।/तुम्हारे शब्दों ने/खो दिए हैं अर्थ/ठीक, जैसे देह से/निकल जाता है/आत्मा का हंस। (पृ. 14)

× × ×

मैं औ मेरे बन्धु?/सर्वथा अन्धेरे में/रखे हैं तुमने। (पृ. 25)

× × ×

देह लड़ती/जब/हमारी और।/आत्मा की आवाज थी,/पाण्डव/विजय की। (पृ.40)

× × ×

अनोखी है तुम्हारी/गुरु दक्षिणा,/कभी माँगते हो,/अँगूठा/या फिर/द्रुपद सरीखे/नरेश को सदेह/पकड़ मँगवाते हो,/तुम।/अहं की तुष्टिमात्र/ही तो सदा रहा है/तुम्हारा ध्येय। (पृ. 27-28)

× × ×

अमरत्व, दीर्घायु,/छल-बल से नहीं/सद्कर्मों से होता है। (पृ. 23)

× × ×

गुरु!/मैं जानता था,/ इस युद्ध का,/परिणाम/किन्तु!/........आस्था, विश्वास,

गुरु-उपदेश को/मैं चाहता था,/देखना/पूरी तरह। (पृ. 41)

क्योंकि × × ×

कहते हैं,/जगदीश्वर के समतुल्य/होते हैं गुरु? (पृ. 28)

लेकिन × × ×

धन्य हैं आप!/हाथ थामना तो/दूर, /गिराते ही रहे/गिरतों को ।....(पृ. 28)

परिणामस्वरूप × × ×

सार नहीं,/रेत ही मिला है, जब-जब दोहन/किया है,/तुम्हारे/विचारों का। (पृ.28)

इसीलिए × × ×

ढह गया,/विश्वास का, कुण्ठित/हिमालय।/ढह गया,/गुरु-विश्वास का, कुण्ठित हिमालय। (पृ. 44)

मित्रो! गुरु-गरिमा के आदर्श को गुड़-गोबर करने वालों की न तो पहले कभी कोई कमी थी, न अब है और न ही भविष्य में रहेगी। आवश्यकता है, इस आसन के सम्बन्ध में सत्य-सन्धान की, सही व्याख्या और सामयिक विश्लेषण की।

4. बिम्ब और बिम्ब

भाषा विभाग, पंजाब की पत्रिका 'पंजाब सौरभ' (मई, 1978) में प्रकाशित 'बिम्ब और बिम्ब' श्री सुगनचन्द 'मुक्तेश' का प्रथम नाट्यकाव्य है, जिसे रचनाकार ने 'एक पद्य ध्वनि एकांकी' कहा है। चौदह पृष्ठों में फैली इस कृति में कवि ने मनुष्य-जीवन में मृत्यु और आत्मा के स्थान का निर्धारण किया है। विवाद इस बात को लेकर है कि दोनों में किसकी भूमिका अधिक महत्त्वपूर्ण है। एक ओर मृत्यु का दावा है कि :

किसका साहस, जो मेरा मग आज रोके,/मैं विजयिनी, जी सका कब कौन/मुझसे दूर होके। (पृ. 31)

× × ×

हैं कहाँ न है कहीं अस्तित्व छोड़ा,/जो पुनः अड़कर बने मुझ राह रोड़ा।/सब मिटे (अट्टहास) सब...मिटे। (पृ. 31)

दूसरी ओर आत्मा का कथन है कि :

रह गया जो थक डगर तब शक्ति आगे/मुझमें केन्द्रित आज उसके प्राण जागे,/मैं अभय देती उसे...तुम जो मिटाती/भस्म करती तुम...उसे मैं फिर जिलाती। (पृ. 32)

× × ×

मैं अमरता, तू जगत् का अन्त चाहे,/मैं मधुप गुंजार, तू पतझड़ मनाये। (पृ.33)

अन्ततः मृत्यु को आत्मा की राय समझ में आ जाती है और वह उसकी इस

बात को मान लेती है कि :

काम तेरा सृष्टि को नूतन सजाना,/जो पका, गल-सड़ गया उसको हटाना।/प्रेम से गन्तव्य दिखला सूझ बोओ,/अब तलक थी दूर अब उठ साथ होओ।/ताकि जीवन स्नेह से तुमको पुकारे,/संग तेरे उठ नया फिर रूप धारे।/कार्य तुझ स्वर्गों के न बन्धन लगाना,/ उचित कि अब यह धरा स्वर्गिक बनाना। (पृ. 34)

× × ×

यह निखिल ब्रह्माण्ड तब नव रूप जाने,/सृष्टि का कण-कण सुने भटके तराने।/तुम बनो अभिषेक, जीवन का सहारा,/तम नहीं प्रभात उगले मन तुम्हारा। (पृ. 34)

इस प्रकार मृत्यु और आत्मा के दो बिम्ब प्रस्तुत करके कवि ने यह निष्कर्ष निकाला है कि मृत्यु से डर कैसा? यदि मृत्यु का रूप ही बदल दिया जाए और आत्मा के अमरत्व की कहानी प्रचारित की जाए, तो धरती पर ही स्वर्ग का सुख प्राप्त किया जा सकता है।

5. आह्वान

'पंजाब सौरभ' (जनवरी-फरवरी, 1979) के एकांकी-विशेषांक में प्रकाशित सुगनचन्द 'मुक्तेश' का चौदह पृष्ठों पर आधारित यह दूसरा नाट्यकाव्य देश में लगाई गई आपात् स्थिति के उन काले दिनों की याद दिलाता है, जब यत्र-तत्र सर्वत्र व्यक्ति की जबान पर ताला लगा दिया गया था और प्रजातन्त्र की सुरक्षा के नाम पर एकतन्त्र थोप दिया गया था। रचनाकार कहता है कि जब कोई देश सो जाता है, वहाँ के प्राणी अपने कर्तव्यों को भूल जाते हैं और मातृभूमि असहाय-सी अपने पुत्रों को निहारती रह जाती है, तब उससे बढ़कर दयनीय स्थिति और कोई नहीं हो सकती। चतुर्दिक् अन्धकार-ही-अन्धकार—

इस हलाहल विष भरे/जग में जहाँ मानव विमोहित,/स्वार्थ, लिप्सा के जहर में/भाव सात्त्विक हैं तिरोहित। (पृ. 38)

ऐसे समय में 'मुक्तेश' की दृष्टि उस स्वर्णिम अतीत की ओर जाती है, जब "यदा-यदा हि धर्मस्य..." की स्थिति में सर्वश्री राम, कृष्ण, चौहान, प्रताप, शिवाजी, गुरु दशमेश, गाँधी जी, नेहरू, शास्त्री सरीखे महापुरुषों ने व्यक्ति-स्वातन्त्र्य और राष्ट्र की रक्षा की थी। नाट्यकवि की अपेक्षा है कि आज भी देश को एक ऐसे जननायक की आवश्यकता है जो राष्ट्र-रूपी सूर्य को भ्रष्टाचार रूपी ग्रहण से मुक्त कर सके, क्योंकि माँ की पुकार सुनकर जब कोई जननेता प्रकट हो जाता है तो समस्त कालिमा तिरोहित हो जाती है और मानव-जीवन में नवसंचार हो जाता है :

तुम रहो आश्वस्त माँ.../ऐसी है गाथा भारत की—देवों ने यहाँ वास किया,/जब-जब पड़े कदम असुरों के—बढ़कर उनका नाश किया।.../जागो हे पंचनद के वीरो, दक्षिण

वीर मराठो जागो,/पुण्य भाग प्राची के चेतो, राणा के अवतारो जागो,/जागो... जागो...(पृ. 46)

इस प्रकार एक सर्वथा काल्पनिक कथा को आधार बनाकर सुगनचन्द 'मुक्तेश' ने व्यक्ति, समाज और राष्ट्र के प्रति हमारे कर्तव्यों को याद दिलाने की सफल चेष्टा की है। ऐसा करते समय जहाँ नाट्यकवि ने हमारे भव्य अतीत का गुणगान किया है, वहीं हमें सचेत करके हमारे मंगलमय भविष्य की कामना का भी आह्वान किया है।

6. अनुत्तरित

रुक्मिणी साँझ ढलते ही तुलसी-चौरा पर दीप जलाती है और प्रतिदिन की भाँति कृष्ण के आगमन की प्रतीक्षा करती हुई माँ तुलसी से यही वर माँगती है कि कृष्ण केवल–और–केवल उसके ही होकर रहें, क्योंकि उसे सन्देह ही नहीं, विश्वास भी है कि कृष्ण तो राधा के ही हैं, उससे तो बस मुँह-देखी बात करते हैं। कृष्ण के समझाने-बुझाने पर भी रुक्मिणी की तसल्ली नहीं होती। रुक्मिणी-कृष्ण का यही वार्तालाप 'स्व-पर' 'ससीम-असीम', 'व्यष्टि-समष्टि' और 'सच्चा प्रेम प्रतिदान नहीं माँगता' सम्बन्धी गुत्थियों की व्याख्या में उलझ जाता है। अपने तीसरे नाट्य-काव्य 'अनुत्तरित' के रचनाकार लक्ष्मीनारायण भारद्वाज अपनी जगह बहुत स्पष्ट हैं–''मेरी ससीम आत्मा के मोक्ष, क्यों भूलते हो, पारस्परिक अविश्वास, आशंका और भय जब तक बनाए रहता है अपना अस्तित्व, तब तक रहती है प्रतिकार की प्रबल भावना और अविश्वास। समाधान सम्भव कहाँ हैं गहन-गुत्थियों के।...जीवन के प्रत्येक ताल-छन्द को विगलित कर समष्टि के साथ समरस करना ही रहा है मेरा स्वप्न।'' (पृ. 5)

यही कारण है कि रचना के अन्त में जब रुक्मिणी कहती है कि :

धर्म, नीतिशास्त्र/सबसे/मैं तुम्हारी/अर्द्धांगिनी हूँ/तुम मेरे/और मेरे ही/बस/आज से/राधा के नहीं हो। (पृ. 50)

तो कृष्ण उसे डपटते हुए से अपनी मानवीय जीवन-दृष्टि यों स्पष्ट करते हैं :

आज तक मैंने/तुम्हें ही,/अपने मन-प्राण में/तुमको बसाया/सहचरी मेरे कर्म की/ तुम, /राधा चेतना है।/राधा मेरे प्राण की/आह्लाद/बिना चाहे/प्रतिदान अपने को/निःशेष भाव से/समर्पित कर दिया/मुझको/और फिर मणी/प्रेम दुविधा नहीं/चाहता,/चाहता, शिला/विश्वास की/आधार।/आज कह दूँ/फिर कभी/आज सा अवसर/न आए/प्रश्न उठता है,/लौटे हैं कभी/क्या फूल,/त्रिवेणी की धार जाकर। (पृ.52)

7. तिमिर भँवर से उगा चाँद

चन्द्रगुप्त द्वारा सैल्यूकस की पराजय और हैलेन-चन्द्रगुप्त-विवाह के ऐतिहासिक प्रसंग पर आधारित तीन अंकों के इस नाट्य-काव्य में युद्ध और शान्ति, साम्राज्यवाद और राष्ट्रीय स्वाधीनता आदि समस्याओं पर गहन चिन्तन-मनन सहित आर्यराष्ट्र भारत के बल-विक्रम और सांस्कृतिक गरिमा की प्रतिष्ठा हुई है।

युद्ध क्या है? युद्ध है—शासक के दर्प की शान्ति, स्वाभिमान की तुष्टि, प्रतिशोध की भावना और विश्वविजयी होने की अभिलाषा—भले ही इसके लिए कितने ही लोगों का खून क्यों न बहाना पड़े :

इतना जघन्य समर!/मानव का मानव हत्यारा है।/श्वाषद नृशंस बाघ चीतों का कर्म, युद्ध/फिर भी क्यों मानव को प्यारा है। (पृ. 58)

वास्तविकता यह है कि युद्ध के नियामकों, पोषकों और समर्थकों ने ही मानवीय रक्तपान की अपनी पिपासा को शान्त करने के लिए राष्ट्रवाद, जातिवाद, देश-प्रेम और देशद्रोह सरीखे शब्दों को गढ़ा है तथा पहला अवसर मिलते ही मानवता से छल किया है :

राष्ट्रवाद, जातिवाद, देशप्रेम-देशद्रोह,/कूटनीतिकारों और फूटनीतिकारों ने/छली शोषकों के क्रीत दासों ने/पेट के गुलामों ने, मनीषा के बेचकों ने/भावहीन-हृदयहीन धोंकनी के चामों ने/कोढ़ धुनी बुद्धियों के साँचों में ढाल-ढाल/छलना-प्रवंचना की सान पर उतारकर/कैसे जगमगाते ये गढ़े हैं शब्द! जिससे मनुष्य सदा ममता, समर्पण, स्नेह भूल/अश्रु-हास मोह भूल/मानव की भूख भूल प्यास भूल,/अपने ही मानस में देव का निवास भूल /शब्दों को तिमिर तंग गलियों में/अर्ध क्षुधित बाघ-भेड़ियों-समान/बौखलाया बावला, झपटता रहे/अपने ही भाइयों का करने को रक्तपान (पृ. 45-46)

'नलिन' जी की हैलेन 'सर्वे भवन्तु सुखिनः' गुनगुनाती रहती है। उसका दृढ़ मत है कि सभी मनुष्य समान हैं, कोई भी विदेशी-विजातीय नहीं है तथा प्रत्येक को शान्ति, सौख्य और वैभव को भोगने का समान अधिकार है। 'नलिन' जी मानते हैं कि जिस दिन धरती युद्धमुक्त हो जाएगी और मानवता शान्ति-जल में हिलोरें लेने लगेगी, तो समझ लीजिए कि तिमिर भँवर से चाँद उग आया है :

धरती का रक्त धुले/जागेंगे अंकुर नवीन अँगड़ाई ले।/जाति, राष्ट्र, देश, रंगभेद सभी नष्ट हों/अमर रहे चन्द्रगुप्त-सैल्यूकस/मानवता विजयी हो। (पृ. 78)

8. एक और कौन्तेय

''नारी तो है अग्नि/उसे जोड़ो मत तन से/सूर्यमुखी बन सदा रहे वह तेजस्वी ही'' (पृ. 63) की अवधारणा पर आधृत यह नाट्यकाव्य महाभारत की कुन्ती को केन्द्र

में रखकर रचा गया है। 'सूर्य-प्रश्न की स्वीकृति' (भूमिका) के अन्तर्गत स्वयं नाट्यकवि कहता है कि " 'महाभारत' में कुन्ती का चरित्र विलक्षण है। अपनी पीड़ा को अपने में समेटे वह बिलकुल एकाकी है। महाभारत की वृहत् संयोजना में उसकी भूमिका वैसे तो बड़ी महान् है, किन्तु वह महाभारतकार के 'फोकस' में नहीं आती। पाण्डवों की महिमामयी माँ के रूप में वह पूज्य है, पर उसका व्यक्तित्व उपेक्षित रहा है। वह एक पृष्ठभूमि-सी उपस्थित तो सर्वत्र है, किन्तु उस पर ध्यान नहीं जाता। मैंने इसी पृष्ठभूमि पर अपना ध्यान केन्द्रित किया है।" (पृ. 9)

स्पष्ट है कि कुन्ती के बहाने नारी के खोए जा चुके, धुँधले पड़ चुके, विस्मृत और अनदेखे कर दिए गए पक्षों की उज्ज्वलता एवं भास्वरता को रेखांकित करना ही कुमार रवीन्द्र का लक्ष्य रहा है। कहना न होगा कि नाट्यकवि ने यह कार्य 'कौन्तेय' (कर्ण) के माध्यम से नहीं, 'एक और कौन्तेय' (युधिष्ठिर) के माध्यम से बखूबी किया है। सत्य को नैतिक बताते हुए युधिष्ठिर कहता है कि यह हमारी ही खण्ड-दृष्टि और नीति का दुष्परिणाम है कि हम वास्तविकता को जाने-बिना ही अपने जीवन की राह बनाते चलते हैं और अधूरी दृष्टि के कारण टूटते रहते हैं :

सत्य सदा नैतिक होता है/पर समाज की रीति सदा खण्डित होती है।/खण्ड-दृष्टि से ही हम जीवन को सँवारते,/इसीलिए/हम टूटते रहते/और बिखरते जाते। (पृ. 61)

नारी के सम्बन्ध में तो यह और भी सच है, क्योंकि :

नारी का जो सहज धर्म है/उससे हम वंचित कर उसको/देह-शुद्धि का आग्रह करते,/रचना करते हैं पातक की। (पृ. 61)

जबकि वस्तुस्थिति यह है कि हमारे मन की असहजता पाप है, बुद्धि के क्रूर दुराग्रह के वशीभूत होना पाप है, वर्तमान को भूलकर अतीत और भविष्य में जीना पाप है तथा हम जीवन को नाप रहे हैं घटनाओं से, यही पाप है। (पृ. 62)

इसलिए धर्मपुत्र युधिष्ठिर व्यवस्था देता है कि :

सहज रहे नारी/मन का विश्वास न खोए,/माँ बनकर वह सदा रहे पावन पावक-सी। (पृ. 62)

× × ×

कुन्ती और द्रौपदी दोनों हैं कुमारिका,/यही सत्य है।.../नारी हो संकुचित न सीमित अपने दुःख में,/खुले शास्त्र-सा/उसका मन हो,/ वह रहस्यमय रह न सके,/ आदेश युधिष्ठिर का भविष्य को। (पृ. 63)

लगे हाथ, देवेन्द्र शर्मा 'इन्द्र' के शब्दों में, यह भी जान लीजिए कि "खण्डित व्यक्तित्व, अकेलेपन और अजनबीपन की स्थिति का आलेख होने से यह रचना जितनी पुराबिम्बों पर आश्रित है, उतनी ही आधुनिक मानव की दुखान्तगाथा को भी अपनी आत्मा में सँजोए हुए है।"

9. मानुष-अमानुष

"पिछले कुछ वर्षों में हमारे देश में धर्म-निरपेक्ष लोकतन्त्र को बहुत बड़े खतरे का सामना करना पड़ा है—वह लोकतन्त्र, जिसमें मनुष्य की पहचान मनुष्य के रूप में होती है न कि हिन्दू, सिख, मुसलमान या ईसाई के रूप में। उसी लोकतन्त्र की गर्दन पर धर्म और राजनीति का पृथकतावादी गठबन्धन एक दुधारी तलवार बनकर लटका रहा। इन्सान की देह पर मोहरें देखने वाले 'मोहरे' किसी धर्म-विशेष की मोहर देखकर इन्सान को मौत के घाट उतारते रहे, और घात-सूचियों पर से नाम निरस्त होते रहे खून की लकीरों से। तन्दरुस्त दिल और दुरुस्त दिमाग रखने वाले चिन्तित हो उठे कि क्या होगा हमारे देश का...अन्तरात्मा की ऐसी ही कचोटों से उत्पन्न...एक सम्पूर्ण काव्य-नाटक 'मानुष-अमानुष'...है, जिसमें धर्म राजनीति के कुचक्र से मानुष अमानुष हो उठता है और तथाकथित अमानुष (अन्ततः) मानुष के रूप में उभरता है।" (पृ. 5-6)

रचनाकार के इस कथन के आलोक में यह सहज ही स्पष्ट है कि हमारे यहाँ धर्म की राजनीति और राजनीति के धर्म ने मिलकर विश्व के सबसे बड़े लोकतन्त्र का गला घोंट दिया है। ठीक ही तो है, जहाँ "साम्प्रदायिकता की अन्धी आरी चलती है" (पृ. 12), "कहीं भी जाऊँ दहशत है/खुलेआम घूमती वहशत है" (पृ. 12-13), "जहाँ नित्यप्रति मृत्यु प्रायोजित की जाती है" (पृ. 14) और

बस एक ही सनक है/राजनैतिक चौपड़ की/एक ही गोट है/कि किस धर्म, भाषा, जाति वालों की कहाँ, कितनी वोट हैं? (पृ. 19)

वहाँ सुख-शान्ति से कैसे रहा जा सकता है। ऐसी परिस्थिति में यदि अन्तरिक्ष, अंटार्टिका और एवरेस्ट-विजेता भारतवासी भी अपनी मातृ-भू से निराश होने लगें, तो आश्चर्य क्या है? क्योंकि अपने राष्ट्र के लिए विजय-अभियान पूर्ण करके जब वे खुशी-खुशी लौटते हैं तो देखते हैं कि यहाँ तो—

कहीं धर्म बसता है/कहीं भाषा बसती है/कहीं प्रान्त बसता है/कहीं जाति बसती है/ज्यों/रेगिस्तान में बसते हैं टीले/यहाँ बसते हैं कबीले।/पर नहीं बसता इन्सान/आओ हिमालय को करें प्रस्थान! (पृ. 21)

यह सच है कि इस परिवेश में धर्म, अमानुष के हाथों, एक बारगी तो धराशायी हो ही जाएगा, लेकिन यदि विवेक से काम लिया जाए, तो कोई कारण नहीं है कि पुनः अपने स्वस्थ रूप में प्रकट न हो। कवि को निराश होने का कोई कारण नहीं दीखता। अमृतलाल मदान को आशा है कि एक-न-एक दिन—

पैदा होगा.../सच्चा धर्म-युग/अथवा विज्ञात्म-युग/जिसमें अध्यात्म होगा/विज्ञान युक्त/विज्ञान होगा/अध्यात्म युक्त/यही समन्वय/कल्याणकारी है। (पृ. 83)

10. यमुना के उस पार

"आधुनिक समाज ने जिस प्रकार शोषण एवं भ्रष्टाचार को अपनी स्वीकृति प्रदान कर रखी है, अन्याय के प्रति जैसा समझौतावादी दृष्टिकोण अपना रखा है तथा जिस प्रकार व्यक्तिवादी प्रवृत्ति हावी होती जा रही है, इन सबको लेकर" मंगलराम आत्रेय ने "कुछ बुनियादी सवाल उठाने का प्रयत्न किया है।" (पृ. 7)

'प्रतीक्षा', 'द्वन्द्व' और 'यमुना के उस पार' नामक तीन अंकों में विभाजित प्रस्तुत नाट्यकाव्य का शुभारम्भ वसुदेव-देवकी के कारागार के दृश्य से होता है। उनकी एकमात्र चिन्ता यही है कि क्या वे कभी यहाँ से मुक्त हो सकेंगे? इस मुद्दे पर जहाँ देवकी निराश है, वहीं वसुदेव आशावान् है और मुक्ति के भाग्यशाली क्षण की प्रतीक्षा कर रहा है।

'द्वन्द्व' में श्रीकृष्ण चिन्तातुर हैं। नन्द-यशोदा, कृष्ण और बलराम आदि यह तय नहीं कर पा रहे हैं कि आततायी कंस का मुकाबला कैसे किया जाए? धीरे-धीरे कृष्ण सबको आश्वस्त करते हैं कि यदि "अन्धकार की/काली छाया से/लड़ना है तो/दीपक को जलना ही होगा।" (पृ. 43) तथा "आने वाला कल/हो सके/ भय से मुक्त/इसके लिए/हमें आज मरना है।" (पृ. 47)

द्वन्द्व की समाप्ति होते ही कृष्ण अन्तिम निर्णय और सहमति के लिए राधा के पास पहुँचते हैं और 'यमुना के उस पार' क्या हो रहा है, क्या होना चाहिए, आदि के विषय में उसे विस्तार से समझाते हुए बाँसुरी लौटा देते हैं, क्योंकि "जीवन के नए आयामों से/साक्षात्कार हुआ है।/बाँसुरी की भूमिका अप्रासंगिक हो गई अब/वेणु के रन्ध्रों पर/जो रही थिरकती अब तक/उसी तर्जनी को/आज/'सदुर्शन' से सज्जित होना है।" (पृ. 58)

ठीक भी है, जब अपनी मातृभूमि पर संकट के बादल छाये हों, तब अन्यत्र रंगरलियाँ मनाना कहाँ शोभा देता है। ऐसे समय में अपने प्रियतर प्रियतम को त्यागने में भी कोई संकोच नहीं होना चाहिए। इसीलिए कृष्ण का अटल अन्तिम निर्णय है :

हाँ, यमुना के उस पार/राधिके/मेरी जन्मस्थली है।/भग्न हृदय से/रुद्ध कण्ठ से/मुझे पुकार रही है।/उस धरती पर—/अनाचार का/कदाचार का/नग्न नृत्य जारी है।/माँ की ममता/लाज बहन की/असुरक्षित बिलख रही है।/माँ मेदिनी को/उसके/सुख-स्वप्न लौटाने हैं मुझे।/अपने जीवन को/एक पवित्र अर्थ देना है।/पूरब में/देखो/सुबह की लाली फूट रही है।/मैं अब प्रस्थान करूँगा/मेरा प्रणाम लो राधा। (पृ. 61)

11. अश्मन्

भीष्म पितामह द्वारा काशीराज-दुहिताओं का अपहरण और शाल्वराज की वाक्‌दत्ता

राजकुमारी अम्बा (बाद में शिखण्डी) की भीष्म के प्रति प्रतिशोध-भावना पर आधारित लक्ष्मीनारायण भारद्वाज ने अपने चौथे नाट्यकाव्य 'अश्मन्' में मुख्य प्रश्न यह उठाया है कि युद्ध किसी भी समस्या का अन्तिम समाधान नहीं है—"महत्त्वाकांक्षा का बोझ/मूढ़ता है" (पृ. 113) तथा "मात्र प्राप्त करने से ही तृषा-तोष नहीं होता" (पृ. 111)। इसीलिए भीष्म ने अम्बा को समझाया है :

खोल दो,/मन के भीतरी कपाट,/आने दो प्रकाश-किरणों,/सद्य सुवसित प्राण-वायु को/पाने दो प्रवेश,/दूर क्षितिज के उस पार,/झाँकने दो।/आँखों को प्राप्त/करने दो निर्वाण, तभी, तीव्र होगी,/जीवनानुभूति,/पूर्ण सार्थकता।/सम्पूर्ण शान्ति प्राप्त होगी तभी। (पृ. 112-113)

सच्चा आनन्द किसी से प्रतिशोध लेने में नहीं है, सच्चा आनन्द तो आत्मोत्सर्ग में है—धरती के कण-कण से परिचित होने में है। तभी मिलती हैं अन्धे मन को प्रकाश की आँखें। "हर रात की/गहनता में/जाने कहाँ छुपी/झुकी रहती है। रुपहली आभा-प्रकाश/प्रातः रेखा।" (पृ. 115)

यदि कोई यह समझे कि वह आकाश का स्पर्श कर सकता है, तो यह उसकी कपोल-कल्पना ही होगी। आप विश्वास का हाथ थामकर आकाश के स्वप्न-सुमेरु को लाँघ तो सकते हैं, लेकिन आकाश का स्पर्श नहीं कर सकते :

आकाश-निहारा,/आकाश-कितनी दूर,/आकाश-बादल,/आकाश-इन्द्रधनुष,/आकाश-स्वप्न सुमेरु,/लाँघ सकता है कोई भी,/विश्वास का हाथ थाम।/किन्तु आकाश,/स्पर्श नहीं किया/जा सकता कभी। (पृ. 116)

12. जय-पराजय

"व्यक्ति एवं अभिव्यक्ति की स्वतन्त्रता पर कुठाराघात के विरोध में स्वर उठाता" अमृतलाल मदान का यह काव्य-नाटक एक ऐसे कवि और नाटककार के संघर्ष एवं अन्तर्द्वन्द्व को चित्रित करता है, जिसके सिर पर कट्टरपंथी शक्तियों द्वारा पुरस्कार घोषित किया गया है। उसका अपराध यह है कि उसने अपने युग की धर्मान्धता, असहिष्णुता एवं प्रतिगामिता के विरुद्ध कलम उठाई है। यद्यपि वह रचनाकार इन आसुरी शक्तियों के हाथों मारा जाता है, तथापि उसका दृढ़ विश्वास है कि :

मेरी चेतना/अमर पक्षी की भाँति/ उठेगी बार-बार हर युग में/इसी राख से/हर बार ऊँची से ऊँची/उड़ान के लिए।/अन्ततः अम्बर को चीर/ जा उतरेगी उस सिंहासन पर/जहाँ से कार्य-व्यापार चलता है/इस चराचर जगत् का!/तभी उतरेगा स्वर्ग इस भू पर भी। (पृ. 60)

इस प्रकार मौत के सन्नाटे (पराजय) में भी नवजीवन (जय) की कल्पना करती सच्चे कलमकार की पक्षधर यह रचना, लौहयुगीन मानसिकता को चित्रित करने के कारण, समकालीन जीवन-सन्दर्भों में पर्याप्त सार्थक और प्रासंगिक बन पड़ी है।

13. गाथा आहत संकल्पों की

''महर्षि वेदव्यास-रचित 'जयकाव्य' से लेकर आज तक महाभारत के कथानक पर आधृत जो भी साहित्यिक कृतियाँ प्रकाश में आई हैं, उनमें गंगा-पुत्र भीष्म को एक अपराजेय शिखर-पुरुष के रूप में प्रस्तुत किया गया है। वे अपने समय के इच्छामृत्यु-महापराक्रमी योद्धा हैं, जो संग्राम में पुरुषोत्तम श्रीकृष्ण को भी शस्त्रसज्ज होने के लिए विवश कर देते हैं। कुमार रवीन्द्र ने उन्हीं परमव्रती भीष्म को शरशैयाग्रस्त स्थिति में अपने कृत्यों के लिए सन्तप्त और ग्लपित होते हुए चित्रित किया है। मत्स्यगंधा सत्यवती, अम्बा, अम्बालिका और अम्बिका के आरोपों के कठघरे में खड़े भीष्म स्वयं को कितना निरुपाय और दोषी समझते हैं तथा दुर्योधन एवं कर्ण के द्वारा उठाये गये प्रत्याख्यानों का समाधान करने में अपने-आपको कितना अक्षम और विवश अनुभव करते हैं, इसकी मनोविश्लेषणपरक परीक्षा में कवि पूर्णतः कृतकार्य हुआ है।''

कुमार रवीन्द्र की सफलता का रहस्य भीष्म को सम्बोधित गंगा की इन पंक्तियों में देखा जा सकता है :

एक नदी बाहर है दिखती जो,/भीतर वही बहती है;/वही नदी सब में है, अग-जग में।/और...जो कुछ भी होता है जहाँ कहीं,/वही नदी होती है।/सबका अंश तुममें है/और है तुम्हारा अंश भी सब में, यही सत्य।/स्वीकारो, तुम सबके साथ जुड़े,/इसीलिए.../मन के सब आकर्षण,/पुण्य-पाप,/कुरुकुल की त्रासदी,/पश्चात्ताप, प्रायश्चित्त,/सारे हैं अर्थहीन;/और यही अर्थहीन होना ही जीवन है।/खोजो नहीं अर्थ, वत्स!/सहज बनो, स्वीकारो और बहो/जीवन की शाश्वत जल-धारा में।/छोड़ो सभी आग्रह, पुत्र!/बहने दो मन को जिधर बहता है।/आओ पुत्र! आओ पुत्र!/जल हो तुम; जल हो लो।/आओ पुत्र! आओ पुत्र! (पृ. 54-55)

14. अंगुलिमाल

प्रस्तुत नाट्य-काव्य के माध्यम से लेखक ने वर्तमान परिवेश में व्याप्त आतंकवाद के विरुद्ध आवाज़ उठायी है। ''उन्मार्ग भ्रष्ट अंगुलिमाल को भगवान बुद्ध के उपदेशालोक में जिस प्रकार अपनी गन्तव्य दिशा का बोध हुआ था, उसी प्रकार कुमार रवीन्द्र ने हिंसा, लूट-मार और रक्त-पिपासा के विपरीत अहिंसा, शान्ति और सह-अस्तित्व की मूल्यगत प्रतिष्ठा की है। इस काव्य-नाटक के द्वारा उन्होंने यह भी प्रतिपादित किया है कि किसी युग का वास्तविक और सही इतिहास तभी लिखा जाता है, जब उसमें जनसाधारण की सक्रिय भूमिका को सन्दर्भित किया जाए।'' नाट्यकवि के शब्दों में 'अंगुलिमाल' का कथ्य इस प्रकार है :

दोष है व्यवस्था का, दृष्टि का।/करुणा की आभा से जब तक हैं दूर हम,/तब

तक यह भटकन/अँधियारों की। एक अन्धकार से हम दूजे अन्धकार को/दूर नहीं कर सकते।/करुणा से भीगा यह भिक्षु/आज बुद्धों का पुत्र है–/मृत्यु नहीं इसको अब छू सकती। (पृ. 87) दुःख जाना उसने/और/मिथ्या आचारों से मुक्त हुआ;/शास्ता हो गया स्वयं।/किन्तु...ये कथानक हैं केवल परिशिष्ट-से।/हो गया विराम वहीं,/जहाँ अंगुलिमाल मिला बुद्ध से। गौतम की अनुरागी करुणा का/ है यह अध्याय एक। (पृ. 88) इस प्रकार यह स्पष्ट है कि कुमार रवीन्द्र ने बुद्धकालीन लोकविश्रुत पात्र अंगुलिमाल का न केवल चारित्रिक पुनराख्यान किया है, प्रत्युत् उसकी साम्प्रतिक सन्दर्भगत प्रयोजनीयता को भी सफलतापूर्वक अभिव्यक्त किया है।

उपर्युक्त विवेचन के आलोक में अब हम हरियाणा के समकालीन नाट्य-काव्यों की कतिपय सामान्य विशेषताएँ देखने की स्थिति में आ गए हैं :

(1) प्रायः सभी नाट्यकाव्यों के कथानकों में, न्यूनाधिक रूप में, पौराणिकता का सन्निवेश हुआ है, जिसके माध्यम से प्रसंगों और पात्रों को, उनकी सीमित भूमिका से ऊपर उठाकर, प्रतीकात्मक स्वरूप प्रदान किया गया है। ऐसा करने से वर्तमान जीवन का यथार्थ-बोध तो उजागर हुआ ही है, पौराणिक सन्दर्भों की समकालीन प्रासंगिकता और अर्थवत्ता भी स्पष्ट हुई है।

'मुक्तेश' ने जहाँ दैवी और ऐतिहासिक पात्रों का समन्वय किया है, वहीं 'नलिन' ने विशुद्ध ऐतिहासिक पात्रों का चयन किया है; लेकिन सभी का उद्देश्य समकालीन जीवन-सन्दर्भों का स्पर्श करना ही है।

(2) प्रायः सभी नाट्यकाव्यों में उद्देश्य का भी अद्भुत साम्य है। यहाँ किसी-न-किसी रूप में प्रतिहिंसा-जनित युद्ध और उसकी विनाशकारी एवं विघटनकारी प्रवृत्तियों को उभारकर अन्त में मर्यादा, स्वतन्त्रता और करुणा आदि शाश्वत मूल्यों की पुनःस्थापना पर बल दिया गया है।

वर्तमान दशक में मानवाधिकार, महिलाधिकार, धर्मनिरपेक्षता और प्रजातान्त्रिक मूल्यों का जो शोर मचा हुआ है, मेरे हरियाणा का नाट्यकवि इस दृष्टि से पहले ही सजग-सचेष्ट है। उसने राष्ट्र की वर्तमान गति-विरोधी स्थिति, तत्सम्बन्धी समस्याओं और उनके समाधान के प्रति गहरी रुचि प्रकट करके अपनी राष्ट्रीय सुरक्षा की भावना तथा व्यापक सांस्कृतिक चेतना का परिचय दिया है।

(3) यद्यपि सभी नाट्यकाव्यों में आधुनिक भावबोध की तमामतर विशिष्टताएँ–विसंगति, एकाकीपन, संत्रास, पीड़ा, निराशा, घुटन, शून्यता, मृत्युबोध, अहं-पीड़न, खण्डित व्यक्तित्व और मूल्यहीनता मौजूद हैं, तथापि हमारे नाट्यकवि का एकमात्र लक्ष्य मानव-जीवन में आशा, उत्साह, प्रेम, सद्भाव और आशावादिता का संचरण करना रहा है जो वर्तमान जीवन के लिए एक शुभ संकेत है।

(4) शिल्प-विधान एवं रचना-तन्त्र की कसौटी पर भी प्रायः सभी नाट्यकाव्य सफल रहे हैं। नयी कविता की गद्यात्मकता एवं रुक्षता से परे रहकर इन रचनाकारों

ने बिम्ब, प्रतीक, लय, तुक और अलंकार आदि तत्त्वों का प्रचुर समावेश करके कविता के रागात्मक होने का समर्थन किया है, जो उत्तरशती की हिन्दी-कविता के लिए मंगलकारी सन्देश है।

साहित्यिक शब्दावली, मुहावरों-लोकोक्तियों-सूक्तियों तथा मार्मिक गत्वर संवादों ने इन नाट्यकाव्यों को अभिनेय होने में भरपूर सहयोग दिया है।

मुझे किसी भी नाट्यकाव्य में हरियाणी और पंजाबी का एक भी शब्द अथवा उसकी छाया देखने को नहीं मिली।

अमृतलाल मदान ने लगभग एक दर्जन अंग्रेज़ी-शब्दों का प्रयोग करके अपने अंग्रेज़ी-प्राध्यापक होने का परिचय अवश्य दिया है। वैसे मैं समझता हूँ कि हिन्दी भाषा आधुनिक संवेदना को सम्प्रेषित करने में पूरी तरह सक्षम है।

अन्त में मैं कहना चाहूँगा कि जयनाथ 'नलिन' हरियाणा के सर्वश्रेष्ठ और हिन्दी के श्रेष्ठ नाट्यकवि हैं। लक्ष्मीनारायण भारद्वाज, कुमार रवीन्द्र, अमृतलाल मदान और मंगलराम आत्रेय ने हिन्दी नाट्यकाव्य-परम्परा की श्रीवृद्धि में ऐतिहासिक योगदान दिया है। ईशर सिंह और 'मुक्तेश' भी सफल नाट्यकवि हैं। हरियाणा को अपने इन नाट्यकवियों पर गर्व है।

आज का नवगीत : स्वरूप और प्रवृत्तियाँ

डॉ. राजेन्द्र गौतम

हिन्दी समीक्षा में अनेक बार नवगीत की अत्यन्त भ्रान्त व्याख्याएँ प्रस्तुत हुई हैं, जिससे इसकी तस्वीर साफ होने की बजाय क्रमशः धुँधलाती चली गई है। भ्रान्ति इस स्तर तक पहुँची है कि कहीं-कहीं छन्दहीनता को भी नवगीत से जोड़ दिया गया है। कहीं-कहीं समस्त स्वातन्त्र्योत्तर छान्दसिक काव्य को नवगीत मान लिया गया है जबकि अन्य ने सन् '50 के बाद के सभी गीतकारों को नवगीतकार बतला दिया है। कुछ अन्य ने एक निरपेक्ष सपाट राजनीतिक फिकरेबाजी को तुकबन्दी के रूप में प्रस्तुत भर कर देने को नवगीत मान लिया है। ऐसी भ्रान्तियों के मूल में कहीं अज्ञानता है और कहीं नवगीत के अस्तित्व को अस्वीकार करने का षड्यन्त्र!

नवगीत की भ्रान्त समीक्षा का आधार उसको विधागत पार्थक्य प्रदान करने में है। यह सही है कि नवगीत का एक विशिष्ट 'फॉर्म' है, रचना-तंत्र है पर वह 'फॉर्म' काव्यरूप की दृष्टि से गीत से भिन्न नहीं है। फिर स्वयं गीत कविता से अलग नहीं है, अपितु दोनों में अंग-अंगी भाव है। यह अलगाव वस्तुतः गीत-विरोधियों ने इसमें 'शूद्रत्व' की प्रतिष्ठा के लिए पैदा किया है और गीत के अंधभक्तों ने इसमें 'ब्राह्मणत्व' की प्रतिष्ठा के लिए जबकि नवगीत सर्वत्र मनुष्य मात्र का प्रतिनिधि बनने के लिए प्रयत्नशील रहा है। 'गीत और नवगीत में 'फॉर्म' एक ही है'—हमारे इस कथन का यह आशय कदापि नहीं हो सकता कि दोनों में कोई प्रवृत्तिगत भिन्नता नहीं है। दोहे तुलसीदास ने भी रचे हैं और बिहारी ने भी पर दोहा मात्र होकर वे समान नहीं हैं अपितु भक्ति और रीति के रंग उन्हें अलग करते हैं। इसी प्रकार पारम्परिक गीत और नवगीत में एक स्पष्ट प्रवृत्तिपरक अन्तर है। नवगीत प्रथमतः कालगत नवता का संकेतक बनता है। तदन्तर क्रमशः प्रवृत्तियों की भिन्नता के आधार पर बोधगत नवता का अर्थ देने लगता है। पारम्परिक गीत की आत्मकेन्द्रिकता और अतिशय भावुकता एवं युग-निरपेक्षता की तुलना में वस्तुपरक यथार्थाभिमुखी समष्टिपरक गीत ही नवगीत है। पारम्परिक गीत को शाश्वतता से ही जोड़ने का अतिपरक आग्रह साहित्य के समाज के प्रति उत्तरदायित्व से आँख मूँदना और

पलायन को प्रश्रय देना है।

गत दो दशकों के गीत की मूल संवेदनाओं की पहचान के लिए इसकी पृष्ठभूमि का अवलोकन अनिवार्य है। नवगीत के अंकुरों के विकसित-प्रस्फुटित होने की पृष्ठभूमि सन् '50 और '60 के काव्य-परिदृश्य ने उपस्थित की है। इस दशक की हिन्दी कविता का परिदृश्य कई दृष्टियों से जटिल है। 'नयी कविता' तब अपने यौवन पर थी, तथापि सन् '36 के बाद उभरनेवाला प्रगतिवाद नेपथ्य में ही गया था, मरा नहीं था। छठे दशक में एक नयी प्रगतिशीलता समानान्तर रूप में उभरने की तैयारी कर रही थी। 'बच्चन-अंचल-दिनकर-नरेन्द्र' चतुष्ट्य अपनी एक निश्चित ऊँचाई पर पहुँच चुका था और इतिहास ने जैसे उसका नोटिस लेना बन्द कर दिया था। तभी गीत को भी गत महत्त्व की विधा घोषित कर दिया गया। उसकी प्रासंगिकता पर प्रश्नचिह्न लगाया गया। 'निराला' का आतंक तो बहुत था पर नयी कविता के कवि अपने आपको उनसे जोड़ नहीं पा रहे थे; यहाँ तक कि निराला के मुक्तछन्द और उनकी कविता के क्रमशः छन्दमुक्त होने में भी कोई रचना-तंत्र-मूलक साम्य नहीं था। जबकि त्रिलोचन-नागार्जुन-केदार जैसे प्रगतिशील कवियों के प्रेरणा स्रोत निराला ही थे। गीत की मृत्यु की घोषणा के उस युग में बच्चन के बाद यों तो नीरज और इस वर्ग के लगभग 50 गीतकार रचनारत थे और 'नई कविता' की अनुकृत आधुनिकता ने इनके कृतित्व को कविता मानने से ही इन्कार कर दिया था पर उस समूचे परिदृश्य में एक अद्‌भुत घटना यह घटित हो रही थी कि मुक्तछन्द के प्रणेता और 'कुकुरमुत्ता' के रचनाकार ने जैसे संकल्प ही ले लिया था कि अब उन्हें केवल गीत ही लिखना है। सन् 1949 से मृत्युपर्यन्त निराला गीत ही लिखते रहे। अपने जीवन के अन्तिम बारह वर्षों में निराला जो सन्देश दे रहे थे, उसे साफ पहचानने का कष्ट हिन्दी के पक्षधर आलोचकों ने आज तक भी नहीं किया है। निराला का यह कृतित्व गीत विरोधियों को दिया गया सर्जनात्मक उत्तर तो है ही, हिन्दी के मुमूर्षु, आत्मकेन्द्रित, क्षयी रोमांस वाले पनघटी गीतों के रचनाकारों को दिशा दिखलाने का प्रयत्न भी है और गीत का—भावी गीत का—स्वरूप क्या हो, यह संकेत भी उनके गीतों में है। 'निराला' भारतीय परम्पराओं के अग्रदूत तो थे ही आधुनिक दृष्टि से सम्पन्न रचनाकार भी थे। गीत को भी उन्होंने भारतीय परम्पराओं से जोड़ते हुए नवता प्रदान की। इस शती के आरम्भ में हमने गीत के साथ केवल आत्मानुभूति को जोड़ दिया था। यदि कविता केवल व्यक्ति-केन्द्रित है, केवल रोमानियत है तो गीत की आत्मानुभूतिपरक परिभाषा बहुत बड़ी उपलब्धि कही जा सकती है पर यदि कविता का विस्तार इससे आगे है तो गीत की इससे बड़ी कोई सीमा नहीं हो सकती। भारतीय साहित्य परम्परा समाज निरपेक्ष नहीं रही है। 'निराला' आरम्भ से ही अपने गीतों को एक वस्तुपरक भूमि पर स्थापित कर रहे थे। 'गर्म पकौड़ी' और 'बाह्मन का लड़का' जैसे उनके गीत सन् '42 के आसपास ही इसका संकेत दे चुके थे। बाद

में 'भीख माँग़ता है जब राह पर। मुट्ठी भर हड्डी का यह नर,' 'जल्द-जल्द पैर बढ़ाओ, आओ, आओ,' 'बान कूटता है,' 'खेत जोत कर घर आये हैं,' 'ऊँट बैल का साथ हुआ है', 'मानव जहाँ बैल-घोड़ा है' जैसे गीतों ने झटका देकर गीत के गिर्द बुनी हुई 'स्वानुभूति की विवृत्ति' की रूढ़ि को तोड़ दिया। नवगीत के इतिहास और स्वरूप—दोनों का सूत्र हमें यहाँ से प्राप्त हो जाता है। सन् '50 और '60 में विश्वमानव जहाँ पहुँचा था, वहाँ आधुनिक दृष्टि को अनदेखा नहीं किया जा सकता। इस दशक में हम जिस मोहभंग से गुजरे थे, वह हमें तटस्थ नहीं रहने दे सकता था, समाज जिस वर्ग-विभाजन से त्रस्त था, उस शोषण-व्यवस्था से कविता आँख नहीं मूँद सकती थी; घर, परिवार और समाज को समय के जो आघात लग रहे थे, उनकी उपेक्षा केवल शाश्वततावाद के मोह में नहीं की जा सकती थी। आजादी के साथ जो जन-संवेदना जाग्रत हुई थी, लोक हमारी चेतना का हिस्सा बना था, आदिवासी स्थितियाँ और लोकरंग हमारे अनुभव के अंग बने थे, उन्हें कविता से अनुपस्थित नहीं रखा जा सकता था। पर हिन्दी का पारम्परिक गीत इन सभी स्थितियों से आँख चुराकर एक अवास्तविक दार्शनिकता के खोल में लिपटा हुआ आत्माभिव्यक्ति का राग अलाप रहा था। ऐसे गीत की प्रासंगिकता निरन्तर घट रही थी। नवगीत का उद्भव इन्हीं परिस्थितियों में हुआ है। पाँचवें और छठवें दशक में युगबोध का समावेश हिन्दी गीत की सबसे बड़ी घटना है। एक ओर युगबोध के प्रति सजगता, समष्टि-उन्मुखता एवं वस्तुपरकता नये गीत के अनुभव के अंग बने दूसरी ओर रागात्मकता को कविता और गीत की अनिवार्यता स्वीकार करते हुए नवगीतकार ने उसे अपनी रचना में समाविष्ट किया। अतएव कहा जा सकता है कि नवगीत प्रगतिशील चेतना आधुनिकता बोध, लोक-संवेदना और रागात्मक आवेश के संश्लेषण से तैयार हुआ रसायन है। किसी भी युग की कविता के मूल और व्यावर्तक धर्म की श्रेणीबद्ध और एकरस अभिव्यक्ति नहीं हुआ करती, बल्कि उसके व्यक्तित्व के अनेक युगानुरूप आयाम होते हैं और महत्त्वपूर्ण यह भी है कि कोई प्राणवान् कविता-धारा जड़ और विषय की दृष्टि से एकांगी नहीं होती, अपितु उसका सतत विकास होता है। नवगीत-काव्य धारा प्राणवान्, विकसनशील एवं विविधतामुखी काव्यधारा है। गत बीस वर्षों के नवगीत की प्रवृत्तियों को हम अध्ययन की सुविधा के लिए निम्न रूप से वर्गीकृत कर सकते हैं :

1. लोक संवेदनाओं का गीत 2. जनाकांक्षाओं का गीत 3. जातीय संस्कारों का गीत 4. घर की संवेदना का गीत, 5. नवीन ग्रामबोध का गीत 6. मध्यवर्गीय नागरिक संघर्ष का गीत 7. प्रकृति के नव दर्शन का गीत 8. उत्तर शती के आधुनिक और उत्तरआधुनिक संदर्भों का गीत।

यदि नवगीत का विश्लेषण इसके ऐतिहासिक विकास के समानान्तर किया जाए तो इसके विषयगत वैविध्य को और भी सरलता से समझा जा सकता है। सन्

1950 से 1965 तक हिन्दी गीत में लोक संवेदनाओं की प्रमुखता रही है जबकि 1965 से 1985 तक काव्य में ग्रामचेतना के समानान्तर महानगरीय जटिलताएँ भी नवगीत का विषय बनी हैं। नवगीत का परवर्ती दौर उदारीकरण, भूमण्डलीकरण एवं उत्तर-आधुनिकता से भी प्रभावित हो रहा है।

नवगीत के आरम्भिक दौर में लोक संवेदनाओं की अभिव्यक्ति के कारण बहुत स्पष्ट हैं। स्वतन्त्रता के बाद देश की मिट्टी की पहचान के प्रयास में आंचलिकता हिन्दी-साहित्य में विशेष रूप से उभरने वाली प्रवृत्ति थी। कथा साहित्य और कविता दोनों में इसकी उपस्थिति है। जिसे हम नयी कविता का गीत कहने के अभ्यस्त हो चुके हैं। वस्तुतः वह लोकरंग का ही गीत है। अज्ञेय का गीत 'कांगड़े की छोरी हो' या भवानी भाई का गीत 'पीके फूटे आज प्यार के' या केदारनाथ सिंह का 'रात पिया पिछवारे...' गीत हो या शंभुनाथ सिंह का 'टेर रही प्रिया' गीत हो या सर्वेश्वरदयाल सक्सेना के गीत हों, सभी में इस लोकारंग की उपस्थिति है। इस प्रवृत्ति का परिपाक ठाकुर प्रसाद सिंह की कृति 'वंशी और मादल' में होता है। परन्तु यह लोकपरक धारा—आदिम जीवन के चित्रण की यह धारा—अपनी ताजगी से एक बार सराबोर कर सातवें दशक में मन्द हो जाती है, कुछ-कुछ रूपान्तरित भी; और यह कहना कतई सम्भव नहीं रहता कि सन् '65 के बाद नवगीत ठाकुर प्रसाद सिंह की परम्परा का' नवगीत है। सन् '49 से '62 तक के निराला के जिन गीतों की चर्चा हमने की है, उसका विकास जनाभिमुख गीत में होता है जो लोकपरक प्रकृति की रमणीयता की अपेक्षा संघर्ष के साथ अधिक जुड़ा है और जो प्रकारान्तर से शोषणजन्य व्यवस्था को चुनौती दे रहा है। यदि वीरेन्द्र मिश्र, माहेश्वर तिवारी, ओम प्रभाकर, उमाकान्त मालवीय और देवेन्द्र कुमार के सन् '60 और '80 के बीच के गीतों को देखा-परखा जाए तो स्पष्ट हो जाता है कि ये कवि पूर्ववर्ती गीत की आदिवासी जीवन के चित्रण की प्रवृत्ति को दोहरा नहीं रहे थे बल्कि वे मध्यवर्गीय जीवन को अधिक मुखर कर रहे थे। 1980 से 2000 तक भी इन्हीं के समानान्तर रचना आरम्भ करने वाले शिवबहादुर सिंह भदौरिया तथा नईम और बाद में गुलाब सिंह, अनूप अशेष तथा श्याम सुन्दर दूबे नए ग्राम-बोध के गीत लेकर आते हैं। पर यह ग्राम-चेतना सन् '50 और '60 के बीच की लोक-संवेदना से ज़मीन-आसमान का अन्तर रखती है। दोनों के स्वरूप को समझने के लिए दो उद्धरण देख लेना उचित होगा :

1. सूनी तलैया की ओट में। डुबा दिया चोट ने
तीर लगे घायल कुरंग-सा। मन लगा लौटने
जामुन सी काली इन भौंहों की छाँह में
डूबे हम जा रहे। कब से हम गा रहे।

—ठाकुर प्रसाद सिंह

2. द्वार पर, तहसील सी धमकी हवा
नीलमियों के इश्तिहार
पाँव से सिर तक/लपेटे हुक्म
दर न छोड़ने के संस्कार
कुएँ में ठहरा हुआ सूखा/पियासी गाय
बन्धु, हम खुल कर नहीं करते।

—अनूप अशेष

प्रथम उद्धरण की बिम्ब-योजना और संवेदना अनाघ्रात क्षेत्रों का उद्घाटन करने के कारण तो मन को छूती है पर इसमें गाँव-देहात के जीवन की कष्टकारक संघर्षमयता की झलक दूर-दूर तक नहीं है और 'निराला' को छोड़कर यह उस काल के सम्पूर्ण गीत में अनुपस्थित है पर बाद में नवगीत ने गाँव की जो व्यथा-कथा कही है, उसका प्रसारण 'अशेष' की उपर्युक्त पंक्तियों में ही नहीं, गत तीस वर्षों में अनेक नवगीतकारों के शताधिक गीतों में मिलती है।

गत दो दशकों के नवगीत के स्वरूप का व्यापक परिचय प्राप्त करने के लिए यह उचित होगा कि इसकी पूर्वोल्लिखित प्रमुख प्रवृत्तियों का पृथक विवेचन किया जाए।

1. लोक-संवेदनाओं की अभिव्यक्ति नवगीत में किस रूप में हुई है, इसका उल्लेख पीछे किया जा चुका है। नवगीत के आरम्भ में इस प्रवृत्ति ने जहाँ शिल्पगत ताजगी दी है, वहीं गीत की बँधी-बँधाई परिपाटी को तोड़ा है, उसे विषयगत विस्तार प्रदान किया है। गीत का बदलता अप्रस्तुत विधान भी तब उसे लोक-संवेदना से जोड़ रहा था। यथा :

तन कातिक मन अगहन/बार-बार हो रहा
मुझमें तेरा कुआर/जैसे कुछ कह रहा।

—देवेन्द्र कुमार

पारम्परिक गीत की तुलना में यह स्वर बहुत नया था।

2. उत्तरशती के गीत की सबसे बड़ी सार्थकता इसका जन-आकांक्षाओं की अभिव्यक्ति में समर्थ होना है। चौथे दशक से ही सैद्धान्तिक रूप में वामपंथी साहित्य की सर्जना का शोर तो बहुत मचा पर वास्तव में जन भावनाओं से जुड़ने वाला साहित्य थोड़ा ही था। नवगीत सीधे-सीधे जनपक्षधरता का काव्य है। आम आदमी के सपनों की जितनी पैरवी गत बीस वर्षों के नवगीत में दिखलाई देती है, उतनी सर्जनात्मक स्तर पर—काव्य-संवेदना के स्तर पर किसी अन्य काव्य रूप में दिखलाई नहीं देती। नवगीतकार ने बहुत सादगी से बिना बड़बोलापन दिखाये, जनजीवन के

भीतर पैठ की है और उसके सुख-दुःख को सहलाया-अपनाया है। रमेश रंजक के गीतों में वह सादगी साकार हुई है :

हल्दी भरे हाथ की थापें मार कर
जाने क्या लिख गई अमावस लिपी-पुती दीवार पर
तोड़ गई मजदूरी मकड़ी का फीता झीना
आले में रख गई सुनहरी झुमका चमकीला
गेंदे की मेहराब सजाकर द्वार पर

आम आदमी की जात, उसकी ओकात उसके ठिकाने और नाम पते को नवगीत में वर्गीकृत नहीं किया गया है। वह शहर का भी है, गाँव का भी। मजदूर भी है, किसान भी। उसकी भाषा-बोली बनावटी नहीं, सहज है। निम्न गीतांश में जनकांक्षा का प्रतिबिम्ब इसका साक्षी है :

छोड़ आए थे जिसे हम खेत में
पक गई होगी सुनहली धान
महकती होगी घर गाँव की हर देह
और हँसिए को छुआ होगा/कुँवारी उँगलियों का नेह

नवगीतकार ने आम आदमी के दुःख-दर्द को व्यंग्य की तुर्शी के साथ भी अभिव्यक्ति दी है। असामाजिक तत्त्वों के विद्रूप चेहरों को भी उसने अनावृत्त किया है। विसंगतियों का यह चित्र अन्य समसामयिक काव्यधाराओं से बोध और शिल्प—दोनों दृष्टियों से अन्तर रखता है :

ज्योति पुत्र कहलाने वाले/जितने खम्भे गड़े हुए हैं
उतना घना अंधेरा है
गाँधी की भी एक मूर्ति है इस बस्ती में
यहाँ मवाली जुड़ते/ठर्रे की मस्ती में
पल-पल बदबू ढोने वाले इस हड़ताली नाले के
उस पार हमारा डेरा है।

—भारतेन्दु मिश्र

3. जातीय संस्कारों की अभिव्यक्ति भी नवगीत का प्रमुख स्वर है। यहाँ जातीय संस्कारों को केवल हिन्दू संस्कार समझ लेने की भ्रान्ति न की जाय। नवगीत सही मायनों में सैक्यूलर (लोकाचार का) काव्य है। भारतीय जन मानस से जुड़ा होने के कारण इसमें लोकाचारों को प्रमुखता मिली है। नवगीत का सांस्कारिक मन न इसके प्रतिगामी होने की पहचान है और न प्रगति विरोधी होने की नवगीत की सांस्कृतिक चेतना घर-परिवार के साथ जुड़ी है। यह चेतना धर्मवीर भारती के ऐसे

गीतों की परम्परा में भी विकसित हुई है :

गोरी-गोरी सोंधी धरती कारे-कारे बीज/बदरा पानी दे
मैं बोऊँगी बीर-बहूटी/इन्द्रधनुष सतरंग
नए सितारे, नई पीढ़ियाँ/नये धान का रंग
हम बोएँगे हरी चुनरिया, कजरी मेहंदी
राखी के कुछ सूत और सावन की पहली तीज/बदरा पानी दे।

नवगीतकार का संस्कार-सम्पन्न मन कहीं-कहीं अतीतव्रती भी हुआ है पर वह अतीत-गमन छायावादी कतई नहीं है। यहाँ अतीत वर्तमान की विसंगतियों की व्याख्या करता है, उसकी शल्य क्रिया का औजार बनता है। यथा :

समय अब सहमत नहीं। पूछती सीमान्त की टूटी शिला
सर्प-यज्ञ समाप्त कब का हो गया/किन्तु मन्त्रों का मुखबिर क्यों सिलसिला
सुनो जनमेजय कि समिधा रोक दो/आज तक्षक हुआ शरणागत नहीं।

डॉ. शम्भुनाथ सिंह के गीतों में पुरातात्त्विक सन्दर्भ एक गम्भीर जातीय संवेदना लिए हैं। वहाँ भी वे कोरे बिम्ब भर नहीं हैं अपितु प्रतीक-धर्मिता उन्हें अर्थगत व्यापकता देती है। यह अंश इसका उदाहरण है :

उत्खनन किया है मैंने/गहराई तक अतीत का
सिन्धु सभ्यता से अब तक/मुझको एक ही स्तर मिला
ईंट पत्थरों के घर थे/सोने का नहीं घर मिला
युद्धों के अस्त्र मिले पर/वृत्त नहीं हार जीत का

नई पीढ़ी को देने के लिए एक सांस्कृतिक परम्परा नवगीतकार के पास है। वह अपना वसीयतनामा इसी रूप में लिखता है :

जो भी है पास हमारे/सब कुछ है नाम तुम्हारे
दूध, दही, गोरोचन, अक्षत, घृत, तुलसी
मंत्रवती परम्परा वैसन्दर झुलसी
रात के अँधेरे में बाढ़ घिरे पुल-सी
मरी हुई नागिन की जीवित कैंचुल-सी
दादी के आँचर के दाख छुहारे/दादा की पगड़ी के सैंद कटारे
सब कुछ है नाम तुम्हारे

—देवेन्द्र शर्मा 'इन्द्र'

4. पारम्परिक गीत का कथ्य मुख्यतः विरह-मिलन अथवा एक कृत्रिम दार्शनिकता है। नवगीत जीवन की साधारणता में, सहजता में सम्बन्धों की ऊष्मा खोजता है। रीतिकाव्य में ही नहीं, इस शती के गीत में भी सम्बन्धों को प्रायः नायक-नायिका के घेरे में बाँध दिया गया है। पर नवगीतकारों ने रिश्तों की सहज बुनावट को केन्द्र में रखा है, उसमें संस्कारों में रचा बसा घर ही प्रमुखतः प्रतिबिम्बित है। इस चित्रन में सहज उल्लास भी है और अपरिहार्य उदासी भी। दिनेश सिंह के गीत का यह अंश इसका उल्लेख्य उदाहरण है :

दुःख मेरे मैके से आया/सासू का बड़बोला जाया
सुख की खेती जोते बोये/बसन्ती आठ पहर रोए
'भूखिया' ना अंगरेजी जाने/चूल्हे की रोटी पहचाने
सेन्हुर के रंग सनी बड़की/तानों की पिचकारी ताने
रंग धुले छिन-छिन पर काया/जूठी थाली जैसी माया
माह की सुधि-हिया करोदे/बसन्ती आठ पहर रोये

घर की एक तस्वीर ऊपर की पंक्तियों में है। इसकी एक दूसरी तस्वीर अवध बिहारी श्रीवास्तव के गीत में यों उभरी है :

वैसे तो माटी-माटी है/मेरे बाबा वाला वह घर
लेकिन यादों का राजमहल/उस घर का कोना-कोना है
भाभी की चपल ठिठोली/माँ के आँचल की छाया है
दादी की परीकथा का वह जादू है, वह टोना है

ओम प्रभाकर और उमाकान्त मालवीय के गीतों में घर-परिवार के सहज चित्र अत्यधिक भावप्रवण रूप में उभरे हैं। उनके बाद की पीढ़ी में यह परम्परा सार्थक सर्जना के रूप में उपस्थित है। कुमार रवीन्द्र, कुँवर बेचैन और बाद में आए, यश मालवीय के गीत इसका प्रमाण है। उमाकान्त मालवीय के गीत का यह अंश परिवार का और बिम्ब प्रस्तुत करता है :

टूटे आस्तीन के बटन/या कुर्ते की खुले सिवन
कदम-कदम पर मौके याद तुम्हें करने के
आठ पहर एक यही काम रहा ले-दे-के
फूल नहीं बदले गुलदस्तों के/धूल मेजपोश पर जमी हुई
जहाँ-तहाँ पड़ी दस किताबों पर/घनी-सी उदासियाँ धमी हुई;
पोर-पोर टूटता बदन, कुछ कहने-सुनने का मन...

5. आंचलिकता एवं लोकसंवेदना के चित्रण को कई आलोचक ग्राम-बोध के

साथ रखते रहे हैं परन्तु नवगीत में ग्राम-सन्दर्भ अलग विवेचन की अपेक्षा रखते हैं। शिवबहादुर भदौरिया, नईम, गुलाब सिंह, अनूप अशेष, श्याम सुन्दर दूबे, उर्मिलेश और प्रस्तुत लेखक के गीतों में गाँवों का रोमानी चित्र नहीं है अपितु गत दशकों में पनपने वाले राजनीतिक-आर्थिक शोषण-व्यवस्था के क्रूर उत्पीड़न का दंश गाँवों को झेलना पड़ा है। नवगीत में इस अन्याय एवं उत्पीड़न का प्रभावपूर्ण चित्रण हुआ है। छठे दशक में 'निराला' अपने गीतों में प्रेमचन्द का 'गोदान' इस प्रकार लिख रहे थे :

गहरी विभावरी शीत की/काँपी पाले से अरहर की डाली
गुनागरी शीत की गहरी विभावरी
मटस्चने कुछ काम न आए/जौ गेहूँ लड़ते अरगाये
माचे पर किसान का कूकर/मुँहकाया सिहरी शीत की गहरी विभावरी
सूख गया किसान एकाकी/रोया, रहा न लेखा बाकी
दुहरी डगर भरी/शीत की विभावरी

इसी परम्परा में बाद में नवगीत ने किसान की व्यथा-कथा को विशेष रूप से अंकित किया है। 'जलती यहाँ-वहाँ बुझ जाती आँच अलावों की/गोरी कभी साँवली दिखती काया गाँवों की', 'गाँव मेरा लाठी और भैंस की कहावत है' (गुलाब सिंह), 'धान जब भी फूटता है गाँव में/एक बच्चा दुधमुँहा किलकारियाँ भरता हुआ/आ लिपट जाता हमारे पाँव में, (बुद्धिनाथ मिश्र), 'हम ठहरे गाँव के/बोझ हुए रिश्ते सब कन्धों के पाँव के' (देवेन्द्र कुमार), 'धारा ऊपर तैर रहे हैं सब खादर के गाँव' (राजेन्द्र गौतम) जैसे वे अनेक सन्दर्भ नवगीत में उपलब्ध हैं, जिनमें गाँव की दशा का प्रामाणिक चित्रण है नईम के कई गीत गाँवों की व्यथा कथा को साकार करते हैं। यथा :

साहूकारों के सुराज में/पिया गये परदेश ब्याज में
सूफी प्रेम पीर ढोये है/ज्ञानी इकटक घूरे
होरी गोबर से उकताये/बलचनमा घर लौट न पाये
ठुमरी भूली ठसक तराने/आधे और अधूरे

गाँव के ये अनुभव शहरों में बस जाने वाले गीतकारों को 'हांट' भी करते हैं। तभी तो माहेश्वर तिवारी लिखते हैं :

'चिट्ठियाँ भिजवा रहा है गाँव/अब घर लौट आओ।'

6. नवगीत में मध्यवर्गीय जीवन का संघर्ष भी प्रमुखता से व्यक्त हुआ है। वीरेन्द्र मिश्र का अधिकांश गीत-संसार इसी चेतना की बस्ती है। त्रिमुखी पीड़ा से आरम्भ कर वे महानगरीय जीवन के अनेक अनुभवों को व्यक्त करते हैं। कुँवर बेचैन

के दो संग्रहों– पिन बहुत सारे' और 'भीतर साँकल बाहर साँकल' में अभिव्यक्त मध्यवर्गीय चेतना को हिन्दी पाठक भुला नहीं सकता। वीरेन्द्र मिश्र के निम्न गीतांश से इस प्रवृत्ति को पहचाना जा सकता है :

रोटी की आयु बड़ी छन्द की अवस्था से
इसीलिए शब्दों का युद्ध है व्यवस्था से
लाभ के अँधेरे में नाप रहे व्यापारी
मृत्यु के महोत्सव में रस की ठेकेदारी
विष से है सराबोर अमृता सुराही

योगेन्द्र दत्त शर्मा ने मध्यवर्गीय जीव की टूटन को प्रतीकों के माध्यम से यों व्यक्त किया है :

चाँदनी ने गन्ध अपनी/कौड़ियों में बेच दी है/त्रासदी है
झुर्रियों, शिकनों/लकीरों से ढका हर एक चेहरा
दृष्टियों का अजनबीपन हो रहा हर रोज गहरा
खोखलेपन के वजन से/पीठ आदम की लदी है/त्रासदी है।

7. गत दो दशकों के नवगीत-काव्य का एक बहुत बड़ा हिस्सा प्रकृतिमय है तथापि यह उस रूप में प्रकृति काव्य नहीं है, जिस रूप में छायावाद को माना जाता है। प्रकृति को सूक्ष्म दर्शन की अभिव्यक्ति का माध्यम बनाने की अपेक्षा नवगीतकार ने उसे परिवेश के समानान्तर एक व्यक्तित्व प्रदान किया है। इसी रूप में वह कवि और समाज का समन्वित अनुभव बन जाता है। कन्हैयालाल नन्दन के इस गीतांश में बादल से किया गया आग्रह इसी प्रवृत्ति का संकेतक है :

बिन बरसे मत जाना रे बादल! बिन बरसे मत जाना
मेरा सावन रूठ गया है/मुझको उसे मनाना रे बादल
एक अपरिचित आँगन में तुलसी के दल बोये;
फँसे कुशंकाओं के जंगल में/चुप चुप रोये;
चुप-चुप रोना भर असली है/बाकी सिर्फ बहाना रे बादल

मौसम की कहानी नवगीत ने प्रकृति की जुबानी कही है। इस कथा में प्यार के रंग हों या जन की भूख-प्यास यह बात दूसरी है पर प्रकृति का जितना विस्तृत फलक नवगीत में है, इतना किसी अन्य काव्य-धारा में नहीं। उल्लास और विषाद के अनेक मूड नवगीतकार ने प्रकृति के माध्यम से दर्शाये हैं। उत्फुल्लता का रंग निम्न पंक्तियों में निखरा है :

लौट आए/गुलमुहर से दिन/विहगवत लौट आए
नभ खुला यों/ज्यों खुला हो/खत किसी का
गूँजता है स्वर प्रपातों का/हँसी का
दूर तक जैसे कि कोई गुनगुनाये

—इसाक अश्क

8. शिल्पपरक प्रत्यग्र मनोहरता के साथ अपने युग के बोध के साथ स्वर मिलाने की सजगता नवगीत में निरन्तर विद्यमान रही है। आधुनिकता के समस्त कोणों की अभिव्यक्ति तो नवगीत में है ही, उत्तरशती में उभरने वाली उत्तर-आधुनिकता की प्रवृत्तियाँ भी नवगीत में हैं। जटिल आधुनिकता के समानान्तर जीवन को रखने वाले 'तिवारी-त्रय' के गीतों के तीन अंश यहाँ विशेष रूप से दर्शनीय हैं :

(क) धूप थे, बादल हुए तिनके हुए। सैकड़ों हिस्से गये दिन के हुए
दफ्तरों से लौट आया शहर/हम कहीं उनके हुए, इनके हुए

—माहेश्वर तिवारी

(ख़) आ गए काली नदी के दायरों में लोग बाग
जिन्दगी की वापसी की बात क्या होगी
एक गहराते हुए आतंक की परछाइयाँ लावा उगलती हैं
कौन जाने इस तरह कैसे हवाएँ। रोज अपने रुख बदलती हैं
हर तरफ मुखबिर अँधेरे चौकसी पर हैं
अब सुबह की रोशनी की बात क्या होगी —उमाशंकर तिवारी

(ग) झीलों ने बाँट लिए वन/राजा को खबर तक नहीं
पाप चढ़ा राजा के सिर/दूध की नदी हुई ज़हर
गाँव नगर धूप की तरह/फैल गयी यह नयी खबर
रानी हो गयी बदचलन/राजा को खबर तक नहीं —श्रीकृष्ण तिवारी

उदारीकरण, उपभोक्तावादी, भूमण्डलीकरण और सूचनायुग के आगमन के साथ विचार के अन्त की घोषणा की जाने लगी। 'पाठ' की निजता पर बल दिया जाने लगा। तब शब्द की अस्मिता के सामने ही चुनौती आ खड़ी हुई। नवगीत ने इस सन्दर्भ को निरन्तर रेखांकित किया है। प्रस्तुत लेखक के गीत का अंश इसका उदाहरण है :

बहुत कठिन संवाद समय से/शब्द सभी पथराये
हमने शब्द लिखा था रिश्ते/अर्थ हुआ बाज़ार
कविता के माने चाकू है/संवेदन व्यापार
भटकन की उँगली थामे हम/विश्वग्राम तक आए।

जीवन भयंकर रूप से यन्त्रीकृत होता जा रहा है। सम्बन्ध तो छीजे ही हैं, संवेदनाओं को भी नीलाम किया जा रहा है। इस दौर में मूल्य विपर्यास का नाम ही चतुर्दिक हो रहा है। नवगीतकार ने इस सन्दर्भ को यों व्यक्त किया है :

महानगर में अब के सावन/मना इस तरह तीजा
एक किलो वीरन ले आई/आधा किलो भतीजा
टका सेर थे बाबुल भी/झोला पर कर ले आती
अधनंगी बस्ती में घर है/उनको कहाँ बिठाती
कचरे में फिंकवा देता वो वर्दी वाला जीजा —महेश अनघ

इस प्रकार हम देखते हैं कि नवगीत आज अपने समय की जिह्वा है। वह युगबोध को समग्रता से व्यक्त कर रहा है। काव्य-तत्त्व को अक्षुण्ण रखकर समय के सत्य का उद्घाटन करने का महत्कर्म नवगीत कर रहा है। समकालीन कविता में इसके प्रदेय का मूल्यांकन देर-सबेर होगा ही। वास्तव में नवगीत का रचना-संसार बहुत समृद्ध है। इस समृद्धि की बानगी के रूप में हम यहाँ सन् 1980 से 2001 के बीच प्रकाशित नवगीत संकलनों की सूची देना उपयुक्त समझते हैं :

1. झुलसा है छायानट धूप में — 1980 वीरेन्द्र मिश्र
2. लौट आएँगे सगुन पंछी — 1980 अनूप अशेष
3. भीड़ से गुजरते हुए — 1980 कृष्ण कल्पित
4. हरसिंगार कोई तो हो — 1981 माहेश्वर तिवारी
5. जारी हैं लेकिन यात्राएँ — 1981 विनोद निगम
6. सन्नाटे की झील — 1981 श्रीकृष्ण तिवारी
7. नवगीत दशक-1 — 1982 (सं.) शंभुनाथ सिंह
8. नवगीत दशक-2 — 1983 ” ” ”
9. एक चावल नेह रींधा — 1983 उमाकान्त मालवीय
10. गीतपर्व आया है — 1983 राजेन्द्र गौतम
11. जाल फिर फेंक रे मछेरे — 1983 बुद्धनाथ मिश्र
12. नवगीत दशक-3 — 1984 (सं.) शभुनाथ सिंह
13. यात्रा में साथ-साथ — 1984 (सं.) देवेन्द्र शर्मा 'इंद्र'
14. दरिया का पानी — 1984 रमेश रंजक
15. नवगीत अर्द्धशती — 1985 सं. डॉ. शंभुनाथ सिंह
16. वक्त की मीनार पर — 1986 शंभुनाथ सिंह
17. वह मेरे गाँव की हँसी थी — 1986 अनूप अशेष
18. धूप कड़ी है — 1986 उमाशंकर तिवारी
19. खुशबुओं के दंश — 1986 योगेन्द्र दत्त शर्मा

20.	शेष रहने के लिए	1986	राम सेंगर
21.	भीड़ में बासुरी	1987	विनोद कुमार मिश्र
22.	चेहरों के अन्तरीप	1987	कुमार रवीन्द्र
23.	टूटते जल बिम्ब		सत्यनारायण
24.	शब्द सक्रिय हैं		ओम निश्चल
25.	ऐ चेहरा आग का		भगवान स्वरूप सरस
26.	बंजारा सूरज		श्यामनारायण मिश्र
27.	दिन पाटलिपुत्र हुए	1988	देवेन्द्र शर्मा 'इन्द्र'
28.	घूँटभर जीवन	1988	रामनिवास चतरिया
29.	गाती आग के साथ	1989	विजय किशोर मानव
30.	चुप्पी की पैंजनियाँ	1989	देवेन्द्र शर्मा 'इन्दु'
31.	पंख होते हैं समय के	1989	राजेन्द्र गौतम
32.	पारो	1990	
33.	गेरू की लिपियाँ	1990	अमरनाथ श्रीवास्तव
34.	गमलों में कल्पवृक्ष	1991	असीम शुक्ल
35.	शंख बिखरे रेत पर	1992	इसाक अश्क
36.	धूल भरे पाँव	1992	गुलाब सिंह
37.	सर्जना के पंख	1993	ओम प्रकाश सिंह
38.	हल्दी के छापे	1993	अवध बिहारी श्रीवास्तव
39.	कहो सदाशिव	1994	यश मालवीय
40.	नवगीत एकादश	1994	सं. भारतेन्दु मिश्र
41.	दोपहर में गुलमुहर	1995	अमरनाथ श्रीवास्तव
42.	गीत मेरे मीत	1995	ओम प्रकाश सिंह
43.	बातों ही बातों में	1995	नईम
44.	जल तरंग	1996	वीरेन्द्र मिश्र
45.	सोत नदी बहती है	1996	उर्मिलेश
46.	एक बादल मन	1996	राधेश्याम शुक्ल
47.	रीते खेत में बिजूका	1997	श्यामसुन्दर दुबे
48.	अंजुरीभर घाम	1997	प्रेमशंकर रघुवंशी
49.	जोड़ा ताल	1997	कैलाश गौतम
50.	एक ऋचा पाटल को	1997	सोम ठाकुर
51.	एक हाथ से ताली	1997	सूर्यभानु गुप्त
52.	इस शहर में आजकल	1997	मयंक श्रीवास्तव
53.	लेकिन यह गीत नहीं	1997	उद्भ्रांत

54. बरगद जलते हैं 1998 राजेन्द्र गौतम
55. फिर गुलाब चटके 1996 इसाक अश्क
56. पहनी हैं चूड़ियाँ नदी ने 1998 देवेन्द्र शर्मा 'इन्द्र'
57. हिरना खोजे जल 1998 विद्यानंदन राजीव
58. मोम के घर 1998 नीलम श्रीवास्तव
59. मुझे नर्मदा कहो 1998 गिरि मोहन गुरु
60. हाशिये पर हम 1998 श्याम निर्मम
61. मुक्ति के शंख 1998 प्रेमशंकर रघुबंशी
62. तोहफे काँच घर के 1996 उमाशंकर तिवारी
63. लाल नील धारा 2000 राजेन्द्र प्रसाद सिंह
64. अनंतिमा 2000 देवेन्द्र शर्मा 'इन्द्र'
65. वस्ते में भूगोल 2000 हृदयेश्वर
66. जोग लिखी 2001 पाल भसीन
67. घाटी में उतरेगा कौन 2001 देवेन्द्र शर्मा 'इन्द्र'
68. हम शहर में लापता हैं 2001 " " "
69. समाध्यक्ष हँस रहा है 2001 सत्यनारायण
70. श्रेष्ठ गीत संचमन 2001 सं. कन्हैयालाल नंदन
71. पानी के बीज 2001 मुकुट बिहारी सरोज
72. सोये पलाश दहकेंगे 1988 नचिकेता
73. तप रहे कचनार 1997 सं. मधुसूदन साहा
74. सूने पड़े सीवान 1983 इसाक अश्क

उपर्युक्त संकलनों के अतिरिक्त गत दो दशकों में कई आलोचनात्मक कृतियाँ भी नवगीत के सामर्थ्य को उद्घाटित करती हैं, जिनमें प्रमुख हैं :

1. हिन्दी नवगीत : उद्भव और विकास, 1984, डॉ. राजेन्द्र गौतम
2. नवगीत संवेदना और शिल्प, 1992, सत्येन्द्र शर्मा
3. नवगीत के प्रतिमान और आयाम, सं. डॉ. शिवनारायण सिंह
4. नवगीत संदर्भ और समीक्षा, सं. डॉ. वेदप्रकाश अमिताभ
5. नवगीत सार्थक कृतियाँ डॉ. अवधेश नारायण मिश्र
6. साठोत्तरी हिन्दी गीति काव्य : परम्परा और प्रयोग, डॉ. कांति लोधी

इस विवरण से प्रमाणित होता है कि गत दो दशकों में नवगीत ने सर्जना और आलोचना—दोनों धरातलों पर विशेष समृद्धि अर्जित की है।

हिन्दी का विगत दो दशकों का लघुकथा एवं दोहा-साहित्य

डॉ. रामनिवास 'मानव'

हिन्दी लघुकथा के विकास की दृष्टि से विगत दो दशक का समय अत्यन्त महत्त्वपूर्ण रहा है। वस्तुतः इस नव्यतर विधा का सही अर्थ में जन्म सत्तर के दशक में हुआ था; और उसके बाद के एक दशक को इसकी प्रारम्भिक विकास-प्रक्रिया से सम्बद्ध मान लिया जाये, तो यह स्वतः ही स्पष्ट हो जाता है कि लघुकथा का विधात्मक स्तर पर समुचित विकास विगत दो दशकों में ही हुआ है। इसी कालावधि में लघुकथा को 'लघुकथा बनाम लघु-कहानी' तथा 'लघुकथा बनाम लघु-व्यंग्य' जैसे विवादों से तो मुक्ति मिली ही, एक विधा के रूप में मानक स्वरूप, उचित परिभाषा और स्पष्ट पहचान भी मिली। युवा लेखकों की एक पूरी-की-पूरी पीढ़ी का इस विधा से लगाव-जुड़ाव जहाँ आश्चर्यजनक था, वहीं लघु पत्र-पत्रिकाओं, लघुकथा संकलनों और लघुकथा-प्रतियोगिताओं के माध्यम से लघुकथाकारों तथा लघुकथा-पाठकों द्वारा इसके पक्ष में अनेक वातावरण तैयार किया गया, वह भी लघुकथा की स्वीकृति-सहमति का कारण बना। अतः विकास की दृष्टि से विगत दो दशकों को हिन्दी-लघुकथा का उत्कर्ष-काल कहा या माना जा सकता है। अपने जन्म के तुरन्त बाद, दो-ढाई दशकों में, जितना विकास लघुकथा ने किया है, उतना हिन्दी की किसी अन्य नव्यतर विधा ने नहीं।

समकालीन हिन्दी लघुकथा के विकास की दृष्टि से अस्सी का दशक सर्वाधिक महत्त्वपूर्ण माना जाता है, क्योंकि इस दशक तक आते-आते हिन्दी-लघुकथा दृष्टान्तों, बोध-कथाओं, जातक-कथाओं और नीति-कथाओं के आदर्शवादी परिधान को दूर फेंककर जीवन और जगत से, समसामयिक जीवन-यथार्थ से, युगीन सत्यों, तथ्यों और कथ्यों से पूर्णतः जुड़ चुकी थी। ऐसा अचानक भी नहीं हुआ; आदर्शवादी लघु-कहानियों की परम्परा तो छठे-सातवें दशक से चली आ ही रही थी, रामनारायण उपाध्याय, जगदीशचन्द्र मिश्र, रामवृक्ष बेनीपुरी, यशपाल, भवभूति मिश्र, उपेन्द्रनाथ

अश्क, शरदकुमार मिश्र, रावी, विष्णु प्रभाकर, हरिशंकर परसाई, शरद जोशी, शंकर पुणताम्बेकर, राजेन्द्र यादव, श्यामनन्दन शास्त्री आदि कथाकारों-व्यंग्यकारों ने जाने अनजाने जो श्रम किया, उससे इस विधा को बल मिला और आठवें दशक में यह एक नये स्वरूप, नये चरित्र, नये स्वर और नये तेवर में हमारे सामने आई। वस्तुतः इस दशक में साहित्य और समाज, दोनों ही, उथल-पुथल और परिवर्तन की तीव्र प्रक्रिया से गुजर रहे थे। श्री कृष्णानन्द 'कृष्ण' के शब्दों में—"सामाजिक परिवर्तन काफी तेजी से हो रहे थे। आर्थिक दबाव से लहू-लुहान आदमी अपनी अस्मिता की खोज में छटपटा रहा था। राजनीतिक चरित्रहीनता और पाखण्ड आम आदमी के जीवन-मूल्यों को खण्डित कर रहा था। साम्प्रदायिक दंगे और जातीय तनाव मुखौटे लगाकर सामाजिक बन्धनों को छिन्न-भिन्न कर रहे थे। यह आपाधापी और ऊहापोह की स्थिति थी। जीवन और जगत् की इन्हीं संकटपूर्ण स्थितियों और जटिलतम क्षणों के दबाव के तहत समकालीन हिन्दी-लघुकथा ने अपना स्वतन्त्र अस्तित्व ग्रहण किया और शिल्प-शैली, कथन एवं भाव-भंगिमा के स्तर पर अपने को स्थापित किया।"[1] इस युग के अधिसंख्य लघुकथाकारों ने समाज में परिव्याप्त असंगतियों-विसंगतियों-कुसंगतियों, अभावों-दबावों-तनावों के विरुद्ध लघुकथा को एक तेज धार हथियार के रूप में प्रयुक्त किया है और इसी कारण व्यंग्य को लघुकथा के एक आवश्यक गुण के रूप में स्वीकृति प्राप्त हुई।

आठवाँ-नौवाँ दशक हिन्दी-लघुकथा के लिए इसलिए भी महत्त्वपूर्ण है कि इस कालखण्ड में इसे पर्याप्त विषय-विस्तार मिला। मोहभंग-जनित कुंठा-निराशा, व्यक्ति-मन की घुटन-टूटन, रिश्ते में बढ़ते अलगाव, मूल्य-विघटन, चारित्रिक पतन, नगर बोध जनित दबाव और तनाव, जटिल होते जीवन के दोगलेपन, धनलिप्सा और स्वार्थपरता के साथ आर्थिक तंगी और शोषण, सामाजिक विषमता और विद्रूपता, राजनीतिक भ्रष्टाचार और अवसरवादिता, धार्मिक पाखण्ड और कट्टरता आदि तेज़ाबी जीवन-यथार्थ से जुड़े सभी विषय लघुकथा का कथ्य बनकर उभरते हैं। डॉ. कमलकिशोर गोयनका ने उचित ही लिखा है कि वर्तमान लघुकथा-लेखकों ने जीवन के छोटे-छोटे सत्यों को, प्रतिदिन के सामाजिक सत्यों को, सूक्ष्मता से पकड़ा है और उन्हें परिवेशगत यथार्थता के साथ उद्घाटित किया है। ऐसी लघुकथाएँ सामान्य नागरिक का सत्य बनकर जब सामने आती हैं, तो पाठक उनकी यथार्थता को देखकर विह्वल हो जाता है। दूसरी बात यह है कि इन लघु-कथाकारों से जीवन का कोई ही पक्ष छूटा होगा, अन्यथा मानव-जीवन के विभिन्न पक्षों—राजीतिक, धर्म, समाज, अर्थ, प्रशासन, न्याय, दण्ड, संस्कृति आदि सभी से इन्होंने विषय-सामग्री का चयन किया है। विषय का वैविध्य जितना लघुकथा में मिलता है, उतना अन्य किसी विधा में प्राप्त नहीं होता। इसलिए यह कहा जा सकता है कि जब इस कालखण्ड का इतिहास लिखा जाएगा, तब ये लघुकथाएँ चीख-चीखकर अपने युगीन सत्य

को प्रस्तुत करती प्रतीत होंगी।[2] अभिप्राय यह कि युगबोध की अभिव्यक्ति अथवा सामयिक जीवन-यथार्थ का प्रामाणिक चित्रण इस युग की हिन्दी-लघुकथा की प्रमुख प्रवृत्ति है।

हिन्दी-लघुकथा के विकास-यज्ञ में यथा सामर्थ्य आहुति देने वाले लघुकथाकारों की संख्या पाँच सौ से भी अधिक होगी, उनमें से लगभग सौ ऐसे हैं, जिनका लघुकथा के साहित्येतिहास में समुचित उल्लेख आवश्यक है। किन्तु एक संक्षिप्त आलेख में उन सबका विस्तृत विवेचन सम्भव नहीं है, अतः कतिपय वरिष्ठ-विशिष्ट लघुकथाकारों का सीमित उल्लेख ही यहाँ किया जा रहा है।

लघुकथा विधा के विकास में जिन लघुकथाकारों ने सर्वाधिक उल्लेखनीय भूमिका निभाई है, उनमें भी अप्रतिम हैं डॉ. सतीशराज पुष्करणा। हिन्दी-लघुकथा के प्रथम पुरुष डॉ. पुष्करणा ने एक सम्पादक, समीक्षक और समायोजक के रूप में तो लघुकथा के विकास में महत्त्वपूर्ण योगदान किया ही है, लघुकथाकार के रूप में भी इनका विशिष्ट अवदान रेखांकन-योग्य है। आठवें दशक के पूर्वाह्न से ही लघुकथा लेखन में सक्रिय डॉ. पुष्करणा के अब तक पाँच एकल संग्रह प्रकाशित हो चुके हैं, वे हैं—'वर्तमान के झरोखे से', 'प्रसंगवश', 'उजाले की ओर', 'बदलती हवा के साथ, और 'जहर के खिलाफ'। इनमें संगृहीत लघुकथाओं के पठनोपरान्त यह तथ्य स्वतः ही उद्‌घाटित हो जाता है कि डॉ. पुष्करणा समकालीन जीवन यथार्थ से सजग-सचेष्ट लघुकथाकार हैं तथा इनकी लघुकथा-कला उत्तरोत्तर विकसित, परिष्कृत और परिमार्जित होती रही है। इनकी समाजोन्मुख प्रगतिशील चेतना ने कभी व्यंग्य, तो कभी मनोविश्लेषण के माध्यम से लघुकथा के विषय-फलक पर अनेक नये आयाम स्थापित किये हैं। भाषा और शिल्प के स्तर पर भी अनेक प्रयोग डॉ. पुष्करणा ने किये हैं, जो इन्हें प्रयोगधर्मी लघुकथाकार सिद्ध करते हैं।

लघुकथा को वर्तमान स्थिति तक पहुँचाने में जिन लघुकथाकारों ने अथक परिश्रम और सफल प्रयास किया है, उनमें एक नाम बलराम का भी है। बलराम ने न केवल अपने चिन्तनपरक आलेखों द्वारा लघुकथा के स्वरूप-निर्धारण में महत्त्वपूर्ण भूमिका निभाई है, बल्कि अपने लघुकथा-लेखन द्वारा कथ्य-निरूपण और शैली-शिल्प के स्तर पर भी उसे सम्पुष्ट किया है। 'हिन्दी लघुकथा-कोश' और 'विश्व लघुकथा-कोश' जैसे लघुकथा सम्बन्धी कोश-ग्रन्थों के यशस्वी सम्पादक बलराम के 'मृगजल' और 'रुकी हुई हंसिनी' शीर्षक दो लघुकथा-संग्रह भी प्रकाशित हो चुके हैं, जिनमें संगृहीत लघुकथाओं में इन्होंने बदलते समाज को कुशलता से चित्रित किया है। यह अपनी लघुकथाओं, विशेष रूप से राजनीतिक विषयों पर रचित लघुकथाओं में मिथकीय प्रयोग द्वारा छद्म-विद्रूपताओं को सहज ही उजागर कर देते हैं। इनकी लघुकथाओं में पात्र और विषय-वैविध्य भले ही न हो, एकरसता और एकरूपता भी नहीं है।

'हालात', 'प्रतिवाद', 'अपवाद', 'आयुध' और 'अपरोक्ष' शीर्षक पाँच सम्पादित संकलनों द्वारा लघुकथा को सुदृढ़ आधार-भूमि प्रदान करने में प्रमुख भूमिका निभाने वाले डॉ. कमल चोपड़ा के तीन प्रकाशित एकल संग्रह हैं–'अभिप्राय', 'फंगस' और 'अन्यथा'। इनमें संगृहीत 210 लघुकथाओं में इन्होंने घर-परिवार, दाम्पत्य सम्बन्धों, सामाजिक-राजनीतिक विसंगतियों, टूटते जीवन-मूल्यों, दमन-शोषण, नारी-उत्पीड़न, धार्मिक कट्टरता, संप्रदायिक विद्वेष, आतंकवाद, जातीय तनाव और टूटते-बिखरते-पिसते आम आदमी के द्वन्द्व-अन्तर्द्वन्द्व को तो अभिव्यक्ति दी ही है, एक बेहतर समाज के निर्माण की परिकल्पना भी प्रस्तुत की है। सामान्य लघुकथा से कुछ बड़ी इनकी लघुकथाओं में मानवीय संवेदना बड़ी तीव्रता के साथ अभिव्यक्त होती है और यही कारण है कि बनते-बिगड़ते रिश्तों के धागों से बँधा एक भरा-पूरा घर-परिवार और समाज, अपनी सारी खूबियों और खामियों के साथ, इन लघुकथाओं में झलकता-झाँकता दिखाई पड़ता है। डॉ. कमल चोपड़ा की लघुकथाओं का विस्तृत आयाम और विषय-वैविध्य इन्हें कई दृष्टियों से अपने समकालीन लघुकथाकारों से विलग और विशिष्ट सिद्ध करता है। भले ही डॉ. चोपड़ा की कुछ लघुकथाओं पर सपाट बयानी और सतही भाषा-शिल्प का आरोप लगाया जाता है, किन्तु इसके बावजूद, हिन्दी-लघुकथा के विकास में इनका योगदान किसी से कमतर नहीं है।

आठवें-नौवें दशक के शीर्षस्थ लघुकथाकारों में पृथ्वीराज अरोड़ा भी शामिल हैं। 'तीन न तेरह' शीर्षक इनका एकल लघुकथा संग्रह प्रकाशित हो चुका है। इनकी अधिकांश लघुकथाएँ परम्परागत सामाजिकता का अतिक्रमण करते हुए, समकालीन जीवन-यथार्थ से, सीधा साक्षात्कार करवाती हैं। इनकी समाजोन्मुख दृष्टि, नितान्त वैयक्तिक संवेदनाओं को भी, वस्तुपरक सामाजिक चेतना से जोड़कर उनकी लघुकथाओं का स्तर बहुत ऊँचा उठा देती है। श्रमिक-जीवन और कार्यालयीय व्यवस्था से जुड़ी लघुकथाएँ इसका प्रमाण है। अनुभूति की सहजता और अभिव्यक्ति की प्रामाणिकता श्री अरोड़ा की लघुकथाओं की दो प्रमुख विशेषताएँ हैं।

डॉ. सतीश दुबे, सुकेश साहनी, परमेश्वर गोयल, रूप देवगुण, मनीष राय, मधुकान्त, भगवती प्रसाद द्विवेदी, कृष्ण कमलेश, विकेश निझावन, डॉ. स्वर्णकिरण, कृष्णानन्द कृष्ण, जगदीश कश्यप, बलराम अग्रवाल, भगीरथ परिहार आदि भी, निस्संदेह, हिन्दी के प्रथम पंक्ति के लघुकथाकार हैं। इन सभी के एक या एकाधिक एकल लघुकथा संग्रह प्रकाशित हो चुके हैं तथा विवेच्य काल में, लघुकथा विधा के सर्वांगीण विकास में, महत्त्वपूर्ण भूमिका उन्होंने निभाई है। इनके अतिरिक्त लघुकथाकारों का एक वर्ग और भी है, जिसमें सम्मिलित लघुकथाकारों का कोई एकल संग्रह तो प्रकाशित नहीं हुआ है, किन्तु लघुकथा विधा के विकास में इनके योगदान को अनदेखा नहीं किया जा सकता। रमेश बत्तरा, महावीर जैन, मोहन राजेश, यश खन्ना 'नीर', रामेश्वर कम्बोज 'हिमांशु', नरेन्द्र प्रसाद नवीन आदि इसी

वर्ग के विशिष्ट लघुकथाकार हैं। इन सभी लघुकथाकारों की लघुकथाओं पर विहंगम दृष्टि डालने से एक बात जो पूरी गम्भीरता के साथ उभरकर सामने आती है, वह यह कि ये सभी समसामयिक जीवन-यथार्थ से जुड़े लघुकथाकार हैं; इन्होंने जीवन और समाज को अपनी नंगी, खुली आँखों से देखा-जाँचा परखा है, विसंगतियों-विद्रूपताओं के दंश को झेला है और फिर उस आँखों देखे सत्य को, भोगे हुए यथार्थ को, झेले हुए दर्द को अपनी लघुकथाओं के माध्यम से अभिव्यक्त किया है। कथ्य, भाषा और शिल्प के स्तर पर भी इन्होंने नये-नये प्रयोग किये हैं।

प्रस्तुत पंक्तियों के लेखक के भी दो एकल लघुकथा-संग्रह 'घर लौटते कदम' और 'इतिहास गवाह है' प्रकाशित हो चुके हैं। लेखक द्वारा स्वयं अपने लेख में, अपनी लघुकथाओं पर, की गई कोई भी टिप्पणी साहित्यिक अनैतिकता ही कही जाएगी; अतः इनके सम्बन्ध में डॉ. पुष्पा बंसल की संक्षिप्त टिप्पणी यहाँ उद्धृत की जा रही है, ताकि पाठकों को इन लघुकथाओं के स्तर, स्वर और स्वरूप की सम्यक् जानकारी हो सके। डॉ. बंसल लिखती हैं—''डॉ. रामनिवास 'मानव' की लघुकथाओं की प्रमुख विशेषता यह है कि आज की अन्य थोक के भाव उत्पादित हो रही लघुकथाओं के समान इनमें भ्रष्टाचार, दुराचार तथा भ्रष्ट राजनीति की कल्पित-अकल्पित प्रवृत्तियों को भुलाने की प्रवृत्ति नहीं है। प्रायः सभी लघुकथाओं में मानव की मनोविज्ञानाधारित विडम्बना उभरती है। मानव की विडम्बनाएँ वास्तव में उसकी नियति हैं तथा नियति का मूल कारण कहीं उसके मनोविज्ञान में, उसकी मानसिक संरचना में ही छिपा हो। उसकी मानसिक संरचना के तहत ही आज आचरण की भ्रष्टता पनप रही है तथा वह सहन व वहन की जा रही है। हमारे सभी दुःख-दर्द, रोग-भोग, समस्या-विडम्बना का कारण कुर्सी या सत्ता नहीं है, स्वयं हमारा मानसिक संसार है। लेखक जब-जब इस सत्य को 'रियलाइज' करेंगे, और अपनी कृति में इसको रेखांकित करेंगे, तब-तब रचना प्राणवान तथा सार्थक होगी। डॉ. 'मानव' की रचनाओं में इस प्रवृत्ति की सच्ची साक्षी मौजूद है।''[3] डॉ. पुष्पा बंसल की इस सन्तुलित और सांकेतिक टिप्पणी के बाद, इस सन्दर्भ में, कुछ भी और कहने की आवश्यकता नहीं है।

उक्त लघुकथाकारों के अतिरिक्त अन्य अनेक लघुकथा-लेखकों के भी एकल लघुकथा-संग्रह विवेच्य काल में प्रकाशित हुए हैं; उनमें से कतिपय उललेखनीय लघुकथा-संग्रह इस प्रकार हैं—'कालचक्र' (रमेश सिद्धार्थ), 'कैक्टस' (मोइनुद्दीन अतहर), 'साँप और जहर' (निर्मला सिंह), 'तपी हुई ज़मीन' (राजकुमार निजात), 'इक्कीस जूते' (रामकुमार आत्रेय), 'राजा नंगा हो गया' (सुनीता सिंह), 'औरत होने का दर्द' (इन्दिरा खुराना), 'सलीब पर टँगे चेहरे' (सुरेन्द्र कुमार 'अंशुल'), 'कैक्टस की छाँव तले' (सत्यवीर 'अश्क'), 'सब चुप हैं' (रोहित यादव), 'अपने-अपने दायरे' (पवन शर्मा), 'बहुत बड़ा सवाल' (प्रेमसिंह बरनालवी), 'तिनके-तिनके' और

'क्रमशः' (रामकुमार घोटड़), 'तरकश का आखिरी तीर' (अतुलमोहन प्रसाद), 'नयी धरती, नये बीज' और 'युग का यथार्थ' (अमरनाथ चौधरी) आदि। अनेक महत्त्वपूर्ण सम्पादित लघुकथा-संकलन भी इस दौर में प्रकाशित हुये हैं, जिनमें 'अक्षरों का विद्रोह', 'संघर्ष', 'सबूत-दर-सबूत', 'पत्थर से पत्थर तक', 'हरियाणा का लघुकथा-संसार', 'मानक हिन्दी-लघुकथाएँ', 'शताब्दी शिखर की हिन्दी-लघुकथाएँ' आदि सम्पादकीय दृष्टि और रचना-चयन की दृष्टि से विशेष उल्लेखनीय हैं। इन सभी संकलनों में, लेखकों की चयनित प्रतिनिधि लघुकथाओं के माध्यम से, लघुकथा विधा के समकालीन परिदृश्य के विभिन्न रंगों और रूपों को शब्दांकित करने का सार्थक प्रयास दिखाई पड़ता है।

इस संक्षिप्त विवेचन से स्पष्ट है कि हिन्दी-लघुकथा की जो विकास-यात्रा आठवें दशक में प्रारम्भ हुई, वह विगत शताब्दी के अन्तिम दो दशकों में बहुत आगे तक बढ़ गई। आठवाँ दशक लघुकथा के स्तरीय सृजन एवं विकास की दृष्टि से महत्त्वपूर्ण है, नौवें दशक को तो हिन्दी-लघुकथा-साहित्य का स्वर्ण-युग कहा जाना चाहिए। इस दशक की लघुकथाओं में जीवन के विभिन्न पक्षों, विविध आयामों को अभिव्यक्ति मिली हैं। राजनीतिज्ञों के दोहरे व्यक्तित्व, बढ़ता भ्रष्टाचार, पुलिस का आतंक, मानवीय सम्बन्धों का अवमूल्यन, आम आदमी की उच्च स्तरीय जीवन जीने की लालसा, धर्म, नीति और अध्यात्म के आडम्बर, दफ्तरी जीवन की विसंगतियाँ आदि इस दशक की लघुकथाओं के मुख्य विषय हैं। इनके अतिरिक्त भूख, बलात्कार, तस्करी, अहम काम-वासनाओं की अभिव्यक्ति, नारी-मन की व्यथा, दहेज आदि कुप्रथाओं जैसे विषयों पर भी इस दशक के लघुकथाकारों ने अपनी लेखनी चलाई है-।[4] बीसवीं शताब्दी के अन्तिम दशक में भी इन और इन जैसे अन्यान्य विषयों को केन्द्र में रखकर अधिकतर लघुकथाओं का सृजन हुआ है। अभिप्राय यह कि विगत दो-ढाई दशकों में बहुमूल्य और बहुआयामी लघुकथा-सृजन हिन्दी में हुआ है और अब यह विधा, समृद्धि की दृष्टि से, किसी भी अन्य नव्यतर विधा की प्रतिस्पर्धा में उन्नीस नहीं, इक्कीस ही है।

दोहा

दोहा हिन्दी का कदाचित् सर्वाधिक छोटा, प्राचीन और प्रभावशाली छन्द है। संस्कृत भाषा का 'दोग्धक' छन्द ही अपनी विकास-यात्रा में, विभिन्न पड़ावों पर, दोहक, दूहा, दोहरा, दोहड़, दोहअ आदि विभिन्न अभिधानों को धारण करते हुए, अन्त में, 'दोहा' संज्ञा को प्राप्त करता है। लोकाश्रय और फिर धर्माश्रय में पलने-बढ़ने वाला यह छन्द लोक-संस्कृति का संवाहक बनकर, कभी दोहक के साथ मोहक रूप में सामने आता है, तो कभी अपने तीखे तेवर के चलते गर्म-लौह-सलाखों की भाँति, दोहक से दाहक बनकर, हृदय के आर-पार निकल जाता है। अपने इसी

पैनेपन और मारक क्षमता के कारण ही दोहा हिन्दी-साहित्य में आदिकाल से आधुनिक काल तक, समान रूप से, लोकप्रिय रहा है। मध्यकाल में यह कामबाण की तरह चला, तो आधुनिक काल में शब्दबेधी बाण बनकर चल रहा है। कहना न होगा, आधुनिक काल में दोहे का पुनर्जन्म हुआ है तथा अब यह 'नावक का तीर' नहीं, 'नवयुग की तस्वीर' बनकर हमारे सामने आ रहा है। तुलसी, जायसी, रहीम, बिहारी और वृन्द के दोहों से देवेन्द्र शर्मा 'इन्द्र', पाल भसीन, दिनेश शुक्ल, भारतेन्दु मिश्र और राजेन्द्र वर्मा के दोहे अपनी भाव भूमि और भाव भंगिमा, दोनों ही दृष्टियों से पर्याप्त भिन्न हैं। हाँ, फक्कड़ और मस्तमौला कबीर का अक्खड़ व्यक्तित्व दोहे के सर्वाधिक अनुकूल सिद्ध हुआ है और इसीलिए कबीर आज भी दोहे के लिए प्राण-शक्ति और दोहाकारों के लिए प्रेरणा-स्रोत बने हुए हैं।

दो-ढाई दशक पूर्व दोहा एक नई करवट लेता हुआ दिखाई पड़ता है। नई पीढ़ी के अनेक समर्थ कवि दोहे की ओर उन्मुख होते हैं और इस प्रकार दोहा उनकी सृजनात्मक प्रतिभा अथवा सृजनधर्मिता का संस्पर्श पाकर, अभिव्यक्ति के एक सशक्त माध्यम के रूप में, उभरकर आता है। अनुभूति की गहनता, भाषा की लाक्षणिकता और तीखे तेवर के कारण आज हिन्दी-दोहा ग़ज़ल से होड़ करता दिखाई पड़ता है। किन्तु विधा कोई भी हो, उसमें कृतियों के साथ विकृतियाँ भी आती हैं और यही स्थिति दोहे की भी है। अशोक 'अंजुम' के शब्दों में, ''हिन्दी काव्य में आज ग़ज़ल और दोहा-लेखन एक फैशन की तरह हो गया है। बीसवीं सदी के अन्तिम दशक में कवियों का रुझान जिस तेजी से दोहे की ओर हुआ है, उससे निश्चित ही चौंकाने वाली स्थिति उत्पन्न होती है। आज अधिकांश कवि ग़ज़ल व दोहा लेखन में हाथ आजमा रहे हैं। जहाँ छन्द की वापसी स्वागतेय है, वहीं घातक भी। अधकचरी रचनाओं का आधिक्य किसी भी विधा के सम्मुख प्रश्न-चिह्न बनकर खड़ा हो सकता है। आज वे लोग, जो कल तक दोहे की 'ए बी सी' भी नहीं जानते थे, सतसइयाँ लिए बैठे हैं। थोक के भाव दोहों का उत्पादन हो रहा है। तमाम तथाकथित दोहाकार हैं, जो समझते हैं कि पहले और तीसरे चरण में तेरह-तेरह और दूसरे व चौथे चरण में ग्यारह-ग्यारह मात्राएँ किसी प्रकार इकट्ठी कर लीं, बस दोहा तैयार। और इनमें से कितने ही इस प्रथम शर्त का पालन करने में भी असमर्थ हैं; फिर भी लगाये जा रहे हैं ढेर और दे रहे हैं आलोचकों को, छन्दबद्ध कविता के शत्रुओं को छाती फुलाने का अवसर।'' दोहे के लिए ऐसी स्थिति, निश्चय ही, विकट और विनाशकारी है। दोहों का थोक-उत्पादन कर राष्ट्रीय कीर्तिमान स्थापित करने वाले दोहाकारों को दोहों की संख्या की अपेक्षा उसके स्तर पर ध्यान देना होगा, इसी में दोहे और दोहाकार, दोनों का हित निहित है।

अस्तु, विगत कुछ समय में, दोहे को पुनः प्रतिष्ठित करने में, अनेक पत्र-पत्रिकाओं ने महत्त्वपूर्ण भूमिका निभाई है। 'युगीन काव्य', 'प्रयास', 'दस्तावेज',

'शोध-दिशा', 'प्रताप-शोभा', 'तुलसी-प्रभा', 'सार्थक' आदि ने जहाँ दोहा-विशेषांक प्रकाशित कर, एक सशक्त विधा के रूप में, दोहे की भूमिका को रेखांकित किया है, वहीं 'वीणा', 'नवनीत', 'समान्तर', 'हरिगन्धा', 'काव्य-गंगा', 'पंजाबी संस्कृति', 'अक्षरा' आदि दोहे को नियमित स्थान और समुचित सम्मान प्रदान कर रही हैं। इसके अतिरिक्त दर्जन भर सम्पादित दोहा-संकलन भी निकले हैं, जिनमें 'दोहा सप्तपदी' (सम्पादक : देवेन्द्र शर्मा 'इन्द्र'), 'दोहे समकालीन' (सम्पादक : अशोक 'अंजुम' और शंकर प्रसाद करगेती), 'रंगारंग दोहे' (सम्पादक : अशोक 'अंजुम' और प्रेमकिशोर पटाखा), 'दोहा-दशक' (सम्पादक : अशोक 'अंजुम'), 'समय की शिला पर' (सम्पादक : डॉ. महेश दिवाकर), 'समकालीन दोहे' (सम्पादक : डॉ. इसाक 'अश्क') आदि विशेष उल्लेखनीय हैं। इसी दौरान अनेक महत्त्वपूर्ण एकल दोहा-संग्रह भी प्रकाश में आए हैं, ये हैं—'अमलताश की छाँव' (पाल भसीन), 'पानी की बैसाखियाँ' और 'जागे शब्द गरीब' (दिनेश शुक्ल), 'नावक के तीर' (डॉ. अनन्तराम मिश्र 'अनन्त'), 'शब्दों के संवाद' (भगवत दुबे), 'बटुक सतसई' (विश्वप्रकाश 'बटुक'), 'आँखों खिले पलाश' (देवेन्द्र शर्मा 'इन्द्र'), 'मनीषी-सतसई' (सारस्वत मोहन 'मनीषी'), 'कालाय तस्मै नमः' (भारतेन्दु मिश्र), 'बढ़ने दो आकाश' (डॉ. वेदप्रकाश पाण्डेय), 'चुटकी भर चाँदनी' (राजेन्द्र वर्मा), 'बोलो मेरे राम' (डॉ. रामनिवास 'मानव'), 'लिए सुहानी भोर' (देवेन्द्र आर्य), 'रंग-रंग के स्वर' (विभाकर शर्मा), 'हरसिंगार के फूल' (बाबूराम शुक्ल), 'प्रतिबिम्ब' (कोमल शास्त्री), 'जैसे' (हरेराम समीप), 'भारत-दोहावली' (सतपालसिंह चौहान) आदि दोहों के स्तर की अपेक्षा, संख्या की दृष्टि से, उल्लेखनीय संग्रहों में शिवशरण दुबे की 'शिवशरण-सहस्रसई', रक्षा शर्मा 'कमल' की 'रक्षा सतसई' तथा ए. बी. सिंह की बाईस सतसइयाँ शामिल हैं।

उक्त दोहाकारों के अतिरिक्त, अनेक दोहाकार ऐसे भी हैं, जिनके एकल दोहा-संग्रह तो प्रकाशित नहीं हुए हैं, किन्तु जिनके दोहे स्तरीय पत्र-पत्रिकाओं तथा सम्पादित संकलनों में नियमित रूप से देखने-पढ़ने को मिलते रहते हैं। ऐसे दोहाकारों में डॉ. राजेन्द्र गौतम, अशोक 'अंजुम', कुमार रवीन्द्र, राधेश्याम शुक्ल, घमंडीलाल अग्रवाल, रामानुज त्रिपाठी, दिनेश रस्तोगी, चिरंजीत, यश मालवीय, विज्ञान व्रत, शरत सिंह, शिवओम अम्बर, सत्यवीर 'मानव', हस्तीमल हस्ती आदि के नाम उल्लेखनीय हैं। स्पष्ट है कि रचनाकारों की नई-पुरानी दो पीढ़ियाँ, दोहा विधा से जुड़कर, समकालीन जीवन-यथार्थ को प्रमाणित अभिव्यक्ति प्रदान कर रही हैं।

हरियाणा का दोहा-साहित्य : हरियाणा प्रदेश के अनेक दोहाकारों ने दोहे के राष्ट्रीय परिदृश्य में अपनी स्पष्ट पहचान कायम की है, उनमें से कुछेक नामोल्लेख पहले किया जा चुका है। उदयभानु हंस, रघुवीर 'अनाम', चन्दन बाला जैन,

राजकुमार निजात, महेन्द्र शर्मा 'सूर्य', दिनेश दधीचि आदि ने भी फुटकर रूप में दोहे लिखे हैं, किन्तु दोहाकार के रूप में इनकी कोई विशिष्ट पहचान अभी तक नहीं बन पाई है। अस्तु, कतिपय प्रमुख दोहाकारों का संक्षिप्त विवेचन यहाँ प्रस्तुत है।

हरियाणवी दोहाकारों में जो नाम सर्वप्रथम उभरकर आता है, वह है सारस्वत मोहन 'मनीषी'। इनके प्रकाशित दोहा-संग्रह 'मनीषी-सतसई' के 777 दोहों में, बोलचाल की सरल-सुबोध भाषा के मध्यम से, राजनीतिक और सामाजिक जीवन की विकृतियों-विद्रुपताओं को ईमानदारी से उकेरा-उघाड़ा गया है। कहीं-कहीं सुन्दर प्रतीक-योजना भी 'मनीषी' के दोहों में दिखाई पड़ती है। प्रमाण स्वरूप दो-एक दोहे यहाँ प्रस्तुत हैं :

बहरों को सुनता नहीं, चाहे जितना चीख।
सिर्फ धमाका चाहिए, भगत सिंह से सीख॥
सुन्दर लाल कुरूप हैं, निर्धन है धनपाल।
धर्मदेव पापी बहुत, दुखी बड़े सुखलाल।।

हरेराम समीप के दोहों में युगबोध को बड़ी सशक्त अभिव्यक्ति मिली है। कवि का जीवन-सत्य स्वयं का अनुभूत है, इसलिए इनके दोहों में इतनी गहराई, मार्मिकता और प्रामाणिकता है। राजनीति, आतंकवाद, प्रेम, अध्यात्म, व्यवस्था, महानगर, नारी-जीवन, शोषण आदि विषयों पर अनेक अनूठे दोहे समीप ने लिखे हैं। मात्रा-दोष के बावजूद इनके अधिकांश दोहे मार्मिक बन पड़े हैं। जैसे शीर्षक दोहा-संग्रह से कुछ दोहे देखिए :

दुविधा के माहौल में, सुविधा करती जश्न।
सही जवाबों के लिए, सदियों भटके प्रश्न॥
पहले मैं परिवेश के, समझूँ तो हालात।
तब तो समझाऊँ तुम्हें, कैसे मिले निजात।।

सतपालसिंह चौहान 'भारत' ने 'भारत-दोहावली' के दोहों के माध्यम से विभिन्न नये-पुराने विषयों को व्यक्त किया है। भाषा में खड़ीबोली के साथ ब्रज आदि का घालमेल है, तो अभिवयक्ति में भी नवीनता का नितान्त अभाव है :

चौक-चौक पर मूरती, घर-आँगन मतिमन्द।
वर्ग-धर्म के नाम पर, करते भारत बन्द।।

प्रस्तुत पंक्तियों के लेखक का भी एक दोहा-संग्रह 'बोलो मेरे राम' प्रकाशित हो चुका है। इस संग्रह के सम्बन्ध में प्रख्यात कवि-लेखक समीक्षक डॉ. जीवन

प्रकाश जोशी का कथन है—" 'बोलो मेरे राम' के दोहों में समसामयिक जीवन-वैविध्य व व्यंग्य की ग़ज़ब की भूमिका है। इससे कृतिकार के साहसी-सचेत व्यक्तित्व की प्रखर पहचान होती है। सृजन के ईमान की भी। समकालीन बोध तो जैसे डॉ. 'मानव' के दोहों का सहज मुहावरा ही बन गया है :"

गाँव बने हैं छावनी, बस्ती-बस्ती जेल।
फिर भी होता है यहाँ, खुला मोर का खेल।।
तुमने हमको क्या दिया, अरी सदी बेपीर।
छुरी, मुखौटे, कैंलियाँ, और विषैले तीर।।

राजेन्द्र गौतम, कुमार रवीन्द्र और राधेश्याम शुक्ल के दोहे अपनी प्रतीकात्मकता और लाक्षणिक शैली के कारण प्रभावित करते हैं। मोहभंग, टूटते रिश्तों और मूल्य-विघटन से जुड़ी स्थितियाँ बार-बार इनके दोहों में उभरी हैं।

निष्कर्ष यह कि दोहे के थोड़े से अर्से में ही, हिन्दी गीत और ग़ज़ल के समकक्ष, अपने आप को बड़ी मज़बूती के साथ एक विधा के रूप में स्थापित कर लिया है। थोड़े में अधिक कहने की सामर्थ्य ही इसकी वास्तविक शक्ति है, जो जीवन के जटिल ताने-बाने में, मकड़ी की तरह उलझे, आज के आदमी की मनोदशा और मनोव्यथा के अधिक अनुकूल पड़ता है।

सन्दर्भ :

1. हिन्दी लघुकथा : स्वरूप और दिशा, पृ.-62 और 63
2. लघुकथा : रचना और समीक्षा-दृष्टि, पृ.-104 और 105
3. 'इतिहास गवाह है' के फ्लैप-। की टिप्पणी
4. श्री रमेश कुमार शर्मा, हिन्दी-लघुकथा : स्वरूप एवं इतिहास, पृ. 76

अन्तिम दो दशकों का हिन्दी यात्रा-साहित्य

प्रो. हरिमोहन

–उसके लिए कोई सुख नहीं जो यात्रा नहीं करता। मनुष्यों के समाज में रहते हुए, मनुष्य पापी हो जाता है। इसलिए भ्रमण करो।

–एक यात्री के पाँव फूलों के समान हैं, उसकी आत्मा बढ़ती हैं, फलती-फूलती है, और उसके समस्त पाप उसकी यात्रा की थकान से नष्ट हो जाते हैं। इसलिए भ्रमण करो।

–जो मनुष्य बैठा रहता है, उसका भाग्य उसके साथ बैठा रहता है। वह जब उठता है, उसका भाग्य उसके साथ उठता है। जब वह सोता है, उसका भाग्य सोता है। जब वह चलता है, उसका भाग्य उसके साथ चलता है। इसलिए भ्रमण करो।

–'बृहद्आरण्यक' से

पृष्ठभूमि

कहा गया है कि यात्रा के बिना न ज्ञान मिलता है, न मुक्ति। यात्रा अर्थात् संचरणशीलता मनुष्य के जीवन का अभिन्न हिस्सा है। यदि हम मनुष्य के इतिहास पर दृष्टि डालें तो पाएँगे कि जीवनगत आवश्यकताओं की पूर्ति के लिए वह सदैव से ही बड़े-बड़े पर्वतों, घनघोर जंगलों, रेगिस्तानों और समुद्रों की यात्रा करता चला आया है। यहाँ तक कि अब उसके कदम चन्द्रमा और मंगल-ग्रह पर भी पड़ चुके हैं। कल्पना की जा सकती है कि जब यात्रा के इतने विकसित साधन नहीं थे, जैसे आज हैं, तब भी मनुष्य की यात्राएँ जारी थीं। बिना यात्राओं के उसका जीवन-निर्वाह कठिन था। धीरे-धीरे भ्रमण करते हुए मनुष्य ने यात्रा के क्षेत्र में प्रगति की। उसका क्षेत्र व्यापक हुआ। उसकी यात्राओं के उद्देश्य बदलने लगे। उसका बौद्धिक विकास हुआ। उसकी विचारधारा भी विकसित हुई और इस प्रकार वह जीवन की हर दिशा में प्रगति के पथ पर अग्रसर हुआ।

'यात्रा' का सामान्य अर्थ है–एक स्थान से दूसरे स्थान पर जाना, सफ़र,

भ्रमण करना, घूमना। शब्दकोशों में इसके कई अर्थ मिलते हैं। यथा–पद्मचन्द्र कोष के अनुसार "जीतने की इच्छा से राजाओं का जाना, धावा करना अथवा देवता के उद्देश्य से एक प्रकार का उत्सव।" (पद्मचन्द्रकोश, संस्करण 1925, पृष्ठ 402)। हिन्दी विश्वकोश के अनुसार–"विजय की इच्छा से कहीं जाना, चढ़ाई करना, व्रज्या, अभिनिर्याण, प्रस्थान, गमन, गम, प्रस्थिति। दर्शनार्थ एक स्थान से दूसरे स्थान को जाने की क्रिया।" (18 वाँ भाग, संस्करण 1929, कलकत्ता, पृष्ठ 630)। इसी तरह 'ए प्रेक्टिल संस्कृत डिक्शनरी' में यात्रा का अर्थ बताया गया है–Going, departure, journey, March, military expedition, festive trains, procession, pilgrimage (to the shrine of a deity), festivity, livelihood, maintenance, kind or dramatic entertainment, selling forth on a journey of march. (Dr. Arthur Anthony mecdonell, Edi. 1924, Oxford Press, Page 244)

'यात्रा' शब्द के उपर्युक्त अर्थ सम्भवतः इसलिए भिन्न हैं, कि यात्रा के उद्देश्य तथा रूप अलग-अलग रहते चले आए हैं। आरम्भ में मनुष्य ने जहाँ अपने जीवन-यापन के लिए उपर्युक्त साधनों, अनुकूल परिवेश आदि की दृष्टि से यात्राएँ कीं। फिर उसने अपने साम्राज्य-विस्तार के उद्देश्य से युद्ध के लिए अथवा दूसरे राजाओं पर आक्रमण कर जीतने की इच्छा से यात्राएँ कीं। इसी क्रम में उसने धार्मिक कार्यों से तीर्थ-यात्राएँ कीं और उसकी यात्राएँ व्यापार के लिए भी हुईं। यहाँ तक आते-आते ज्ञानार्जन, शिक्षा, बौद्धिक विकास, मनोरंजन-जैसे उद्देश्य भी जुड़ गए। और यहाँ तक कहा जाने लगा कि, "जो लोग घूम-फिर कर दूसरे देशों की वेशभूषा, रहन-सहन और बोली का अध्ययन नहीं करते, वे बिना सींग के बैल के समान हैं। जब आदमी समुद्र से घिरी पृथ्वी का भ्रमण करता है तब वह सज्जनों के आचरण, दुर्जनों की चेष्टा, विविध प्रकार के लोगों की उत्कंठा, विदग्ध जनों के परिहास, गम्भीर और गूढ़ शास्त्रों के तत्त्व से परिचित होता है।" महापण्डित राहुल सांकृत्यायन, जो घुमक्कड़ी के बादशाह थे, कहा करते थे, "मेरी समझ में दुनिया की सर्वश्रेष्ठ वस्तु है घुमक्कड़ी। घुमक्कड़ी से बढ़कर व्यक्ति और समाज के लिए कोई हितकारी नहीं हो सकता।" (घुमक्कड़शास्त्र, 1949, दिल्ली, पृष्ठ–10)

यात्रा करने के बाद मनुष्य की यह स्वाभाविक प्रवृत्ति होती है कि वह अपने अनुभवों को दूसरों के साथ बाँटे। दूसरों की भी जिज्ञासा होती है कि वे यात्री के ऐसे अनुभवों को सुनें। उन स्थानों के विषय में जानें, जहाँ से दूसरा व्यक्ति लौटा है। अपने यात्रानुभवों को जब कोई यात्री शब्दबद्ध करता है, उनका रोचक वर्णन करता है, तो उसे उस यात्रा का वृत्त अथवा वृत्तान्त कहा जाता है। 'वृत्त' का अर्थ है–जो घटित हो चुका है। जबकि 'वृत्तान्त' कहते हैं–किसी घटना, विषय, स्थिति आदि की जानकारी कराने के उद्देश्य से उससे सम्बद्ध कही या बतलाई जाने वाली बातें अथवा किया जाने वाला वर्णन। समाचार। हाल। इस विचार से 'वृत्त' के स्थान

पर 'वृत्तान्त' शब्द का प्रयोग करना अधिक समीचीन है। यों भी 'वृत्तान्त' का आशय है, 'वृत्त' का अन्त। यात्रा के परिवृत्त का 'अन्त'। यानी, जब कोई अपने घर से निकलकर इच्छित स्थानों की लम्बी यात्रा करने के बाद पुनः अपने घर लौटता है, तब उसका यात्रा-वृत्त पूरा होता है।

साहित्य की एक विद्या के रूप में हम 'यात्रावृत्तान्त' को प्रकृति-प्रधान कथेतर गद्य विधा मानते हैं। यात्राएँ तो सभी करते हैं, लेकिन सभी यात्राओं के 'वृत्तान्त' साहित्य की विधा नहीं बन पाते। साहित्यिक मनोवृत्ति के घुमक्कड़ को प्रकृति, स्थान, समाज, संस्कृति और इतिहास का अद्भुत आकर्षण अपनी ओर खींचता है। वह इन सबके वशीभूत हुआ-सा यात्रा पर चल पड़ता है। अन्य पर्यटक जहाँ से देखते हुए भी 'आँख बन्द करके' चलते हैं, प्रकृति और उसके समूचे सौन्दर्य की पुकार को सुन कर भी अनसुना कर देते हैं, वहीं साहित्यिक यायावर मुक्त मनोवृत्ति के साथ रमा हुआ-सा घूमता है। उसकी यात्रा स्वतःपूर्ण होती है। (देखें—डॉ. हरिमोहन, साहित्यिक विधाएँ : पुनर्विचार, वाणी प्रकाशन, नई दिल्ली, 1997, पृ. 272) इस विचार से डॉ. रघुवंश की यह टिप्पणी मूल्यवान है, "यात्रा का बहुत बड़ा आकर्षण प्रकृति की पुकार है। यायावर वही है जो चलता चला जाए, कहीं रुके नहीं, कोई बन्धन उसे कसे नहीं और वह जो दर्शनीय है, ग्रहणीय हैं, स्मरणीय है अथवा संवेदनीय है, उसका संग्रह करता चले—या यों कहें कि जो मुक्त भाव से, अनुभूतियाँ सँजोता हुआ, देश-काल में फैले अनन्त जीवन में साँसें लेता हुआ यात्रा नहीं करता, वह यात्रा-साहित्य नहीं दे सकता, विवरण प्रस्तुत करता है।" (आलोचना, जुलाई, 1955 अंक, पृष्ठ 11-12)

तात्पर्य यह है कि साहित्य की विधा के अन्तर्गत वे यात्रावृत्तान्त ही लिए जा सकते हैं, जिनमें लेखक की प्रकृतिगत विशेषताएँ प्रतिबिम्बायित हों। उसकी फक्कड़ता, घुमक्कड़ी वृत्ति, उल्लास, सौन्दर्यबोध और ज्ञान-पिपासा सर्वत्र दृष्टिगत हो। सतह के प्रलोभनों को छोड़ कर ऐसे लेखक का संवेदनशील मन, सतह को बेध कर, उसकी आत्मा के भीतर प्रवेश करता हुआ दिखाई देता है। ब्राह्य जगत् की जो प्रतिक्रिया उस लेखक के हृदय पर होती है, जो भावनाएँ उसके मन में उठती हैं, वह उनको अपनी सम्पूर्ण चेतना के साथ व्यक्त करता है। यही कारण है कि साहित्यिक यात्रावृत्तान्त में संवेदना और अभिव्यक्ति का एक कलात्मक सन्तुलन रहता है। सौन्दर्य-भावना और लेखकीय मुक्त-मनोवृत्ति, वस्तु के तल में जाने की उत्कटता—जैसे कुछ गुण हैं, जो लेखक के यात्रा-विवरण को साहित्य के अन्तर्गत 'यात्रावृत्तान्त' नामक विधा में प्रतिष्ठित करते हैं। हम 'यात्रा-राग' को 'अकेलेपन का राग' भी कह सकते हैं, क्योंकि यात्रा बाहर ही नहीं, भीतर अभ्यन्तर में भी चलती है। जो घुमककड़ हैं, वे इस रहस्य को अच्छी तरह समझते हैं।

स्थानीयता और तत्थात्मकता यात्रावृत्तान्त के दो आधारभूत तत्त्व हैं। यात्रावृत्त

के लेखक का मुख्य अभीष्ट किसी स्थान विशेष के समग्र वैभव, यथा–उसके प्राकृतिक सौन्दर्य, उसमें रहने वाले समाज के रीति-रिवाज, आचार-विचार, आमोद-प्रमोद, जीवन-दर्शन आदि का सशक्त उपस्थापन होता है। स्थान विशेष के विविध रंग अपनी सम्पूर्ण गन्ध के साथ ऐसी रचना में उपस्थित रहते हैं। साथ ही उसमें तथ्यों का विशेष ध्यान रहता है। ऐतिहासिक सत्य का तथ्यात्मक उल्लेख किया जाता है। लेकिन यह जानकारी इतिहास या भूगोल की पुस्तकों-जैसी नीरस शैली में न होकर रोचकता और कलात्मकता के साथ अभिव्यक्त की जाती है। इन आधारभूत तत्त्वों के साथ एक सफल यात्रावृत्तान्त में आत्मीयता, लेखकीय व्यक्तित्व अथवा उसकी प्रकृति, कल्पना-प्रवणता, चित्रात्मकता या बिम्बधर्मिता और रोचकता भी होती है।

साहित्य में यात्रावृत्तान्त-लेखन की परम्परा अत्यन्त प्राचीन है। इस प्राचीनता की ओर संकेत करते हुए डॉ. सुरेन्द्र माथुर ने लिखा है, "प्रागैतिहासिक युग से ही हमारे यहाँ यात्राओं का बड़ा महत्त्व रहा है। वैदिक युग में व्यापारिक यात्राओं का प्राधान्य था। व्यापार के अतिरिक्त धर्म-यात्राएँ होती थीं, अन्य प्रकार की यात्राएँ गौण थीं। सभ्यता के इस युग में भी लोग प्रायः यात्राएँ किया करते थे। जल और स्थल दोनों प्रकार की यात्राएँ होती थीं, विभिन्न देशों से आवागमन होता रहता था। लोगों के पास नावें थीं जहाज थे। वे दुनिया का भौगोलिक वृत्तान्त भी बहुत कुछ जानते थे। वे सभ्य, शिक्षित, साहसी, उदार, व्यापार-कुशल, शिल्पकला-निपुण, वीर और अध्यवसायी थे। भारतवासियों का कितने ही सभ्य और अर्द्धसभ्य देशों से सम्बन्ध था। हमारे साहित्य के ग्रन्थ इस काल की इन यात्राओं के वर्णनों से भरे पड़े हैं। इन वैदिक और लौकिक संस्कृत भाषा के ग्रन्थों में इनके अनेक उल्लेख देखे जा सकते हैं।" (हिन्दी का यात्रा-साहित्य, 1960, लखनऊ, पृष्ठ 12)

जहाँ तक हिन्दी में यात्रावृत्तान्त साहित्य-लेखन का प्रश्न है, इसकी पृष्ठभूमि बहुत समृद्ध है। वैदिक, प्रागैतिहासिक काल की यात्राओं की समृद्ध परम्परा के अन्तर्गत जिसे पौराणिक युग, रामायण युग तथा महाभारत युग की रचनाओं की विरासत मिली हो, ऐतिहासिक काल की बौद्ध तथा जैन रचनाओं का जिसके पास श्रेष्ठ साहित्य हो, उस भाषा का साहित्य कितना विविधतापूर्ण होगा, इसका अनुमान स्वतः ही लगाया जा सकता है।

हिन्दी में यात्रावृत्तान्त-साहित्य को काल-विभाजन की दृष्टि से इस प्रकार देखा जा सकता है–

(अ) पृष्ठभूमि : हस्तलिखित ग्रन्थों का युग (1543-1850 ई.)

(ब) भारतेन्दु-युग (1850-1900 ई.)

(स) द्विवेदी-युग (1901-1920 ई.)

(द) उत्तर द्विवेदी-युग (1921-अब तक)

पुनः उत्तर द्विवेदी-युगीन यात्रावृत्तान्त साहित्य को दो भागों में बाँटा जा सकता है–

(क) स्वतन्त्रतापूर्व का युग (सन् 1921 से 1946 ई. तक)

(ख) स्वतन्त्रतापरवर्ती युग (1947 ई. से अब तक)।

ऐतिहासिक दृष्टि से देखें तो हिन्दी की पहली यात्रावृत्तान्त रचना 'बनयात्रा' मानी जाती है। इसके लेखक हैं–विट्ठल जी। यह सम्वत् 1600 वि. की रचना है, जो हस्तलिखित रूप में उपलब्ध है। इसी रचना से हस्तलिखित ग्रन्थों का युग आरम्भ होता है, जिसके अन्तर्गत अन्य उपलब्ध ग्रंथ हैं–बनयात्रा (सं. 1600 अर्थात् सन् 1543 ई. ले.–श्रीमती जीमनजी की माँ), सेठ पद्मसिंह की यात्रा (लगभग सं. 1705, ले. अज्ञात), बात दूर देश की (संवत् 1886, ले. अज्ञात), बद्री-यात्रा कथा (सं. 1888, ले. अयोध्या नरेश बख्तावर सिंह की पत्नी), बन-यात्रा परिक्रमा (सं.1891, ले. रामसहाय दास), ब्रज चौरासी कोस यात्रा (सं. 1900, ले. अज्ञात) ब्रदीनारायण सुगम यात्रा (सं. 1996, ले. पं. वाचस्पति शर्मा 'चैत')। इनमें से कुछ ग्रन्थ गद्य में हैं, जो हिन्दी का आरम्भिक गद्य है, कुछ गद्य-पद्य मिश्रित अर्थात् चम्पू-शैली में हैं। इस युग के यात्रावृत्तान्त ग्रंथों में ब्रज भाषा की प्रधानता है। साथ ही ये रचनाएँ वर्णनात्मक हैं। इनमें लेखकों के भावुक हृदय का परिचय भी मिलता है। अधिकांश यात्रावृत्तान्त धार्मिक यात्राओं से सम्बन्धित हैं।

भारतेन्दुयुगीन यात्रावृत्तान्त-साहित्य कुछ अधिक समृद्ध हुआ। यात्रा के साधन कुछ और विकसित होने लगे थे। इसलिए यात्रा की सुविधाएँ बढ़ गईं। रेलवे के आगमन और भारत में मुद्रण-यन्त्र की स्थापना से यात्रावृत्तान्त-लेखकों को यात्रा में सुविधा हुई, साथ ही अपने यात्रा-अनुभवों को पत्र-पत्रिकाओं के माध्यम से व्यापक जनसमुदाय तक पहुँचाने का मंच मिला। यह युग पत्रकारिता के लिए एक नई शुरुआत का युग है। पत्र-पत्रिकाओं में यात्रावृत्तान्तों के प्रकाशन के अतिरिक्त इस युग में स्वतन्त्र पुस्तक-रूप में भी अनेक यात्रावृत्तान्त प्रकाशित हुए। ऐसे प्रमुख यात्रावृत्तान्त हैं–लन्दन का यात्री (सन् 1884, ले. भगवानदास वर्मा), मेरी पूर्वदिग्यात्रा (सन् 1885, ले. पं. दामोदर शास्त्री), मेरी दक्षिणदिग्यात्रा (सन् 1886, ले. पं. दामोदर शास्त्री), ब्रजबिनोद (सन् 1888, ले. तोताराम वर्मा), केदारनाथ यात्रा (सन् 1890 ले. लाला कल्यानचन्द्र), विलायत की यात्रा (सन् 1892, ले. अज्ञात), रामेश्वर यात्रा (1893, ले. देवीप्रसाद खत्री), ब्रज-यात्रा (1894, ले. पं. विभू मिश्र) इनके अतिरिक्त स्वयं भारतेन्दु हरिश्चन्द ने अपने छिटपुट लेखों में विभिन्न स्थलों की यात्राओं का वर्णन किया है। हम देखते हैं कि इस युग में देश-विदेश दोनों से सम्बन्धित यात्राओं के वृत्तान्त लिखे गए। विदेश-यात्राओं में लन्दन की यात्राएँ अधिक हैं, जबकि अपने देश की यात्राओं में धार्मिक स्थलों की यात्राएँ ही अधिक हुई हैं। इस प्रकार यह युग हिन्दी यात्रावृत्तान्त-साहित्य को नई दिशा देता हुआ

परिलक्षित होता है। इसमें खड़ी बोली हिन्दी का आरम्भिक रूप प्रयुक्त हुआ है। वर्णनात्मकता की प्रधानता है। किन्तु भाषा के सर्जनात्मक रूप की अपेक्षाकृत कमी है। भाषा का शिथिल-सा रूप है। वर्णनों में रोचकता कहीं-कहीं ही देखने को मिलती है। हाँ, चटपटापन अवश्य है। युगीन आवश्यकता के अनुकूल शासनतन्त्र पर व्यंग्य इन यात्रावृत्तान्तों का प्राणतत्व है, जो यह प्रमाणित करता है कि लेखक अपने राजनीतिक, सामाजिक और आर्थिक परिवेश के प्रति कितने सजग थे।

द्विवेदी-युगीन यात्रावृत्तान्त-साहित्य एक तरह से हिन्दी यात्रावृत्तान्त-साहित्य का स्वर्णयुग है। यात्राओं के साधनों का विस्तार होने तथा शिक्षा के प्रसार, हिन्दी गद्य का व्याकरण-सम्मत रूप विकसित होने, 'सरस्वती', 'मर्यादा', 'चित्रमय जगत्', 'लक्ष्मी', 'इन्दु'-जैसी साहित्यिक पत्रिकाओं के प्रकाशन से हिन्दी-साहित्य की अन्य विधाओं की भाँति यात्रावृत्तान्त विधा का भी विकास हुआ। उल्लेखनीय है कि 'सरस्वती' के पहले ही अंक में 'कश्मीर-यात्रा' शीर्षक से एक यात्रावृत्तान्त प्रकाशित हुआ था। 'सरस्वती' के यशस्वी सम्पादक बाबू श्यामसुन्दर दास का निबन्ध-लेखन पर विशेष बल था। वे स्वयं भी निबन्ध लिखते थे और 'सरस्वती' में निबन्ध ही अधिक देते थे। अतः उस समय जो यात्रावृत्तान्त प्रकाशित हुए उनमें निबन्धात्मकता है। इस तथ्य का सबसे अच्छा उदाहरण बाबू श्यामसुन्दर दास द्वारा लिखित तीन यात्रापरक निबन्ध हैं—'व्योम विहरण' (सरस्वती, 1905 ई., पृष्ठ 315,340), 'उत्तरी ध्रुव की यात्रा' (सरस्वती 1907, पृष्ठ 74), 'दक्षिणी ध्रुव की यात्रा' (सरस्वती, 1909, पृष्ठ 265)। इनमें प्रायः दूसरों की कथा ही वर्णित है, स्वयं के यात्रानुभव नहीं हैं। इस युग के कतिपय महत्त्वपूर्ण यात्रावृत्तान्त-लेखक तथा उनकी कृतियों की एक सामान्य सूची इस प्रकार देखी जा सकती है—बाबू देवी प्रसाद खत्री (बदरिकाश्रम यात्रा, 1902), ठाकुर गदाधर सिंह (हमारी एडवर्ड तिलक विलायत यात्रा 1903), साधु चरण प्रसाद (भारत-भ्रमण-5 भाग, 1903), पं. रामशंकर व्यास (पंजाब-यात्रा, 1907), स्वामी सत्यदेव परिव्राजक (अमेरिका दिग्दर्शन, 1911, मेरी कैलास यात्रा, 1915 तथा अमेरिका भ्रमण, 1916), शिवप्रसाद गुप्त (पृथ्वी प्रदक्षिणा, 1914), गोपालराम गहमरी (लंका यात्रा का विवरण, 1916) इत्यादि। इस प्रकार हम पाते हैं कि इस युग के यात्रावृत्तान्तों का रचना-क्षेत्र बहुत व्यापक है। इन्हें लोकप्रियता भी खूब मिली। स्वदेश-यात्राओं की अपेक्षा विदेश-यात्राओं की प्रचुरता है। भाषा की शुद्धता, संस्कृतनिष्ठता की तरह ही जीवन में आचरण की शुद्धता पर बल दिया गया है। गाँधीवादी विचारधारा का प्रभाव भी परिलक्षित होता है। प्रकृति के प्रति अतिरिक्त रागात्मक सम्बन्ध तथा उसका आलंकारिक (मुख्यतः मानवीकरणयुक्त) वर्णन इस युग के यात्रावृत्तान्तों में विशेष रूप से मिलता है, जो सम्भवतः इस युग के अन्तिम चरण में उभर रहे छायावाद का परिणाम है। उल्लेखनीय यह भी है कि इस युग में कविता के रूप में भी अनेक यात्रावृत्तान्त लिखे गए, जिनमें इस युग

की कविता की तरह इतिवृत्तात्मकता है।

उत्तर द्विवेदी-युग के हिन्दी यात्रावृत्तान्त-साहित्य के दो चरण हैं—एक-स्वतन्त्रतापूर्व का युग, दो स्वतन्त्रतापरवर्ती युग। उत्तर द्विवेदी-युग में वायुयान-जैसे त्वरित गति वाले यात्रा-साधन का विकास हो चुका था। बहुत से भारतीय जलयान और वायुयान से यात्राएँ कर चुके थे। उन्होंने अपने विदेश-भ्रमण के अनुभवों को उत्साहपूर्व अभिव्यक्त किया। पाठकों ने भी उन्हें आश्चर्य, कौतूहल और नवीन रोचकता के साथ पढ़ा। वास्तव में यह युग यात्रावृत्तान्त-लेखन की दृष्टि से स्वर्ण युग है। इस युग में स्वतन्त्रता पूर्व 'सरस्वती', 'चित्रमय जगत्', 'विश्वमित्र', 'माधुरी', 'विशाल भारत', 'वीणा', 'सुधा', 'चाँद', 'नया समाज' तथा 'मधुकर' आदि पत्रिकाओं ने यात्रावृत्तान्त-साहित्य की श्रीवृद्धि में अपना महत्त्वपूर्ण योगदान दिया। स्वतन्त्रतापरवर्ती युग में यही भूमिका 'धर्मयुग', 'साप्ताहिक हिन्दुस्तान', 'कादम्बिनी' आदि पत्रिकाओं तथा 'नवभारत टाइम्स', 'दैनिक हिन्दुस्तान', 'अमर उजाला', 'ट्रिब्यून', 'आज', 'दैनिक जागरण', 'नई दुनिया', 'नव भारत', 'राजस्थान पत्रिका', आदि-आदि समाचार-पत्रों ने निभाई।

स्वतन्त्रतापूर्व के यात्रावृत्तान्त-साहित्य में हम गर्व के साथ जिन कृतियों का उल्लेख कर सकते हैं, उनमें से कतिपय नाम इस प्रकार हैं—हमारी विलायत यात्रा (1926, केदारस्वरूप राय), लन्दन पेरिस की सैर (1926, वेणी शुक्ल), मेरी जर्मन यात्रा (1926, स्वामी सत्यदेव परिव्राजक), रूस की सैर (1926, पं. जवाहरलाल नेहरू), हमारी जापान यात्रा (1931, पं. कन्हैयालाल मिश्र), मेरी यूरोप यात्रा (1932, गणेशनारायण सोमानी), यूरोप यात्रा में छः मास (1932, पं. रामनारायण मिश्र), तिब्बत में सवा बरस (1933, राहुल सांकृत्यायन), मेरी यूरोप यात्रा (1935, राहुल सांकृत्यायन), यूरोप में सात मास (1936, धर्मचन्द्र सरावगी), यात्रीमित्र (1936, स्वामी सत्यदेव परिव्राजक), उत्तराखण्ड के पथ पर (1936, प्रो. मनोरंजन), यूरोप की सुखद स्मृतियाँ (1937, स्वामी सत्यदेव परिव्राजक), सागर प्रवास (1941, पं. सूर्यनारायण व्यास), कैलाश मानसरोवर (1943, स्वामी प्रणवानन्द), मेरी जीवन-यात्रा (1946, राहुल सांकृत्यायन) इत्यादि-इत्यादि। इस युग में सर्वाधिक उल्लेखनीय तथ्य यह है कि यूरोप की यात्राओं के वृत्तान्त सर्वाधिक मिलते हैं। तब अन्य देशों के और इनके पश्चात् स्वदेश के। भाषा में काव्यात्मकता, कल्पना का प्रचुर प्रयोग, बिम्बधर्मिता और इतिहास एवं भूगोल की तथ्यपरक जानकारी इन यात्रावृत्तान्तों को विशिष्ट बनाते हैं। इस कालखण्ड में जिन यात्रावृत्तान्त लेखकों को प्रसिद्धि मिली, उनमें स्वामी सत्यदेव परिव्राजक, राहुल सांकृत्यायन, पं. कन्हैयालाल मिश्र, पं. सूर्यनारायण व्यास प्रमुख हैं।

स्वतन्त्रतापरवर्ती युग का हिन्दी यात्रावृत्तान्त साहित्य और भी समृद्ध हुआ। ज्ञान-विज्ञान की प्रगति ने नए वातायन खोले। स्वतन्त्रतापूर्व के युग में लेखक अन्य

देशों के साहित्य और समाज के सम्पर्क में आ चुके थे। इस कालावधि में उन्होंने अन्य देशों के साथ अपनी, अपने देश और समाज की तुलना की। अपनी संस्कृति पर चिन्तन किया तथा प्रगति की नई दिशाओं की ओर अग्रसर हुए। 'विश्वयात्री' (1947, डॉ. भगवतशरण उपाध्याय) नामक कृति इस युग की पहली रचना है। यह रचना ही इस युग की यात्रा-लेखन-प्रवृत्ति का प्रामाणिक परिचय दे देती है। डॉ. उपाध्याय ने और भी कई रचनाएँ दीं, जो इस युग की उपलब्धि हैं। जैसे—वो दुनिया (1952), लाल चीन (1953), कलकत्ता से पेकिंग (1955)। इसी क्रम में राहुल सांकृत्यायन की कृतियाँ आती हैं। उनकी कृतियाँ हैं—किन्नर देश में (1948), राहुल यात्रावली (1949), दार्जिलिंग परिचय (1950), यात्रा के पन्ने (1952), रूस में पच्चीस मास (1952), हिमालय परिचय (1953), आदि। इन दो प्रतिनिधि यात्रावृत्तान्त-लेखकों के अतिरिक्त इस युग के प्रमुख यात्रा-लेखक हैं—यशपाल (लोहे की दीवार के दोनों ओर, 1953), अज्ञेय (अरे यायावर रहेगा याद, 1953), रामवृक्ष बेनीपुरी (पैरों में पंख बाँधकर, 1952, उड़ते चलो, 1954), सेठ गोविन्ददास (पृथ्वी परिक्रमा, 1954), स्वामी सत्यभक्त (सत्यलोक, 1952, मेरी अफ्रीका यात्रा, 1954), मोहन राकेश (आखिरी चट्टान तक, 1953) आदि। उल्लेखनीय है कि इसी अवधि में पं. जवाहरलाल नेहरू की यात्रा-पुस्तक 'आँखों देखा रूस' (1953) भी प्रकाशित हुई थी। पं. सूर्यनारायण व्यास, लक्ष्मीनारायण टंडन, कृष्णवंश सिंह बघेल, सत्यवती मल्लिक, यशपाल जैन, विमला कपूर, सन्तराम, वेणी शुक्ल, हरिकृष्ण झाझरिया, चक्रधर 'हंस', रामचन्द्र वर्मा, डॉ. धीरेन्द्र वर्मा, योगन्द्रनाथ सिन्हा आदि लेखकों ने भी इस कालावधि में इस विधा को समृद्ध किया।

सन् 1955 के पश्चात् हिन्दी के अनेक लेखकों ने श्रेष्ठ यात्रावृत्तान्त-साहित्य की रचना की। इनमें कथाकार यशपाल, राष्ट्रकवि रामधारी सिंह 'दिनकर', कथाकार निर्मल वर्मा, कथाकार और नाट्यलेखक विष्णु प्रभाकर, कवि धर्मवीर भारती, ललित निबन्धकार और चिन्तक पं. विद्यानिवास मिश्र, उपन्यासकार राजेन्द्र अवस्थी, कमलेश्वर, लल्लनप्रसाद व्यास, कहानीकार गोविन्द मिश्र, रामदरश मिश्र, हिमांशु जोशी आदि-आदि विशेष रूप से उल्लेखनीय हैं। कुछ नए यात्रावृत्तान्त लेखकों में सहसा याद आ जानेवाले कतिपय नाम हैं—नेत्रसिंह रावत, बल्लभ डोभाल, गिरिधर राठी, शामा, बलराम, एस.आर. हरनौट, सुशील कालरा और इन पंक्तियों का लेखक—हरिमोहन। आदि।

विगत दो दशकों का यात्रा-साहित्य

इस पृष्ठभूमि के साथ हम विगत दो दशकों के यात्रा-साहित्य का अवलोकन करेंगे।

सन् 1981 से 2000 तक हिन्दी में यात्रावृत्तान्त की जितनी कृतियाँ प्रकाशित हुई हैं, उनमें से उल्लेखनीय कृतियों की एक सामान्य सूची इस प्रकार है—

यात्रिक (शिवानी, 1981), ज्योतिपुंज हिमालय (विष्णु प्रभाकर, 1982), अमरीका के अंचल में (बद्रीप्रसाद जोशी एवं चलयागिरि गोस्वामी, 1982), सफरनामा (उदयराज सिंह, 1982), धरती लाल गुलाबी चेहरे (कन्हैयालाल नन्दन, 1982), स्फीतियों में बारिश (कृष्णनाथ, 1982), किन्नर लोक (कृष्णनाथ, 1983), लद्दाख में राग-विराग (कृष्णनाथ, 1983), आस्ट्रेलिया की डायरी (डॉ. विश्वनाथ शुक्ल, 1983), उठता चाँद डूबता सूरज (डॉ. एन.ई. विश्वनाथ अय्यर, 1984), पत्थर और पानी (नेत्रसिंह रावत, 1984), सफरी झोले में (अजित कुमार, 1985), हवा में तैरते हुए (राजेन्द्र अवस्थी, 1986), आवारा आबिद (आबिद सुरती, 1986), मेरी मॉरीशस यात्रा (माजदा असद, 1986), बदरी केदार के पथ पर (डॉ. कुमुद, 1987), पत्रों की तरह चुप (इन्दु जैन, 1987), मेरी यात्राएँ (रामधारी सिंह दिनकर, 1987), हिमशिखरों की छाया में (विष्णु प्रभाकर, 1988), दरख़्तों के पार शाम (गोविन्द मिश्र, 1988), धूप में सोई नदी (प्रभाकर द्विवेदी, 1988), सफर हम सफर (प्रदीप पंत, 1989), झूलती जड़ें (गोविन्द मिश्र, 1990), तना हुआ इन्द्र धनुष (रामदरश मिश्र, 1990), अजनबी शहर अजनबी रास्ते (रंजनकुमार सिंह, 1990), लौटने से पहले (प्रदीप पंत, 1991), साधु न चले जमात (नरेश मेहता, 1991), कुछ और सफर (प्रदीप पंत, 1991), कहानी यात्रा सात (डॉ. रोहिणी, 1991), धरती फूल और चन्दन (रामलाल वर्मा, 1991), यात्राएँ (हिमांशु जोशी, 1991), सुधियाँ उस चन्दन के वन की (विष्णुकान्त शास्त्री, 1992—इसमें दो यात्रावृत्तान्त हैं), हिमाचल के आँगन में (डॉ. कुमुद, 1992), यायावरी एक मादक गन्ध (शंकरदयाल सिंह, 1993), भोर का सपना (रामदरश मिश्र, 1993), सूरज चमके सारी रात (डॉ. कुमुद, 1993), यात्राचक्र (धर्मवीर भारती, 1994), यात्रा (एस.आर. हरनौट, 1994), अजनबी दुनिया के दोस्त (राजेन्द्र अवस्थी, 1994), नए चीन में दस दिन (गिरिधर राठी, 1995), मध्यरात्रि में सूर्य स्नान (सुशील कालरा, 1995), हमसफर मिलते रहे (विष्णु प्रभाकर, 1996), परिक्रमा (राजेन्द्र जोशी, 1996), उत्तरपथ (प्रभु दयाल मिश्र, 1997), परतों के बीच (गोविन्द मिश्र, 1997), संस्कृति, पर्यावरण और पर्यटन (हरिमोहन, 1997), आधीरात का सफर (बल्लभ डोभाल, 1997), कश्मीर आधी रात के बाद (कमलेश्वर, 1998), पड़ोस की खुशबू (रामदरश मिश्र, 1999), सूरजकुण्ड से पाताल-लोक तक (हरिमोहन, 2000)।

इन यात्रावृत्तान्त-संग्रहों के अतिरिक्त बड़ी संख्या में साहित्यिक पत्र-पत्रिकाओं में निरन्तर सचित्र यात्रावृत्तान्तों का प्रकाशन होता रहा है। इनमें से उल्लेखनीय पत्र-पत्रिकाएँ हैं—धर्मयुग, साप्ताहिक हिन्दुस्तान, कादम्बिनी, गगनांचल, नवभारत टाइम्स, दैनिक हिन्दुस्तान, अमर उजाला, दैनिक जागरण, भास्कर, नई दुनिया, वागर्थ, राजस्थान पत्रिका, आज, राष्ट्रीय सहारा, नवभारत, आजकल, हरिगंधा, ट्रिब्यून, पंजाब केसरी, स्वतन्त्र भारत इत्यादि।

विगत दो दशकों के हिन्दी-यात्रा-साहित्य में अनेक नई प्रवृत्तियाँ दृष्टिगत होती हैं। इनमें कथ्य की विविधता और विस्तार तो मिलता ही है, शिल्प की ताजगी भी है। यात्रा-साहित्य के रचनाकारों ने देश तथा विदेश की अपनी यात्राओं में वातावरण को खुली आँख से देखा है। वे प्रकृति के प्रति आत्मीयता व्यक्त करते हैं और बिगड़ते पर्यावरण के प्रति अपनी चिन्ता व्यक्त करते दिखाई देते हैं। नदी, पहाड़, बादल, वर्षा, सागर, सड़कें, वनवीथिका, राजप्रासादों से लेकर दुर्ग, मन्दिर, नगर, गाँव और कस्बों के चित्र ये लेखक रुचिपूर्वक उकेरते दिखाई देते हैं। मनुष्य की जिजीविषा, संघर्ष, आशा-निराशा, हर्ष-विषाद, सभ्यता-संस्कृति, कला, दर्शन आदि के व्यापक एवं सूक्ष्म अंकन के प्रति भी वे सचेत हैं।

यात्रावृत्तान्तों में हम प्रायः लेखक के दृष्टिकोण को देख पाते हैं। उसकी प्राकृतिक दृष्टि, दार्शनिक दृष्टि और मनोरंजनमूलक दृष्टि वहाँ उपस्थित मिलती है। वास्तव में प्राकृतिक दृष्टि का यात्राओं में बड़ा महत्त्व है। प्रकृति मानव की आदिम सहचरी है। आधुनिक यात्रावृत्तान्त-लेखकों ने भी प्राकृतिक दृश्यों का वर्णन तल्लीन होकर किया है। जैसे धर्मवीर भारती का मनमोहक प्राकृतिक दृश्यों के अंकन में खूब रमा है। यहाँ बहुत नहीं, मात्र एक उद्धरण देना ही पर्याप्त रहेगा। देखें—"दक्षिणी तट का शान्त, कहीं अंगूरी, कहीं धानी, कहीं फीरोजी, कहीं मन्दिर के पुराने पवित्र काई जमे पोखरों जैसे रंगवाला सुहावना समन्दर, द्वीप को चक्र की तरह घेरे हुए लहरें उछालती प्रवाल रेखा, और उत्तरी तट का गहरा नीला और चट्टानों से टकरा कर फेन उगलता विक्षुब्ध महासागर—गाढ़ी काली रात में ज्वालामुखी के शून्य वृत्ताकार क्रेटर पर खड़े होकर सचमुच आकाश छूने और तारे तोड़ लाने का अहसास, नीले धुंध में डूबे पहाड़, मीलों फैले गन्ने के खेत, चीड़ के जंगल, पानी की लहराती झीलें, सारे द्वीप में हर सड़क पक्की, छोटे-छोटे कलात्मक कॉटेज, शमारेल की वह रहस्यमयी रंगबिरंगी धरती और पांपिलेमूस के थालीदार पत्तों वाले शतदल कमल और सैकत तटों के जादू रेखाओं वाले शंख और चीड़ वनों के बारहसिंगे—अचरज होता है कि इस छोटे-से द्वीप को विधाता ने कैसे प्रेरित क्षणों में गढ़ा होगा! कौन-सा देश है दुनिया में जहाँ प्रकृति ने इतना सौन्दर्य बाहर बिखेरा हो और इतना भावभीना प्यार लोगों के हृदयों में! ये दो आयाम हैं, इस इन्द्रधनुषी द्वीप के आन्तरिक और बाह्य सौन्दर्य के—" (मॉरीशस : इन्द्रधनुष, काँपती प्रत्यंचा, यात्राचक्र, पृष्ठ 107)

पिछले कुछ वर्षों में प्रकाशित 'मॉरीशस-यात्रा' के कई वृत्तान्त पढ़ने को मिलते हैं। इनमें अलग-अलग प्राकृतिक छवियाँ उकेरी गई हैं। इन छवियों में निश्चय ही लेखकों का अपना दृष्टिकोण, स्वानुभूति, अनुभव और विचारधारा सक्रिय है। माजदा असद ने जहाँ मॉरीशस के समाज को निकट से देखा है, वहीं वहाँ की प्रकृति को सहचरी के रूप में उकेरा है। इसके विपरीत हरिमोहन ने अपनी मॉरीशस-यात्रा को

शब्दबद्ध करते हुए वहाँ के इतिहास और लोकमान्यताओं की पृष्ठभूमि में वहाँ की प्रकृति को मुक्त मन से देखा है। संदर्भित यात्रावृत्तान्त की कुछ पंक्तियाँ पढ़कर देखें—"सामने 'मुड़िया' पहाड़ था। अपने समूचे वजूद, अपनी समूची गरिमा, अपनी समूची करुणा और अपनी समूची बेचारगी के साथ। पत्थर बन कर स्थिर हो गई वह मानव-आकृति मॉरीशस की जातीय अस्मिता का हिस्सा है। यह पहाड़ मॉरीशस के बदलते हुए इतिहास, भूगोल और वहाँ के समाज एवं संस्कृति का मूक साक्षी है। प्रायः दुनिया के सभी देशों में ऐसे पहाड़, ऐसे सागर, या ऐसी नदियाँ, ऐसे वृक्ष...हैं, जिनके साथ वहाँ के लोगों का भावात्मक सम्बन्ध होता है। यह सम्बन्ध नया नहीं होता, सदियों पुराना होता है। इसलिए उस समाज के लोग उनसे जुड़े रोमांचक, रोचक और आस्था एवं श्रद्धामंडित मिथक घड़ लेते हैं। हम देर तक निहारते कि बादलों के अनचाहे झुण्ड ने हमला बोल दिया। वे बिना गरजे बरसने लगे। लगता है सारी दुनिया के बादलों का चरित्र एक जैसा है! हल्की-हल्की फुहारें, जैसे सावन के महीने में हमारे यहाँ होती हैं। मन था हम दो साथियों का उन फुहारों में भीगने का। लेकिन बाकी तीन साथी भागने की उतावली में थे। इसी भीगने और भागने के बीच ही कुछ यादगार तस्वीरें लीं।" (मॉरीशस : ईश्वर ने सब कुछ खुले हाथों दिया है, सूरजकुण्ड से पाताल लोक तक, पृष्ठ 154)

प्रकृति के बहुविध चित्र प्रायः सभी यात्रावृत्तान्तों में मिलते हैं। लेकिन उनका टटकापन, संवेदनशील अंकन, दृश्यों के साथ जुड़ जाने और कल्पना-लोक में बहते चले जाने की स्थितियाँ कवि-हृदय लेखकों के ही वृत्तान्तों में देखी जा सकती हैं। ऐसा एक उदाहरण इन पंक्तियों के रूप में देखें—"हम लोग समुद्र-तट पर पहुँचे ही थे कि पौ फटी। हल्का धुँधलका क्रमशः ज्योतिर्मय होता चला गया। पश्चिमी तट होने के कारण समुद्र से उगते हुए सूरज के दर्शन तो पुरी की तरह सम्भव नहीं थे, लेकिन इसके साक्षी हम लोग बने कि 'बदलता है रंग आसमाँ कैसे-कैसे।'. ..मुझमें भी कविता का स्रोत फूटा और सहयात्रियों को रह-रह कर रस-सिक्त करने लगा। अपार जल-राशि का क्षितिज-स्पर्शी सुनील विस्तार प्रभु की विभूति ही है। गीता में कहा ही गया है—'सरसामरीम सागरः' जलाशयों में मैं समुद्र हूँ। विराट् का सान्निध्य मन को विराट् बनाता ही है। सागर की तरंगों की ही तरह हम लोगों के हृदयों में भी आनन्द की ऊर्मियाँ उठ रही थीं।" (विष्णुकान्त शास्त्री, सुधियाँ उस चंदन के वन की, पृष्ठ 115)

इसी क्रम में हम विष्णु प्रभाकर के एक यात्रावृत्तान्त से कुछ पंक्तियाँ उद्धृत करते हैं—"एक बार जी भर कर उस रूप को देखा। वह वर्णातीत रूप, वह पारदर्शी हिमानी, उड़ते जल-सीकर निरन्तर रिमझिम-रिमझिम बूँदों से बनी झाड़ फानूस की सहस्रों सीढ़ियाँ और उन सब पर पड़ती हुई सूर्य की किरणें जो प्रतिक्षण असंख्य इन्द्रधनुषों का निर्माण करती हैं। प्रकृति का यह अनन्त मुक्त विस्तार, यह निर्विकल्प

सत्ता की बोधमयता कैसे लिखूँ? क्या आनन्द था? ब्रह्मानन्द सहोदर ऐसा ही तो होता होगा।..." (ज्योतिपुंज, पृष्ठ 105)

प्रकृति-अंकन के उदाहरण अनेक दिए जा सकते हैं, किन्तु विस्तार-भय से सम्प्रति इतने ही पर्याप्त हैं। इस सन्दर्भ में इतना ही कहा जा सकता है कि प्रायः सभी लेखकों ने प्रकृति के नयनाभिराम चित्र खींचे हैं। चाहे वे चित्र प्रातः के हों, सन्ध्या के, रात्रि के अथवा टीक दोपहरी के। हिमालय की पर्वत श्रेणियों के हों, आल्पस के या फिर नीलगिरि के। गंगा-यमुना के हों, टेम्स के या किसी अन्य नदी के। हिन्द महासागर के हों या अटलांटिक महासागर के।

प्रकृति के साथ मनुष्य का रिश्ता आदिम है। प्रकृति के क्रोड़ में तमाम संघर्ष झेलते हुए, सुख-दुःख के बीच से उसने अपनी जीवन-यात्रा को अग्रसर किया है। मनुष्य की इस जिजीविषा पर, उसकी सभ्यता और संस्कृति पर, खान-पान, रीति-रिवाज एवं जीवन जीने के ढंग पर, उसकी, उसके समाज की मान्यताओं, लोक-विश्वासों तथा दार्शनिक चिन्तन पर, कला-साहित्य और विज्ञान की प्रगति पर साहित्यिक यात्रिकों ने खूब लिखा है। इसी क्रम में उस समाज की अच्छाइयों-बुराइयों की ओर संकेत भी किया है। साथ ही हम पाते हैं कि देशान्तर भले ही हो, मनुष्य की चिन्ताएँ, इच्छाएँ, मूलभूत आवश्यकताएँ, भावनाएँ आदि प्रायः समान ही हैं। सबको अपने-अपने देश के रीति-रिवाज, जीवन-शैली से प्यार है। इस सन्दर्भ में पहले हम एक उदाहरण चित्रकार यायावर सुशील कालरा के एक यात्रावृत्तान्त से पढ़कर देखें—'पब' से जुड़ते पार्क में जिस बेंच पर हम बैठे थे, वहाँ एक जोड़ा आकर बैठ गया है तथा सरेआम एक-दूसरे को चूमने में लगा है। 'वास्तव में हमारा देश भिन्न है, यहाँ के वे रीति-रिवाज भिन्न हैं, जीने के अन्दाज भिन्न हैं, और हमारी सैक्स लाइफ़ भी भिन्न है। इण्डियन पेनिनसुला के लोगों को भले ही हम अजीब लगें, किसी दूसरे विकसित देश के लोगों को भी हमारी जीवन-शैली अजीब लगे, पर हमें अपने जीने के अन्दाज़ पर फ़ख्र है। हम प्रकृति के पुत्र हैं, और प्राकृतिक ढंग से जीना हमारी परम्परा है। यह वाक्य वह बड़ी ही भावुक होकर अपनी मातृभूमि के प्रेम में बहती कह रही थी।" (मध्य रात्रि में सूर्य स्नान, पृष्ठ 8-9)

इस तरह के अनेक उदाहरण राजेन्द्र अवस्थी के यात्रावृत्तान्तों में पढ़ने को मिल जाएँगे। उन्होंने दुनिया के प्रायः हर देश की यात्रा की है, और उन देशों के समाज को, वहाँ की परम्पराओं को बहुत अच्छी तरह देखा है। 'अजनबी दुनिया के दोस्त' में इनका बहुत ही प्रामाणिक वर्णन मिलता है। वे प्राचीन राजमहलों से लेकर आधुनिक गगनचुम्बी अट्टालिकाओं, कब्रों, विश्वविद्यालयों से लेकर सैक्स की दुकानों तक, नए-पुराने बाजारों, मेलों, थिएटरों, होटलों, सिनेमाघरों, पेरिस, लंदन, मास्को, न्यूयार्क, शिकागो, प्राहा, टोक्यो जैसे विश्वप्रसिद्ध महानगरों से लेकर सुदूर

देहाती इलाकों, जंगलों तक के दृश्यों को शब्दबद्ध करते हैं। सबसे बड़ी बात यह है कि उनके इन यात्रावृत्तान्तों में तथ्यात्मकता के साथ-साथ गहन मानवीय संवेदना और आत्मीयता व्याप्त है।

इस दृष्टि से गोविन्द मिश्र के यात्रावृत्तान्त भी उल्लेखनीय हैं। अपने एक यात्रावृत्तान्त में जहाँ वे अमेरिका की पुलिस व्यवस्था की प्रशंसा करते हैं, उसमें मानव के प्रति सम्मान की भावना और मानवीयता के गुण को रेखांकित करते हैं, वहीं मनुष्य-मनुष्य के बीच के भेद-भाव की भर्त्सना भी करते हैं। मानवीय संवेदनाएँ—करुणा, प्रेम और देने की भावना को वे किसी एक देश की सभ्यता-संस्कृति की मिल्कीयत नहीं मानते। बल्कि उनकी दृष्टि में ये वे मानवीय मूल्य हैं, जो संसार में मनुष्य को एकता प्रदान करते हैं और उसे भौगोलिक सीमाओं से ऊपर उठाते हैं। यथा, वे एक जगह लिखते हैं—"बच्ची का स्नेह मुझे कितनी शान्ति दे रहा था...तो मेहमान का ख्याल करना किसी देश की बपौती नहीं है! मनुष्य में यह बुनियादी है, इसका ताल्लुक आदमी की उस भावना से है जो उसके भीतर दूसरे के लिए स्वतः उमड़ती है...और यह मैं उस बच्ची में साफ देख रहा था। शुरू में प्यार कितना मासूम होता है...किसी के लिए भी उमड़ता है। धीरे-धीरे यह कैद होता जाएगा...देश, भाषा, इलाकों के घरों में।" (दरख्तों के पार शाम, पृष्ठ 42)

एक बात और लक्ष्य करने की है कि विदेशी परिवेशवाले अधिकांश यात्रावृत्तान्तों में अपने देश की स्मृति रह-रह कर लेखक को सताती या गुदगुदाती रहती है। कई बार लेखक उन देशों की, वहाँ के समाज की, वहाँ की प्रकृति की, वहाँ के रीति-रिवाजों की तुलना अपने देश से करने लगता है। इन जीवनानुभवों को जब लेखक पाठक के साथ बाँटता है, तो पाठक का ज्ञानार्जन तो होता ही है, उसे भी एक नई अनुभूति होती है और उसकी राष्ट्रीय भावना परिपुष्ट होती है। यहाँ हमें विशेष रूप से धर्मवीर भारती के वे यात्रावृत्तान्त याद आते हैं, जो उन्होंने इंग्लैण्ड और जर्मनी को लेकर लिखे हैं।

इतिहास-भूगोल और विज्ञान की अपरिमित प्रगति के विषय में भी इस कालावधि के यात्रावृत्तान्त बहुत ही प्रामाणिक जानकारी देते हैं। राजेन्द्र अवस्थी, श्यामसिंह, 'शशि', राजेन्द्र जोशी, गोविन्द मिश्र, प्रदीप पंत आदि के यात्रावृत्तान्त इस दृष्टि से सर्वाधिक महत्त्वपूर्ण हैं।

इधर बल्लभ डोभाल, नेत्रसिंह रावत, हरिमोहन और एस.आर. हरनौट—जैसे यात्रावृत्तान्त लेखकों ने अपने लेखन के लिए विशेष रूप से हिमालय के दुर्गम स्थलों को चुना है। उन्होंने जहाँ हिमालय के सौन्दर्य को शब्दबद्ध कर पुनः रचा है, वहीं यहाँ के समाज का जीवन्त चित्रण किया है। बल्लभ डोभाल जहाँ गढ़वाल, हिमाचल प्रदेश और तिब्बत की यात्राएँ कर लौटते हैं, वहीं नेत्रसिंह रावत कुमाऊँ के पिथौरागढ़

जनपद की मुंश्यारी जैसी जगहों के अछूते सौन्दर्य को औपन्यासिक धरातल प्रदान करते हैं। इनसे अलग हरिमोहन ने गढ़वाल के दुर्गम स्थलों तथा देश-विदेश की यात्राओं को अनूठे ढंग से सँजोया है। जबकि एस.आर. हरनौट हिमाचल की किन्नौर, स्पीत, लाहुल और मणिमहेश–जैसे स्वर्गिक स्थलों की रोमांचक यात्राएँ कर अपने अनुभवों को शब्दबद्ध करते हैं। ऐसे यात्रावृत्तों में से एक से कुछ पंक्तियाँ पढ़कर देखें–''पूह से आगे हरियाली नहीं है। कहीं-कहीं दो-चार पेड़ दीख जाएँ तो मन खिल उठता है। इन्हें बस से गिना जा सकता है। वहाँ पेड़ प्राकृतिक कम और लोगों द्वारा उगाए ज्यादा हैं। पाँच किलोमीटर के बाद एक लम्बा पुल डबलिंग गाँव के मध्य पहुँचता है। सतलुज नदी से काफी ऊँचाई पर यह पुल है।...विशाल चट्टानें हैं, डरावने पहाड़ हैं। कहीं-कहीं तो लगता है ये ऊपर गिर जाएँगे। जैसे आसमान से डोरियों में लटकाए गए हों। नदी के ऊपर तैर रहे हों। इनके मध्य से लड़ियों में झरने नीचे भाग रहे हैं। बच्चों की तरह, जैसे माँ को ढूँढ़ते चले आ रहे हों और सतलुज एक पल ठहरकर उनको अपने आँचल में सिमटने को अपनी रफ्तार रोके हुए है। नदी, पहाड़ सब कुछ सिमटने लगा है। सड़क गली हो गई है। विस्मयकारी दृश्यों और दहाड़ती नदी का शोर कानों को बहरा बना रहा है। कुछ देर बाद ऐसा लगता है हम कहीं डरावनी गुफा में पसर गए हैं। दिन को अंधेरा हो गया है। आसमान ऊपर नहीं है। पहाड़ों की ऊँची नंगी चट्टानों से युक्त दीवारों के बने किसी खण्डहर में बस रुक गई है।...दो नदियों का डरावना शोर। पहाड़ों से टकराता हुआ। बिलकुल सटकर भी किसी का कुछ सुनाई नहीं पड़ता। दो तरफ गलियाँ सी हैं। जैसे लम्बी-लम्बी सुरंगें बनाई गई हों और उनसे नदियों को बाहर फेंक दिया गया हो।'' (यात्रा, एस.आर. हरनौट, पृष्ठ 99)

शिल्प की दृष्टि से दो दशकों के यात्रावृत्तान्त बेजोड़ हैं। उनकी भाषा में बिम्बधर्मिता, सहजता और प्रवाह, काव्यात्मकता और कहीं-कहीं नाटकीयता, अनेक भाषाओं-बोलियों के नए-नए शब्दों की दीप्ति विद्यमान है, जो इनकी अद्‌भुत रचनात्मकता को उजागर करती है। इन्हें पढ़ते हुए एक जादू-सा सिर पर चढ़कर बोलने लगता है, जो पाठक को बाँध लेता है। अनेक लेखकों के यात्रावृत्तान्त ललित निबन्धों की तरह आत्मीयता, स्वच्छन्दता और पाण्डित्य से सिंचित हैं। उनमें रिपोर्ताज तथा रेखाचित्र की-सी चित्रोपमता और प्रवाह-क्षमता है। बीच-बीच में आए हास्य-व्यंग्य और विनोद, नाटकीयता, मुहावरे तथा लोकोक्तियाँ इन वृत्तान्तों को जीवन्त और रोचक बना देते हैं। स्थानीयता के रंग (Local colours), सीधी सरल, सहज और प्रवाहपूर्ण भाषा में उपमा, रूपक, उत्प्रेक्षा तथा मानवीकरण–जैसे अलंकार एक नई चमक पैदा करते हैं।

बहुत अधिक विस्तार में न जाकर, हम केवल एक उद्धरण देना ही पर्याप्त समझते हैं, जिसके द्वारा हमारे उक्त कथन की पुष्टि हो जाती है। देखें–''पहले

तो मैं यह भी नहीं पहचान सका कि ये फूल कौन-से हैं, विमुग्ध रंग-हत खड़ा रहा। टूली रंग का लाल इस कदर चमकीला हो सकता है? और गुलाबी? और यह बैंजनी? यह नीला? कभी-कभी सपनों में जो असम्भव दिखाई देते हैं न, उससे भी ज्यादा असम्भव अद्‌भुत रंग। और खेत के खेत! रंग-रंग के जाल मानो सहसा फैले और मुझे उलझा ले गए।...और जब चेतना लौटी तो महसूस हुआ कि अब लन्दन अजनबी नहीं रहा। अभी तक मानो कोहरे की दीवार थी और मैं लन्दन के बाहर था, दरवाजे बन्द थे। शहर निष्प्राण था, जड़ निस्पन्द! ट्यूलिप मिलते ही लगा जैसे कोई एक बन्द दरवाजा, लन्दन का कोई अन्तरंग द्वार खुला और मैं अन्दर ले लिया गया। फूलों-लिखे आमन्त्रण-द्वारा!" (कोहरे का नगर : ट्यूलिप के द्वार, यात्रा-चक्र, धर्मवीर भारती, पृष्ठ 25)

हिन्दी पत्रकारिता : महानगर से ग्रामीण अंचलों तक

डॉ. योगेन्द्र नाथ शर्मा 'अरुण'

बीसवीं शताब्दी विश्व को यूँ तो अनेक क्षेत्रों में विलक्षण प्रगति का अवसर देकर विश्व मानवता की समृद्धि की शताब्दी बन गई है, तथापि जन-संचार, मुख्यतः पत्रकारिता के क्षेत्र में जो अभूतपूर्व प्रगति इस शताब्दी के अन्तिम दो दशकों में हुई है, वह बेजोड़ और आश्चर्यचकित करने वाली रही है। पत्रकारिता के क्षेत्र में आई अपूर्व क्रान्ति ने यों तो पूरे विश्व को ही चौंका कर रख दिया है, लेकिन हिन्दी-पत्रकारिता के क्षेत्र में इधर जो क्रान्ति आई है, उसके कारण भारत, विशेषतः हिन्दी भाषी प्रदेशों में हिन्दी का वर्चस्व बहुत बढ़ा है।

स्वाधीनता के पश्चात् लगभग तीन दशकों तक भारत की पत्रकारिता मूलतः 'अंग्रेजी वर्चस्व की पत्रकारिता' ही रही, हिन्दी-पत्रकारिता के क्षेत्र में राजधानी दिल्ली से 'नवभारत टाइम्स', 'हिन्दुस्तान', 'वीर अर्जुन' जैसे दैनिक समाचार-पत्रों के साथ 'धर्मयुग', 'साप्ताहिक हिन्दुस्तान', 'दिनमान', 'ब्लिट्ज' आदि साप्ताहिक और 'कादम्बिनी', 'सरिता,' 'सारिका,' 'नन्दन', 'आजकल' आदि मासिक पत्र-पत्रिकाएँ ही प्रमुख रूप से जानी-मानी जाती थीं। राज्यों में भी लखनऊ, भोपाल, इन्दौर, इलाहाबाद, चण्डीगढ़, पटना, जयपुर आदि से पत्र-पत्रिकाएँ निकल रहे थे, किन्तु प्रसार संख्या तथा संसाधनों की दृष्टि से हिन्दी-पत्रकारिता का कोई दबदबा सा नहीं बन पाया था, यह एक वास्तविकता ही है।

आज भारत की हिन्दी-पत्रकारिता राष्ट्रीय स्तर से ग्रामीण अंचलों तक फैलती जा रही है, यह एक ऐसा तथ्य है जिसे सर्वत्र आश्चर्य के साथ देखा और स्वीकार किया जा रहा है।

जन-संचार के प्रमुख साधनों में स्वाधीनता-पूर्व तक केवल पत्र-पत्रिकाएँ ही सर्वोपरि स्थान पर थे, रेडियो धनाढ्य वर्ग का सूचना-माध्यम माना जाता था।

भारतेन्दु बाबू हरिश्चन्द्र के उदयकाल की सबसे बड़ी और महत्त्वपूर्ण उपलब्धि मेरी दृष्टि से 'हिन्दी-पत्रकारिता' का उदय ही है। हिन्दी-साहित्य के पितामह भारतेन्दु हरिश्चन्द्र को ही यदि आज की 'हिन्दी-पत्रकारिता' का जन्मदाता कहा

जाए, तो कोई अतिशयोक्ति नहीं होगी। संवत् 1925 अर्थात् सन् 1873 ई. में 'कविवचन सुधा' नाम से पत्रिका निकालकर तत्कालीन हिन्दी-रचनाकारों की रचनाएँ छापने वाले भारतेन्दु बाबू हरिश्चन्द्र ने 5 वर्ष बाद ही संवत् 1930 में 'हरिश्चन्द्र मैगज़ीन' नाम से एक पत्रिका निकाली थी। इसका नाम ही अंग्रेजी के प्रभुत्व की ओर इंगित कर रहा है, जिसे स्वाभिमानी हिन्दी प्रेमी भारतेन्दु हरिश्चन्द्र ने आठ अंकों के पश्चात् 'हरिश्चन्द्र चन्द्रिका' कर दिया था। इसके बाद भारतेन्दु जी ने संवत् 1931 में 'स्त्री शिक्षा' को समर्पित पत्रिका 'बालाबोधिनी' निकाली थी। निश्चय ही, शताब्दी पूर्व 19वीं शती में भारतेन्दु बाबू हरिश्चन्द्र द्वारा निकाली गई उक्त तीन पत्रिकाएँ ही 'हिन्दी-पत्रकारिता' की दृढ़ आधारभूमि बनी हैं।

हिन्दी-साहित्य के इतिहास की एक विशेष घटना यह है कि बीसवीं शताब्दी में साहित्यकार मूलतः 'पत्रकार' भी बन गए और परम्परागत काव्य रचना के साथ-साथ नई विधा के रूप में कहानी, उपन्यास, निबन्ध आदि के विकास में हिन्दी की पत्रकारिता का मूल्यवान योगदान रहा है। सच तो यह है कि रिपोर्ताज, संस्मरण, यात्रा-साहित्य, पुस्तक-समीक्षा, इण्टरव्यू तथा अन्य कई आधुनिक विधाएँ तो पत्रकारिता की ही देन रही हैं।

भारतेन्दु-युग के साहित्यकार पं. प्रतापनारायण मिश्र ने 'ब्राह्मण' पत्र निकाला, तो पं. बालकृष्ण भट्ट ने संवत् 1933 में 'हिन्दी-प्रदीप' आरम्भ किया, जो तीन दशक तक निकलता रहा।

भारतेन्दु-युग में हिन्दी के प्रति समर्पित अनेक लेखकों ने 'हरिश्चन्द्र-चन्द्रिका' से प्रेरणा लेकर स्वयं के 'प्रेस' लगाए और मासिक पत्र निकालकर पत्रकारिता के माध्यम से राष्ट्रीय-जागरण का महान कार्य किया। बाबू तोताराम ने अलीगढ़ से 'भारत बन्धु' पत्र का प्रकाशन् किया, तो महाराष्ट्रीय-ब्राह्मण पं. केशव राम जी भट्ट ने संवत् 1929 में 'बिहार बन्धु' पत्र निकाला था!

स्वाधीनता-पूर्व की हिन्दी-पत्रकारिता में मील के पत्थर के रूप में आचार्य पं. महावीर प्रसाद द्विवेदी का नाम गर्व के साथ लिया जाता रहेगा। सन् 1903 में 'सरस्वती' के सम्पादन का कार्य सँभालने के बाद आचार्य द्विवेदी पूर्णतः हिन्दी-पत्रकारिता के माध्यम से हिन्दी-सेवा में जुट गए थे। पं. माधव प्रसाद मिश्र, बाबू गोपाल राम गहमरी, देवकीनन्दन खत्री, के साथ-साथ हिन्दी-पत्रकारिता के एक अन्य प्रभावान नक्षत्र बाबू, बालमुकुन्द गुप्त का योगदान अविस्मरणीय ही है। बाबू बालमुकुन्द गुप्त के प्रधान सम्पादकत्व में प्रकाशित 'भारत मित्र' स्वयं में 'सरस्वती' से कम महत्त्वपूर्ण नहीं रहा। इसी क्रम में पं. चन्द्रधर शर्मा 'गुलेरी' के सम्पादन में जयपुर से प्रकाशित 'समालोचक' का प्रकाशन साहित्य की भाषा एवं शैली को एकरूपता देने का महत्त्वपूर्ण उद्देश्य लेकर निकाला गया था।

इस अत्यन्त संक्षिप्त विवरण से यह तथ्य स्पष्ट रूप से उभरकर आ रहा

है कि स्वाधीनता से पूर्व 20वीं शताब्दी की हिन्दी-पत्रकारिता मूलतः साहित्यकारों की समर्पित भावना और हिन्दी-चेतना का सुफल रही है। साधनहीन रचनाकारों ने सामाजिक, सांस्कृतिक, राजनीतिक, साहित्यिक, आर्थिक एवं धार्मिक विषयों पर तात्कालिक प्रभाव उत्पन्न करने तथा जन-चेतना जाग्रत करने के उद्देश्य से ही पत्रकारिता के माध्यम को अपनाया और नई-नई विधाओं का सूत्रपात हुआ।

स्पष्ट है कि स्वाधीनता-पूर्व हिन्दी की पत्रकारिता मूलतः साहित्य-सृजन से जुड़ी रही और लेखकों ने साहित्य की नई विधाओं के प्रचार-प्रसार का माध्यम पत्रकारिता को बनाया, अतः पत्रकारिता का रूप 'मिशनरी' रहा, व्यावसायिक नहीं बन सका।

स्वाधीनता के पश्चात् भारतीय गणतन्त्र के एक स्तम्भ के रूप में 'पत्रकारिता' को संविधान में मान्यता मिली, तो सहज ही, राष्ट्रीय स्तर पर जनसम्पर्क का माध्यम पत्रकारिता बन गई। अंग्रेजी-साम्राज्य विगत दो सौ वर्ष अपनी भाषा और संस्कृति को लेकर भारतीयों के चिन्तन पर हावी रहा था, अतः आजादी के बाद भी लगभग दो दशकों तक राष्ट्रीय स्तर पर अंग्रेजी-पत्रकारिता का दबदबा बरकरार रहा और हिन्दी-पत्रकारिता को साधनहीनता के कारण दूसरे दर्जे का ही माना जाता रहा।

सत्तर का दशक रेडियो, दूरदर्शन और सिनेमा के रूप में जन-संचार के क्षेत्र में 'प्रिण्ट मीडिया' के सामने चुनौती के आरम्भ का दशक माना जाता है। राजनीति में मची उथल-पुथल और 'आपात्काल' की गहमा-गहमी में 'प्रेस के दमन' के कारण जो व्यापक चेतना समाज में आई, उसने हिन्दी-पत्रकारिता को जैसे झकझोर दिया। 'सेंसरशिप' के पंजों में छटपटाती भारतीय पत्रकारिता को 'स्वतन्त्र पत्रकारिता का बोध' ऐसी शिद्दत के साथ हुआ कि 'पंजाब केसरी' जैसे अखबारों ने जान की बाजी लगाकर पत्रकारिता की गरिमा और आजादी को अक्षुण्ण रखा।

मेरी स्पष्ट मान्यता है कि आपात्काल के दौरान भारतीय प्रेस पर जो हमले 'सेंसरशिप' की आड़ में सरकार द्वारा किए गए, उन्हीं की जबरदस्त सकारात्मक प्रतिक्रिया भारतीय पत्रकारिता विशेषतः हिन्दी-पत्रकारिता के गौरव तथा विस्तार की सशक्त आधारभूमि बनी है। अंग्रेजी पत्रकारिता को आपात्काल में अपेक्षाकृत कम दमन सहना पड़ा, चूँकि वह 'मासेज' यानि जनता के साथ कम और 'क्लासेज' यानि उच्च एवं अभिजात्य वर्ग के साथ अधिक जुड़ी हुई थी।

यहीं से बीसवीं शताब्दी के अन्तिम दो दशकों की हिन्दी-पत्रकारिता की वह गौरवपूर्ण 'विस्तार-यात्रा' आरम्भ होती है, जिसमें बड़ी तेजी से हिन्दी-पत्रकारिता 'राष्ट्रीय स्तर' से 'ग्रामीण अंचलों' तक पहुँच गई है।

यद्यपि आज 'प्रिण्ट मीडिया' अर्थात् 'प्रेस' को एक जबरदस्त चुनौती 'इलैक्ट्रॉनिक मीडिया' अर्थात् रेडियो, टी.वी. और अब इण्टरनेट से मिल रही है, लेकिन कुछ ऐसे तात्त्विक कारण हैं, जिनके कारण पत्रकारिता के क्षेत्र में 'प्रिण्ट'

माध्यम का कोई विकल्प नहीं मिल सका। भले ही 'रेडियो' और 'टी.वी.' के माध्यमों की पहुँच 'तुरन्त' और 'व्यापक' के दो तत्त्वों के कारण अपेक्षाकृत अधिक है, लेकिन मानव की मनोवैज्ञानिक सन्तुष्टि का सहज स्वाभाविक तत्त्व उसे 'प्रिण्ट मीडिया' तक बरबस ही पहुँचा देता है।

आज हिन्दी-पत्रकारिता का जो स्वरूप हमारे सामने है, वह 20वीं शताब्दी के अन्तिम दो दशकों की ही देन है। उत्तर भारत, विशेषतः उत्तर प्रदेश, हरियाणा, पंजाब, दिल्ली, हिमाचल प्रदेश, चण्डीगढ़ तथा राजस्थान में जिस तेज़ी से हिन्दी-पत्रकारिता 'राष्ट्रीय' से महानगरीय, नगरीय, कस्बाई और अब ग्रामीण स्तर तक फैलती जा रही है, उसे हम जनसंख्या में हुई वृद्धि, शिक्षा-क्षेत्र में हुई प्रगति और ग्रामों तक पहुँची जन चेतना के नाम पर नकार नहीं सकते।

अपने विचारों की सम्पुष्टि के लिए मैं कुछ ऐसे दैनिक समाचार-पत्रों का उल्लेख करना चाहूँगा, जो सत्तर के दशक में मात्र 'राष्ट्रीय' अथवा 'राज्य-सीमा' में ही प्रसारित-प्रचारित थे, लेकिन इस शताब्दी के आरम्भ से पूर्व की 20वीं शती के अन्तिम दो दशकों में आशातीत विस्तार करते हुए वे ग्रामीण अंचलों में धाक जमा चुके हैं।

सर्वप्रथम राष्ट्र की राजधानी दिल्ली से प्रकाशित दैनिक 'नवभारत टाइम्स' को लें, जो विगत दो दशकों में दिल्ली से लखनऊ, जयपुर, भोपाल पहुँचा और महानगर से नगर, कस्बे और गाँवों तक दस्तक देने वाला दैनिक बना। 'जनसत्ता' दिल्ली से निकलकर पंजाब, हरियाणा, हिमाचल प्रदेश और जम्मू-काश्मीर के नगरों, कस्बों में दस्तक देने चण्डीगढ़ आ गया। 'दैनिक हिन्दुस्तान' दिल्ली से लखनऊ पहुँचा और अब मेरठ आने को है। 'राष्ट्रीय सहारा' भी दिल्ली से लखनऊ पहुँच गया।

दूसरी ओर 'पंजाब केसरी' दैनिक जालन्धर से चला और राष्ट्र की राजधानी दिल्ली में धाक जमा दी और हरियाणा के ग्रामीण अंचलों की दृष्टि से अम्बाला जा पहुँचा।

सबसे लम्बी छलाँग लगाई आगरा के क्षेत्रीय तथा सीमित प्रसार-संख्या वाले 'अमर उजाला' दैनिक ने और सिद्ध कर दिया कि अब हिन्दी-पत्रकारिता महानगरों से ग्रामों तक जाने की तैयारी कर चुकी है। आगरा से मेरठ, बरेली, मुरादाबाद, कानपुर, देहरादून, इलाहाबाद (वाराणसी), झाँसी एवं चण्डीगढ़ (जालन्धर) से प्रकाशित हिन्दी-दैनिक 'अमर उजाला' निश्चय ही 20वीं शती के अन्तिम दो दशकों में 'हिन्दी-पत्रकारिता' को राष्ट्रीय स्तर से ग्रामीण अंचलों तक ले जाने का जीवन्त प्रमाण बन गया है।

इसी के समानान्तर दूसरा समाचार-पत्र है 'दैनिक जागरण', जिसने कानपुर के क्षेत्रीय दैनिक पत्र से अपनी यात्रा आरम्भ करके लखनऊ, गोरखपुर, वाराणसी

(इलाहाबाद), झाँसी, मेरठ, आगरा (अलीगढ़), बरेली (मुरादाबाद), जालन्धर, नई दिल्ली (हिसार), पटना, भोपाल, रीवा और देहरादून तक अपने पाँव फैलाए हैं।

इन दोनों दैनिक पत्रों के साथ ही, जयपुर के दैनिक 'राजस्थान पत्रिका', इन्दौर के 'नई दुनिया' तथा 'भास्कर' आदि का विस्तार होना हिन्दी-पत्रकारिता के बढ़ते वर्चस्व का प्रमाण ही है।

इसी के साथ, मेरठ, मुजफ्फरनगर, सहारनपुर, गाजियाबाद, हरिद्वार, देहरादून जैसे नगरों से दैनिक समाचार-पत्रों, क्रमशः 'दैनिक प्रभात', 'मुजफ्फरनगर बुलेटिन', 'विश्व-मानव', 'शाह टाइम्स', 'दैनिक देहात,' 'दैनिक हिण्ट,' 'भागीरथ टाइम्स', तथा 'वैनगार्ड' आदि के साथ-साथ बिजनौर से छपने वाले 'बिजनौर टाइम्स' जैसे पत्रों का प्रकाशन शती के अन्तिम दो दशकों में हिन्दी-पत्रकारिता के राष्ट्रीय स्तर से महानगरों, नगरों, कस्बों तथा गाँवों तक पहुँचने का ज्वलन्त प्रमाण ही तो है।

इसी के साथ, कस्बों तथा ग्रामीण अंचलों से भी 'साप्ताहिक समाचार-पत्रों' के प्रकाशन में हुई वृद्धि भी हिन्दी-पत्रकारिता के बढ़ते वर्चस्व तथा प्रभाव की ही सूचक है।

कभी-कभी विगत दो दशकों में कई प्रतिष्ठित हिन्दी पत्र-पत्रिकाओं के बन्द होने का प्रश्न उठाया जाता है। इनमें 'धर्मयुग', 'दिनमान', 'साप्ताहिक हिन्दुस्तान', 'सारिका', 'माधुरी' आदि का उल्लेख विशेष रूप से करते हुए हिन्दी-पत्रकारिता के लिए इसे खतरे की घण्टी कहा जाता है।

मैं ऐसा मानने को कतई तैयार नहीं हूँ। मेरी दृष्टि में उक्त पत्र-पत्रिकाओं के बन्द होने के पीछे मुख्य रूप से आर्थिक कारण अधिक प्रभावी रहे हैं। हिन्दी की इन पत्र-पत्रिकाओं के साथ क्या प्रतिष्ठित अंग्रेजी पत्रिका 'इलैस्ट्रेड वीकली' बन्द नहीं हुई है? एक अन्य अंग्रेजी पत्रिका 'कैरवान' का प्रकाशन बन्द नहीं हुआ है क्या?

वस्तुतः 'दूरदर्शन' के अत्यधिक बढ़ते प्रभाव और अनेक मनोरंजन चैनलों पर दैनिक और धारावाहिक रूप से प्रसारित होने वाले 'सीरियल्स' की सहज उपलब्धता के कारण साप्ताहिक, पाक्षिक और मासिक पत्र-पत्रिकाओं के द्वारा कहानियाँ, कविताएँ, लेख आदि पढ़ पाना आदमी को रुचिकर नहीं लगता। आदमी की सहज 'मनोरंजन की भूख' तो टी.वी. मिटा देता है। दैनिक समाचार-पत्र रविवारीय संस्करणों के साथ ही अब खेल संस्करण, कहानी संस्करण, स्वास्थ्य संस्करण, धर्म-संस्कृति और हास्य-व्यंग्य संस्करण जब प्रतिदिन दे रहे हों, तो साप्ताहिक, पाक्षिक एवं मासिक पत्र-पत्रिकाओं पर प्रश्नचिन्ह लगना स्वाभाविक ही है।

दूसरा विशेष कारण है कि आज का आदमी रोजमर्रा की उलझनों में इतना व्यस्त हो गया है कि वह गम्भीर साहित्यिक रचनाओं के स्थान पर नितान्त

हल्की-फुल्की और हास्य-व्यंग्य के साथ-साथ सूचनापरक रचनाएँ पढ़ना ही पसन्द करता है। इसी कारण 'इण्डिया टुडे' जैसी समाचार प्रधान पत्रिका लोकप्रिय हो जाती है, तो दूसरी ओर 'धर्मयुग' और 'साप्ताहिक हिन्दुस्तान' बन्द हो जाते हैं।

मेरी स्पष्ट धारणा है कि दूरदर्शन की बढ़ती लोकप्रियता, इण्टरनेट की संचार क्रान्ति तथा इलैक्ट्रॉनिक मीडिया की तात्कालिक सुलभता के बावजूद 'प्रिण्ट मीडिया' का अपना स्थान और प्रभाव कम कदापि नहीं हो सकता। हिन्दी की पत्रकारिता को विगत दो दशकों में जो विस्तार मिला है और वह राष्ट्रीय स्तर से ग्रामीण अंचलों तक पहुँची है, वह एक सकारात्मक संकेत है हिन्दी-पत्रकारिता के बढ़ते वर्चस्व एवं महत्त्व का, जिसे नकारना सम्भव नहीं है।

अन्तिम दो दशकों का हिन्दी-साहित्येतिहास लेखन

प्रोफ़ेसर हरमहेन्द्र सिंह बेदी

डॉ. बच्चन सिंह का कथन है, "आरम्भ में ही कह दूँ कि न तो आचार्य रामचन्द्र शुक्ल के 'हिन्दी-साहित्य का इतिहास' को लेकर दूसरा नया इतिहास लिखा जा सकता है और न उसे छोड़कर। सन् '72-'73 में जब मैं 'आधुनिक हिन्दी-साहित्य का इतिहास' लिखने की तैयारी कर रहा था तो मुझे कुछ वैसा ही एहसास हुआ। सन् 1989 में मेरी एक दूसरी पुस्तक 'आचार्य शुक्ल का इतिहास पढ़ते हुए' छपी। उस पुस्तक को तैयार करने में मुझे उनके इतिहास के दोनों संस्करणों को अक्षरशः मिलाना पड़ा। उसमें मैंने लिखा है–"नए इतिहास के लिए शुक्ल जी का इतिहास एक चुनौती है।" उनसे बहुत कुछ सीखने के साथ ही उनके ऐतिहासिक पैटर्न को तोड़ना होगा। जब रचनात्मक साहित्य पुराने पैटर्न को तोड़कर नया बनता है तो साहित्य के इतिहास पर वह क्यों न लागू हो? नया पैटर्न बनाना खतरे से खाली नहीं है। नया इतिहास लिखने के लिए यह खतरा उठाना ही होगा।"

शुक्ल जी के इतिहास का संशोधित और परिवर्द्धित संस्करण सन् 1940 में छपा था। उसके प्रकाशन के बाद 50 वर्ष से अधिक का समय निकल गया। इस अवधि में अनेकानेक शोध-ग्रन्थ छपे, नई पाण्डुलिपियाँ उपलब्ध हुईं, ढेर-सा नया इतिहास लिखा गया। नया इतिहास लिखने के लिए यह सामग्री कम पर्याप्त और कम महत्त्वपूर्ण नहीं है। यह भी ध्यातव्य है कि शुक्ल जी का इतिहास औपनिवेशिक भारत में लिखा गया। अब देश स्वतन्त्र है, उसमें लोकतान्त्रिक व्यवस्था है। भारतीय लोकतन्त्र की अपनी समस्याएँ हैं, सांस्कृतिक-सामाजिक संघर्ष हैं, इन्हें देखने-समझने का बदला हुआ नजरिया है। इस नए सन्दर्भ में यदि पिष्टपेषण नहीं करना है तो नया इतिहास ही लिखा जाएगा।

यों तो प्रगतिवाद और अस्तित्ववाद का प्रभाव परतन्त्र भारत के आधुनिक साहित्य पर दिखाई पड़ने लगा है। पर '60 के बाद अस्तित्ववाद अपने चरम उत्कर्ष पर पहुँच गया। आठवें-नवें दशक में, ऐतिहासिक परिप्रेक्ष्य के बदलाव के चलते अनेक नए-नए प्रत्ययों का जन्म हुआ; जैसे–राष्ट्र, औपनिवेशिकता, उत्तर-

औपनिवेशिकता, तीसरी दुनिया, उत्तर-आधुनिकता, वैश्विक ग्राम, खुला बाजार, संचार-माध्यम आदि। इनके माध्यम से विकसित देश—विशेषतः अमेरिका—तीसरी दुनिया पर अपनी संस्कृति लादने लगे। तीसरी दुनिया की संस्कृति पहली दुनिया की संस्कृति का चरागाह है। भारत तीसरी दुनिया में आता है।

स्वतन्त्र होने के बाद हम क्रमशः मानसिक परतन्त्रता में कसते गए। जो काम मेकॉले नहीं कर सका वह बहुराष्ट्रीय कम्पनियाँ, विदेशी अवधारणाएँ और जीवन-शैलियाँ कर रही हैं। इनसे प्रभावित कुछ लोग 'पैस्टीश' संस्कृति का सृजन करने लगे हैं। साहित्य सांस्कृतिक उत्पादन है। अब क्या था, विदेशी विषयवस्तु, शैली और कोड ग्रहण किए जाने लगे। पर अन्य लोगों ने इनको स्वदेशी सन्दर्भों से जोड़ा और कुछ अपनी जड़ों को नए सिरे से खोजने लगे। परम्परा और आधुनिकता में टकराहट हुई और हो रही है। यह शुभ लक्षण है। आधुनिक काल के आठवें-नवें दशक के साहित्य को इस परिप्रेक्ष्य में देखने का प्रयास किया गया है।

इधर टेक्नॉलॉजी ने अध्ययन के नए-नए उपायों का विकास किया है। इसके फलस्वरूप नए पाठक का पुरानी कृतियों से नया रिश्ता बना है। यह रिश्ता पहले के पाठकों से कृति का जो रिश्ता बना था उससे भिन्न होगा। दोनों रिश्तों में एक प्रकार का मूल्यगत संघर्ष होता है। भाषा, शैली, रूपात्मक प्रयोग भी इतिहास का आधार बनते हैं। इसे नये सिरे से अन्वेषित करने की आवश्यकता है।

बदलाव के इस परिपार्श्व में इतिहास के काल-विभाजन, नामकरण और मूल्यांकन में भी परिवर्तन होंगे। यों तो काल-विभाजन सुविधाजीवी होता है। ट्रेवेल्यन का कहना कि "तिथियों की तरह कालावधियाँ (पीरियड्स) तथ्य नहीं होतीं। वे अतीत की घटनाओं के सम्बन्ध में बनाए गए कामचलाऊ प्रत्यय (कांसेप्शन) हैं।" इससे विवेचना में सुविधा होती है। किन्तु ये कालावधियाँ ऐतिहासिक विचारों को प्रायः भटका देती हैं। काल-विभाजन की अवधारणा शुक्ल जी से फुटकल खाता खुलवाती है। वास्तविकता तो यह है कि एक ही कालावधि में अनेक प्रकार की साहित्यिक प्रवृत्तियाँ होती हैं। उनसे या तो सह-अस्तित्व होता है या टकराहट होती है।

पहले 'आदिकाल', मध्यकाल' और 'आधुनिक काल' की संज्ञाओं को लें। इस तरह का काल-विभाजन अब पुराना पड़ गया है। न तो यह साहित्येतिहासकार को मान्य है और न इतिहासकार को। इतिहास-लेखक एक कालावधि को एक शीर्षक में बाँध देता है; जैसे—600 से 321 ई.पू. प्रजातन्त्र एवं राजतन्त्र। साहित्य के इतिहास में भी यह पद्धति अपनाई जा सकती है और अपनाई भी गई है। 'आदिकाल' नाम भ्रामक है। इससे बाबा आदम के जमाने का आभास होता है। भाषा की दृष्टि से 1000 से 1400 ई. का समय महत्त्वपूर्ण है। महत्त्वपूर्ण इसलिए नहीं है कि इससे विभिन्न जातीय भाषाएँ निःसृत हुईं बल्कि इसलिए है कि उसमें अनजाने ही देशी भाषाएँ अपनी जगह बनाने के लिए प्रयत्नशील थीं। अपभ्रंश का

व्याकरण भी देशी भाषाओं के व्याकरण से नहीं मिलता। अब अपभ्रंश को कोई पुरानी हिन्दी नहीं कहता। पर उस काल में अपभ्रंश काव्य का प्राधान्य था। यद्यपि रासो काव्य की अप्रामाणिकता सिद्ध हो चुकी है फिर भी उससे राजस्थानी के उदय का अन्दाज लगाया जा सकता है। सूर-पूर्व ब्रजभाषा की मामूली कृतियों का पता लगा है। पर प्रामाणिक रूप से तीन ही बोलियों का उदय देखा जा सकता है—मैथिली, अवधी और खड़ी बोली का। पहले के प्रयोक्ता विद्यापति हैं, दूसरे के मुल्ला दाउद और तीसरे के अमीर खुसरो। अतः इस काल को 'अपभ्रंश काल : जातीय साहित्य का उदय' कहना अधिक संगत प्रतीत होता है।

भक्तिकाल भक्तिकाल है, मध्यकाल नहीं। मध्यकाल सामान्यतः जकड़ी हुई मनोवृत्ति का परिचायक है। इसे आचार्य हजारी प्रसाद द्विवेदी जकड़ी हुई मनोवृत्ति कहते हैं। मध्यकालीन चित्रवृत्ति में अंग्रेजी की 'मेडियिवल सेंसिबिल्टी' का अर्थ प्रविष्ट हो चुका है। अनेक अर्थों में यह नवजागरण काल है—प्रथम नवजागरण। डॉ. रामविलास शर्मा इसे आधुनिक काल कहना पसन्द करते हैं। अपने अन्तर्विरोधों के बावजूद जिस 'सेक्यूलर' शब्द पर आज बहुत जोर दिया जा रहा है वह अपनी मूल अर्थवत्ता में भक्त-कवियों में मौजूद था। आज के अन्तर्राष्ट्रीय धर्मोन्माद में जलते हुए लोगों को उस काल के भक्तिकाव्य में सुकून मिलता है और इस उन्माद से लड़ने के लिए आध्यात्मिक प्रेरणा। रीतिकाल के कवियों में भी धर्म-निरपेक्षता की आहट सुनाई पड़ती है। भारतवर्ष का इतिहास लिखने वाले कुछ लोगों ने 800-1200 ई. को मध्यकाल ठहराया है। इस दृष्टि से भी भक्तिकाल मध्यकाल नहीं कहा जा सकता।

रीतिकाल वस्तु, शैली, छन्द, रूपविधान में भक्तिकाल से भिन्न भूमिका पर खड़ा है। यह अपने आप में स्वतन्त्र काल है। इसे उत्तर-मध्यकाल कहना गणितीय भ्रमोत्पादन है। शुक्ल जी इसे दो भागों में बाँटते हैं—रीति ग्रन्थकार कवि और अन्य कवि। अन्य कवि एक गोल शब्द है। इस कोटि में अर्थ की दृष्टि से हलके कवि आएँगे। घनानन्द को शुक्ल जी रीतिकाल के सर्वोत्कृष्ट कवियों में मानते हैं। फिर उन्हें अन्य कवियों की बिरादरी में क्यों बैठाया जाता है? यहाँ पर उनकी इतिहास-दृष्टि में खोट दिखाई पड़ती है। प्रवृत्ति की दृष्टि से वे एक को रीविबद्ध और दूसरे को रीतिमुक्त कहते हैं। इसके आधार पर रीतिबद्ध रीतिसिद्ध और अवैज्ञानिक उपविभाजन होते रहे। वास्तविकता तो यह है कि रीतिनिर्मुक्त कोई नहीं है। रीतिकाल नाम इसी को लेकर सार्थक होता है। रीतिमुक्त होकर कोई रीतिकालीन कैसे होगा? रीतिबद्ध और रीतिमुक्त को मैंने उलट दिया है यानी रीतिबद्ध को बहुरीति और रीतिमुक्त को मुक्तरीति कहा है। घनानन्द, ठाकुर, बोधा आदि रीति से सर्वथा मुक्त नहीं हैं। उनमें रीतितत्त्व है, पर उसकी बद्धता नहीं है। इस नाम से नैरन्तर्य भी बना रहता है और उसका बदलाव भी। रीति से मुक्त

होने के लिए जिसने जितना अधिक संघर्ष किया है उसकी संवेदना उतनी ही घनीभूत हो पाई है। इसी काल में हिन्दी शैली की उर्दू कविताएँ लिखी जा रही हैं जिनकी भाषा खड़ी बोली और आत्मा सेक्यूलर है उन्हें भी इस इतिहास में स्थान दिया गया है।

आधुनिक काल कालवाचक होने के साथ ही प्रवृत्तिवाचक भी है। आधुनिक होने की प्रक्रिया का आरम्भ 1857 से होता है। 1857 से 1920 तक का समय नवजागरण-युग है। इस काल के गत्यात्मक परिवर्तनों को देखते हुए छोटे-छोटे युगों की कल्पना की गई है; जैसे—स्वच्छन्दतावाद-युग, उत्तर-स्वच्छन्दतावाद-युग। काल एक अखण्ड प्रवाह होता है और युग काल-खण्डों की पहचान। इस काल में 'छायावाद-युग' अपनी अर्थवत्ता खो चुका है। सन् '75 के अपने एक लेख में मैंने इसे स्वच्छन्दतावाद-युग कहा था। धीरे-धीरे स्वच्छन्दतावाद छायावाद को निराकृत करता गया है। छायावाद के अन्तर्गत केवल काव्य लिया जाता रहा है। गद्य इसमें अन्तर्भुक्त नहीं हो पाता। एक कालावधि में एक ही मूल-प्रवृत्ति होती है। स्वच्छन्दतावाद शब्द दोनों को अपनी वृत्ति में समेट लेता है। तत्कालीन राष्ट्रीय आन्दोलन भी स्वच्छन्दतावादी ही था। यह नाम राष्ट्रीय सन्दर्भों में भी प्रासंगिक हो उठता है। उत्तर-स्वच्छन्दतावाद की विशेषताओं को नए-नए प्रत्ययों के सन्दर्भ में देखने का प्रयास किया गया है।

साहित्य के इतिहास को साहित्यिक बनाए रखना इतिहासकार का केन्द्रीय धर्म है। इसके लिए शुक्ल जी से सीखा जा सकता है। किन्तु यह सीखना भी अलग किस्म का होगा। पूर्ववर्ती साहित्य तो वही रहता है पर उसे पढ़ने की दृष्टि बदल जाती है। भक्तिकाल को शुक्ल जी ने एक ढंग से पढ़ा और द्विवेदी जी ने दूसरे ढंग से। आज के परिवेश में, जो अन्तर्राष्ट्रीय हलचलों से जुड़ गया है, नए सिरे से पढ़ने की जरूरत है। किसी हद तक हिन्दी-साहित्य को इसी दृष्टि से पढ़ने और इतिहासबद्ध करने का प्रयास किया गया है।

डॉ. बच्चन सिंह के इतिहास की रूपरेखा निम्नलिखित है :

अपभ्रंश काल

हिन्दी भाषा, जाति और साहित्य
अपभ्रंश काव्य और हिन्दी की रचनाएँ
अपभ्रंश और हिन्दी; अपभ्रंश काव्य; बौद्धसिद्ध साहित्य;
चर्यापद; नाथपन्थ; जैन और जैनेतर काव्य; पुराण काव्य; अन्य काव्य
शृंगार और वीर-दर्पपूर्ण काव्य
रासो काव्य
प्राकृत पैंगलम और हिन्दी के कवि

हिन्दी के जातीय कवि; गद्य; अपभ्रंश का रिक्थ।

भक्तिकाल (1400-1650)

भक्ति-आन्दोलन

निर्गुण काव्यधारा

सन्त और सूफी काव्य; सन्त काव्य; परवर्ती सन्त, सिक्ख गुरुओं की भक्ति; सूफी काव्य; जायसी-पूर्व सूफी प्रेमाख्यान; परवर्ती सूफी कवि

सगुण काव्यधारा

पांचरात्र और आलवार; सगुण-निर्गुण का द्वन्द्व; कृष्ण-भक्ति काव्य; अष्टछाप के कवि; मधुरोपासक कवि; सम्प्रदाय निरपेक्ष कवि; रामभक्ति काव्य; रसिक सम्प्रदाय; अन्य कवि; अन्य प्रवृत्तियाँ; रीतिकवि; प्रेमाख्यान दक्खिनी हिन्दी की कविता; भक्तिकाव्य के अन्तर्विरोध।

रीतिकाल (1650-1857)

नामकरण

सामन्ती परिवेश; प्रेरणा स्रोत

बद्ध रीतिकाव्य

रीति-चेतस; काव्य-चेतस; अन्य कवि

मुक्त रीतिकाव्य

अभिजात वर्ग; स्वच्छन्द काव्यधारा

हिन्दी की उर्दू शैली का काव्य

रीतीतर काव्य

वीरकाव्य; भक्ति काव्य; प्रेमाख्यान; लौकिक प्रेमाख्यान; भक्ति काव्य; नीति काव्य; अन्य प्रवृत्तियाँ; अन्तर्विरोध।

आधुनिक काल

नवजागरण-युग : 19वीं सदी का औपनिवेशिक भारत और हिन्दी नवजागरण; खड़ी बोली गद्य का आरम्भिक संघर्ष; फोर्ट विलियम कॉलेज, फोर्ट विलियम कॉलेज के बाहर की हिन्दी; अदालती भाषा; 'हिन्दी नए चाल में ढली'; निबन्ध, नाटक; उपन्यास; आलोचना; ब्रजभाषा काव्य-परम्परा और खड़ी बोली; खड़ी बोली की कविता; 'सरस्वती' का प्रकाशन; 'सरस्वती' कलम के कवि; ब्रजभाषा काव्य; स्वच्छन्द काव्यधारा का समारम्भ; गद्य खण्ड; आलोचना।

स्वच्छन्दतावाद-युग : काव्य-खण्ड; छायावाद या स्वच्छन्दतावाद; जयशंकर

प्रसाद; सूर्यकान्त त्रिपाठी 'निराला'; सुमित्रानन्दन पन्त; महादेवी वर्मा; गद्य-खण्ड—नाटक; उपन्यास; दूसरे उपन्यासकार; कहानियाँ, निबन्ध, समालोचना।

उत्तर-स्वच्छन्दतावाद-युग : नामकरण और समारम्भ; काव्य-खण्ड; विप्लव, गाँधीवाद और प्रणय की रचनाएँ; प्रगतिवाद; प्रयोगवाद; आधुनिकतावाद और नव्य प्रगतिवाद (जनवाद); नाटक : प्रगति और प्रयोग; आधुनिकतावादी तथा जनवादी नाटक; उपन्यास : प्रयोग और प्रगति; सामाजिक, सांस्कृतिक, राजनीतिक उपन्यास; प्रयोगधर्मी और ग्रामांचल; आधुनिकता, नव्य प्रगतिवाद (जनवाद) और उत्तर-आधुनिकता; उत्तर-आधुनिकता; कहानियाँ; ग्रामांचल की कहानियाँ; नई कहानी; लेखिकाओं की दुनिया; आधुनिकतावाद और प्रगतिशील दृष्टि; निबन्ध और आलोचना; संस्मरण, रेखाचित्र, यात्रा-वृत्त, आत्मकथा और जीवनी; आलोचना; मार्क्सवादी आलोचना; साठोत्तरी आलोचना (आधुनिकतावादी, मार्क्सवादी और पाठ-केन्द्रित)।

डॉ. विजयेन्द्र स्नातक का कथन है, "साहित्य अकादेमी ने अपनी स्थापना के तत्काल बाद विभिन्न भाषाओं (संविधान द्वारा मान्यता प्राप्त एवं अकादेमी द्वारा स्वीकृत) में इतिहास के प्रकाशन की योजना बनाई थी। इनमें सत्रह भाषाओं के इतिहास का प्रकाशन-कार्य सम्पन्न हो चुका है। अकादेमी के अनथक प्रयासों के बावजूद जिन भाषाओं का इतिहास अब तक प्रकाशित नहीं हो पाया है उनमें हैं कश्मीरी, कोंकणी, मणिपुरी एवं संस्कृत।

"हिन्दी-साहित्य का इतिहास के प्रकाशन की तैयारी साहित्य अकादेमी ने एक चुनौती के रूप में शुरू की थी। लगभग इस स्वीकार्य तथ्य के साथ ही कम-से-कम हिन्दी-साहित्य का इतिहास लिखना किसी एक व्यक्ति या प्रकाशन संस्था के बूते की बात नहीं। विशेषकर साहित्य अकादेमी जैसी संस्था के लिए, जो सारी सामग्री को पूरी तटस्थता और प्रामाणिकता से रखना चाहती थी। कहना न होगा, इस परिकल्पना को हाथ में लेने के बाद, इसकी रूपरेखा, काल-विभाजन और इसकी सामग्री को लेकर कई बार विद्वानों के मध्य विचार-विमर्श भी हुआ और असहमतियों के बावजूद इस दिशा में प्रगति होती रही। विशेषकर प्रगतिवाद वाले खण्ड में जहाँ ऐसे कृती रचनाकारों की कृतियों पर विस्तार से लिखा जा सकता था। लेकिन प्रस्तुत इतिहास के कलेवर को अनावश्यक विस्तार से बचाते हुए और सीमित रखने की चेष्टा के कारण ऐसा करना सम्भव नहीं हो सका। यह हिन्दी-साहित्य का एक इतिहास है, एकमात्र इतिहास नहीं। समकालीन एवं विद्यमान साहित्यकारों के बारे में हिन्दी-साहित्य का इतिहास आगामी वर्षों में फिर नए स्तर और तेवर के साथ लिखा जाएगा। किसी भी भाषा के इतिहास लेखन को जब कुछ पन्नों में समेटा जाता है तो इसके लेखक को अपनी काल-सीमा के प्रति जागरूक रहना पड़ता है और इसे कहीं-न-कहीं समाप्त करने के लिए बाध य होना पड़ता है। साथ ही, यह भी जरूरी है कि उसका इतिहास केवल अतीत

के आकलन के प्रति चाक-चौकस ही न रहे बल्कि अपने मूल्यांकन में भविष्य के प्रति आशान्वित भी हो सके।

"साहित्य अकादेमी द्वारा हिन्दी-साहित्य का इतिहास लिखने का एक प्रस्ताव 1957 में इस रूप में रखा गया था कि डॉ. हजारी प्रसाद द्विवेदी और श्री स.ही. वात्स्यायन 'अज्ञेय' इसे हिन्दी और अंग्रेजी में लिखेंगे। बाद में इस बात की संस्तुति की गई कि डॉ. हजारी प्रसाद द्विवेदी इसे हिन्दी में लिखेंगे जिसका अंग्रेजी अनुवाद बालकृष्ण राव करेंगे। परवर्ती पत्राचार के आलोक में और संक्षेप में, मात्र इतना ही निवेदन करना यथेष्ट होगा कि डॉ. द्विवेदी ने इसका केवल परिचयात्मक अध्याय ही लिखा था और जिसका अंग्रेजी अनुवाद डॉ. प्रभाकर माचवे ने कर दिया था। यहाँ इस बात का उल्लेख अनावश्यक नहीं होगा कि बाद में डॉ. द्विवेदी ने हिन्दी-साहित्य का उद्‌भव और विकास नाम से हिन्दी-साहित्य का संक्षिप्त इतिहास किसी दूसरे प्रकाशक के लिए तैयार किया था। मार्च 1975 में नए सिरे से हिन्दी-साहित्य का इतिहास लिखने का प्रस्ताव रखा गया और श्री अमृतराय जी को इस बात के लिए राजी भी कर लिया गया। श्री राय इसे अंग्रेजी में लिखना चाहते थे लेकिन लगभग दो साल बाद उन्होंने असमर्थता व्यक्त कर दी। अप्रैल 1977 में इसके लेखन का प्रस्ताव डॉ. भगवतशरण उपाध्याय को भेजे जाने पर सहमति हो गई थी लेकिन यह काम भी आगे नहीं बढ़ पाया।

"मई 1984 में श्री अज्ञेय, डॉ. विद्यानिवास मिश्र और मैंने इस कार्य को पूरा करने का दायित्व हाथ में लिया। इस दिशा में कुछ प्रगति भी हुई लेकिन इसी बीच अज्ञेय जी का निधन हो गया। हिन्दी भाषा सलाहकार मण्डल ने इस स्थिति में यह निर्णय लिया कि कुछ अन्य विद्वान भी इस कार्य को पूरा करने में अपना सहयोग दें। विद्यानिवास मिश्र की सहायता के लिए अन्य सहयोगियों की सेवाएँ प्राप्त की गईं, लेकिन इतिहास से सम्बन्धित सामग्री तैयार करने के बारे में उनसे भी कोई सहयोग नहीं मिल पाया। डॉ. कुमार विमल द्वारा लिखे गए कुछ अंशों को समिति ने उसी रूप में प्रकाशित करने में अपनी असमर्थता व्यक्त की।

"वर्ष 1993 में हिन्दी-साहित्य के इतिहास लेखन से सम्बन्धित समिति की बैठक में अन्तिम रूप से यह निर्णय लिया गया कि लेखकों द्वारा 28 फरवरी 1993 तक प्राप्त सामग्री को डॉ. विजयेन्द्र स्नातक प्रस्तावित इतिहास के अन्तर्गत संशोधन के बाद सम्मिलित कर सकते हैं; और 'इसके बाद प्राप्त होने वाली सामग्री का उपयोग नहीं किया जा सकेगा और इसे वे स्वतन्त्र रूप से लिखेंगे।' यह दुर्भाग्यपूर्ण ही था कि अन्य सदस्यों से किसी भी प्रकार की लिखित सामग्री प्राप्त नहीं हुई। अन्ततोगत्वा साहित्य अकादेमी ने मुझे स्वतन्त्र रूप से हिन्दी-साहित्य का इतिहास लिखने के लिए अनुबन्धित किया। परिस्थिति को देखकर मैंने इस कार्य को पूरा

करने का वचन साहित्य अकादेमी को दिया और इसे निर्धारित समयावधि में लिखकर तैयार कर दिया।

"साहित्य अकादेमी की हिन्दी सलाहकार समिति के वर्तमान संयोजक श्री भीष्म साहनी तथा सामान्य परिषद् के सदस्य डॉ. केदारनाथ सिंह ने मेरे द्वारा लिखित हिन्दी-साहित्य का इतिहास की पाण्डुलिपि को यथासम्भव तथ्यपरक, प्रामाणिक एवं इतिहास-दृष्टि की सम्यक् जाँच-परख के लिए हिन्दी के वरिष्ठ विद्वानों एवं प्रतिष्ठित आलोचकों को भिजवाया ताकि इसमें किसी तरह की कोर-कसर न रहे। इस कार्य के लिए डॉ. प्रेमशंकर, और डॉ. पुरुषोत्तम अग्रवाल की सेवाएँ ली गईं और उनकी सलाह के अनुरूप सामग्री में यथोचित परिवर्तन-परिवर्धन भी किए गए। कहना न होगा, इस कार्य को पूरी औपचारिकता के साथ सम्पन्न करने में जहाँ आवश्यकता से अधिक विलम्ब हुआ, वहाँ अकादेमी को कदम-कदम पर असुविधाओं का सामना भी करना पड़ा। ऐसा नहीं है कि साहित्य अकादेमी या किसी अन्य व्यक्ति या संस्थान द्वारा प्रकाशित हिन्दी-साहित्य के किसी भी इतिहास ग्रन्थ में सारी सूचनाएँ एकदम सही और संकलित साहित्यकारों (कवियों, लेखकों, नाटककारों, निबन्धकारों आदि) के बारे में किया गया आकलन एवं मूल्यांकन निर्विवाद और प्रश्नातीत होगा तथापि, मेरा विश्वास है कि जहाँ तक सम्भव हो पाया है मैंने अन्य अधिकारी लेखकों की सहायता, सम्मति और संस्तुति के अनुरूप इसे तैयार किया है और अब इसे प्रकाशित किया जा रहा है।

"वस्तुतः हिन्दी-साहित्य के इतिहास लेखन की परम्परा तो विधिवत् मिश्रबन्धु विनोद (चार भाग) से प्रारम्भ हुई थी, किन्तु उसे साहित्य के इतिहास का रूप आचार्य रामचन्द्र शुक्ल के इतिहास से ही प्राप्त हुआ। इतिवृत्त और आलोचना का समवेत रूप होने से वह इतिहास आज भी प्रकाश-स्तम्भ की भाँति पथ प्रदर्शक बना हुआ है। उस इतिहास में सन् 1940 तक की ही सूचनाएँ उपलब्ध हैं। स्वातन्त्र्योत्तर हिन्दी-साहित्य में जो नवीन विचारधाराएँ, नूतन साहित्यिक प्रवृत्तियाँ, नव्य चिन्तन, अभिनववाद, नानाविध स्थितियों के प्रभाव, परिवर्तन आदि आए उनका उल्लेख शुक्ल जी के इतिहास में नहीं है। आधुनिक युग के अद्यतन अनुसन्धान द्वारा प्राप्त सामग्री का भी उसमें समावेश न होने से बीसवीं शती के उत्तरार्द्ध पर भी प्रकाश नहीं पड़ सका। प्रस्तुत हिन्दी-साहित्य के इतिहास में इस रिक्तांश को पूरा करने का प्रयास किया गया है एवं विविध वादों पर भी प्रकाश डालकर इसे पठनीय बनाया गया है।

"साहित्य के इतिहास में उच्च स्तरीय रचना और स्थापित रचनाकार का संक्षिप्त परिचय तो अनिवार्य रूप से रहता है। साहित्य की विविध धाराओं, प्रमुख प्रवृत्तियों, लोकमान्य साहित्यकारों की वैचारिक चिन्तन भूमि से उत्पन्न वादों का वर्णन भी रहता ही है। गम्भीर सोदाहरण समीक्षा की अनिवार्यता अपेक्षित नहीं होती।

नाना प्रकार के राजनीतिक तथा सामाजिक आन्दोलनों की उथल-पुथल को भी संकेत गृह से स्थान मिलता है और विस्तृत वर्णन आवश्यक नहीं होता।

"हिन्दी-साहित्य के प्रस्तुत इतिहास में नामकरण की प्रचलित परम्परा से कुछ हटकर आदिकाल, पूर्वमध्यकाल, उत्तर मध्यकाल, आधुनिक काल, भारतेन्दु युग, द्विवेदी युग, छायावाद युग, छायावादोत्तर युग तथा स्वातन्त्र्योत्तर युग में प्रयोगवाद, प्रगतिवाद, नई कविता, नई कहानी, नव्य निबन्ध, नई समीक्षा आदि उपशीर्षकों से विषय को प्रस्तुत किया गया है। छोटे-मोटे क्षण-भंग-वादी शीर्षकों की चर्चा नहीं की गई है। इसे साहित्य अकादेमी की योजना के अनुरूप ही लिखा गया है।

"मैंने हिन्दी भाषा के स्वरूप विकास का भी विस्तार से इस इतिहास में वर्णन नहीं किया है। अपभ्रंश, प्राकृत, पुरानी हिन्दी, शौरसेनी, मागधी आदि भाषा-रूपों का भी इसमें उल्लेख नहीं है। हिन्दी भाषा के विकसित रूप के साथ हिन्दी-साहित्य के इतिहास को ध्यान में रखकर ही रचनाओं और रचनाकारों की संक्षेप में, चर्चा की है।

"भाव और विचार के स्तर पर साहित्य में परिवर्तन होते रहते हैं, वे परिवर्तन साहित्य की प्रवृत्ति के परिचायक होते हैं। राजनीतिक, सामाजिक, आर्थिक और धार्मिक आन्दोलनों के कारणों से भी साहित्य प्रभावित होता है। ऐसे प्रभाव विविध वादों को जन्म देते हैं। साहित्य परम्परागत लीक से हटकर नवोन्मेष से प्रकाश ग्रहण करता है। राजनीतिक उथल-पुथल तो होती रहती है सामाजिक तथा आर्थिक विसंगतियाँ भी साहित्य में स्थान पाती हैं। साहित्य के इतिहास में इस प्रकार की विद्रूपताओं-विषमताओं को कभी वादात्मक प्रवृत्ति और कभी व्यक्ति चेतना के नाम से पुकारा जाता है।

ग्रन्थ के सीमित आकार में 'सब कुछ' समेटना सम्भव न होने से हमें लब्ध प्रतिष्ठ रचनाकारों, स्थापित कृतियों, स्वीकृत प्रवृत्तियों तथा वादों तक ही अपना क्षेत्र मर्यादित करना पड़ा है।"

डॉ. विजयेन्द्र स्नातक के इतिहास की रूपरेखा इस प्रकार है :

पीठिका : हिन्दी भाषा : उद्‌भव और विकास

प्रथम खण्ड

आदिकाल

अध्याय : एक

हिन्दी-साहित्य का आदिकाल, नाथ-सम्प्रदाय और उसका साहित्य, गोरखनाथ के पद, अर्द्धप्रामाणिक रचनाएँ; हम्मीर रासो, अमीर खुसरो के पद, पृथ्वीराज रासो,

पृथ्वीराज रासो के प्रामाणिक अंश, परमाल रासो, डिंगल काव्य, सन्देश रासक, विद्यापति।

द्वितीय खण्ड–I
पूर्वमध्यकाल; भक्ति काल

अध्याय : दो

भक्तिकाल, वैदिक भक्ति, वैष्णव भक्ति के प्रतिष्ठापक आचार्य, श्री रामानुजाचार्य, श्री मध्वाचार्य, श्री विष्णुस्वामी, श्री निम्बार्काचार्य, श्री वल्लभाचार्य।

मध्ययुगीन हिन्दी-साहित्य : उद्भव और विकास, निर्गुण काव्यधारा निर्गुणधारा, में भक्तिदर्शन, निर्गुणधारा के सन्तों की समन्वय दृष्टि, ज्ञानाश्रयी शाखा : स्वामी रामानन्द, कबीर, कबीर की रचनाएँ, गुरु नानक, दादूदयाल, रैदास (रविदास), सुन्दरदास, मलूकदास, धर्मदास, अक्षर अनन्य, प्रेमाख्यानक काव्य, कुतुबन, मंझन, मलिक मुहम्मद जायसी, पद्मावत, उस्मान, शेख़ नबी नूर मुहम्मद, रामभक्ति काव्य, हिन्दी-रामकाव्य, रामावत सम्प्रदाय, अग्रदास, ईश्वरदास, गोस्वामी तुलसीदास, नाभादास, केशवदास, सेनापति, अन्य रामभक्ति कवि।

अध्याय : तीन

कृष्णभक्ति काव्य, विद्यापति का कृष्ण काव्य, वल्लभ सम्प्रदाय के कृष्णभक्त कवि, पुष्टिमार्ग, निम्बार्क सम्प्रदाय, श्री भट्ट, हरिव्यासदेव, परशुरामदेव, राधावल्लभ सम्प्रदाय, हितहरिवंश (सम्प्रदाय प्रवर्तक), दामोदरदास (सेवकजी), हरिराम व्यास, चतुर्भुजदास, ध्रुवदास, नेही नागरीदास, हरिदासी सम्प्रदाय (सखी सम्प्रदाय), स्वामी हरिदास, बीठल विपुल, विहारिनदास, चैतन्य (गौड़ीय सम्प्रदाय), रामराय, सूरदास मनमोहन, गदाधर भट्ट, चन्द्रगोपाल, भगवानदास, भगवतमुदित, वल्लभ सम्प्रदाय का साहित्य, अष्टछाप की स्थापना, अष्टछाप के कवि, सूरदास, कुम्भनदास, परमानन्ददास, कृष्णदास, नन्ददास, गोविन्दस्वामी, छीतस्वामी, चतुर्भुजदास, सम्प्रदाय निरपेक्ष कृष्णकाव्य : मीराबाई, रसखान, भक्तिकाल के अन्य कवि, महापात्र नरहरि बन्दीजन, नरोत्तम दास, आलम, गंग, बलभद्र मिश्र, रहीम (अब्दुल रहीम खानखाना), मुबारक, फुटकर कवि, जमाल, बीरबल, भक्तिकाव्य की उपलब्धियाँ, निर्गुण सन्त काव्य, सगुण भक्ति काव्य, वैष्णव भक्ति का वैशिष्ट्य।

द्वितीय खण्ड–II
रीतिकाल

अध्याय : चार

रीतिकाल, रीतिबद्धकवि, रीतिमुक्त कवि, स्वच्छन्द कवि, रीतिकाल, सीमा निर्धारण, रीतिकाल के प्रमुख कवि : केशवदास, चिन्तामणि, देव, मतिराम, भूषण, बिहारी, कृपाराम, कुलपति मिश्र, जसवन्तसिंह, रसलीन, तोष, भिखारीदास, सोमनाथ, सबल सिंह चौहान, बोधा, पजनेश, प्रताप साही, वृन्द कवि, ठाकुर, आलम, घनानन्द, बेनी प्रवीण, नेवाज, सुखदेव मिश्र, रामसहाय, कृष्ण कवि, पद्माकर, रीतिकालीन काव्य की अन्य प्रवृत्तियाँ, सूदन, जोधराज, खुमान

रीतिकालीन भक्तिकाव्य : यारी साहब, दरिया साहब, जगजीवन दास, पलटू साहब, चरणदास, शिवनारायण, तुलसी साहब, महामति प्राणनाथ,
रामकाव्य, विश्वनाथ सिंह, गुरु गोविन्द सिंह,
नागरीदास, अन्य कवि, नीतिकाव्य

रीतिकालीन गद्य साहित्य, रीतिकाल का मूल्यांकन, हिन्दी गद्य का उद्भव, राजस्थानी-गद्य, ब्रजभाषा-गद्य, बनारसीदास जैन, सुरति मिश्र, टीकापरक ब्रजभाषा गद्य, खड़ी बोली-गद्य, प्रारम्भिक रूप, सैयद इंशा अल्ला खाँ, लल्लूजी लाल, सदल मिश्र, ईसाई प्रचारक और खड़ी बोली-गद्य, आर्य समाज तथा हिन्दी-गद्य, शिक्षा संस्थाएँ, कचहरियों की भाषा, समाचार-पत्र, राजा शिवप्रसाद, राजा लक्ष्मण सिंह, दक्खिनी हिन्दी, दक्खिनी हिन्दी-गद्य।

तृतीय खण्ड
आधुनिक काल : भारतेन्दु युग से छायावाद युग

अध्याय : पाँच

भारतेन्दु युग (1850-1900 ई.), भारतेन्दुयुगीन कवि, बदरीनारायण चौधरी 'प्रेमघन', ठाकुर जगमोहन सिंह, पण्डित अम्बिकादत्त व्यास, राधाचरण गोस्वामी, सुधाकर द्विवेदी, राधाकृष्णदास, फ्रेडरिक पिनकाट, भारतेन्दु युग में हिन्दी-गद्य, भारतेन्दु हरिश्चन्द्र, भारतेन्दु-मण्डल, पण्डित प्रतापनारायण मिश्र, बालकृष्ण भट्ट, बदरीनारायण चौधरी 'प्रेमघन', ठाकुर जगमोहन सिंह, पं. राधाचरण गोस्वामी, पण्डित अम्बिकादत्त व्यास, भारतेन्दुयुगीन अन्य गद्य-विधाएँ : नाटक, रूपक एवं प्रहसन, निबन्ध, समालोचना एवं पत्र-पत्रिकाएँ, जीवनी और उपन्यास, उपसंहार।

अध्याय : छह

द्विवदी युग, द्विवेदीयुगीन कविता, द्विवेदीयुगीन प्रमुख कवियों का प्रदेय, श्रीधर पाठक, महावीर प्रसाद द्विवेदी, अयोध्यासिंह उपाध्याय 'हरिऔध', जगन्नाथदास रत्नाकर, मैथिलीशरण गुप्त, नाथूराम शंकर शर्मा, गयाप्रसाद शुक्ल 'सनेही', मुकुटधर पाण्डेय, रामनरेश त्रिपाठी, रामचरित उपाध्याय, रायदेवी प्रसाद 'पूर्ण', वियोगी हरि, ठाकुर गोपाल शरण सिंह, सियारामशरण गुप्त, अन्य कवि, गद्य साहित्य, उपन्यास, कहानी, निबन्ध, नाटक, आलोचना, गद्य साहित्य! अन्य विधाएँ, उपसंहार।

अध्याय : सात

छायावाद युग; छायावाद; परिभाषा और स्वरूप, छायावाद के प्रमुख कवि, जयशंकर प्रसाद, सूर्यकान्त त्रिपाठी 'निराला', सुमित्रानन्दन पन्त, महादेवी वर्मा, छायावादयुगीन राष्ट्रीय-सांस्कृतिक चेतना के कवि, माखनलाल चतुर्वेदी, बालकृष्ण शर्मा 'नवीन', उदयशंकर भट्ट, सुभद्राकुमारी चौहान, रामधारी सिंह दिनकर, जगन्नाथ प्रसाद मिलिन्द, भगवतीचरण वर्मा, रामकुमार वर्मा, मोहनलाल महतो वियोगी, नरेन्द्र शर्मा, रामेश्वर शुक्ल अंचल, आरसी प्रसाद सिंह, केदारनाथ मिश्र प्रभात, श्यामनारायण पाण्डेय, सोहनलाल द्विवेदी, रांगेय राघव, गीत विधा के प्रमुख कवि, हरिवंशराय बच्चन, जानकी वल्लभ शास्त्री, शिवमंगल सिंह 'सुमन', शम्भुनाथ सिंह, गोपाल सिंह नेपाली

द्विवेदीयुगीन परवर्ती साहित्य, निबन्ध और समालोचना, रामचन्द्र शुक्ल, पद्मलाल पुन्नालाल बख्शी, बाबू गुलाबराय, सियारामशरण गुप्त, माखनलाल चतुर्वेदी, राहुल सांकृत्यायन, रघुवीर सिंह, जयशंकर प्रसाद, महादेवी वर्मा, धीरेन्द्र वर्मा, लक्ष्मी नारायण 'सुधांशु', उपन्यास-कहानी, प्रेमचन्द, विश्वम्भरनाथ शर्मा 'कौशिक', जयशंकर प्रसाद, प्रतापनारायण श्रीवास्तव, वृन्दावनलाल वर्मा, जैनेन्द्र कुमार, इलाचन्द्र जोशी, राहुल सांकृत्यायन, चतुरसेन शास्त्री, पाण्डेय बेचन शर्मा 'उग्र', यशपाल, भगवतीचरण वर्मा, आचार्य हजारी प्रसाद द्विवेदी, राजा राधिकारमण प्रसाद सिंह, सच्चिदानन्द हीरानन्द वात्स्यायन 'अज्ञेय', सियारामशरण गुप्त, भगवती प्रसाद वाजपेयी, उपेन्द्रनाथ अश्क, विष्णु प्रभाकर, अमृतलाल नागर

नाटक और एकांकी, जयशंकर प्रसाद, हरिकृष्ण प्रेमी, लक्ष्मीनारायण मिश्र, रामकुमार वर्मा, उदयशंकर भट्ट, गोविन्द वल्लभ पन्त, भुवनेश्वर प्रसाद, सेठ गोविन्द दास

रेखाचित्र और संस्मरण, जीवनी और आत्मकथा, यात्रा-साहित्य, गद्यकाव्य, रिपोर्ताज तथा साक्षात्कार।

चतुर्थ खण्ड
प्रगतिवाद से वर्तमान युग तक

अध्याय : आठ

प्रगतिवादी चेतना, प्रगतिवाद के प्रमुख कवि, नागार्जुन, केदारनाथ अग्रवाल, त्रिलोचन, शील (मन्नूलाल द्विवेदी), प्रयोगवाद और नई कविता, नई कविता के प्रमुख कवि, अज्ञेय, शमशेर बहादुर सिंह, गिरिजाकुमार माथुर, भवानीप्रसाद मिश्र, गजानन माधव मुक्तिबोध, प्रभाकर माचवे, धर्मवीर भारती, विजयदेव नारायण साही, सर्वेश्वरदयाल सक्सेना, भारतभूषण अग्रवाल, श्रीकान्त वर्मा, रघुवीर सहाय, लक्ष्मीकान्त वर्मा, नरेश मेहता, कुँवर नारायण, केदारनाथ सिंह, रामदरश मिश्र, जगदीश गुप्त, धूमिल, अन्य कवि, गीत और ग़ज़ल

कथा-साहित्य, उपन्यास, कहानी, रांगेय राघव, विष्णु प्रभाकर, नागार्जुन, फणीश्वरनाथ रेणु, भैरवप्रसाद गुप्त, नरेश मेहता, धर्मवीर भारती, डॉ. देवराज, राजेन्द्र यादव, भीष्म साहनी, मन्नू भण्डारी, उषा प्रियंवदा, कृष्णा सोबती, कृष्णचन्द्र शर्मा 'भिक्खु', श्रीलाल शुक्ल, प्रभाकर माचवे, कमलेश्वर, नरेन्द्र कोहली, गिरिराज किशोर, शिवप्रसाद सिंह, निर्मल वर्मा, मनोहरश्याम जोशी, राही मासूम रज़ा, नाटक-एकांकी, उपेन्द्रनाथ अश्क, जगदीशचन्द्र माथुर, धर्मवीर भारती, विपिन कुमार अग्रवाल, विष्णु प्रभाकर, मोहन राकेश, लक्ष्मीनारायण लाल, सुरेन्द्र वर्मा, गिरिराज किशोर, भीष्म साहनी, मुद्राराक्षस, शंकर शेष, ज्ञानदेव अग्निहोत्री, रमेश बक्षी, हमीदुल्ला, ब्रजमोहन शाह, चिरंजीत, लक्ष्मीकान्त वर्मा, मणि मधुकर, सर्वेश्वरदयाल सक्सेना, अमृत राय

स्वातन्त्र्योत्तर हिन्दी नाटक और रंगमंच, नाट्य-पत्रकारिता, उपलब्धि

निबन्ध एवं समालोचना, वर्तमान युग, नन्ददुलारे वाजपेयी, हजारी प्रसाद द्विवेदी, शान्तिप्रिय द्विवेदी, जैनेन्द्र कुमार, रामधारी सिंह दिनकर, रामवृक्ष बेनीपुरी, डॉ. नगेन्द्र, वासुदेवशरण अग्रवाल, सच्चिदानन्द हीरानन्द वात्यायन 'अज्ञेय', रामविलास शर्मा, लक्ष्मीकान्त वर्मा, लक्ष्मीनारायण सुधांशु, शिवदान सिंह चौहान, प्रकाशचन्द्र गुप्त, गजानन माधव मुक्तिबोध, डॉ. देवराज, सत्येन्द्र, इलाचन्द्र जोशी, डॉ. नामवर सिंह, प्रभाकर माचवे, विद्यानिवास मिश्र, विजयेन्द्र स्नातक, विनयमोहन शर्मा, विजयदेव नारायण साही, इन्द्रनाथ मदान, बच्चन सिंह, रमेशचन्द्र शाह, रामस्वरूप चतुर्वेदी, निर्मल वर्मा, रमेश कुन्तल मेघ, आलोचक निबन्धकार, ललित निबन्ध, वर्तमान युग के निबन्ध की शक्ति-सीमा, व्यंग्य, प्रमुख व्यंग्यकार, हरिशंकर परसाई, शरद जोशी, रवीन्द्रनाथ त्यागी, श्रीलाल शुक्ल, शंकर पुणताम्बेकर, रेखाचित्र और संस्मरण, जीवनी और आत्मकथा, रिपोर्ताज तथा साक्षात्कार।

डॉ. रामविलास शर्मा की 'हिन्दी जाति' सम्बन्धी अवधारणा : विश्लेषण एवं मूल्यांकन

भारतीय संस्कृति और हिन्दी प्रदेश[1] का विशेष संदर्भ

प्रोफ़ेसर मैथिली प्रसाद भारद्वाज

डॉ. रामविलास शर्मा (1912-2000) भारतीय संस्कृति और हिन्दी-साहित्य के शिखर-पुरुष के रूप में सम्मान्य रहे हैं। गत शताब्दी में हिन्दी-साहित्य के शीर्षस्थ चार या पाँच समीक्षकों में आप सहज रूप में परिगण्य हैं। वे अंग्रेजी साहित्य में एम.ए. तथा पी-एच.डी. थे, और अंग्रेजी विषय में उन्होंने अध्यापन-कार्य भी किया। वे जीवन-पर्यन्त हिन्दी भाषा और साहित्य सम्बन्धी चिन्तन, लेखन और समीक्षा में संलग्न रहे। आगरा विश्वविद्यालय में हिन्दी विद्यापीठ के निदेशक रूप में भी आपने कार्य किया। समाज-विकास सम्बन्धी वैज्ञानिक और प्रगतिशील दृष्टि उन्हें समाज, संस्कृति, इतिहास, भाषा और साहित्य के एक गम्भीर अध्येता और विश्वसनीय विश्लेषक के रूप में प्रत्यक्ष करती है। यह गुण उनके समग्र लेखन में व्याप्त है।[2]

'भारतीय संस्कृति और हिन्दी प्रदेश' डॉ. शर्मा की नवीनतम एवं अत्यधिक महत्त्वपूर्ण और अविस्मरणीय रचना है। इस महान कृति में भारतीय समाज और संस्कृति के भौगोलिक और ऐतिहासिक संघात के सन्दर्भों में ऋग्वेद काल से लेकर 1990 के दशक तक की सुदीर्घ विकास-यात्रा के रूप में विवेचित-विश्लेषित करने का उपक्रम है। वैयक्तिक और सामाजिक जीवन का धर्म, अर्थ, काम और मोक्ष—कोई भी पक्ष इस महाग्रन्थ में छूटा नहीं है। वर्णन या विवरण तक सीमित न रहकर डॉ. शर्मा हर तथ्य की वैज्ञानिक समीक्षा करते हैं, और हर तथ्य वेद, शास्त्र, पुराण, काव्य से लेकर समकालीन साहित्य के प्राथमिक उद्धरणों द्वारा पुष्ट किया गया है।

इस विस्तीर्ण, परम गम्भीर और वैदुष्यपूर्ण कार्य का समीक्षात्मक विश्लेषण-मूल्यांकन करते हुए मुझे कुछ झिझक अनुभव हो रही है। पर मानव

चिन्तन-विकास की यही प्रक्रिया रही है। हम अपने मान्य पूर्वजों की उपलब्धियों का सादर विवेचन करते आए हैं। उनके प्रदत्त प्रकाश से अपना आगे का मार्ग प्रशस्त करते रहे हैं। और उनकी किंचित अशुद्ध या अपूर्ण लगने वाली स्थापनाओं को सही परिप्रेक्ष्य में देखने का प्रयास भी करते रहे हैं। डॉ. रामविलास शर्मा की विभिन्न स्थापनाओं के विश्लेषण में मेरे उपागम की यही दिशा सक्रिय रही है। भारतीय जाति के समग्र जीवन-विकास की समझ के लिए डॉ. रामविलास शर्मा के इस विश्वकोश कोटि के महान ग्रन्थ को मैं एक महान उपलब्धि स्वीकार करता हूँ। भारतीय सांस्कृतिक विकास के हर गम्भीर अध्येता के लिए मैं इस ग्रन्थ की एक अनिवार्य और महत्त्वपूर्ण पठनीय रचना के रूप में संस्तुति करता हूँ।

डॉ. शर्मा भारतीय संस्कृति की विकास-यात्रा का निदर्शन विश्व के प्राचीनतम ग्रन्थ ऋग्वेद से आरम्भ करते हैं। ऋग्वेद की ऋचाओं से, शब्द-व्युत्पत्तियों से, गूढ़ार्थों के समाहार से और प्रतीकों के विस्तारण से वे ऋग्वैदिक आर्यों के बोध, उनकी आस्था, उनके चिन्तन, उनके क्रिया-व्यवहार, उनकी सामाजिक संरचना, उनके पारिवारिक-सामाजिक सम्बन्ध, उनके भौतिक आर्थिक उद्यम, उनके यज्ञ, उनके देवता, उनके शत्रु, उनके मित्र, उनके पशु, उनके कृषि और दस्तकारी, उनके जन्म-मरण के संस्कार—अर्थात जीवन के सभी पक्षों का स्पष्ट और तर्कपुष्ट चित्र प्रस्तुत करते हैं। भारतविद् देशी-विदेशी शोधकर्त्ताओं-अध्येताओं और समीक्षकों के मतों का खण्डन-मण्डन करते हुए भारतीय संस्कृति की विकास-यात्रा का एक सुव्यवस्थित और पर्याप्त विश्वसनीय पटल वह प्रस्तावित करते हैं।[3] डॉ. शर्मा का अध्ययन विस्तीर्ण और स्थापनाएँ प्रायः तर्कपुष्ट हैं। पर इतने विशाल कार्य में कहीं-कहीं व्यतिक्रम सम्भव हैं। कभी-कभी ये व्यतिक्रम दिशा-भ्रम भी पैदा कर सकते हैं।

डॉ. शर्मा के लिए तीन प्रकार के सामग्री-स्रोत उपलब्ध रहे हैं—प्रथम, मूलरूप में ऋग्वेद, उसके भाष्य तथा भारतीय संस्कृति सम्बन्धी अन्य मूल ग्रन्थ। दूसरे, प्राचीन तथा वर्तमान देशी-विदेशी इतिहासकारों और शोधकर्त्ताओं के मत, तथा तीसरे, भाषा-विज्ञान सम्बन्धी खोजें तथा आर्य-भाषा परिवार सम्बन्धी नवीन तथ्य। ऐसा भी प्रतीत होता है कि डॉ. शर्मा को बहुत सी शोध-परक सामग्री प्राप्त ही नहीं हुई, या वे अपनी कुछ पूर्वधारणाओं के कारण उनकी उपेक्षा कर गए। आज विश्व की प्राचीन सभ्यताओं की खोज में अधिकाधिक वैज्ञानिक पद्धतियों और ज्ञानानुशासनों का सहारा लिया जा रहा है। प्राचीन जनों के भौगोलिक, सामाजिक संघात, उनके ऐतिहासिक अनुक्रमों तथा वंशानुक्रमों के विवेचन में आज सामान्यीकृत निर्णय देने के बजाय सर्वप्रथम स्वीकृति योग्य सिद्धान्तों की संख्या को सीमित करके पैना बनाया जाता है। इसके बाद उन्हें भाषा विज्ञान, साहित्य, प्राकृत इतिहास (Natural History), पुरातत्व, प्रौद्योगिकी के इतिहास, भूआकृतिविज्ञान

(Geomorphology) तथा खगोल विज्ञान (Astronogy) आदि विविध प्रकार की ज्ञान-शाखाओं के सिद्धान्तों और सामग्री द्वारा जाँचा-परखा पुष्ट किया या खारिज किया जाता है।[4] इस दृष्टि से डॉ. शर्मा के कुछ निर्णय दिशा भ्रम पैदा करते हैं। कुछ मुख्य स्थापनाओं का सम्बन्ध ऋग्वैदिक आर्यों द्वारा लोहे के प्रयोग : प्रमुख ऊर्जा-स्रोत घोड़े को पालतू बनाने सम्बन्धी तथ्य, आर्यों के बाहर से आने या न आने सम्बन्धी मतान्तर, ऋग्वैदिक आर्यों और हड़प्पा-जन की एकता या नैकट्य सम्बन्धी संकेत, सोमलता (Alkaloidal Ephedra) के आस-पास विकसित एक सम्पूर्ण पूजा-तन्त्र का विकास : भारतीय पुरातात्त्विक इतिहास का पश्चिम से पूर्व की ओर काल-प्रवर्त्तन (Time Progression); गंगा-पाटी की नदियों (गंगा, यमुना, सरस्वती, सरयू) का मूल क्षेत्र, रामायण, महाभारत, गीता तथा उनके पात्रों और घटनाओं सम्बन्धी वास्तविक रंगस्थल, आदि कुछ ऐसे तथ्य हैं जिनके सम्बन्ध में डॉ. शर्मा की धारणाएँ और निर्णय पुनर्विचार की अपेक्षा रखते हैं।[5]

इसी प्रकार ग्रन्थ के दूसरे खण्ड में एक पूरा परिशिष्ट अमरीकी समाज में अन्तर्निहित हिंसा से सम्बन्धित है। पूरा लेख नोउम चोम्सकी के 'हार्वर्ड एजूकेशनल रिव्यू' नामक पत्रिका में छपे साक्षात्कार पर आधारित है। ऐतिहासिक तथ्य सही हैं और समकालीन सूचनाएँ भी विश्वसनीय हैं। पर पूरा प्रयास एकांगी, पूर्वाग्रहपूर्ण और अप्रासंगिक है। इन सब विषयों पर किंचित विस्तार के साथ मैं अन्यत्र विचार कर चुका हूँ।[6]

इस आलेख में मेरे विचार का केन्द्र केवल डॉ. शर्मा की 'हिन्दी जाति' सम्बन्धी अवधारणा एवं प्रस्तावना है। अपने ग्रन्थ के दूसरे खण्ड की भूमिका में डॉ. शर्मा कहते हैं—"1950 में प्रकाशित 'हिन्दी राष्ट्र या सूबा हिन्दुस्तान' में डॉ. धीरेन्द्र वर्मा ने लिखा था—"हिन्दी में हिन्दी राष्ट्र के विशाल इतिहास की अभी कल्पना भी नहीं हो पाई है।" (पृ. 83) मेरी यह पुस्तक उस कल्पना को साकार करने का प्रारम्भिक प्रयास मात्र है।"

ग्रन्थ-रचना के लक्ष्य को स्पष्ट करते हुए प्रथम खण्ड की भूमिका में डॉ. शर्मा का कहना है—"पाटलिपुत्र, काशी, मथुरा, उज्जयिनी—ये भारत के प्राचीन नगर हैं।...भारतीय संस्कृति से इन नगरों का गहरा सम्बन्ध रहा है। ये अन्य नगरों से व्यापारिक केन्द्रों के रूप में सम्बद्ध रहे हैं। मगध से मालवा तक जातीय भाषा के रूप में हिन्दी का व्यवहार होता है।...भारत राष्ट्र के निर्माण में और भारतीय संस्कृति के विकास में हिन्दी प्रदेश की निर्णायक भूमिका स्वीकार करनी चाहिए। वेदों, रामायण, महाभारत, उपनिषदों, अर्थशास्त्र आदि की रचना यहीं हुई। कालिदास, भवभूति...मौर्य और गुप्त साम्राज्यों की यही केन्द्रीय भूमि रही।...उत्तर काल में दिल्ली, आगरा इस क्षेत्र के बहुत बड़े केन्द्र बने...व्यापार और संस्कृति के भी ये प्रमुख केन्द्र बने। तुर्कवंशियों ने शताब्दियों तक यहाँ से बहुत बड़े साम्राज्य का

संचालन किया। विद्यापति, कबीर, तुलसी, तानसेन, ताजमहल सभी इसी क्षेत्र में हैं।'' (भूमिका, पृ. 9-10) आगे फिर वह कहते हैं–''भारत के सांस्कृतिक इतिहास का जो विवेचन यहाँ किया गया है, वह हिन्दी प्रदेश पर केन्द्रित है, पर उस तक सीमित नहीं है।...पहले खण्ड में ऋग्वेद से कालिदास तक और दूसरे खण्ड में विद्यापति से निराला तक सांस्कृतिक इतिहास का विवेचन किया गया है।'' (भूमिका, पृ. 14)

डॉ. शर्मा की यह व्याकुलता, यह आकुल प्रश्न बहुत समीचीन है कि जब जातीय चेतना की पहचान और अभिव्यक्ति का माध्यम जातीय भाषा होती है, तो हिन्दी क्षेत्र की जातीय सन्दर्भ में उपेक्षा क्यों हुई है? अंग्रेजी बोलने वाली अंग्रेज जाति, रूसी बोलने वाली रूसी जाति। इसी प्रकार चीनी, तुर्की, फारसी, जापानी, जर्मन, फ्रेंच आदि भाषा-भाषी क्रमशः चीनी, तुर्क, फारसी, जापानी, जर्मन, और फ्रेंच जाति के लोग माने जाते हैं। इसी प्रकार कर्नाटक-महाराष्ट्र के विद्रोह भाषायी-जातीय सन्दर्भ में हुए, पर वे भारतीय राष्ट्रीय चेतना को ही परिपुष्ट करते हैं। बंग-भंग वस्तुतः बंगाली जाति के विघटन का प्रयास था, पर उसके विरुद्ध विद्रोह भी भारतीय राष्ट्रीय जागरण का ही अभिन्न अंग बन गया। ग्रांट डफ मराठी जाति का इतिहास लिखते हैं। इसी प्रकार पंजाबी, तमिल, गुजराती आदि भाषा-भाषी प्रदेशों के जातीय इतिहास रचे गए। जहाँ जातीय भाषा विशेष भाषा-भाषी क्षेत्र की सम्पूर्ण सामाजिक सांस्कृतिक चेतना, अनुभूति और अभिव्यक्ति का माध्यम होती है, वहाँ वही भाषा उस क्षेत्र को समग्र राष्ट्रीय मुख्य धारा से भी सम्बद्ध करके राष्ट्रीय चेतना को समृद्ध बनाती है। इन जातीय क्षेत्रों के निवासी अपनी प्रादेशिक भाषाओं के माध्यम से ही आज और अब से लेकर पीछे ऋग्वेद तक के सारे भारत के इतिहास, परम्परा, संस्कृति और जीवन-मूल्यों से सम्बद्ध होते हैं, और राष्ट्रीय मुख्य धारा का निर्माण करते हैं।

पर, फिर प्रश्न यह है कि हिन्दी जाति का इतिहास अभी कल्पना ही क्यों रहा है, डॉ. शर्मा को ही यह प्रयास क्यों करना पड़ा? अपनी स्थापना की पुष्टि के लिए उन्हें ऋग्वेद से निराला तक राष्ट्रीय एकता और समृद्धि में हिन्दी जाति के योगदान को प्रमाण-पुष्ट करने की आवश्यकता क्यों अनुभव हुई?

मुझे ऐसा लगता है कि इस सोच के पीछे तीन कारण मुख्यतः सक्रिय रहे हैं। प्रथम, विश्व की अधिकांश जातियाँ भाषायी सन्दर्भों में ही जानी-पहचानी जाती हैं, जैसे अंग्रेज, चीनी, रूसी, जर्मन, फ्रेंच, आदि। दूसरा भारतीय चिन्तकों, इतिहासकारों का एक वर्ग यह मानता है कि भारत में अंग्रेजों के आगमन से पूर्व यह देश कभी एक इकाई नहीं रहा है। अंग्रेजों ने भी राजनीतिक सन्दर्भों में भारत को एकसूत्रता अवश्य दी, पर सांस्कृतिक और भाषायी सन्दर्भों में भारत बहुजातीय राष्ट्र ही बन पाया है। यह सोच भारत को बंगाली जाति, मराठी जाति, पंजाबी

जाति, आदि का राजनीतिक संयोजन मात्र मानती है, और केवल राजनीतिक दृष्टि से ही इसे राष्ट्र-राज स्वीकार करती है। 18वीं शताब्दी की यूरोप की राष्ट्र-राज की परिकल्पना से प्रभावित भारतीय विचारक और मुख्यतः वामपंथी चिन्तक भारत सम्बन्धी बहुराष्ट्रीय, बहुराज्यीय परिकल्पना के प्रस्थापक और समर्थक रहे हैं। डॉ. शर्मा इस विचार-दिशा से सुनिश्चित रूप में प्रभावित प्रतीत होते हैं। और तीसरा कारण सम्भवतः भारत की स्वतन्त्रता प्राप्ति के बाद प्रादेशिक और भाषायी आधार पर भारत का राजनीतिक विभाजन रहा है। कभी-कभी ऐसी सोच भी व्यक्त हुई है कि भारत में जब पंजाबी, बंगाली, मराठी, उड़िया और तमिल अपने क्षेत्रीय और भाषायी सन्दर्भों में अपनी विशेष माँगें, प्रभाव और दबाव प्रयोग में लाते हैं, तो हिन्दी प्रदेशों को भी हिन्दी जाति के सन्दर्भ में ऐसा ही कुछ करना चाहिए। और इसके लिए बंगाली जाति और तमिल जाति की तर्ज पर हिन्दी जाति की बात भी होनी चाहिए। मुझे पुरातन ऐतिहासिक सन्दर्भ और समकालीन व्यावहारिक सन्दर्भ में यह सोच सार्थक प्रतीत नहीं होती। वर्तमान राजनीतिक सन्दर्भ में ही नहीं, प्राचीन सांस्कृतिक अन्तःक्रिया में भी भारतीय राष्ट्र की केन्द्रोन्मुखी (Centrifugal) प्रवृत्तियों के प्रमाण बार-बार मिल चुके हैं। जब भी भारत के सुदूर सीमान्त क्षेत्रों ने अपने भारतीय होने के गौरव और गर्व का अनुभव किया, या जब कभी भी उन्हें अपनी भारतीय राष्ट्रीयता को किसी प्रकार के भय की अनुभूति हुई है, तो वे सीधे भारत के मध्यदेश, अर्थात हिन्दी प्रदेश की ओर उन्मुख हुए हैं। इस चर्चा को मध्यकाल से समकालीन वस्तुस्थिति की ओर बढ़ाने और हिन्दी की राष्ट्रीय भूमिका के रेखांकन से पूर्व यहाँ कुछ देशी-विदेशी अहिन्दी-भाषी विद्वानों के विचारों को उद्धृत करना उपयोगी होगा।[7]

"हिन्दी और संस्कृत में समस्त भारत की आत्मा मुखरित है।" (ओडोलेन स्मेकल)

"हिन्दी ही एक भाषा है जो भारत में सर्वत्र बोली-समझी जाती है।" (डॉ. ग्रियर्सन)

"भारत की भावात्मक एकता का साधन हिन्दी ही हो सकती है।" (वैरन हालैंड)

"भारत में एक भाषा हिन्दी ही राष्ट्रभाषा का स्थान ले सकती है।" (डॉ. ग्रियर्सन)

"उस भाषा को राष्ट्र-भाषा बनाने हेतु स्वीकार किया जाना चाहिए जो देश के सबसे बड़े हिस्से में बोली जाती है, अर्थात हिन्दी।" (रवीन्द्रनाथ ठाकुर)

"हिन्दी को राष्ट्रभाषा बनाने हेतु अनेक अनुष्ठान हुए। उनको मैं राजसूय यज्ञ समझता हूँ।" (आचार्य क्षितिमोहन सेन)

"देश के सबसे बड़े भूभाग में बोली जाने वाली हिन्दी ही राष्ट्रभाषा की

अधिकारिणी है।'' (सुभाषचन्द्र बोस)

''हमारी कौमी जबान हिन्दी ही हो सकती है।'' (सरोजिनी नायडू)

''हिन्दी में अखिल भारतीय भाषा बनने की क्षमता है।'' (राजा राममोहन राय)

''भारत के विभिन्न प्रदेशों के बीच हिन्दी प्रचार द्वारा एकता स्थापित करने वाले लोग ही सच्चे भारत-बन्धु हैं।'' (महर्षि अरविन्द)

''एक भाषा के बिना भारत की एकता नहीं हो सकती, और वह भाषा हिन्दी है।'' (केशवचन्द्र सेन)

''मैं दावे के साथ कह सकता हूँ कि हिन्दी के बिना हमारा काम नहीं चल सकता।'' (बंकिमचन्द्र चट्टोपाध्याय)

''हिन्दी-विरोध का कोई भी आन्दोलन राष्ट्र की प्रगति में बाधक है।'' (सुभाषचन्द्र बोस)

''राष्ट्र-भाषा की जगह एक हिन्दी ही हो सकती है, और कोई दूसरी भाषा नहीं।'' (महात्मा गाँधी)

''हिन्दी का शृंगार राष्ट्र के सब भागों ने किया है, वह हमारी राष्ट्र-भाषा है।'' (चक्रवर्ती राजगोपालाचार्य)

''हिन्दी को राष्ट्रभाषा बनाना नहीं है, वह तो राष्ट्रभाषा है ही।'' (कन्हैया लाल माणिकलाल मुंशी)

''हिन्दी द्वारा सारे भारत को एक सूत्र में पिरोया जा सकता है।'' (स्वामी दयानन्द सरस्वती)

''पहले भारतीय एकता का आधार संस्कृत थी, अब यह काम केवल हिन्दी ही करेगी।'' (लीलावती मुंशी)

''यह कथन गलत है कि दक्षिण भारत के लोग हिन्दी सीखना नहीं चाहते।'' (कामराज)

''मद्रास हिन्दी-प्रेमी साहित्यकारों और रचनाकारों का केन्द्र भी है।'' (हेमलता अजुवेमुलु)

''आन्ध्र प्रदेश हिन्दी के प्रति अपने उत्तरदायित्वों के बारे में सजग है।'' (एम.आर.नागरू)

''केरल को अपने हिन्दी-प्रेम पर गर्व है।'' (एस. लक्ष्मण शास्त्री)

''हिन्दी का पौधा दक्षिण वालों ने अपने त्याग से सींचा है।'' (शंकर राव कंणेकरि)

बहुत बड़े संग्रह में से ये थे कुछ विदेशी और शेष अहिन्दी भाषी भारतीय विद्वानों और विचारकों के मत। इनमें से तीन मत एक बार फिर दोहराना चाहूँगा।

1. ''हिन्दी और संस्कृत में समस्त भारत की आत्मा मुखरित है।'' (ओडोलेन

स्मेकल)

2. "पहले भारतीय एकता का आधार संस्कृत थी। अब यह काम केवल हिन्दी ही करेगी।" (श्रीमती लीलावती मुंशी)

3. "हिन्दी का शृंगार राष्ट्र के सभी भागों ने किया है। वह हमारी राष्ट्रभाषा है।" (चक्रवर्ती राजगोपालाचार्य)

क्या उपर्युक्त उद्धरण यह सिद्ध नहीं करते कि जातीय अस्मिता को अपनी-अपनी प्रादेशिक भाषाओं में सुरक्षित और अभिव्यक्त करने वाले हमारे सभी प्रदेशों के सुविज्ञ और गर्वीले लोग हिन्दी से जातीय या प्रादेशिक सन्दर्भ की नहीं, राष्ट्रीय भूमिका की अपेक्षा करते हैं। क्या इससे यह सन्देश स्पष्ट नहीं है कि बंगला, मराठी, तमिल या पंजाबी भाषियों के रूप में हम अपने-अपने प्रदेशों या भाषायी जातियों से अवश्य सम्बद्ध हैं, पर राष्ट्रीय सन्दर्भ में तो हम हिन्दी से ही जुड़े हुए हैं, या जुड़ना चाहते हैं, या जुड़ना ही एकमात्र विकल्प है। ऐसे में यदि हिन्दी जाति के बारे में आग्रह किया जाए तो हिन्दी क्षेत्रीय भाषाओं की होड़ में उनके आमने-सामने आकर खड़ी होगी। इससे हिन्दी का राष्ट्रीय चरित्र, राष्ट्रीय महत्त्व, राष्ट्रीय अपेक्षाएँ और राष्ट्रीय दायित्व सब धूमिल हो जाएँगे।

इस प्रस्तावना के साथ मध्यकाल और समकाल में प्रादेशिक सीमाओं का अतिक्रमण करके राष्ट्रीय अपेक्षाओं और राष्ट्रीय एकता के सन्दर्भ में हिन्दी के योगदान का ऐतिहासिक आकलन प्रासंगिक होगा।

भारतीय राष्ट्रीयता की अन्तःसलिला

भारत की एक विशेषता रही है। कश्मीर से कन्याकुमारी तक और गुजरात से मणिपुर-असम तक के क्षेत्र को भारतीय मानसिकता ने दर्जनों राज्यों और रियासतों में विभक्त होने और होते रहने पर भी कहीं मन से एक माना है। जम्बू द्वीप के इस भरत खण्ड को एक इकाई मानना और क्षेत्र-विशेष के निवासी होने और परिवेशगत अत्यधिक विषमता होने पर भी इस खण्ड के इतिहास, पुराण, परम्परा, धर्म, दर्शन, चिन्तन, साहित्य और इन सबसे सम्बद्ध व्यक्ति, स्थान, नदी, पर्वत, समुद्र तथा ऐतिहासिक-पौराणिक प्रतीकों के प्रति गहरी आस्था भारतीय राष्ट्रीयता की अन्तःसलिला के रूप में प्राचीन काल से प्रवाहित रही है। अनेकता के इस क्षेत्र में एकता का यह सबल सूत्र विद्यमान रहा है। इसीलिए अंग्रेजों द्वारा भारत के अधिग्रहण की प्रक्रिया वास्तव में अनेक स्वतन्त्र तथा परस्पर संघर्षरत राज्यों और रियासतों को पराभूत करने की ही प्रक्रिया थी। परन्तु जैसे ही छोटे-छोटे शासकों द्वारा रचित अस्थायी राज्य-सीमाएँ गिरती गईं भारत की आन्तरिक एकता के सूत्र तुरन्त उभरकर सहज रूप में ग्रंथित होते चले गए। इस सहज प्रक्रिया का बहुत अच्छा प्रमाण भारत की स्वतन्त्रता प्राप्ति के बाद सैकड़ों रियासतों के भारत में विलय

तथा उन रियासतों के नागरिकों की सीमित राज-भक्ति के विस्तीर्ण राष्ट्रभक्ति के रूप में पर्यवसित होने के रूप में प्राप्त होता है।

भारत की विशिष्टता के एक अन्य पक्ष की ओर संकेत भी उपादेय होगा। वस्तुतः मानवीय भूगोल उसकी समग्र सामाजिक और ऐतिहासिक परम्पराओं का निर्माण करता है। इस दृष्टि से भारत बड़ा विचित्र भू-भाग है। आनुवंशिक, भौगोलिक, भाषायी तथा मौसम आदि की दृष्टि से सम्भवतः वह सब कुछ भारत में है, जो विश्व में कहीं भी उपलब्ध है। यह भौगोलिक भिन्नता उतनी ही विभिन्न जीवन-पद्धतियों, रस्म-रिवाजों, वेश-भूषाओं, मत-मजहबों, शरीर-रचना और भाषाओं आदि की जननी रही है। इस प्रकार भारत अनेकता की विचित्र भूमि भी है और शक्तिशाली राष्ट्र भी। इसके वैविध्य का कवच पतला है, और उस वैविध्य के अन्दर की एकता का स्तर गहरा और ठोस। पुराण, इतिहास, धर्म, दर्शन की एकता ने प्राचीन और मध्यकाल में भी भारतीय राज़नीतिक इकाइयों की अनेकता को भी कहीं गहरे में एकता की भावना में बाँधे रखा। इस एकता के सूत्र की एक महत्त्वपूर्ण कड़ी भाषा भी रही है। यह भाषा किसी समय संस्कृत थी तथा उसके बाद यह भूमिका हिन्दी को दायित्व रूप में प्राप्त हुई, यही इस विचार का आधार-बिन्दु है।[8]

हिन्दी : संस्कृत तथा संस्कृति का उत्तराधिकार

भाषा बहुत बड़ा विभाजक तत्त्व हो सकता है, और भाषा बहुत बड़ा संयोजक तत्त्व हो सकता है। दोनों बातें विभिन्न सन्दर्भों में सही हैं। भारतीय इतिहास में गुप्त काल के बाद संस्कृत का व्यवहार कम होते जाने, और प्राकृतों तथा अपभ्रंशों के रूप में प्रादेशिक अथवा क्षेत्रीय भाषाओं के प्रचलन के बावजूद भी भारतीय आभिजात्य द्वारा संस्कृत को अपने साहित्य, कर्मकाण्ड तथा उच्चस्तरीय चिन्तन की सब शाखाओं-प्रशाखाओं के लिए बनाए रखने के आग्रह का ही यह परिणाम है कि भारत की सांस्कृतिक भावात्मक अखण्डता दो सहस्र वर्षों से भी अधिक तक न केवल बनी रही, बल्कि लोकभाषाओं को समन्वय के सूत्र प्रदान करके उनके विकास-विस्तार को भी विस्तृत राष्ट्रीय आधार प्रदान करती रही। यह ऐतिहासिक तथ्य है कि जो लोक-भाषा संस्कृत के जितनी अधिक निकट रही, वह राष्ट्रीय मुख्य-धारा से उतनी ही निकटता से जुड़ी रही। ऐतिहासिक-राजनीतिक कारणों से पिछले कुछ काल में तमिल भाषा के शुद्धिकरण की प्रक्रिया में उसे संस्कृत से दूर करने के प्रयास भले ही हुए हों, पर सुदीर्घ इतिहास में तमिल-संस्कृत द्विभाषी विद्वानों की समन्वित परम्परा इतनी सुदृढ़ रही है कि तमिल ज्ञान-राशि को भारतीय मूल आत्मा का सर्वोत्तम क्षेत्रीय प्रतिकलन माना जा सकता है। इसके विपरीत राष्ट्रीय मुख्य धारा से हटकर पड़ने वाले नवीन राजनीतिक तथा मतवादी प्रभावों के कारण सिंधी, उर्दू तथा काश्मीरी आदि भाषाएँ भारतीय मुख्यधारा से कहीं-कहीं हट गई

हैं, या कट गई हैं और काफी हद तक सीमित भी हो गई हैं। यह ऐतिहासिक तथ्य है, और इसके कारण भी इतिहास के दुर्विनार चक्र में दर्शनीय हैं।[9]

हिन्दी प्रदेश : केन्द्रीय तत्त्व

केन्द्रीय तत्त्व हिन्दी को भारत के भूगोल की विशेष देन है। मुस्लिम शासन काल में हिन्दी प्रदेश हिन्दुस्तान कहलाता था, तथा इससे पूर्व यही प्रदेश मध्यदेश नाम से प्रसिद्ध था। मध्यदेश और हिन्दुस्तान भौगोलिक केन्द्रीयता के ही प्रतीक हैं। भारतीय प्राचीन आर्य संस्कृति के प्रधान केन्द्र भी इसी प्रदेश में विद्यमान रहे हैं। ऐतिहासिक दृष्टि से अधिकांश वैदिक, संस्कृत भाषा और साहित्य, रामायण, महाभारत, बुद्ध, महावीर स्वामी, अशोक, गुप्त साम्राज्य तथा मुगल साम्राज्य जो सब भारत की समुच्चय संस्कृति के भिन्न कालीन प्रतीक हैं, तथा कबीर, तुलसी जैसे व्यक्तित्व, गंगा, यमुना आदि नदियाँ, तथा उज्जैन, चित्तौड़, मथुरा, काशी, गया तथा दिल्ली जैसे स्थल, जिनका महत्त्व प्रादेशिक सीमाओं का अतिक्रमण करके अखिल भारतीय स्वरूप धारण करता है, हिन्दी प्रदेश से ही सम्बद्ध रहे हैं। गंगा-यमुना की घाटी में शिमला-अम्बाला से हैदराबाद तक तथा जैसलमेर से भागलपुर तक के समस्त भूभाग को साधारणतया हिन्दी प्रदेश कहा जाता है। यदि हिन्दी-उर्दू के परस्पर सम्बन्धों को व्यावहारिक स्तर पर स्वीकार किया जाए तो उत्तर-पश्चिम में जम्मू-कश्मीर, दक्षिण में हैदराबाद राज्य का सारा भूभाग, और यहाँ तक कि सारा पाकिस्तान भी इस भाषा के प्राथमिक क्षेत्रों के रूप में स्वीकार्य हो सकते हैं। भारत के अन्य आर्यभाषा क्षेत्रों—असम, बंगाल, उड़ीसा, गुजरात, महाराष्ट्र और पंजाब, और उधर नेपाल तक में भी भाषायी और ऐतिहासिक कारणों से हिन्दी द्वितीय भाषा के रूप में सहज बोधगम्य है। संस्कृत का समान तत्सम शब्द-भण्डार तेलगु, मलयालम और कन्नड़ को भी हिन्दी के काफी निकट लाने का कारण है। शुद्धिकृत तमिल तथा तिब्बती मूल की कुछ उत्तरांचलीय भाषाएँ ही सैद्धान्तिक दृष्टि से हिन्दी से कुछ अन्तर पर प्रतीत होती हैं। परन्तु नगरीकरण, औद्योगीकरण, और परिणामित अति गतिशील जनसंख्या, तथा अति विकसित संचार, यातायात और सूचना साधनों द्वारा प्रभावित मानवीय अन्तःसम्बन्धों में यह दूरी भी तेजी से कम होती जा रही है। व्यवहार की सुविधा की दृष्टि से हिन्दी स्वाभाविक और अनायास रूप में अन्तःप्रान्तीय अन्तःसम्बन्धों की भूमिका बृहत्तर भारतीय जनसमुदाय और लोक के स्तर पर निभा ही रही है।[10]

मध्यकाल में हिन्दी की समन्वयवादी भूमिका

भारत में हिन्दी को कोई एक-हजार वर्ष से कम-ज्यादा अलग-अलग रूपों में तीर्थ-यात्री, सन्त, फकीर, व्यापारी और शासकों द्वारा एक सर्वदेशीय भाषा के रूप में प्रयुक्त किया जाता रहा है।[11] हिन्दी हिमालय से लेकर कन्याकुमारी तक और अटक से लेकर कटक तक लोक-चेतना और उसके संस्कार की संवाहिका तथा भारतीय संगम की विधायिका रही है। विभिन्न धार्मिक, सामाजिक और सांस्कृतिक आन्दोलनों ने जनमानस के उद्‌बोधन और संस्कार के लिए जो सशक्त प्रयास किए, उनकी सजगता ही हिन्दी की आत्मरूपता बनी। ईस्वी की नवीं-दसवीं शताब्दी में नए संस्कारों की चेतना बौद्ध-धर्म के महायान स्वरूप के सहजयानी सिद्धाचार्यों के माध्यम से हिन्दी में ही व्यक्त हुई। इसी प्रकार संयम, आत्मसंस्कार, सहिष्णुता और उदारता की नवीन चेतना के उत्तर संकल्प जैन धर्म और साहित्य के रूप में हिन्दी में ही प्रतिफलित हुए। सांस्कृतिक जड़ता को दूर करने के लिए गोरखनाथ ने जो 'जाग मछन्दर गोरख आया' का उद्‌घोष किया था, उसकी सामर्थ्य भी हिन्दी की ही अस्मिता बनी। मध्यकाल में ही हिन्दी की प्राणवत्ता का यह सचेत, प्रकृत क्षेत्र माना जाता रहा है। बाबा फरीद जिस समय पंजाब में 'सलोक' सुना रहे थे, उसी समय अनेक सूफी कवि और सन्त समस्त भारत की भूपरिक्रमा में जुटे थे। जिस समय डल मऊ में पूर्व में मुल्ला दाऊद अपने 'चंदायन' (1379) की कहानी सुना रहे थे, उस समय के आसपास ही विद्यापति प्रेम, विरह और सौन्दर्य के रस-सिक्त गीतों से मिथिला की अमराइयों को मुखरित कर रहे थे। इसी समय काशी के जुलाहे कबीर की वाणी ने पीड़ित मानवता को नयी स्फूर्ति और नया मनोबल दिया।

यह वाणी हिन्दी क्षेत्र में ही संकुचित नहीं रही। इसने पंजाब को आविष्ट किया, तो गुजरात और महाराष्ट्र को भी प्राणवत्ता दी। जिस समय कबीर की वाणी उत्तर को प्रेरणा दे रही थी, प्रायः उसी समय महाराष्ट्र के नामदेव ने अपने हिन्दी अभंगों के माध्यम से दक्षिण में योगमयी भक्ति की अमृतधारा बहाई। यह तो ज्ञात ही है कि दक्षिण में जन्म लेने वाली भक्ति के उत्तर में संस्थापक रामानन्द थे, जिनकी हिन्दी रचना आदिग्रन्थ में संकलित है। उत्तर के गोरखनाथ और दक्षिण के ज्ञानदेव का समय आसपास ही पड़ता है, और ज्ञानदेव के हिन्दी पदों का सन्धान हो चुका है। ब्रजभूमि के कृष्ण के लीलावतार के माध्यम से ब्रजभाषा की अमृत-धारा के संचालक आन्ध्र के बल्लभाचार्य हुए। दाक्षिणात्य रामानुज की निष्ठा ने हिन्दी को तुलसीदास दिया। निम्बार्क सम्प्रदाय की भक्ति-तरंगिणी ने हिन्दी की समन्वय-साधना को रूपायित किया।[12]

पंजाब का भी मध्यकाल में हिन्दी के सन्दर्भ में विशेष महत्त्व है। पंजाब के मध्यकालीन जागरण की दीपशिखा गुरु नानक देव जी द्वारा जलाई जाती है।

'गुरु ग्रन्थ साहब' में गुरु साहिबान के अतिरिक्त अन्य अनेक सन्तों, भक्तों, फकीरों और साधकों की वाणियाँ संकलित हैं। इनमें बाबा फरीद, बेनी, जयदेव, सधना, त्रिलोचन, रामानन्द, नामदेव, पीपा, धन्ना, कबीर, रैदास, भीखन, परमानन्द आदि महत्त्वपूर्ण हैं। जिन सन्तों की हिन्दी रचनाएँ 'आदिग्रन्थ' में संकलित हैं वे न तो सभी किसी विशेष भूखण्ड के निवासी हैं। और न किसी जाति-विशेष के सदस्य। रामानन्द दाक्षिणात्य ब्राह्मण हैं, तो कबीर काशी के जुलाहे। बंगाल के जयदेव हैं तो महाराष्ट्र के नामदेव। रैदास चमार हैं तो नाभा छीपी, जिनकी रचनाएँ यहाँ संकलित हैं वे संकीर्ण अर्थों में हिन्दी भाषा-भाषी नहीं हैं। इस प्रकार 'आदिग्रन्थ' हिन्दी के व्यापक प्रसार और सार्वदेशिक विस्तार के साथ-साथ राष्ट्रीय एकता का अन्यतम निदर्शन और प्रमाण है।[13]

गुरु अर्जुन देव के कवि दरबार का वैविध्य तथा हिन्दी में उनका सृजन इन पश्चिमोत्तरीय प्रदेश की केन्द्रोन्मुखता का सुन्दर उदाहरण है। ये कवि थे जल्हन, कल्ह, वल्ह, कलसहर, मथुरा, जालप, हरिवंश, हल्ह, सल्ल, भल्ल, दास, कीरत, गयंद, सेवक, भिक्खा, आदि। इसी प्रकार गुरु हरगोविन्द के दरबार के नत्थमल और अब्दुल्ला नामक ढाढी स्वरचित वारों का हिन्दी में सस्वर गान करते थे। गुरु तेगबहादुर स्वयं तो श्रेष्ठ हिन्दी कवि थे ही, उनके भक्त—बहादुर गढ़ के नवाब सैक खाँ ने 'रागदर्पण' की रचना हिन्दी में की। 'गोराबादल' की कथा का गायक जटमल तो था ही लाहौरी। गुरु गोविन्द सिंह स्वयं ही कविशिरोमणि थे, कविगुरु थे, और कविराज थे। भाई सन्तोखसिंह के 'गुरु प्रताप सूर्य' (1843) का प्रमाण है कि—

बावन कवि हजूर गुरु, रहित सदा ही पास।
आवे-जाहि अनेक ही, कहि जस ले धनरास ॥[14]

कहा जाता है कि इन हजूरी कवियों का विशाल संग्रह 'विद्यासागर' था, जिसका अधिकांश आनन्दपुर साहब के आक्रमण के समय विलुप्त हो गया। पंजाब के निर्मल पंथी सन्तों में भाई गुलाब सिंह के अतिरिक्त अनेक सन्तों की हिन्दी रचनाएँ उपलब्ध हैं। जम्मू जैसे डोगरी क्षेत्र में वल्लभ देव ने 'तुलसी रामायण', और कवि दत्त ने 'वीरविलास' की हिन्दी में रचना की। बिलासपुर जैसे पहाड़ी-भाषी क्षेत्र में कृष्णलीला पर आधारित बृहदाकार और श्रेष्ठ काव्य-गुणों से सम्पन्न रचना 'लीलासागर' की प्राप्ति हिन्दी की व्याप्ति-सीमा का प्रमाण है।

बंगाल में चैतन्य महाप्रभु के गौड़ीय वैष्णव सम्प्रदाय के भक्तों ने विपुल ब्रजभाषा काव्य की रचना की। गोपाल भट्ट, कृष्णदास, परमानन्द, रघुनाथदास, घनश्याम दास, नरहरिदास, चन्द्रवर्ती, गोकुल दास और नागीर मामूद इन कवियों में प्रमुख हैं, जिनके इस आयोजन से बंगला में एक विशेष प्रकार की काव्य-भाषा

का विकास हुआ, जिसे 'ब्रजबुलि' का नाम प्राप्त हुआ।[15]

गोरखनाथ की वाणी और उनके जन्मस्थान सम्बन्धी मतभेद मध्यकाल में हिन्दी के सार्वदेशिक रूप का सुन्दर प्रमाण प्रस्तुत करते हैं। गोरखनाथ द्वारा प्रवर्तित नाथपंथ ने सामाजिक-सांस्कृतिक जीवन को नयी चेतना, नूतन गरिमा और अभिनव सम्पन्नता दी, जिसका उन्मेष नाथ योगियों, महानुभाव-पंथी सन्तों और वारीकरी भक्तों की रचनाओं में उद्भासित होता है। महाराष्ट्र की परम्परा यह स्वीकार करती है कि ज्ञानेश्वर के प्रपितामह गोरखनाथ के प्रत्यक्ष शिष्य थे, और गोरखनाथ महाराष्ट्र के थे। गोरखनाथ के मूल स्थान के बारे में काफी मतभेद है। एक ओर वह पेशावर के माने गए हैं, तो दूसरी ओर काठियावाड़ के। गोरखपुर को इनका जन्मस्थान माना गया है, तो नेपाली परम्परा इन्हें गोरखा मानती है। बंगाली तो इन्हें बंगाल का ही मानते हैं, जबकि महाराष्ट्र में प्रमाणों सहित इन्हें महाराष्ट्र से सम्बन्धित माना जाता है। परन्तु गोरखनाथ की वाणियाँ यह अवश्य निर्दिष्ट करती हैं कि दसवीं शताब्दी में ही हिन्दी सार्वदेशिक रूप ग्रहण कर चुकी थी।[16]

ज्ञानदेव, नामदेव, तुकाराम और केशव स्वामी जैसे अहिन्दी क्षेत्रों के लेखकों की रचनाएँ यह निर्दिष्ट करती हैं कि हिन्दी सामान्य जनसम्पर्क की भाषा थी। भूषण छत्रपति शिवाजी के राजकवि थे, और हिन्दी मराठी-भाषी मराठा राजदरबार की राजभाषा थी। कर्नाटक के महीपति, कृष्णदास, रुक्मांगत पण्डित और लक्ष्मीपति जैसे कवियों ने अपनी हिन्दी रचनाओं द्वारा हिन्दी की सार्वदेशिकता का विज्ञापन किया। आन्ध्र क्षेत्र में तो हिन्दी के उस रूप का विकास हुआ, जिसे दक्किनी या दक्खिनी हिन्दी कहने की परम्परा चल पड़ी। यह भाषा राज सभाओं में और जनसामान्य में समान रूप से समादृत रही, तथा इसमें लिखने वाले दर्जनों लेखकों की रचनाओं का आज भी हिन्दी की दृष्टि से बहुत महत्त्व है। स्पष्ट है, कि हिन्दी किसी क्षेत्र विशेष से बँधी नहीं रही। यह किसी मत या धर्म-विशेष की धरोहर नहीं रही। समस्त भारत के सन्तों, महात्माओं, भक्तों, सूफियों और मतनिरपेक्ष कवियों ने अपनी-अपनी अभिव्यक्ति के द्वारा इसे व्यापकता, गरिमा और सम्पन्नता से मण्डित किया।[17]

भारतीय नवजागरण और हिन्दी

भारतीय नवजागरण के अग्रणी राजा राममोहन राय को सुसंस्कृत भारतीय राष्ट्र के लिए एक अखिल भारतीय भाषा की तलाश थी। 1829 में उन्होंने 'बंगदूत' नामक एक साप्ताहिक पत्र निकाला, जिसमें बंगला के साथ हिन्दी को भी स्थान दिया गया। उनका मत था कि "हिन्दी में राष्ट्रभाषा बनने की पूरी क्षमता है।"[18] ब्राह्म समाज के प्रखर नेता बंगला-भाषी केशवचन्द्र सेन में राष्ट्र-भाषा की यह चेतना प्रथम बार प्रकट हुई। 1875 में उन्होंने अपने पत्र 'सुलभ-समाचार' में लिखा—"यदि एक

भाषा के न होने के कारण भारत में एकता नहीं होती है तो क्या चारा है। तब सारे भारतवर्ष में एक ही भाषा का व्यवहार करना एकमात्र उपाय है।...हिन्दी को अगर भारतवर्ष की एकमात्र भाषा स्वीकार कर लिया जाए तो सहज में ही यह एकता सम्पन्न हो सकती है।''[19] बंगाली केशवचन्द्र सेन ने ही गुजराती दयानन्द सरस्वती को यह सलाह दी थी कि वह 'सत्यार्थ-प्रकाश' संस्कृत में न लिखकर जनभाषा हिन्दी में ही लिखें। यह गुजराती दयानन्द सरस्वती ही थे, जिन्होंने देश-विदेश में हिन्दी का प्रचार किया और हिन्दी माध्यम के विद्यालयों-महाविद्यालयों की स्थापना द्वारा हिन्दी की सीमा और शक्ति में महान अभिवृद्धि की। आनन्दमठ के महान रचयिता और 'वंदेमातरम' के प्रणेता बंकिमचन्द्र चटर्जी ने यह भविष्यवाणी की थी कि ''हिन्दी एक दिन भारत की राष्ट्रभाषा होकर रहेगी। क्योंकि हिन्दी भाषा की सहायता से भारत के विभिन्न प्रदेशों में जो ऐक्य-बन्धन स्थापित कर सकेंगे वे ही सच्चे भारत बन्धु की संज्ञा पाने योग्य होंगे।''[20] 1857 की महान क्रान्ति की भाषा हिन्दी ही थी। इसी भाषा में बहादुर शाह ज़फ़र ने लाल किले का प्रसिद्ध सामरिक-भाषण दिया था। मराठा तात्या टोपे और कुँवर सिंह के पत्र-व्यवहार की भाषा हिन्दी ही थी। इसके बाद के तो पूर्ण नवजागरण और स्वातन्त्र्य-संघर्ष में नर्म गर्म और क्रान्तिकारी हर वर्ग ने हिन्दी के अखिल भारतीय महत्त्व को स्वीकार किया और उसका व्यवहार किया। महात्मा गाँधी की भूमिका तो हिन्दी के सन्दर्भ में सर्वाधिक महत्त्वपूर्ण है। उन्होंने स्वतन्त्रता और स्वदेशी को अभिन्न स्वीकार किया, और स्वदेशी में देश की भाषाएँ और उनमें देश की एकता का सूत्र गाँधी जी के लिए स्वतन्त्रता प्राप्ति से कम महत्त्वपूर्ण नहीं था।[21] स्वयं गुजराती भाषी गाँधी जी कहते हैं—''राष्ट्रभाषा की जगह एक हिन्दी ही ले सकती है, कोई दूसरी भाषा नहीं।'' अन्यत्र उन्होंने कहा था—''राष्ट्रीय व्यवहार में हिन्दी को काम में लाना देश की एकता और उन्नति के लिए आवश्यक है।''[22]

हिन्दी को भारत के हर क्षेत्र तथा हर भाषा के बोलने वाले ने सँवारा है और समृद्ध किया है। आधुनिक हिन्दी गद्य के आद्य-शिल्पियों में गुजरात के लल्लू लाल जी, पंजाब के श्रद्धाराम फिल्लौरी, बंगभाषी नवीनचन्द्र राय, और गुजराती स्वामी दयानन्द सरस्वती और स्वयं गाँधी जी थे। बंग महिला की 'दुलाई वाली' कहानी को प्रथम हिन्दी कहानी होने का श्रेय आचार्य रामचन्द्र शुक्ल ने ही दिया। 'सरस्वती' जैसी मानक हिन्दी पत्रिका का प्रकाशन बंगाल के इण्डियन प्रेस की परिकल्पना का ही परिणाम था। गिरिजा कुमार घोष नामक बंगाली विद्वान ही हिन्दी के सुप्रसिद्ध लेखक पार्वतीनन्दन थे। भारतेन्दु युग की साहित्य-साधना में माधव राव सप्रे और केशव राव भट्ट जैसे महाराष्ट्रीय साहित्यकारों की चर्चा अनिवार्य है। बाबूराव विष्णुराव पराड़कर तो हिन्दी पत्रकारिता के शलाका-पुरुष ही हो गए हैं। बालकृष्ण राव, रमेश चौधरी, अरिगपूड़ि तथा बालशौरि रेड्डी जैसे तेलगु-भाषी हिन्दी विद्वानों के महत्त्व

से कौन अपरिचित है। तमिल मूल के रांगेय राघव, शौरिराजन, चन्द्रहासन, मलयालम-भाषी मलिक मुहम्मद, कन्नड़-भाषी कु.नी. वे ललितांबा और सरगु कृष्णमूर्ति, सिंधी-भाषी आजुनुमुल, बंगभाषी मन्मथनाथ गुप्त और मराठी-भाषी प्रभाकर माचवे केवल कुछ न्यादर्शक नाम ही यहाँ प्रस्तुत हैं। इन सब भाषाओं के दर्जनों तथा पंजाबी, मराठी और गुजराती के सैकड़ों नये-पुराने लेखक हिन्दी के भण्डार के संस्मरण में तथा इस प्रकार हिन्दी माध्यम से राष्ट्रीय ऐक्य के इस महायज्ञ में संलग्न हैं।[23] हिन्दी के अतिरिक्त कोई दूसरी भारतीय भाषा नहीं जिसके साहित्यिक संवर्द्धन में अन्य भाषा-भाषियों ने इतना महत्त्वपूर्ण योगदान दिया हो।[24]'

हिन्दी : अन्तःप्रान्तीय जनसम्पर्क की सहज भाषा

मध्यकाल में तो हिन्दी अन्तःप्रादेशिक विचार-विनिमय का साधन थी ही, गत दो सौ वर्षों में लगातार अंग्रेजी के प्रचार-प्रसार, इसके अन्तरराष्ट्रीय महत्त्व और भारत में इसके राज-शक्ति और पेट-भाषा के मुख्य आसन पर अधिष्ठित होने के बावजूद भी किसी औपचारिक समझौते या निर्णय के न होने पर भी विभिन्न प्रदेशों के अहिन्दी भाषी परस्पर एक विशेष प्रकार की सार्वदेशिक भाषा हिन्दी में ही बात करते हैं। वे इस विधि से विचार-विनिमय के लिए वस्तुतः बाध्य हैं। अंग्रेजी भाषा में अभिव्यक्ति और बोध के उपयुक्त गति रखने वाले मुट्ठी भर लोगों को छोड़कर विशाल और सामान्य भारतीय जनसमुदाय जब भी कहीं मिलता है तो भाषा-भेद की अवस्था में बंगाली हिन्दी वाला मराठी हिन्दी वाले से, तमिल हिन्दी वाला पंजाबी हिन्दी वाले से और नेपाली हिन्दी वाला काश्मीरी हिन्दी वाले से बात करने, बात को समझने और समझाने में कोई असुविधा नहीं समझता। यहाँ तक कि अफगानिस्तान से आने वाले पश्तो-भाषी पठान, लद्दाख से आने वाले तिब्बती-चीनी परिवार की लद्दाखी भाषा बोलने वाले, तथा उत्तर-पूर्वी भारत के आदिवासी भाषाओं के प्रयोक्ता सब अपने-अपने ढंग की हिन्दी में अपनी बात कह-सुन सकते हैं। तेलगु-भाषी आन्ध्र प्रदेश की राजधानी हैदराबाद में 90 प्रतिशत से अधिक हिन्दी चलचित्र प्रदर्शित होते हैं। ठेठ मराठवाड़ा और कोंकण में भी स्थिति भिन्न नहीं है। पंजाब में और विदर्भ में तो यह प्रतिशत लगभग 100 के निकट ही है। चेन्नई और कोलकाता तो प्रादेशिक चलचित्रों के महत्त्वपूर्ण निर्माण केन्द्र हैं। पर वहाँ भी हिन्दी चलचित्रों का प्रदर्शन बड़ी मात्रा में होता है। यह सब हिन्दी की प्रादेशिक सीमाओं के अतिक्रमण की क्षमता का और राष्ट्रीय ऐक्य की माँग का सहज परिणाम है। रेडियो और दूरदर्शन तो हिन्दी के साथ देश-विदेश में हर क्षण पहुँच रहे हैं। यह आरोपण न होकर, इसका भरपूर स्वागत हो रहा है। और यह सब उस अवस्था में हो रहा है जब उच्च ज्ञान, विज्ञान, तकनीक, उद्योग तथा प्रशासन का माध्यम आज भी अस्वाभाविक रूप से अंग्रेजी अभी बनी ही हुई है। यह सब उस स्थिति

में हो रहा है जब देश का राजनीतिक और प्रशासनिक तन्त्र भारतीय भाषाओं को उनका सही स्थान दिलवाने के बारे में न तो ईमानदार है और न सक्रिय। यह सब उस अवस्था में हो रहा है जब अंग्रेजी के अतिरंजित महत्त्व और चकाचौंध में देश का सामान्य नागरिक भी अपने दैनन्दिन व्यवहार और शिक्षा व्यवस्था आदि में भारतीय भाषाओं की उपेक्षा कर रहा है। हिन्दी के विकास-प्रसार की प्रक्रिया फिर भी दुर्निवार है, क्योंकि राष्ट्रीय एकता का प्रश्न इसके साथ एक सामाजिक आवश्यकता के रूप में अनिवार्यतः जुड़ा हुआ है। यह इतिहास का अनवरुद्ध कालचक्र है। इसमें अस्थायी और अस्वाभाविक बाधाएँ इसे रोक पाने में इसलिए समर्थ नहीं होंगी क्योंकि ऐतिहासिक शक्तियाँ यही चाहती हैं।

यह मानते हुए भी मुझे डॉ. रामविलास शर्मा की 'हिन्दी-जाति' सम्बन्धी प्रस्तावना चिन्तित ही नहीं करती, भयभीत भी करती है। वे महान चिन्तक, साधक और मनीषी हुए हैं। महान लोगों की छोटी सी भूल भी भयानक परिणामों का कारण बन सकती है। उनका यह प्रस्ताव देश के उनके हजारों प्रशंसकों को प्रभावित करके इस सोच को आगे बढ़ा सकता है। भले ही मुझे यह भी पूर्ण विश्वास है कि इतिहास-विरुद्ध कोई भी बीज विशाल वृक्ष नहीं बन सकता, और हिन्दी की राष्ट्रीय भूमिका एक इतिहास-सत्य है।

यह भी हो सकता है कि यह मेरी सोच का ही भ्रम हो, या मेरे निर्णय का दोष हो। पर प्रादेशिक भारतीय भाषाओं और भाषायी क्षेत्रों के समानान्तर हिन्दी जाति और हिन्दी प्रदेश की बात करना हिन्दी भाषा के जन्मकाल से ही प्रासंगिक नहीं रहा है। यहाँ केवल इतना ही कहना चाहूँगा कि—"संस्कृत और हिन्दी में समस्त भारत की आत्मा अपने-अपने कालों में मुखरित हुई है।...इसे हम इतिहास का ही खेल कहेंगे कि संस्कृत के बाद समन्वय की यह केन्द्रीय भूमिका हिन्दी के ही जिम्मे आई। इस तथ्य पर मुहर सबसे पहले ईरानियों ने, और फिर अरबों, तुर्कों और अंग्रेजों ने लगाई। और हिन्दीतर सब प्रदेशों ने शताब्दियों पूर्व इस तथ्य को न केवल सहज स्वीकार किया, बल्कि सहर्ष व्यवहृत भी किया, और आज भी सतत व्यवहृत किया जा रहा है।"[25]

सन्दर्भ :

1. रामविलास शर्मा, भारतीय संस्कृति और हिन्दी-प्रदेश (दो खण्ड—699 और 788 पृ., मूल्य प्रत्येक खण्ड 500/- रुपए), नई दिल्ली, किताब घर, 1999
2. मैथिली प्रसाद भारद्वाज, 'रामविलास शर्मा की सांस्कृतिक दृष्टि' (लेख) पल-प्रतिपल वर्ष : 14, संयुक्तांक 53-54, सितम्बर-दिसम्बर, 2000, पृ. 178-200
3. डॉ. रामविलास शर्मा, पूर्वोक्त।

4. Rajesh kochhar, Vedic People : Their History & Geography, New Delhi. Orient Longman, 2000, pp. 198-207
5. M.P. Bharadwaj, Review of Rajesh Kochhar's Book—Vedic People : Their History & Geography in Social Sciences Research Journal, Vol. 7, No.3 (of 1999), June, 2000 Panjab University, Chandigarh, pp. 134-140
6. मैथिली प्रसाद भारद्वाज, 'रामविलास शर्मा की सांस्कृतिक दृष्टि' (लेख), पल-प्रतिपल पूर्वोक्त, पृ. 178-200
7. मैथिली प्रसाद भारद्वाज, आधुनिक साहित्य चिन्तन, चण्डीगढ़, 1992 (राष्ट्रीय एकता में हिन्दी का योगदान शीर्षक अध्याय में डॉ. श्याम सिंह 'शशि' के संकलन से साभार गृहीत एक अंश)
8. मैथिली प्रसाद भारद्वाज, आधुनिक साहित्य चिन्तन, पूर्वोक्त, पृ. 279
9. वही, पूर्वोक्त, पृ. 280
10. वही, पृ. 284-285
11. भवानी प्रसाद मिश्र, गगनांचल, (विश्व हिन्दी अंक), वर्ष 6, अंक 4, नई दिल्ली, भारतीय सांस्कृतिक सम्बन्ध परिषद।
12. रामखेलावन पाण्डेय, 'हिन्दी की अस्मिता : सांस्कृतिक सहयात्रा के आयाम', गगनांचल, विश्व हिन्दी अंक, वर्ष 6, अंक 4, नई दिल्ली, 1983, पृ. 2-17
13. रामखेलावन पाण्डेय, पूर्वोक्त, पृ. 13-14
14. वही, पृ. 10-11
15. हिन्दी-साहित्य-कोश, भाग-1, 'ब्रजबुलि' पर टिप्पणी।
16. हिन्दी-साहित्य-कोश, भाग-2, (गोरखनाथ सम्बन्धी टिप्पणी)
17. मैथिली प्रसाद भारद्वाज, 'राष्ट्रीय एकता में हिन्दी का योगदान', पूर्वोक्त, पृ. 287
18. श्याम सिंह 'शशि', हिन्दी हम सबकी, दिल्ली, 1983
19. केसरी कुमार, हिन्दी-साहित्य में सामाजिक संस्कृति की सर्जनात्मक अभिव्यक्ति (लेख) विश्व हिन्दी दिल्ली, 1983, पृ. 6-13
20. केसरी कुमार, विश्व हिन्दी, पूर्वोक्त, पृ. 11
21. नगेन्द्र, हिन्दी-भाषा और साहित्य के विकास में अहिन्दी प्रदेशों का योगदान (लेख), भाषा, विश्व हिन्दी सम्मेलन अंक, दिल्ली, 1983, पृ. 193-96
22. श्याम सिंह 'शशि', हिन्दी हम सबकी, पूर्वोक्त
23. मैथिली प्रसाद भारद्वाज, आधुनिक साहित्य चिन्तन, पूर्वोक्त, पृ. 288
24. रामखेलावन पाण्डेय, पूर्वोक्त, पृ. 16-17
25. विस्तार के लिए द्रष्टव्य : मैथिली प्रसाद भारद्वाज, 'राष्ट्रीय एकता के सन्दर्भ में हिन्दी का योगदान' (लेख), आधुनिक साहित्य चिन्तन, पूर्वोक्त, पृ. 277-294

साहित्य-समीक्षा के संकट

प्रो. सूर्यप्रसाद दीक्षित

साहित्यिक मूल्यांकन के लिए समीक्षा और आलोचना ये दो शब्द प्रचलित हुए। इनमें आलोचना कालक्रम में दोष दर्शन का पर्याय हो गई। शायद आरम्भिक आलोचक यह मानते थे कि रचना में उपलब्धियाँ तो रहती ही हैं, उनको कहाँ तक गिनाया जाए? आलोचक का पाण्डित्य तो त्रुटियों को खोज निकालने से सिद्ध होता है। यही कारण है कि हमारे काव्यशास्त्र में काव्यदोषों की चर्चा अधिक हुई है, काव्य गुणों की बहुत कम। तब आलोचक शास्ता हुआ करता था। कवि कर्म उससे अवर श्रेणी का कार्य माना जाता था। प्रसिद्ध उक्ति है–'शास्त्रेषु भ्रष्टा कवयो भवन्ति।' तब भावुक कवियों का सर्जन आचार्यों के गूढ़-गहन चिन्तन के समकक्ष नहीं पहुँच पाया था। किन्तु धीरे-धीरे स्थिति बदली। जनसाधारण का सम्बन्ध आचार्यों की अपेक्षा जनसाधारण से ज्यादा जुड़ गया, क्योंकि आचार्य गरिष्ठ थे और रचनाकार सरस। पहले जन सामान्य रचनाओं का प्रत्यक्ष अर्थबोध नहीं कर पाते थे। रचनाओं के अर्थापन के लिए आचार्य आलोचक की आवश्यकता पड़ती है। वह लेखक और पाठक के बीच मध्यस्थ सेतु का कार्य करता था। एक ओर पाठकीय बोधवृत्ति का स्तरोन्नयन करता था और दूसरी ओर रचनाकारों को पाठकीय संवेदना का संज्ञान कराता हुआ उनका दिशा-दर्शन करता रहता था। आधुनिक युग के आविर्भाव के साथ-साथ साक्षरता वृद्धि के कारण युगमानस इतना प्रबुद्ध हो गया कि उसे मध्यस्थ की आवश्यकता नहीं रही। प्रकाशित साहित्य तथा जनसंचार माध्यम सर्वसुलभ हो गए। फलस्वरूप आचार्य आलोचक का आधिपत्य समाप्त हो गया। फिर एक तीसरा मोड़ आया जब रचनाधर्मिता बहुत ज्यादा महिमामंडित हो गई, जब कि आलोचक पुरातनपन्थी पण्डिताऊ अर्थात् पिछड़े कालातीत चिन्तन के प्रतीक बने रहे। इस स्थिति को उपलक्षित करते हुए एक शब्द चला–'प्राध्यापकीय समीक्षा' या विश्वविद्यालयीय एकेडमिक समीक्षा। पाँचवें-छठे दशक के बीच हिन्दी रचनाकारों को वैश्विक चिन्तन से जुड़ने के अवसर मिले। उन्होंने विश्वविख्यात विचारकों की तर्ज पर विभिन्न प्रकार की शैलियाँ, विधाएँ और विचारधाराएँ अपनाईं।

वे अत्याधुनिक हो गए, जब कि उच्चतर शिक्षा तन्त्र से जुड़े हुए आचार्य आलोचक इतनी त्वरित गति से अद्यतन नहीं हो सकते थे। ये परम्परा से जुड़े रहे। काव्यशास्त्र, दर्शन, इतिहास, भाषाशास्त्र आदि में केन्द्रित ये आचार्य युग-प्रवर्तक रचनाओं का साथ नहीं निभा पाए और पिछड़ गए। कुपरिणाम यह हुआ कि कवि-कथाकार तो प्रमुख साहित्यकार माने जाने लगे और आलोचक गौण। साहित्यकार उनसे नेतृत्व ही नहीं बल्कि जय-जयकार करने की अपेक्षा सँजो बैठे। हिन्दी आलोचना में यह स्थिति छायावाद से शुरू हुई। छायावादी कवियों (प्रसाद, पन्त, महादेवी, निराला) आदि ने स्वयं लम्बी-लम्बी भूमिकाएँ लिखीं। उन्होंने आत्ममूल्यांकन शुरू कर दिया और आलोचक को समानधर्मा (सहृदय) मानने से मना कर दिया। प्रयोगवादी कवियों ने सवक्तव्य रचनाएँ छपवाईं और परस्पर समीक्षाएँ करके 'अहो रूप महो ध्वनिः' की नीति अपनाई। इस बीच के रचनाकार बड़े-बड़े पदों पर समासीन हो गए और परिणाम यह हुआ कि समीक्षा कार्य को ही बेमानी सिद्ध कर दिया गया। कवि-विवक्षा के सन्दर्भ में रचनाकार को प्रमाण माना गया और इस प्रकार आलोचना कर्म हाशिए पर आ गया।

इस बीच पाठ्यक्रमीय, छात्रोपयोगी, व्यावसायिक समीक्षा का जन्म हुआ। उसने आलोचना कर्म को उपहासास्पद बना दिया। हजारों-हजारों की संख्या में छपने वाली पुस्तकें (कुंजियाँ, गाइड) उनसे प्राप्त भारी-भरकम रायल्टी और बाजारू स्पर्धा के कारण इनमें भूत लेखन, तस्कर व्यापार आदि शुरू हो गया। बाजारवाद एवं भीड़ तन्त्र का यह एक अवश्यम्भावी प्रतिफल था।

हिन्दी आलोचना में आचार्य रामचन्द्र शुक्ल, आचार्य हजारी प्रसाद द्विवेदी, आचार्य नन्ददुलारे वाजपेयी, डॉ. रामविलास शर्मा आदि ऐसे आलोचक हैं, जिन्हें एक समय भारी अधिमान्यता प्राप्त हुई थी। शुक्ल जी के सम्बन्ध में ख्यात था कि जिसका नामोल्लेख वे अपने इतिहास ग्रन्थ में कर देंगे वह अमर हो जाएगा। जैसे इतिहास नहीं, कोई कालपात्र था उनके पास। सर्जक साहित्यकार और पाठक इस व्यापक लोक प्रशंसा के कारण जाने-अनजाने कुछ अतिचारी भी हो गए। उन्होंने अपने समकालीन साहित्यकारों की या तो भर्त्सना की या उपेक्षा की। उनसे प्रतिक्रिया प्रेरित होकर ही छायावादी कवि आलोचक बन बैठे। फिर एक नया सिलसिला चलने लगा। भूमिकाबाजी हर कवि लेखक की एक अनिवार्य अदा हो गई। प्रयोगवाद के आते-आते चूँकि सृजन में बौद्धिकता हावी हो गई थी, इसलिए प्रयोगवादी या नई कविता के कवि खुलकर समीक्षाएँ भी लिखने लगे। अज्ञेय, धर्मवीर भारती, शमशेर, कुँवर नारायण, विजयदेव नारायण साही, जगदीश गुप्त, मलयज आदि एक से बढ़कर एक समीक्षक हुए। इनकी वंश वृद्धि इसलिए भी अधिक हुई क्योंकि पुराने आचार्यों (डा. हजारी प्रसाद द्विवेदी, डा. नगेन्द्र) आदि ने अपने दुर्निवार हठ के कारण नए साहित्य को समझने समझाने-से मना कर दिया। आचार्य नन्ददुलारे

वाजपेयी ने अवश्य आत्मसंशोधन किया, किन्तु, बड़े विलम्ब के बाद।

इसी का परिणाम है कि आज आलोचना का अस्तित्व संकटग्रस्त हो गया है। सर्वसामान्य पाठक की दृष्टि में नया हिन्दी आलोचक या तो गिरोह ग्रस्त है या अपने रुचि-विपर्यय से त्रस्त। वह प्रायः अखबारीपन का शिकार हो गया है। विवाद उत्पन्न करना और नामवरी हासिल करना उसका प्रमुख प्रयोजन है। इधर वह नायकवादी समीक्षा लेकर चल पड़ा। कभी निराला चरितनायक बने कभी केदारनाथ अग्रवाल। कभी मुक्तिबोध को आलोचना की धुरी बनाया, कभी रघुवीर, नागार्जुन और धूमिल को। तात्पर्य यह है कि समीक्षक के कथनों (फतवों) की विश्वसनीयता नहीं रही। आलोचना कुछ मुहावरों में ढल गई और लफ्फाजी का पर्याय बन गई। पाठ की सबसे ज्यादा उपेक्षा की गई। मध्ययुगीन या प्राचीन काव्य, साहित्यशास्त्र, ब्रजभाषा काव्य, छायावाद, काव्यशास्त्र, भाषाशास्त्र आदि विषयों में तो इन आलोचकों की गति प्रायः ही नहीं रह गई है। इनकी क्रीड़ा भूमि बनी नई कविता, कहानियाँ तथा उपन्यास कृतियाँ। साहित्य सिद्धान्त की अपेक्षा ये साहित्येतर अवधारणाओं से अधिक प्रेरित रहे। इस दृष्टि से इतिहास दर्शन, अन्तर्विद्यापरक अध्ययन आदि का इन्होंने सहारा लिया। सर्वाधिक रुचि इन्होंने पुस्तक समीक्षा और गोष्ठीबाजी में दिखाई। पाठालोचन, गूढ़ अर्थोद्घाटन और सूक्ष्म अर्थ बोधन में ये असफल प्रमाणित हुए। इसका परिणाम यह हुआ कि कविता की कसौटी ही लुप्तप्राय हो गई और शायद इसीलिए उसकी पठनीयता भी कम हो गई और इस प्रकार वह हाशिए पर आ गई।

आलोचना का यह संकट निःसन्देह अत्यन्त चिन्ताजनक है। इसके पुनः संस्कार के लिए सत्समीक्षा का नया रूपाकार गढ़ना होगा। इसके तीन विकल्प हैं—एक व्यावहारिक समीक्षा दूसरे प्राध्यापकीय समीक्षा और तीसरे कम्प्यूटर समीक्षा। समीक्षा के कुछ मानक आचार्य शुक्ल, आचार्य नन्ददुलारे वाजपेयी और मिश्र बन्धुओं ने बनाए थे। उनका विस्तारण और युगीन संस्करण अब आवश्यक हो गया है।

हिन्दी की समसामयिक समीक्षा सम्प्रति अनेक विवादों के घेरे में है। एक ओर उसे स्वतन्त्र विधा और पृथक अनुशासन घोषित किया जा रहा है, और दूसरी ओर अनुकर्म। कहीं समीक्षा के नाम पर मतवाद हावी है और कहीं व्यावसायिकता। वस्तुतः समीक्षा की प्रामाणिक पहचान में ये छः बाधाएँ हैं :

(1) समीक्षा और काव्यशास्त्र में स्पष्ट अन्तर नहीं दिखाई देता।

(2) समीक्षा और शोध परस्पर गड्ड-मड्ड होते जा रहे हैं।

(3) समीक्षा और साहित्येतिहास का अन्तर समाप्त हो गया है।

(4) सर्जनात्मक लेखन और समीक्षा का एकीकरण होता जा रहा है।

(5) समकालीन समीक्षा विवादी लेखन अर्थात् अखबारीपन का रूप लेती जा रही है।

(6) समीक्षा अब पुस्तक-समीक्षा के रूप में स्थिर होने लगी है।

अनेक प्रयत्नों के बावजूद समीक्षा के स्थायी मानदण्डों की स्थापना नहीं हो पा रही है। व्यक्तिनिष्ठ समीक्षा का दावा करते हुए भी अधिकतर समीक्षक अपने-अपने पूर्वाग्रह और प्रबल रुचि भेद से प्रेरित रहते हैं। स्थूल रूप से इस समीक्षा को चार वर्गों में विभाजित किया जा सकता है :

(अ) व्यक्तिपरक समीक्षा—जिसमें व्यक्तिवादी, जीवनीपरक, प्रभाववादी, तुलनात्मक और आत्म समीक्षापरक प्रणालियाँ दृष्टिगत होती हैं।

(ब) कृतिपरक समीक्षा—इसमें भाष्य, टीका, संरचनात्मक व्याख्या, शैली वैज्ञानिक विवेचना, पाठालोचन आदि पद्धतियों के लक्षण दिखाई देते हैं।

(स) वस्तुपरक समीक्षा—इसके अन्तर्गत समाजशास्त्रीय, भाषावैज्ञानिक, मनोवैज्ञानिक, ऐतिहासिक, मिथकीय, मार्क्सवादी, काव्यशास्त्रीय, सौन्दर्यशास्त्रीय और अन्तर्विद्यापरक समीक्षाएँ सम्मिलित की जा सकती हैं।

(द) शिल्पपरक समीक्षा—इसमें टेक्नीक का आग्रह रहता है, इसलिए यह डायरी शैली, तथा संस्मरण शैली का सहारा लेकर विकसित होती है। रूपवादी समीक्षा और नयी समीक्षा इसी के प्रतिरूप हैं।

तात्पर्य यह है कि समकालीन हिन्दी समीक्षा का विस्तार तो अनेक शाखाओं-प्रशाखाओं में हो गया है, लेकिन उसका कोई समेकित शास्त्र निर्मित नहीं हो पाया है।

इस शास्त्र की संकल्पना को लेकर अनेक आशंकाएँ व्यक्त की जा रही हैं। मेरे विचार से यदि व्यक्तिपरक और प्रवृत्तिपरक मानदण्डों को प्रवृत्तिपरक निकष के रूप में ढाल लिया जाए तो उससे एक वैज्ञानिक-तकनीकी समीक्षा पद्धति का आविर्भाव हो सकता है। मैं इसे 'कम्प्यूटर समीक्षा' कहना चाहूँगा। इस युग में कम्प्यूटर प्रामाणिकता, परिपूर्णता और निष्पक्षता का प्रतीक बन गया है। यदि हम व्यक्ति विवेक का लोभ-संवरण करके साहित्यिक गुणवत्ता के फार्मूले बना लें और उन सबके लिए एक अंकन पद्धति निर्धारित कर लें तो उसके आधार पर कृति का अधिकाधिक वस्तुनिष्ठ मूल्यांकन किया जा सकता है। सम्भव है, इस मशीनी समीक्षा में हमें आरम्भ में बारीकी न दिखाई दे, किन्तु जब हम बड़ी-बड़ी प्रतियोगिताओं में सम्मिलित होने वाली प्रतिभाओं का मूल्यांकन कम्प्यूटर द्वारा करने लगे हैं और उस पर विश्वास तथा गर्व भी व्यक्त करने लगे हैं तो साहित्यिक समीक्षा में उसे घटित करने में संकोच क्यों? समीक्षा के लिए आज चाहे कितनी आचार संहिताएँ बना ली जाएँ, किन्तु वर्तमान साहित्यिक राजनीति के माहौल में व्यक्ति रूप में समीक्षक का राग-द्वेष मुक्त हो पाना सम्भव नहीं प्रतीत होता। उसकी संघबद्धता जाने-अनजाने साहित्य का बड़ा अहित कर रही है और साहित्येतर अवधारणाएँ हावी होती जा रही हैं। साहित्य की अस्तित्व-रक्षा अब तभी सम्भव

है, जब अन्य अनुशासनों से अलग करके उसे परखा जाए। यही सत्समीक्षा का स्वरूप होगा।

कम्प्यूटर समीक्षा का स्वरूप निर्धारण करने के लिए सर्वाधिक सहायक हो सकती है–हमारी पारम्परिक फार्मूलाबद्ध समीक्षा, जिसे परिहासवश 'प्राध्यापकीय समीक्षा' या विश्वविद्यालयीय समीक्षा कह दिया जाता है। मेरे विचार से अब यह अभिधान त्याज्य न होकर ग्राह्य बन गया है। इस शब्द का प्रयोग भले ही आक्षेपक भाव से किया गया है, किन्तु समकालीन समीक्षा की अराजकता से बचने का यही एक मात्र मध्यमार्ग है। प्राध्यापकीय समीक्षा अपने सही रूप में समीक्षा की विश्वसनीयता को पुनः बहाल कर सकती है और उसे नवीनतम वैज्ञानिक तकनीकी परिणति दे सकती है।

इस सन्दर्भ में सर्वप्रथम प्राध्यापकीय समीक्षा की प्रवृत्तिगत विशेषताओं का अभियान आवश्यक है। इसे हम अनेक बिन्दुओं में विभाजित कर सकते हैं :

1. शास्त्रीयता–यह समीक्षा साहित्यशास्त्र के नियमों में निर्धारित या परिचालित होती है। यह स्वाध्याय पर आधारित होती है। इसमें नया भावोन्मेष भले ही कम हो, पर संचय बहुत अधिक रहता है।
2. व्याख्यात्मकता–इस समीक्षा में पल्लवग्राही पाण्डित्य के बजाय पाठकेन्द्रित अर्थबोध को विशिष्ट वरीयता दी जाती है। इसका घनिष्ठ सम्बन्ध भाष्य और व्याख्या प्रणाली से होता है। यह शब्दशः अर्थोद्घाटन करती हुई समीक्ष्य रचना को परखने का उपक्रम करती है।
3. पारम्परिकता–इस समीक्षा प्रणाली में प्रत्यक्षतः नयेपन अर्थात् प्रयोगहीनता की कमी परिलक्षित हो सकती है, किन्तु परम्परा को पूरे परिप्रेक्ष्य में प्रस्तुत करने का आग्रह कभी कम नहीं पड़ता है। इसके कारण काव्य के उपादानों की पहचान में प्रायः कोई त्रुटि नहीं आने पाती है। परम्परा वंचित समीक्षकों का स्वाद जब तब बिगड़ जाता है, किन्तु यह समीक्षा चूँकि आस्वाद के पुराने धरातलों पर स्थिर रहती है, इसलिए यह सुरुचि संस्कार-सम्पन्न होती है।
4. निर्णयात्मकता–प्राध्यापकीय पद्धति दो टूक और निर्भ्रान्त निर्णय करने में विश्वास करती है। वाग्जाल में उलझाए रखना राजनयिक चरित्र है। मूल्यांकन की कोटियाँ निर्धारित कर देना प्राध्यापकीय चरित्र है। कम्प्यूटर की भी यही पहली शर्त होती है।
5. प्रामाणिकता–इस समीक्षा पद्धति में अपुष्ट, असत्य तर्क देना वर्जित होता है। इसीलिए इसमें उद्धरणों की भरमार होती है। प्रत्येक कथन को सन्दर्भों और साक्ष्यों द्वारा प्रमाणित कर देना इसकी विशेषता है। कभी-कभी सन्दर्भों की अति हो जाने के कारण यह समीक्षा पद्धति बहुत अधिक 'एकेडमिक'

और उबाऊ हो जाती है। इससे समीक्षक की मौलिकता भी बाधित होती है। पण्डिताऊपन और आचार्यत्व प्रदर्शन जैसे उसका मुख्य ध्येय हो जाता है। आवृत्ति अधिक होने से इसमें विचारोत्तेजकता की मात्रा कम हो जाती है और नीरसता भर जाती है, फिर भी प्रामाणिकता सुरक्षित रहती है।

6. समन्वयात्मकता–इस समीक्षा प्रणाली में अतिवादी स्थापनाओं से परहेज किया जाता है और विरोधी स्थितियों में भी सन्तुलन बनाए रखने का प्रयत्न किया जाता है। वस्तुतः चिन्तन अपनी पराकाष्ठा पर पहुँचकर उभयशील हो जाता है। यह सन्तुलन समीक्षक की सर्वोच्च साधना है। सनसनी तो कोई भी पैदा कर सकता है, किन्तु निर्लिप्त भाव से सही निर्णय देना संस्कार सम्पन्न समीक्षक का ही गुण-धर्म है।
7. सघनता–प्राध्यापकीय समीक्षा में अध्येता और अध्येय की घनिष्ठता अपरिहार्य है। यह प्रभाववादियों की तरह न भावावेग पर आधारित होती है और न अखबारनवीसों के मुहावरों (फतवों) पर। इसका क्षेत्र सीमित होता है, लेकिन घनत्व अपेक्षाकृत अधिक होता है। यह समाजशास्त्र, मनोविज्ञान, मिथक आदि अन्तर्विद्याओं की ओर नहीं लपकती, केवल साहित्य विद्या में ही केन्द्रित रहती है और उसकी गहराई में पहुँचने का प्रयत्न करती है। इसीलिए यह पाठ्यक्रमीय अधिक हो गई है, क्योंकि पाठ्यक्रमों में निर्धारित रचनाओं को पढ़ते-पढ़ाते हुए उनसे अपेक्षाकृत अधिक घनिष्ठता स्थापित हो जाती है।
8. सौष्ठववादिता–यह समीक्षा पद्धति रचना के कलात्मक उत्कर्ष को उसमें व्यक्त विचारधारा से कहीं अधिक प्रश्रय देती है। विचारधारा तो प्रत्येक विद्या में अन्तर्भुक्त होती है। साहित्य की सार्थकता उसको कलात्मक परिणति देने में है। इसके समक्ष मतवाद नगण्य होता है।

इस प्रकार स्पष्ट है कि प्राध्यापकीय समीक्षा सर्वथा फार्मूलाबद्ध समीक्षा है। इसमें स्वैरता और अनिश्चयात्मकता की आशंकाएँ बहुत कम हैं। कम्प्यूटरीकरण की यही प्राथमिक आवश्यकता है। समीक्षा के फार्मूले स्थिर करने के छुटपुट प्रयास पहले भी हुए हैं। मूल्यांकन की एक पद्धति मिश्रबन्धुओं ने सुझायी थी। इसकी अपनी कसौटी आचार्य रामचन्द्र शुक्ल ने भी बनाई थी और आलोचना की एक सप्तसूत्री योजना आचार्य नन्ददुलारे वाजपेयी ने भी प्रस्तुत की थी। बेहतर होगा कि इन तीनों को एकीकृत कर दिया जाए और उनमें प्राध्यापकीय समीक्षा के विशिष्ट बिन्दुओं का भी समीकरण कर लिया जाए। इन सबसे जो एक मिला-जुला फार्मूला उभरकर आएगा, वही हमारी सर्वश्रेष्ठ एवं सर्वाधिक विश्वसनीय, समेकित, समन्वित समीक्षा-प्रणाली होगी, ऐसी सम्भावना है।

विगत दो दशक : हिन्दी-शोध की स्थिति

डॉ. बैजनाथ सिंहल

विगत दो दशकों में हिन्दी-साहित्य परिक्षेत्र में हुए शोध तथा हो रहे शोध का आकलन करने पर कुछ बहुत सुखद परिणाम सामने नहीं आते। यदि वस्तुस्थिति को ईमानदारी से बयान किया जाए तो शोध-स्तर उत्तरोत्तर गिरावट को ही इंगित करता है। यह स्थितिगत विद्रूपता केवल हिन्दी के सन्दर्भ में ही ऐसी नहीं है प्रत्युत अन्य विषयों के सन्दर्भ में भी शत-प्रतिशत उतनी ही विद्रूप है। यदि कोई हिन्दी में तुलनात्मक दृष्टि से अधिसंख्य शोध को लेकर व्यंग्यात्मक या अवमानना परक तेवर अपनाता है तो बात दूसरी है, पहले यह भली-भाँति समझ और जान लेना चाहिए कि हिन्दी-साहित्य से जुड़े छात्रों और शोधार्थियों की संख्या का अनुपात भी अन्य विषयों की तुलना में उतना ही अधिक है जितना कि शोधगत अनुपात में अन्तर है। यही नहीं, भारत में इस दौरान अंग्रेजी साहित्य में हो रहे या हुए शोध-स्तर को भी बहुत सन्तोषजनक नहीं कहा जा सकता। यह सब बताने का मेरा तात्पर्य हिन्दी में हुए शोध की वकालत या तरफ़दारी करना न होकर बल्कि जोरदार ढंग से यह निष्पादित करना है कि चतुर्दिक शोध की स्थिति निराशाजनक ही है।

जहाँ तक हिन्दी में शोध की स्थिति पर विचार करने का प्रश्न है, आश्चर्य तो इस बात को लेकर है कि अभी तक हिन्दी में प्राविधिक-स्तर पर एकरूपता का अभाव दिखाई पड़ता है। उद्धरण-अधिग्रहण से लेकर पाद-टिप्पणी, सन्दर्भ-ग्रन्थ सूची, परिशिष्ट, भूमिका इत्यादि अंगों में एक शोधार्थी से लेकर दूसरे तक तथा इसी प्रकार एक शोध निर्देशक से लेकर दूसरे तक अलग-अलग तरीका और मानदण्ड अपनाए जा रहे हैं। इतनी सामान्य-सी एकरूपता का अभाव निस्सन्देह खलने वाला है। जब ये मानदण्ड अन्तरराष्ट्रीय स्तर पर सुस्थिर एवं सर्वमान्य हैं तो कोई कारण दिखाई नहीं पड़ता कि हिन्दी का शोधार्थी और निर्देशक इन्हें अपनाने में कोताही करे या मनमानापन कर यह सिद्ध करे कि हिन्दी में इतना-सा भी नहीं किया जा रहा।

विगत दो दशकों के हिन्दी-शोध की स्थिति को शोध की भीतरी अर्थवत्ता, गुणवत्ता, प्रतिस्थापनात्मकता पर विचार करने से पूर्व उन कुछ उत्तरदायी कारणों पर विचार कर लेना बेहतर प्रतीत हो रहा है जिन कारणों को काफी हद तक दूर किया जा सकता है। उसके विपरीत हो रहा यह है कि उन कारणों को दूर करने की अपेक्षा उन्हें फैलाया और बढ़ाया जा रहा है। यह सही है कि पिछले लगभग तीन-चार दशकों में महाविद्यालयों और विश्वविद्यालयों की संख्या में अप्रत्याशित अभिवृद्धि हुई है। इसके साथ ही बहुत से डिग्री-कॉलिज, पोस्ट-ग्रेजुएट कॉलिजों के रूप में विकसित हुए हैं। साथ ही, दूरस्थ शिक्षा निदेशालयों के माध्यम से स्नातकोत्तर स्तरीय शिक्षा का प्रसार हुआ है। दूसरी ओर ऐसे कई विश्वविद्यालय भी स्थापित हुए हैं जिनमें स्नातकोत्तर विभाग स्थापित ही नहीं किए गए और उनसे सम्बद्ध महाविद्यालयों के अध्यापकों से ही वरिष्ठता-क्रम में शोध सम्बन्धी योजनाओं, पंजीकरण इत्यादि का दायित्व-निर्वाह करवाया जा रहा है। कुछ विश्वविद्यालयों में प्राइवेट तौर पर ही स्नातकोत्तर परीक्षाओं का आयोजन हो रहा है जो कहीं-कहीं अब केवल महिलाओं तक सीमित कर दिया गया है। ऐसे भी कुछ विश्वविद्यालय हैं जहाँ एम. फिल्. भी प्राइवेट तौर पर कर लिए जाने की सुविधा प्राप्त है।

स्नातकोत्तर स्तर पर इस कद्र शिक्षा के प्रसार और बढ़ती जनसंख्या को देखते हुए, स्नातकोत्तर उपाधि प्राप्त छात्रों की संख्या तो बढ़ेगी ही साथ में, उसी अनुपात में शोधार्थियों की संख्या भी। जब एम. फिल्. स्तर की उपाधि जिसमें लघु शोध-प्रबध अनिवार्य है, प्राइवेट करने की सुविधा उपलब्ध होगी, भले ही विश्वविद्यालयों की आर्थिक तंगी को दूर करने के लिए हो, उसका प्रभाव गम्भीर शोध पर पड़े बिना नहीं रह सकता। दूरस्थ शिक्षा निदेशालयों या प्राइवेट सुविधाभोगी छात्रों के पास प्रायः उपलब्ध कराई जा रही पाठ-सामग्री या कुंजियों के अतिरिक्त साहित्यिक समझ पैदा करने का कोई विकल्प ही नहीं होता। जब ऐसे छात्र, शोधकर्त्ता रूप में सामने आते हैं तो उनसे सार्थक शोध की अपेक्षा करना मूर्खता ही कहलाएगी। इक्का-दुक्का अपवाद को छोड़कर, ऐसे विद्यार्थी सामान्यतया शोध को केवल और केवल डिग्री से जोड़कर देखते हैं और डिग्री को नौकरी से। इस सारे अभियान में यदि कोई चीज़ गायब है तो वह है शोध और केवल शोध।

प्रश्न होगा कि क्या विश्वविद्यालयों में शिक्षा ग्रहण कर स्नातकोत्तर या एम. फिल्. उपाधि प्राप्त छात्र बेहतर शोध-छात्र सिद्ध होते हैं? हो सकता है कि कुछ लोग इसे विवाद का मुद्दा बना लें परन्तु मैं क्या करूँ मेरा अनुभव कुछ ऐसा ही कहता है, केवल कुछ अपवाद छोड़कर। हाँ, इतना अवश्य है कि विश्वविद्यालयों से आने वाले सभी शोध-छात्र स्तरीय ही हों—ऐसा भी नहीं है। आज के शोधार्थी की सामान्यतः स्थिति यह है कि किसी भी शोध-इच्छुक से आप उसके विषय, क्षेत्र, रुचि आदि के बारे में कुछ पूछिए तो प्रायः उसके पास कोई सार्थक उत्तर

नहीं होता और कुछ तो साफ तौर पर यही कह देते हैं कि आप जो भी विषय देंगे, उसी पर शोध कर लूँगा, मानो कि वह सभी विषयों में पारंगत हो। शोध-सम्पन्न होने पर भी ऐसे शोधार्थियों को अपने विषय के अर्थ, उसकी चेतना, योगदान के बारे में न के बराबर पता होता है। कुछ तो ऐसे भी उदाहरण हैं कि लेखक की मूल रचनाओं के नाम तक उन्हें याद नहीं होते। विडम्बना यह है कि विषय सही है या नहीं, शोधार्थी को कुछ पता है या नहीं आप कोई एतराज नहीं कर सकते चूँकि उसके पास विधिवत् एक विश्वविद्यालय विशेष द्वारा प्रदत्त उपाधि है जिसे परीक्षकों ने बाकायदगी से संस्तुत किया है और मौखिकी में मौन रहने वाले शोधार्थी को पी-एच.डी. देकर बधाई भी दी है।

हिन्दी में शोध-स्तर में गिरावट के कुछ कारण तो स्वतः स्पष्ट हैं। इनमें एक कारण तो विश्वविद्यालयों में आपसी तालमेल की कमी है। प्रायः एक-दूसरे विश्वविद्यालय के पास इस जानकारी का अभाव है कि अमुक विषय दूसरे विश्वविद्यालय में पंजीकृत है अथवा उस पर शोध हो चुका है। इसीलिए, एक ही विषय एकाधिक नहीं दर्जनों विश्वविद्यालयों में पंजीकृत हो जाता है। मेरी दृष्टि में एक ही विषय पर दोबारा शोध तो हो सकता है, परन्तु पहले और बाद के शोध में अन्तर स्पष्ट होना चाहिए। तथ्यों के पुनरीक्षण द्वारा नई प्रस्थापनाएँ सम्भव हैं परन्तु जरूरी तो पुनरीक्षण एवं प्रस्थापनाएँ हैं। हो इसके विपरीत रहा है। प्रायः ऐसे दो शोध-कार्यों में कोई अन्तर नहीं होता। अधिकतर शोध अप्रकाशित पड़े रहते हैं। प्रकाशन के अभाव में नकल पकड़ में भी नहीं आ पाती। यदि सही अर्थों में शोध किया जाए तो एक ही विश्वविद्यालय से भी एक ही विषय पर पुनःपंजीकरण में भी कुछ भी गलत नहीं है। लखनऊ विश्वविद्यालय से 'तुलसी-दर्शन' पर पी-एच. डी. और डी. लिट्. उपाधियों के लिए अलग-अलग शोध हुए हैं और सभी स्तरीय हैं चूँकि वे एक-दूसरे की नकल न होकर सर्वथा नवीनता लिए हुए हैं।

विषयगत पुनरावृत्ति के साथ ही असंगत विषयों का चयन भारी समस्या है। कुछेक विषय तो इस कद्र अनुपयुक्त होते हैं कि सुनकर ही घृणा होने लगती है। तिलस्मी और एय्यारी साहित्य का समाजशास्त्रीय अध्ययन जैसे विषय पर शोध हो सकता है, कम-से-कम मेरी समझ से परे है। तरस तो ऐसे विषयों के शोध-निर्देशकों से लेकर पंजीयक मण्डल और परीक्षकों तक सभी की बुद्धि पर आता है। यह शोध-जगत में आपराधिक-कृत्य ही माना जाएगा पर दण्डित कौन किसको और कैसे करे? ऐसे विषय को सुसंगत सिद्ध करने वालों की भी कमी नहीं होगी बल्कि वे मेरे जैसे आपत्तिकर्त्ता को ही दण्डित किए बिना चैन न लें। शायद यह प्रवृत्ति बन गई है कि शोध कितना ही निम्नस्तरीय क्यों न हो कोई भी परीक्षक उसे उपाधि प्रदान करने की दृष्टि से नकारता ही नहीं। प्रायः परीक्षक परस्पर लेन-देन के आधार पर ही लगते-लगाते हैं। फिर कौन प्रबन्ध को पढ़े और क्यों पढ़े? हज़ारों कमियाँ

निकालकर भी पी-एच.डी. उपाधि प्रदान कर दी जाए। ऐसा साहस भी बहुत कम परीक्षक करते हैं कि कहीं मित्र निर्देशक निकाली गई कमियों के कारण नाराज़ न हो जाएँ। यदि पहले के रिजेक्ट किए गए प्रबन्धों की आज के उत्तम कहे जाने वाले प्रबन्धों से तुलना की जाए तो वे उससे कहीं बेहतर मिलेंगे। एक ज़माना था कि दिग्गज विद्वान प्रबन्ध को 'रिजेक्ट' करने में हिचकिचाते नहीं थे। आज कोई भी परीक्षक किसी प्रबन्ध को 'रिजेक्ट' करके तो देखे, देखते ही देखते कितने ही विश्वविद्यालय उसे परीक्षक-सूची से निरस्त कर देंगे। अतः शोध स्तर में गिरावट के लिए उत्तरदायी अध्यापक ही हैं और दिन-प्रतिदिन उनका संजाल फैलता चला जा रहा है। तू मेरे पास भेज, मैं तेरे पास भेजूँ की नीति जोर पकड़ रही है, विषय चाहे कोई भी हो।

हिन्दी शोध-जगत में भेड़-चाल का जो रूप पिछले दो दशकों में सामने आया है, उसका सानी अन्यत्र मिलना सम्भव नहीं। एक बार मूल्यों और मूल्य-चेतना पर जब शोध शुरू हुआ तो देखा-देखी कोई भी ऐसा रचनाकार नहीं बचा जिसकी मूल्य-चेतना को हिन्दी शोधार्थी ने उजागर न किया हो। यह बात अलग है कि उनमें से अधिकतर शोधार्थी मूल्य-चेतना किसे कहते हैं--यह बताने में आज़ भी उतने ही असमर्थ हैं जितने कि विषय का चयन करते समय थे। रचनाकार की मूल्य-चेतना के सम्बन्ध में उनसे बात करना तो प्रश्नकर्त्ता की मूर्खता ही कहलाएगी। रूपरेखा के नाम पर सामाजिक, आर्थिक, राजनीतिक, सांस्कृतिक जैसे दायरे सर्वसुलभ हैं ही।

इसके बाद अन्तर-विद्यावर्ती शोध के नाम पर समाजशास्त्रीय, मनोवैज्ञानिक, मनोविश्लेषणात्मक इत्यादि शोध विषय अपनाए जाने लगे। इन विषयों को लेकर भी बिना अपेक्षित पड़ताल किए चाहे जिस भी रचनाकार पर चरितार्थ कर दिया जाने लगा और सम्भवतः सभी विश्वविद्यालयों में इन विषयों को लेकर शोध हुआ। आश्चर्य तब होता है जब किसी समाजशास्त्रीय परिप्रेक्ष्य में किए गए शोध को देखते हैं तो वह पारम्परिक सामाजिक शोध से रत्तीभर भी भिन्न नहीं होता। समाजशास्त्र क्या है, समाजशास्त्र और साहित्य का सन्बन्ध किन कोणों से किस प्रकार होने चाहिए, इसकी समझ शोधार्थी में गायब होती है और वह यह समझ पैदा भी नहीं करना चाहता। एकाध बार ऐसे शोध-निर्देशक से भी बात हुई, लेकिन वही ढाक के तीन पात। अन्य अन्तर-विद्यावर्ती विषयों को लेकर भी शोध की कमोबेश यही स्थिति है। कोई भी विषय-निर्धारण से लेकर प्रतिपादन तक कहीं गम्भीर नहीं है। यही स्थिति शैली विज्ञान को लेकर देखने में आती है, शैली विज्ञान के नाम पर भाषा वैज्ञानिक अध्ययन ही सामने आ रहा है। यदि कोई परीक्षक प्रश्न करता है तो उसे पहले से सिफारिश कर या 'सब चलता है' की दुहाई देकर काबू कर लिया जाता है। युग-बोध और युग-चेतना के नाम पर तो सैकड़ों थीसिस लिखे

जा चुके हैं जिनमें युग प्रायः गायब है। इसका दुष्परिणाम यह है कि एक रचनाकार विशेष पर अलग-अलग समस्या पक्ष की दृष्टि से हुए शोध कर लिए जाने के बाद भी ऐसे सारे प्रबन्धों को देखने पर ऐसा प्रतीत होता है मानों सभी एक ही विषय पर लिखे गए हैं।

एक ज़माने में कॉलिज और यूनिवर्सिटी में मुख्य अन्तर 'शोध' को लेकर ही था। ऐसा नहीं था कि कॉलिजों में अध्यापकों ने श्रेष्ठ शोध के उदाहरण पेश नहीं किए, लेकिन शोध-निर्देशन की दृष्टि से कॉलिज अध्यापकों को कॉलिजों की सीमाओं के कारण सीमित स्थान मिल पाते थे और वे भी केवल उन्हीं अध्यापकों को जो सचमुच स्वयं शोध की दिशा में रत रहते थे, जिनका अपना नाम होता था, उस स्तर के अध्यापक तो अब प्रायः विश्वविद्यालयों में भी नहीं रहे चूँकि शोध के प्रति पहले जैसा गांभीर्य नहीं रहा। इधर शोध-निर्देशन की दृष्टि से नियमावली में जो परिवर्तन हुए हैं, वे परिवर्तन शोध के लिए बहुत घातक सिद्ध हो रहे हैं। पहले अध्यापक का शोध-अनुभव और अनवरत शोधरत रहना मान्य था, परन्तु अब तीन से पाँच वर्ष तक का स्नातकोत्तर अध्यापन-अनुभव पर्याप्त है। बड़ा ही सहज-सा प्रश्न है कि अध्यापन और निर्देशन दोनों को एक तराजू में कैसे तोला जा सकता है? केवल अध्यापन से निर्देशन-क्षमता में कुछ बढ़ोतरी होती है? कम-से-कम मेरे गले यह बात नहीं उतरती। वही-वही दस-बीस कविताएँ, एकाध उपन्यास, नाटक इत्यादि वर्षों पढ़ाने से शोध सम्बन्धी कोई जागृति या शोध सम्बन्धी कोई इलहाम पैदा हो ही नहीं सकता। संतत शोधरत व्यक्ति ही शोध की दिशा में कुछ सार्थक दे सकता है। संकेत रूप में मुझे यह कहने में कोई संकोच नहीं कि शोध अब ठेके पर भी होता है—ऐसा देखने में नहीं तो सुनने में अवश्य आ रहा है। इन सारी विडम्बनाओं से उबरने के लिए शोध-निर्देशन की शर्तों को निःसन्देह कड़ा करने की आवश्यकता है।

जैसा कि मैंने प्रारम्भ में कहा था यह गिरावट हिन्दी में ही शोध को लेकर चल रही हो, ऐसा नहीं है। भारतीय विश्वविद्यालयों में अन्य विषयों में भी स्थिति कम विद्रूप नहीं है। राजनीतिशास्त्र, समाजशास्त्र, लोक प्रशासन न जाने कितने ही ऐसे विषय हैं जिनमें घटिया शोध का अनुपात कम नहीं है। एक गाँव को लेकर 'वोटिंग पैटर्न बिहेवियर' एक बस्ती को लेकर समाजशास्त्रीय रूप में कुछ भी विषय गढ़ लेना ऐसे उदाहरण हैं जिन्हें बस डिग्री लेने और देने का उपक्रम भर कहा जा सकता है। 'वोटिंग पैटर्न बिहेवियर' या बस्ती विशेष कोई आत्यन्तिक तौर पर किसी निराले गाँव या बस्ती का उदाहरण प्रस्तुत नहीं करते। यह ठीक वैसा ही काम है जैसे कि लोक-साहित्य के क्षेत्र में 50-100 लोकगीतों या लोक-कथाएँ इकट्ठी करके क्षेत्र-विशेष के नाम पर कुछ भी प्रस्तुत कर दिया जाता है। लोक-साहित्य के क्षेत्र में कुछ अपवाद छोड़कर मेरी दृष्टि से अभी तक कोई ऐसा प्रबन्ध नहीं

गुज़रा जिसमें आद्य लोक-मानस, सामूहिक जन-मानस, ऐतिहासिक-सांस्कृतिक मानवीय विकास-यात्रा को लेकर अथवा आद्य बिम्बों या प्रतीकों को लेकर कुछ भी सार्थक किया गया हो। अंग्रेजी साहित्य में भी जब से भारतीय अंग्रेजी लेखकों को लेकर, भारतीय परीक्षकों द्वारा मूल्यांकन का चलन हुआ है तो शोधगत गाम्भीर्य को ठेस पहुँची है।

गहराई से देखें तो विगत दो दशकों में विशेषज्ञता, अन्तर-विद्यावर्ती तथा सूक्ष्म अध्ययन से जुड़े जितने भी शोध-विषय सामने आए हैं, वे सभी विकास के सूचक हैं। यही नहीं पिछले साहित्य के भी गहन पुनर्मूल्यांकन की आवश्यकता है। इस प्रकार आज शोध के लिए साहित्य को केवल उसके भाव और कला-पक्षों के रूढ़िबद्ध साँचे में रखकर नहीं देखा जा सकता। इस पूरे दौर में जिन विचारधाराओं ने उसे प्रभावित किया है, उनको समझे बिना हम साहित्य की सही समझ अपने भीतर पैदा नहीं कर सकते। साहित्य एक पाठ भी है और एक संस्था भी। वह केवल मनोरंजन की वस्तु नहीं है। वह राष्ट्रीय सांस्कृतिक दाय का वाहक एवं प्रामाणिक दस्तावेज है। इसलिए शोधार्थी के लिए यह अनिवार्य हो जाता है कि वह भाव और भाषा-सौन्दर्य से बाहर निकलकर, इसी भाव और भाषा में छिपे उस जीवन्त संसार के यथार्थ को उसी उद्देश्य की अनुरूपता में पकड़ने का प्रयास करे जिसे वह लेकर चला है। आज का शोधार्थी यदि सही अर्थों में साहित्य का शोधार्थी होना चाहता है तो उसे युग, युगीन इतिहास के साथ-साथ इसी में से विकसित उन सभी विषयों की जानकारी हासिल करनी होगी जिन्हें हम समाजशास्त्र, मनोविज्ञान इत्यादि कहते हैं। साहित्य को इतिहास-निरपेक्ष स्तर पर कभी भी समझा ही नहीं जा सकता।

हमारे देश की यह विडम्बना ही रही है कि यहाँ राष्ट्रीय इतिहास-लेखन और साहित्येतिहास-लेखन की परम्परा ही नहीं रही। जबकि साहित्य-लेखन अनवरत होता रहा। परतन्त्रता के दिनों में जब अरबी-फारसी या अंग्रेज़ी का वर्चस्व रहा और विदेशी भाषाएँ यहाँ राजभाषा के रूप में अपनाई गईं, उन दिनों में भी यहाँ का साहित्यकार सर्वप्रकारेण उपेक्षित रहकर भी साहित्य-सृजन करता रहा। उस साहित्य के संरक्षण, इतिहास आदि सम्बन्धी कोई व्यवस्था कभी नहीं रही। आज भी कारण जो भी रहे हों जिस हिन्दी या हिन्दी-साहित्य को तथाकथित बुद्धिजीवी और चिन्तक हेय दृष्टि से देखते हैं, यदि वे तनिक गहराई से देखें तो हमारे पास राष्ट्रीय अतीत का गौरव और सम्पत्ति जो कुछ भी है तो वह हिन्दी-साहित्य ही है। उसकी उपेक्षा हमें शून्य में ला खड़ा करेगी। राष्ट्रीय इतिहास के नाम पर हमारे पास बहुत कुछ नहीं है और यदि हमें राष्ट्रीय, सामाजिक आदि इतिहास का आकलन या पुनराकलन करना है तो हमें हिन्दी-साहित्य की ओर ही देखना होगा। हमारे श्रेष्ठ इतिहासकार इस दिशा में जागरूक हो रहे हैं।

यह सब कहने का मेरा तात्पर्य साहित्य से सीधे तौर पर जुड़े आलोचकों और शोधार्थियों को यह बताना भी है कि साहित्य के अध्ययन में उनकी दृष्टि साहित्य को केवल और केवल एक संवेदनात्मक पाठ मानकर चलने की रही है। साहित्य, युग और उसके सन्दर्भों में से समाज और उसकी करवटों में से जन्म लेता है। यह ठीक है कि उसमें मानवीय संवेदन अभिव्यक्ति पाते हैं परन्तु इसके साथ ही वह राष्ट्रीय इतिहास और समाज को भी निरूपित करता है। अतः आलोचक अथवा शोधार्थी की दृष्टि से ये पक्ष ओझल नहीं रहने चाहिए। शायद यही एक बहुत बड़ा कारण रहा है कि आम आदमी की भाषा और आम आदमी से जुड़ा रहकर भी हिन्दी-साहित्य चिन्तक वर्ग में अपेक्षित आदर नहीं पा सका। 'पृथ्वीराज रासो' या 'कबीर की वाणी' केवल पृथ्वीराज की प्रशस्ति या निर्गुण का महिमा-वर्णन नहीं है कि उनमें वीर, शृंगार रस और रहस्य इत्यादि की खोज ही हमारा लक्ष्य रहे बल्कि उनमें राष्ट्रीय इतिहास के न जाने कितने प्रसंग और मोड़, राष्ट्रीय सोच के कितने पक्ष छिपे पड़े हैं जिनका अनावरण सच्चे शोधार्थी के लिए अत्यन्त अनिवार्य है। अस्तु, साहित्य-अध्ययन के साथ राष्ट्रीय इतिहास का अध्ययन शोध के लिए मूलभूत शर्त है।

तनिक नितान्त समकालीन स्थिति पर भी विचार कर लेना अनिवार्य प्रतीत होता है। आज वैश्वीकरण, औद्योगीकरण, यान्त्रिकीकरण, अर्थवाद और अब कम्प्यूटर के वर्चस्व ने साहित्य के सामने अस्तित्व का संकट खड़ा कर दिया है। साहित्य ही क्यों अनेक पारम्परिक विषयों में समाज-विज्ञान विषयों की भी कमोबेश यह स्थिति है। आज विद्यार्थी सामान्यतः यह कहता है कि आज साहित्य पढ़ने की फुर्सत किसके पास है या शेक्सपियर उबाऊ है, हार्डी को पढ़कर मैं भाग्यवादी नहीं होना चाहता, प्रेमचन्द समय-बाहर है आदि-आदि तो कोई आश्चर्य की बात नहीं है। यदि विसंरचनावाद जैसा आन्दोलन सर्वम् स्वाहा का मन्त्र फूँक रहा है तो भी आश्चर्य नहीं होना चाहिए। ये सभी लक्षण मानवीय संवेदना के क्षरण के ही हैं परन्तु आस्था के पुनर्जन्म और संरक्षण और वहन का दायित्व तो साहित्य का ही है। भीषण युद्धों, विश्व-युद्धों की विभीषिका में मानवता को सहेजने का प्रयास सदैव साहित्य ने ही किया है।

इस प्रकार विगत दो दशकों में साहित्य-शोध की दिशा में कुछ नए आयाम जुड़े हैं जो कि एक सुखद संकेत है और सीधे हिन्दी शोधार्थियों के लिए प्रेरक भी है। इतिहास और समाजशास्त्र क्षेत्रों से शोधार्थी हिन्दी-साहित्य के विभिन्न कालों और रचनाकारों पर सचमुच गहन शोध का परिचय दे रहे हैं। जवाहरलाल नेहरू विश्वविद्यालय, दिल्ली विश्वविद्यालय और महर्षि दयानन्द विश्वविद्यालय के इतिहास विभाग इस दिशा में रुचि ले रहे हैं। मध्यकालीन और आधुनिक साहित्य और रचनाकारों पर उनका शोध निस्सन्देह हिन्दी शोधार्थियों के लिए आँख खोलने वाला

है। कबीर पर युग-दृष्टि से इतिहास का पुनराकलन एक गम्भीर शोध का परिचायक है। विदेशों में भी हिन्दी-साहित्य के विविध पक्षों पर समाजशास्त्रीय और ऐतिहासिक दृष्टि से शोध में रुचि बढ़ी है। यह संकेत इसलिए भी अधिक सुखद है कि हिन्दी-साहित्य में दूसरे विषयों के विद्वान रुचि लेने लगे हैं। इस प्रकार जब अलग-अलग क्षेत्रों से विद्वान हिन्दी-साहित्य में रुचि लेंगे और अपने प्रबन्ध हिन्दी में ही लिखेंगे तो हिन्दी भाषा और साहित्य के प्रचार-प्रसार में श्रीवृद्धि होगी। हिन्दी भाषा और उसमें रचित साहित्य को केवल तथाकथित हिन्दी वालों से जोड़कर सीमित करने की प्रवृत्ति बहुत घातक सिद्ध हुई है। अपने-अपने विषय में यदि हिन्दी को सभी लोग अपनाने लगेंगे, उसी में शोध करेंगे तो हिन्दी का गौरव बढ़ेगा और राष्ट्रीय ऐतिहासिक और सांस्कृतिक समझ शीघ्रतम विकसित होगी।

निष्कर्षतः यही कहा जा सकता है कि विगत दो दशकों में हिन्दी-साहित्य में हिन्दी के शोधार्थी ने परिमाण में भले ही बढ़ोतरी दर्ज की हो परिणाम में नहीं और इसके विपरीत अन्य विषयों के विद्वानों ने हिन्दी में परिणामतः गुणात्मक शोध का परिचय दिया है।

परिशिष्ट-क

राष्ट्रीय संगोष्ठी : 15-16 फरवरी, 2001 : रपट

दिनांक 15-16 फरवरी, 2001 कुरुक्षेत्र विश्वविद्यालय के हिन्दी-विभाग ने विश्वविद्यालय अनुदान आयोग द्वारा आयोज्य 15-16 फरवरी, 2001 को 'अन्तिम दो दशकों का हिन्दी-साहित्य' विषय पर राष्ट्रीय संगोष्ठी का भव्य आयोजन किया जिसमें 18 विद्वानों ने हिन्दी-साहित्य से सम्बन्धित 6 सत्रों में अपने गम्भीर शोध-पत्र पढ़े। परिचर्चा के दौरान दिनोंदिन भारी संख्या में हिन्दी-विभाग के सभी छात्रों-शोध छात्रों, हरियाणा के महाविद्यालयों के प्राध्यापकों सहित अनेक आमन्त्रित श्रोता उपस्थित थे। उद्घाटन सत्र में प्रो. नरेश, भाई वीर सिंह चेयर, आधुनिक साहित्य, पंजाब विश्वविद्यालय, चण्डीगढ़ ने उद्घाटन भाषण करते हुए कहा कि साहित्य मनुष्य का तीसरा नेत्र है जो अदृश्य को दृश्य कर देता है। अन्तिम दो दशकों में साहित्य अधिक सपाट हुआ है, व्यवस्था भ्रष्ट हुई है, विचारों में कट्टरवाद आया है, स्थिति बिखराव की है, और पाठक साहित्य से कटा है।

अपने मुख्य भाषण में प्रो. शिवकुमार मिश्र, पूर्व हिन्दी विभागाध्यक्ष, सरदार पटेल विश्वविद्यालय, गुजरात ने कहा कि साहित्य सामाजिक जीवन से ही प्राणतत्त्व ग्रहण करता है। अन्तिम दो दशकों में स्त्री-विमर्श, दलित-साहित्य, आक्रोश की अभिव्यक्ति तथा जातिवादी समस्याएँ उभरकर सामने आई हैं। साहित्य में पोस्ट-मॉडर्निज्म ने हिन्दी-साहित्य को ग्रसना आरम्भ कर दिया है। व्यावसायिकता और दलगत राजनीति हिन्दी-विभागों में घुस आई है। ग्लोबलाइजेशन के नाम पर उदारीकरण की नीति चिन्तित करती है।

अध्यक्षीय भाषण में कुरुक्षेत्र विश्वविद्यालय के कुलपति श्री आर.एस. चौधरी ने कहा कि गत 20-25 वर्षों का समय उथल-पुथल और उतार-चढ़ाव का रहा है। सोवियत संघ का विखंडन, उत्तर-आधुनिकता का विचार तथा जीवन-शैली में भी परिवर्तन हुआ है। देश के विद्वानों को इस पर गम्भीरता से विचार करना होगा। मुझे प्रसन्नता है कि हिन्दी-साहित्य के क्षेत्र में नारीवादी लेखन, दलित साहित्य के नाम पर स्तरीय लेखन हो रहा है फिर भी ठहराव क्यों है? बोध के नए धरातल सामने नहीं आ रहे हैं? पत्र-पत्रकारिता के खतरे मँडरा रहे हैं। संवादहीनता की स्थितियों को बदलना होगा।

दूसरे उपन्यास सत्र में प्रो. शशिभूषण सिंहल, दिल्ली ने बीसवीं शताब्दी के उपन्यास लेखन पर टिप्पणी करते हुए कहा कि इस विधा के विश्लेषण के लिए थोड़ा फासला चाहिए। उपन्यासों में राजनीति अस्थिरता, समलैंगिकता आदि विषय उभरकर आए हैं। आज के उपन्यास पूरे कथानक को उठाकर अनछुए पहलुओं को उठाते हैं, उसकी तकनीक बदली है और अन्त उपन्यास के बाहर होता है।

प्रो. चमनलाल गुप्त, शिमला ने उपन्यास पर टिप्पणी करते हुए कहा कि वैश्विक मानसिकता, व्यावसायिकता, विपणनन व्यवस्था को आधार बनाकर सामने आ रहा है। अब कथानक लेखक से स्वतन्त्रता दिखाता है। इस स्थिति में लेखक और पाठक के रिश्ते बदलेंगे।

डॉ. रोहिणी अग्रवाल, रोहतक ने उपन्यासों में चित्रित स्त्री-विमर्श पर खुलकर चर्चा करते हुए कहा कि भारतीय सन्दर्भ में स्त्री-विमर्श का पश्चिमी नारी मुक्ति अवधारणा से कोई सम्बन्ध नहीं है। भारत की स्त्री को भारत के सन्दर्भ में ही देखा जाना अभीष्ट है। उपन्यास में स्त्री-विमर्श देह के इर्द-गिर्द घूमता है। स्त्रियों में देश की उदार चरित्र वाली नारियाँ, जैसे किरण बेदी, इला भट्ट, उपन्यासों में क्यों नहीं आ पाई हैं? पर खाली शिशु, समलैंगिकता जैसे देहधारी विषय ही उपन्यासों का केन्द्र बने हैं।

तीसरे 'कहानी एवं आलोचना' सत्र का आरम्भ प्रो. राजमणि शर्मा, बनारस से हुआ। दलित कहानी पर चर्चा करते हुए उन्होंने कहा कि दलित साहित्य नकार का साहित्य है। मराठी हो या दलित, यह दलित साहित्य को अपनी थाती मानते हैं। इस सत्र में गर्मागर्म बहस हुई और निष्कर्ष यह आया कि दलित या अदलित जाति पर आधारित नहीं होना चाहिए। दलित साहित्यकार डॉ. एन. सिंह, अलीगढ़ ने कहा कि दलित ही दलित साहित्य को लिख सकता है। दलित इसी देश की देन है। 84 सिद्धों में से 30 सिद्ध शूद्र थे। दलित की स्थिति बेहतर नहीं है। इसलिए दलित साहित्य होना चाहिए।

डॉ. पुष्पपाल सिंह, पटियाला ने कहा कि यह समय बीहड़ और विकट है, इसलिए साहित्य को हस्तक्षेप करना ही होगा। कहानी में विजन आवश्यक है। अतः कहानी की संवेदना बदली है।

प्रो. मैथिलीशरण भारद्वाज, चण्डीगढ़ ने रामविलास शर्मा की अभिनव आलोचना दृष्टि पर प्रकाश डालते हुए कहा कि वे पहले ऐसे विद्वान हैं जिन्होंने हिन्दी जाति की अवधारणा प्रस्तुत की है।

प्रो. सूर्यप्रसाद दीक्षित, लखनऊ ने कहा कि इस अवधि में आलोचना की क्षति हुई है। यद्यपि आलोचना में नई शैलियाँ उभरकर आई हैं।

चौथे कविता सत्र में मंजुल उपाध्याय, एटा, ने कहा कि कविता जन-संघर्ष का पर्याय बनी है। प्रो. कृष्णमुरारी मिश्र, अलीगढ़ ने कहा कि इण्टरनेट के बाद

कविता में अन्तर आया है। हमें उम्मीद रखनी चाहिए कि कविता सूचना क्रान्ति के संकट से उभरेगी।

प्रो. नरेश मिश्र, रोहतक ने कहा कि इन वर्षों में दोहा शैली में रचनाएँ आ रही हैं। कविता में समलैंगिकता की दुष्प्रवृत्तियाँ भी मिल रही हैं।

पाँचवें 'अन्य विधाएँ' सत्र में प्रो. हरमहेन्द्र सिंह बेदी, अमृतसर, ने साहित्य, इतिहास-लेखन के तीन पड़ावों पर टिप्पणी करते हुए कहा कि नई सूचना देने से इतिहास-लेखन नहीं होता। प्रो. हरिमोहन, गढ़वाल, ने यात्रा-साहित्य की आवश्यकता पर बल देते हुए कहा कि यात्रा के बिना जीवन नहीं चलता।

डॉ. योगेन्द्रनाथ शर्मा 'अरुण', पिलीभीत ने महानगरीय पत्रकारिता और ग्रामीण अंचल की पत्रकारिता पर सार्थक टिप्पणी करते हुए प्रिंट-मीडिया की चुनौतियों की चर्चा की।

प्रो. बैजनाथ सिंह सिंहल, रोहतक, ने गत दो दशकों के शोध के गिरते स्तर पर चिन्ता व्यक्त की।

समापन सत्र में राष्ट्रीय संगोष्ठी की उपलब्धियों एवं सम्भावनाओं पर खुलकर चर्चा हुई तथा निष्कर्ष सामने आया कि मूल रचनाकारों की स्वतन्त्र संगोष्ठियाँ कराई जाएँ। अध्यक्ष प्रो. राजमणि शर्मा ने संगोष्ठी निदेशक प्रो. मीरा गौतम को बधाई देते हुए कहा कि मैं संगोष्ठी के ऐसे अनुशासन और उपस्थिति संख्या को देखकर आश्चर्यचकित और हर्षित हूँ। उन्होंने प्रो. मीरा गौतम को संगोष्ठी की अप्रतिम सफलता के लिए हार्दिक बधाई दी। उल्लेखनीय है कि इन दोनों दिनों में हिन्दी-विभाग के समस्त विद्यार्थी और शोधार्थी, हरियाणा के अनेक महाविद्यालयों के प्राध्यापकों की उपस्थिति शत-प्रतिशत रही। प्रो. मीरा गौतम ने धन्यवाद ज्ञापन में विश्वविद्यालय के कुलपति श्री आर. एस. चौधरी को विशेष धन्यवाद दिया। और कहा कि विश्वविद्यालय प्रशासन के विशेष सहयोग के बिना यह आयोजन सफल न होता। उन्होंने हिन्दी-विभाग के साथियों और विभाग के गैर-शिक्षक कर्मचारियों का आभार व्यक्त किया।

परिशिष्ट-ख

लेखक-परिचय

डॉ. एन. सिंह, प्राचार्य, राजकीय महाविद्यालय, छर्रा, अलीगढ़

प्रोफ़ेसर के. एम. मिश्र, हिन्दी-विभाग, अलीगढ़ मुस्लिम वि.वि., अलीगढ़

डॉ. चमनलाल गुप्त, प्रोफ़ेसर, हिन्दी-विभाग, हिमाचल प्रदेश विश्वविद्यालय, शिमला (हि.प्र.)

प्रोफ़ेसर जयसिंह 'नीरद', डॉ. भ.र.अ. वि.वि., आगरा

प्रोफ़ेसर नरेश, अध्यक्ष, भाई वीरसिंह चेयर आधुनिक साहित्य, पंजाब विश्वविद्यालय चण्डीगढ़

प्रोफ़ेसर नरेश मिश्र, म.द.वि.वि., रोहतक

प्रोफ़ेसर पुष्पपाल सिंह, पंजाबी वि.वि., पटियाला

डॉ. बाबूराम, हिन्दी-विभाग, कुरुक्षेत्र विश्वविद्यालय, कुरुक्षेत्र

डॉ. बैजनाथ सिंहल, प्रोफ़ेसर एवं अध्यक्ष, हिन्दी-विभाग, महर्षि दयानन्द विश्वविद्यालय, रोहतक

डॉ. मंजुल उपाध्याय, कर्मयोगी महाविद्यालय, इटावा

प्रोफ़ेसर मैथिली प्रसाद भारद्वाज, चण्डीगढ़

डॉ. योगेन्द्र नाथ शर्मा 'अरुण', उपाधी महाविद्यालय, पिलिभीत

डॉ. रामपत यादव, रीडर, हिन्दी-विभाग, कुरुक्षेत्र विश्वविद्यालय, कुरुक्षेत्र (हरियाणा)

डॉ. राजनाथ भट्ट, रीडर, भाषाविज्ञान, हिन्दी-विभाग, कुरुक्षेत्र विश्वविद्यालय, कुरुक्षेत्र

प्रोफ़ेसर राजमणि शर्मा, ब.हि.वि.वि., वाराणसी

डॉ. राजेन्द्र गौतम

डॉ. रामनिवास 'मानव', अध्यक्ष, स्नातकोत्तर हिन्दी-विभाग, सी.आर.एम. जाट कॉलेज, हिसार (हरि.)

डॉ. रोहिणी अग्रवाल, म. द. वि. वि., रोहतक

डॉ. लालचन्द गुप्त 'मंगल', प्रोफ़ेसर एवं अध्यक्ष, हिन्दी-विभाग, कुरुक्षेत्र विश्वविद्यालय, कुरुक्षेत्र

डॉ. शशिभूषण सिंहल, नयी दिल्ली

प्रोफ़ेसर शिवकुमार मिश्र, पूर्व अध्यक्ष, हिन्दी-विभाग, सरदार पटेल विश्वविद्यालय, वल्लभ विद्यानगर (गुजरात)

प्रोफ़ेसर सूर्यप्रसाद दीक्षित, लखनऊ विश्वविद्यालय

प्रोफ़ेसर हरमहेन्द्र सिंह बेदी, हिन्दी-विभाग, गुरु नानक देव यूनिवर्सिटी, अमृतसर

प्रोफ़ेसर हरिमोहन, अध्यक्ष, हिन्दी-विभाग, हे.न. बहुगुणा गढ़वाल विश्वविद्यालय, श्रीनगर-गढ़वाल, उत्तरांचल

●●●